365일
말씀을 통한 매일 묵상집

Daily Thought from the Bible
by
Kwang-lee Kim, Young-moo Kim, Sang-bong Park

ⓒ 2003
Agape Culture Publishing Company
Seoul, KOREA
ISBN 89-8424-073-7 03230

● 지은이 소개 ●

❖ **김광이** 목사는 총신대학교와 동 신학대학원을 졸업하고, 희망교회와 안산 동산교회 부목사를 역임하였으며, 현재는 안산 기쁨의 동산교회 담임목사로 사역하고 있다.

❖ **김영무** 목사는 총신대학 신학대학원을 졸업하고 동 교육대학원에서 역사교육(M.Ed.)을 전공, 졸업하였으며, 강남중앙교회 교육목사를 역임하였고, 현재는 도서출판 아가페문화사에서 문서사역에 전념하고 있다.

❖ **박상봉** 목사는 총신대학 신학대학원과 동 대학원(Th.M.-역사신학)을 졸업하였으며, 신현교회 교육목사를 역임하였고, 총신대학교 사목으로 총신대학생과 신대원 학생의 영성훈련을 위해 전력하였으며, 현재는 평강교회 담임목사로 사역하고 있다.

365일
말씀을 통한 매일 묵상집

지은이/김광이 · 김영무 · 박상봉

아가페문화사

365일
말씀을 통한 매일 묵상집

　현대사회의 불확실성 속에서 허덕이는 영혼이 하나님의 말씀 묵상을 통하여 모든 삶이 새로와지기를 기원합니다.

　하나님께서는 "너희 몸을 하나님이 기뻐하시는 거룩한 산 제사로 드리라 이는 너희의 드릴 영적 예배니라"(롬12:1)고 선포합니다. 우리는 매일 매일 그 거룩한 산 제사를 위하여 하나님 말씀과 더불어 헌신되어야 합니다. 여러분의 생사화복은 오직 여호와께 있기 때문입니다.

　이 작은 책자는 하나님을 사모하는 자들에게 말씀을 온전히 묵상케 하기 위하여 성경 66권의 차례대로 배열되어 있으며, 매일 말씀 묵상을 통하여 1년 성경1독을 할 수 있게 편집되어 있습니다. 저자의 의도대로 이 책자를 묵상할 때, 말씀 충만, 성령 충만, 은혜 충만할 것입니다. 부디 하나님께서 이 묵상집을 통하여 여러분께 귀한 은총이 충만히 임하시길 기원합니다.

2007년 1월
김광이, 김영무, 박상봉

목 차

서문	4
1월	7
2월	39
3월	69
4월	101
5월	133
6월	165
7월	197
8월	229
9월	261
10월	293
11월	325
12월	357

1월

....
보라 내가 새 일을 행하리니
이제 나타낼 것이라…
- 사 43:19 -

인류의 시작

1월 1일   ■ 묵상과 산책 / 창1-2장

하나님이 우리를 티끌로부터 창조하셨다는 사실이 다른 사람을 티끌처럼 대해도 된다는 말은 아니다.

창세기의 처음 장들은 우주를 만드시는 하나님의 창조적 활동에 초점을 맞추고 있습니다. 1장은 하나님께서 말씀으로 우주가 존재하도록 하시고, 그 우주의 부분들을 하나의 통일된 전체로 정돈하신 하나님의 엿새 동안의 사역에 대한 일련의 일기라고 할 수 있습니다.

1장은 하나님의 창조 사역 가운데 최고의 걸작인 사람의 창조로 끝나는데, 사람에게 특권을 주사 땅을 정복하고 다스리라는 명령이 주어집니다. 2장은 1:26-28에 간단히 기록된 인간 창조의 기사를 완전하게 확대시켜서 서술하고 있습니다. 1·2장 전체는, 기타 다른 피조물들을 다스리게 될 하나님의 형상을 지닌 인간과 하나님 사이의 특별한 관계성을 강조하고 있습니다.

"여호와 하나님이 흙으로 사람을 지으시고 생기를 그 코에 불어 넣으시니 사람이 생령이 된지라"(2:7)라는 말씀을 들을 때 어떤 생각이 떠오릅니까? 우리의 육체가 어떻게 이루어졌는가를 생각해 보는 것이 격려가 됩니까? 아니면 실망의 요소가 됩니까?

그것은 '격려가 되어야' 합니다. 그 이유는 하나님께서 우리의 육체를 짓기 위하여 사용하셨던 물질을 잊지 않으신다는 사실을 기억나게 하기 때문입니다. 하나님이 우리들을 창조하셨기 때문에 육체적으로, 그리고 정신적으로 감당할 수 있는 정도를 정확히 알고 계십니다. 시편 기자는 103:14에서 "이는 저가 우리의 체질을 아시며 우리가 진토임을 기억하심이로다"라고 말합니다. 하나님은 우리의 '능력과 책무' 들을 알고 계십니다. 그리고 우리를 통하여 자신의 뜻을 이루기 위해서 필요한 모든 시간과 힘을 우리에게 주셨습니다.

달력이나 주간계획표를 찾아서 맨 위에 "나는 하나님이 올해 나를 통하여 하시고자 하는 모든 일들을 수행하는 데 필요한 모든 시간을 가지고 있다"는 말을 쓰십시오. 하나님의 피조물의 일부분으로서 그의 영광을 위하여 시간과 정력을 사용하겠다는 결심을 하십시오.

 금년 한해도 하나님과 동행하는 한해가 되게 하소서. 아멘.

죄와 사망의 시작

1월 2일 ■묵상과 산책 / 창3-5장

많은 사람들이 유혹을 이겨내기 힘든 까닭은 그들이 그 유혹을 완전히 포기하려 하지 않기 때문이다.

속임 … 불순종 … 죽음 … 파멸. 죄의 시작과 인간과 그 인간의 사회, 그리고 인간의 후손에게 미친 파괴적인 영향력이 3장과 4장에 그려져 있습니다. 죄는 반역적인 가인의 가계도에 나타난 것처럼 계속적인 타락의 악순환을 통해 죽음을 낳습니다. 이 사실은 셋의 가계에서도 계속 나타나는 후렴구처럼 "그리고 그는 죽었다"에서도 찾아 볼 수 있습니다. 그러나 한 가닥 희망의 빛이 비치고 있는데, 그것은 "뱀의 머리를 상하게 하는 자"(3:15)를 보내신다는 약속입니다.

어떤 사람이 당신에게 가까이 다가와 "당신이 지금 살고 있는 이 도시에서 일상생활을 압박하고 있다고 생각되는 가장 대표적인 것들 다섯 가지만 들어보시오"라고 물어본다면 어떻게 대답하시겠습니까?

마감시간, 기대, 표준작업량, 학점, 생산성, 허드렛일, 판매, 지불어음, 이런 것들 모두가 압박을 가합니다. 현실 속에서 어찌보면 압박은 불가피합니다. 하지만 너무 '오랫동안' 너무 '세게' 가해진다면 그것은 우리의 저항력을 약화시켜 시험에 빠지게 할 수 있습니다. 그리하여 흔히 의문을 제기하게 하는 여러 유혹의 문제들, 이를테면 "딱 한번인데 마음 둘 것 없어. 다른 교인들도 하는 일인데 나라고 왜 그렇게 못하겠어? 그저 한번 해보는 것 뿐인데 나쁘게 없잖아. 하나님께서 나를 사랑하신다면 나의 자유를 제한하진 않으실꺼야" 등등에 대한 어떤 '해결'을 인간의 생각으로 시도하고자 하는 데까지 나아갈 수도 있습니다.

"하나님이 참으로 너희더러 동산 모든 나무의 실과를 먹지 말라 하시더냐"(3:1)라는 뱀의 질문은 모든 거짓말의 원조입니다. 속지 마십시오. 우리를 압박하는 부분은 어디입니까? 일단 그 부분이 어디인지를 확인했다면 다음 사실을 명심하십시오. 첫째, 사단은 우리의 약점을 알기 때문에 우리가 방심하면 넘어뜨리고 말 것이며, 둘째, 하나님은 우리의 약점을 알고 계시므로 하나님을 의지한다면 사단의 공격을 막아낼 수 있도록 우리를 강하고 담대하게 하실 것입니다.

 사탄의 궤계를 알게 하시고, 이길 수 있는 힘을 허락하소서. 아멘.

홍수 심판

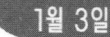
1월 3일

■ 묵상과 산책 / 창6-9장

하나님은 우리가 견딜 수 없는 곳으로 절대로 우리를 보내지 않는다.

인간의 죄악이 극도에 달하자 하나님께서는 인류를 물로 쓸어 버리는 심판을 준비하십니다. 하나님께서는 견고한 신앙을 소유한 의인 노아를 선택하시고, 자신과 가족을 홍수로부터 구원할 방주를 지으라고 명하십니다. 노아는 이 명령에 순종하여 백년이나 걸리는 방주 만드는 작업을 시작합니다. 예정대로 홍수가 나자 노아와 그의 가족만 살아 남고 다른 모든 인류는 불신앙으로 인해 사라지고 맙니다. 다시 한 번 인류는 이 땅 위에서 새로운 출발을 하게 되었습니다.

누군가가 어떤 특별한 이유 때문에, 아니면 아무런 특별한 이유도 없는데 당신을 기억해 준다면 좋은 일이 아니겠습니까? 한 친구로부터 "나 오늘 너를 생각하고 좋아하고 있어"라는 한 통의 전화나 편지를 받게 된다면 아마 커다란 격려가 될 것입니다.

창세기8:1은 노아에 관한 결정적인 언급을 하고 있습니다. 그것은 '하나님께서 노아를 잊지 않으셨다'는 강도있는 말씀입니다. 그 말씀은 하나님의 기억은 사람의 기억과 다르기 때문에 매우 중요합니다. 하나님은 홍수 중에도 노아의 자취를 놓치지 않으셨고, 노아의 구원을 위해 짜 놓으신 시간계획표도 잊어버리지 않으셨습니다. 하나님은 '결단코' 노아를 '잊지 않으셨으며', 때가 되자 홍수를 그치시고 노아를 안전하게 마른 땅에 데려다 놓으셨습니다. '하나님이 기억하신다는 말은 결코 잊지 않으시고 보호하신다는 말과 같은 것입니다!'

하나님께서 홍수 가운데서 노아를 잊지 않으셨던 것같이, 바로 지금 우리가 처한 모든 상황 가운데서도 그냥 버려 두시지 않으십니다. 하나님은 우리들의 일거수일투족에 관심을 가지고 있습니다. '하나님은 우리들을 기억하십니다.' 시편 139:7-10을 깊이 생각하면서 읽어 보십시오. 그리고 마음속에 확신을 가지고 다음의 문장을 완성하십시오. "주께서 나를 기억하시기 때문에, 오늘날 나는 그를 (어떻게?) 기억할 것이다." 이 결단과 고백이 당신을 평탄케 할 것입니다.

하나님의 기억하신 바 되는 자들이 되게 하소서. 아멘.

바벨론의 심판

1월 4일

■ 묵상과 산책 / 창10-11장

순종이란 단어야말로 성경의 가장 훌륭한 주석서이다

홍수 후에 노아의 후손들은 번성하여 땅위에 다시 거주하기 시작했습니다. 그러나 온 땅에 흩어지라는 하나님의 명령(9:1)을 거역하고, 그들은 바벨에 모여서 거주하기로 결정을 내립니다. 하나님은 그들에 대한 심판으로 언어를 혼동케 하셔서 최초에 명령하신 대로 온 땅에 흩어지게 하셨습니다. 확실히, 죄의 방만함과 영향력은 홍수로 쓸어 버린 후에도 계속 이어졌습니다.

이때부터 이야기의 초점은 줄곧, 한 사람 아브라함과 그의 후손들인 히브리 민족, 즉 결국은 하나님께서 죄로부터의 구원자를 보내는 통로로 사용될 자들에게로 맞추어지고 있습니다. 지금까지 창세기를 읽으면서 인간과 하나님과의 관계에서 비롯되는 예를 만났습니다.

첫째, 아담과 이브는 에덴 동산에서 즐겁게 지낼 수 있었으나 딱 한 가지의 금기 사항을 어겨 낙원을 잃고 말았습니다.

둘째, 그들의 후손들은 반역의 생활을 계속하다가 결국은 홍수로 전멸하고 말았습니다.

셋째, 노아의 자손들은 온 땅에 흩어지라는 하나님의 명령을 거부하다가 언어의 혼란을 겪었습니다.

이와같이 세 가지의 '인간의 고집스런 저항에 대한 사례 연구'를 통하여 나타난 원리를 발견하셨습니까? 그것은 하나님께 순종하면 축복을 받지만 순종치 않으면 심판을 받게 된다는 점입니다. 하나님은 자기 명령에 대해서 철두철미하십니다. 그분의 명령들은 단순히 연구의 대상이나 토론의 대상으로, 또는 모방되거나 목록표로 만들어 지라고 주어진 게 아닙니다. 즉시, 완전하게, 의심없는 순종을 위해 성경에 기록된 것입니다. 순종하면 축복을 받게 될 것입니다.

지금까지 하나님과의 관계에 있어서 마지 못해 태만하게 순종하여 왔던 영역이 있는지 살펴 보십시오, 그리고 나서 아담과 노아와 바벨탑의 사례에서 깨달은 바를 하나님께 아뢰십시오.

우리의 삶을 장차 멸망할 세상에 소망을 두지 말고 살게 하소서. 아멘.

아브라함의 소명과 롯의 타협

1월 5일　■ 묵상과 산책 / 창12-14장

하나님께 순종하는 것이 바로 하나님을 알고 있는 증거이다

아브람의 생은 믿음으로 일관되어 있습니다. 바사만 근처에 있는 그의 고향 우르를 떠나라는 소명을 받은 아브람은 하나님으로부터 새 고향, 큰 이름, 그리고 대가계(12:1-3)를 포함하는 놀라운 약속을 받습니다. 아브람은 하나님의 말씀에 순종하여 새로운 축복의 땅을 향한 긴 여행을 시작합니다.

도중에 그의 신앙이 흔들릴 때에는 우회로들을 선택합니다. 그는 세상의 혈통인 조카 롯과 다투기도 하며, 대를 이으려다 실패하자 실망하기도 합니다. 그러나 이 모든 것을 통하여 아브람의 믿음은 찬란히 빛났으며, 하나님은 진실로 그가 '하나님의 벗'(약 2:23)이라는 칭호를 받을 만한 사람임을 알았다고 언급하고 있습니다.

모든 위대한 인물들은 가장 먼저, 어떻게, 누구에게 또 언제 순종하는가를 배웠습니다. 아브람은 진실로 하나님께로부터 위대하다고 하는 평가를 받은 인물이었습니다(12:2-3). 하지만 하나님의 종으로서 그의 위대성은 "너의 본토 친척 아비 집을 떠나라"(12:1)는 하나님의 명령과 "이에 아브람이 여호와의 말씀을 좇아갔더라"(12:4)는 순종으로부터 나타나기 시작합니다. 그것은 모든 것을 버리고, 하나님의 약속만을 의지하여 믿음의 모험을 시작하라는 소명이었습니다.

무엇 때문에 미지의 땅을 향하여 온갖 어려운 상황들을 극복해 가면서 1,600Km나 되는 여행을 한 것입니까? 오로지 그 여행의 마지막에 그를 기다리고 있을 약속 하나만을 믿고서 떠났던 것입니다!

아브람은 하나님께 대한 자기 믿음을 고향을 떠나는 행위로써 실천했으며, 노아는 방주를 지음으로, 아벨은 양의 첫 새끼를 드림으로써 믿음을 나타내었습니다. 우리는 어떻습니까? 히브리서 11:4-8을 두 번 읽으십시오. 그리고 나서 하나님이 오늘 우리를 부르시는 음성에 대한 순종의 단계를 써 보십시오. 그의 도우심을 받아 그것을 실행에 옮기시지 않으시렵니까?

 우리의 삶이 믿음으로 하나님께 의지하게 하소서. 아멘.

아브라함의 믿음의 심판

1월 6일 ■묵상과 산책 / 창15-17장

하나님께 쓰임받는 자는 무엇보다도 먼저 잘 순종하는 사람이다.

아브람에 대한 하나님의 약속은 이제 하나님께서 그를 자신의 신실한 종으로 삼으시겠다는 언약으로써 재확증됩니다. 거기에는 비록 아브람과 아내 사라에겐 아이가 없고 둘 다 아이를 낳을 수 있는 나이가 지났음에도 불구하고 아브람의 몸에서 난 아들이 상속자가 되리라는 약속도 포함되어 있습니다. 아브람은 세월의 억누름에 연약해져서 그만 사라의 제안에 굴복하고 맙니다.

그 결과로 이스마엘의 출생이 이루어졌으며, 그에게도 역시 하나님의 축복을 약속하시지만 그는 분명 하나님께서 약속하신 아들은 아니었습니다. 그의 주제넘은 행동에도 불구하고 하나님은 신실하심에 대한 새로운 표식인 할례와 새 이름인 아브라함, '많은 무리의 아버지'란 뜻을 받습니다.

순종은 여러 형태로 나타날 수 있습니다. 때로는 가만히 앉아 있는 것(행 1:4)이 바로 순종일 수도 있지만, 통상적으로 순종은 어떤 행위를 요구합니다. 노아는 톱과 망치를 들었고(창 6:14,22), 모세는 하나님께서 율법과 계명을 친히 기록하신 돌판을 받아 오려고 산에 올랐으며(출 24:12), 여호수아는 민족을 이끌고 7일간이나 여리고 성 주위를 돌았는데(수 6:1-21), 이 모든 행위들은 여호와의 말씀에 순종한 실례입니다.

아브라함의 생애도 이와 동일한 경우였습니다. 15장에서 아브라함은 하나님께서 자신의 언약을 확인시키는 의식을 행하시도록 제물을 바침으로써 순종하였습니다. 17장에서는 하나님의 명령에 따라서 그의 전 집안이 할례의 의무를 실행하였습니다.

우리에게 그것은 한 통의 편지를 쓰거나, 심방하거나, 고독한 자를 방문하여 친절한 말로 위로하거나, 또는 맛있는 디저트를 준비하는 등의 간단한 일일 수도 있습니다. 일상생활에서 나타나는 평범하고 사소한 일들에 순종하십시오. 그것이 바로 복을 받는 길입니다.

 나의 신앙을 삶의 현장에서 나타낼 수 있도록 용기를 주소서. 아멘.

행복의 비결

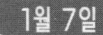 ■ 묵상과 산책 / 시1편

세상 사람이 만든 열쇠는 진실된 행복의 문을 열 수 없다.

우리는 우주 창조, 최초의 죄와 그 죄가 온 인류에게로 퍼짐, 노아의 방주, 바벨탑과 민족들의 흩어짐, 그리고 아브라함을 특별히 한 나라의 시조로 삼으시겠다는 하나님의 약속에 관해 읽어 왔습니다. 우리의 마음을 다음과 같이 이끌음으로써 용기를 얻을 수 있습니다.

첫째, 매일 읽고 있는 위대한 성경의 저자이신 하나님을 경배하십시오. 둘째, 하나님의 말씀을 묵상하면서 잠시만이라도 조용한 순간들을 보내도록 하십시오. 셋째, 기도 중에 그 분을 찬양하고 경배하도록 하십시오. 시편이 도와줄 것입니다.

시편 1편은 우리가 매일 하나님과 동행하는 데서 얻는 행복의 비결을 보여 주고 있습니다. "앉는 곳을 조심하라. 계속해서 전념하라." 시편 1편의 전반부는 복을 받고자 할 때 피해야 될 것과 경건치 못한 자들의 생활 형태를 그리고 있습니다. 걷는 것이란 매일매일의 결정하는 일을 말하고, 선다는 것은 더 영구적인 신뢰들을 표현하는 것이며, 앉는다는 것은 습관적으로 굳어진 태도들과 생활 양태들을 말합니다. 행복의 비결을 발견한 사람들은 경건치 못한 자들의 선택, 신뢰, 그리고 확신들을 거절합니다.

진실로 복 있는 사람은 하나님이 그에게 원하시는 모든 것을 하는 데서 기쁨을 누리는 사람이며, 밤낮으로 그의 율법들을 묵상하며 더욱 가까이 그를 따를 방법들을 생각하고 있는 사람입니다(1:2).

주위에 있는 커다란 나무 한 그루를 바라보면서 다음 두 가지 질문을 스스로에게 해 보십시오. 첫째, 나의 신앙의 나무는 어떤 특징들을 갖고 있는가? 아름다움… 힘… 안정? 둘째, 저 나무는 어디서 저 같은 특징들을 얻었는가? 흙과 물에서, 아니면 한 마디의 성장을 위해 질소에서 매일 '흡수'한 것일까? 한 그루의 나무처럼 심어져서 열매를 맺으려면 일상 계획 중에 하나님의 말씀을 어느 위치에 두어야 하겠습니까? 시편 1편을 소리 내어 읽고 묵상하십시오.

 우리의 삶이 복있는 삶이 되게 하소서. 아멘.

소돔의 운명과 사라의 구원

1월 8일 ■묵상과 산책 / 창18-20장

많은 문제들이 우리로 기도케 했을 때, 그것들은 우리에게 유익한 것이다.

세 천사가 아브라함에게 쓰라림과 즐거움의 소식을 갖고 찾아 옵니다. 한 해가 지나면 사라가 아들 하나, 이삭을 낳으리라는 소식과 소돔의 멸망이 임박했다는 소식이었습니다. 아브라함은 자기 조카 롯이 그곳에 살고 있음을 기억하고 하나님의 자비를 간곡히 호소합니다. 그러자 의인 열 명만 있으면 그 성은 멸망치 않으리라는 보증을 받습니다. 그러나 상황은 아브라함이 생각한 것보다 훨씬 더 악해 끝내 소돔 성은 잿더미로 변하고 맙니다. 롯과 두 딸들은 가까스로 목숨을 건졌지만 그들이 마지못해 출발을 했었다는 사실이 롯의 아내가 뒤를 돌아본 것에 나타납니다.

14장과 18장은 공통점이 많습니다. 두 장 모두 아브라함의 조카 롯이 관계되어 있는 내용입니다. 두 장에서 아브라함은 롯의 안전에 대해서 신실한 관심을 나타내고 있습니다. 그러나 이들 두 장간에는 하나의 뚜렷한 차이점이 있습니다.

14장에서 아브라함은 롯이 사로잡혔다는 소식을 듣고 그 즉시로 출정하였습니다. 그의 사병 318명을 무장시켜서 적과 싸우기 위해 나섰던 것입니다. 하나님은 그의 구출작전을 축복하셨습니다.

18장에서 아브라함은 소돔의 멸망이 임박했다는 소식을 듣자 곧 간절히 기도하였습니다. 롯 가족의 안전을 위하여 하나님과 씨름하다가 아브라함은 마침내 그 성읍에 의인 열 명만 있어도 절대로 멸망치 않으리라는 보증을 받아 냈습니다. 그리고 하나님은 그의 중재 기도를 축복하셨습니다.

만일 아브라함이 싸움을 해야 했을 때 기도했다면, 그리고 기도해야 했을 때 싸웠다면 어떻게 되었겠는가를 잘 생각해 보십시오. 이제 당신 자신의 영적 전투와 기도들을 돌이켜 보십시오. 하나님보다 앞지르거나 뒤쳐지지는 않았습니까?

 세상에 소망을 두지 말고 오직 하나님의 나라에 소망을 두게 하소서. 아멘.

이삭의 출생과 사라의 죽음

1월 9일　■묵상과 산책 / 창21-24장

생일 케이크에 꽂을 양초 값이 케이크 값에 버금갈 때 당신이 늙어가고 있음을 알아야 한다.

관전과 기다림 속에 20년 이상의 세월이 지난 후, 아브라함과 사라의 믿음은 상속자 이삭의 출생으로 보상을 받습니다. '웃는 자'란 뜻을 가진 이삭의 예언된 출생은 웃음으로 환영을 받으며(18:12), 노부모에게 웃음과 기쁨을 안겨다 줍니다. 이 기쁨도 얼마 가지 않아 이삭을 하나님께 번제로서 바치라는 중대한 시험으로 위협을 받습니다. 아브라함은 기꺼이 순종함으로써 하나님께서 여전히 신실하시다는 사실에 대한 또 하나의 교훈을 배우게 됩니다.

사라는 아들이 어른으로 성숙해 가는 것을 보기는 하지만, 결혼하여 그 아내 리브가를 맞이할 때까지는 살지 못합니다.

다음과 같은 경우에 당신이 늙어가고 있음을 알게 될 것입니다.
- 대답할 말은 많은데 아무도 물어 오지 않을 때
- 이빨에 자꾸만 음식 찌꺼기가 낄 때
- 일을 결정은 해도 스스로 그것을 처리하지 못할 때
- 주소록에 온통 병원과 의사들 이름으로 꽉 찰 때

21장에 나타난 아브라함의 생애를 살피다가 그가 이미 100세라는 사실에 놀랄지도 모릅니다. 그런데도 그의 생애 중 가장 중요한 생산을 위한 세월들이 아직도 남아 있습니다. 175세로 죽기까지(25:7-8) 그는 적어도 8명의 자식의 아버지가 되며, 모리아 산에서 가장 어려운 시험을 만나게 되며(22:2), 이삭을 위해 경건한 배우자를 맞이하게 됩니다. 몸은 늙었지만 하나님을 향한 아브라함의 열심은 변하지 않았습니다.

인생이 '40부터 시작'되지는 않겠지만, 그렇다고 하나님의 자녀가 하나님께 쓰임받고자 하는 열심이 40에 끝나서도 안 됩니다. 만약 나이가 40이 넘었다면 시편 9:10-12을 찾아 읽어 보십시오. 그리고 아직 40이 안 되었다면 당신보다 나이 많은 크리스찬들이 오늘날 활기차게 일하고 있는 것을 살펴 보십시오.

늙어서도 기력이 쇠하지 않고 주의 명령을 순종듣게 하소서. 아멘.

이삭의 가족과 생애

1월 10일 ■ 묵상과 산책 / 창25-26장

자신을 생각할 때 만족스럽지 못한 출생이거든 다시 태어나기 위해 힘쓰라.

이삭의 삶에 하나님께서 내려 주신 축복이 오늘 읽을 두 장의 이야기들 속에 명백히 나타나 있습니다. 이삭 역시 자기 아버지처럼 아기를 낳지 못하는 아내를 맞이했지만, 그의 기도에 대한 응답으로 하나님은 두 아들 쌍둥이를 주십니다. 이삭 역시 아브라함 처럼 믿음으로 행하고 하나님께 순종했으나, 불행히도 아버지 아브라함이 그랬던 것처럼 좋은 면과 더불어 나쁜 면도 있음을 보여 주고 있습니다.

만약 아직까지도 '부모'의 삶이 '자식'의 행동에 영향을 미친다는 사실을 의심하고 있다면 오늘의 본문으로 말미암아 그 같은 의심들이 완전히 제거될 것입니다! 하나님은 아브라함이 그의 아들 이삭과 앞으로 다가올 미래 세대를 위해 믿음과 순종의 유산을 남겨두고 떠났다는 사실을 분명히 밝히고 있습니다(26:3,5,24).

하나님을 향한 이런 심오한 열심과 경건은 창세기가 아브라함에 관한 실제적 모습을 그려 주고 있기 때문에 특히 더 흥미롭습니다. 하나님은 그의 연약함과 실패에도 불구하고 다가올 수많은 세대들에게 영적인 성공을 보여 주기 위해 아브라함의 생을 사용하셨습니다.

우리의 후손들을 위해 그와 같은 경건의 모범을 남겨주고 떠난다면 이 얼마나 놀라운 일이겠습니까? 그러나 우리가 오늘 그러한 유산을 쌓기 시작할 수 있다는 좋은 소식이 기다리고 있습니다. 믿음과 순종의 생활은 매일매일 내리는 결정들이 벽돌처럼 차곡차곡 쌓여서 형성된다는 사실은 아브라함의 시대나 오늘날에 있어서나 마찬가지입니다. 우연이 아닌 선택이 우리의 미래의 삶을 결정합니다.

또 하루, 24시간 안에도 여러 번 우리는 많은 생명들, 곧 우리들 자신, 우리들이 사랑하는 사람들, 그리고 우리의 족적(足蹟)을 따르게 될 아직 태어나지 않은 사람들에게 영적인 영향을 미칠 결정을 내리게 될 것입니다. 이 모든 선택을 장기적 안목을 가지고서 할 수 있는 지혜와 힘을 달라고 하나님께 구하십시오. 그러면 주실 것입니다.

우리의 선택이 하나님의 뜻에 합당한 선택이 되게 하소서. 아멘.

야곱의 계략과 노동

1월 11일
■ 묵상과 산책 / 창27-31장

남편이 낚시질 하는 것을 보면 자기와 결혼한 남편의 끈기를 알 수 있다.

태에서 시작된 쌍둥이들의 투쟁은 에서와 야곱이 성장한 후에도 계속됩니다. 이삭을 속여서 차자인 야곱에게 장자의 축복을 받게 하려는 리브가의 계략이 이루어진 후, 야곱은 안전을 위하여 하란으로 도피합니다. 가는 도중에 그는 꿈 속에서 하나님으로부터 자기는 진정한 언약의 상속자가 될 것이라는 보증을 받습니다. 하란에서 그는 외삼촌 라반에게 '속임'을 당합니다. 그러나 20년간의 고난 끝에 네 명의 아내, 열 한명의 아들, 딸 하나, 그리고 상당한 재산을 가지고 가나안으로 되돌아옵니다.

구원 받지 못한 배우자, 반항적 십대, 완고한 친구! 만약 당신이 그들을 진리에 눈뜨게 할 수만 있다면! 아마도 당신은 스스로에게 지금까지 이렇게 말해 왔을 것입니다. "나는 그 사람의 생활태도를 고치게 할 만한 그 '무엇인가'를 주었었다"고. 그러나 '올바른' 일을 성취하는 데에 '잘못된' 방법을 사용했을지도 모른다는 생각을 전혀 고려하지 않고 있지는 않습니까?

야곱은 장자 상속권, 축복, 아내들, 양 떼, 소 떼 등, 그가 얻고자 했던 것은 모두 다 얻었습니다. 그리고 그는 비싼 대가를 치루었습니다. 이를테면, 아버지와 형제들로부터의 따돌림, 집안 내부의 분쟁, 그의 인척들에게 일어난 쓰라린 일, 그리고 끊임없는 불안을 겪고 말았습니다. 애석한 것은, 만일 하나님을 그분의 말씀에 따라(25:23; 28:12-15) 모셨더라면 야곱은 자기가 얻고자 했던 모든 것을 가질 수 있었을 것이고, 그러면서도 하나님과 더불어 교제를 즐길 수 있었을 것이라는 점입니다.

우리는 교활함 대신에 사랑과 기도, 기다림과 믿음으로 행하여야 합니다. 그리고 하나님으로 하여금 그분의 일들을 직접 하시게 하십시오. 성경 속에 책갈피를 끼워 두고 하나님의 일은 그분의 것이라는 사실을 내일도 역시 기억나게 하십시오.

 세상적인 방법으로 목적을 성취하지 않게 하소서. 아멘.

야곱의 재회와 에서의 자손

1월 12일
■ 묵상과 산책 / 창32-36장

회개하는 일을 멈춘 크리스챤은 성장을 중지한 것이다.

야곱은 에서와 화해하기에 앞서 먼저 하나님과 화해해야만 했습니다. 재산과 가족을 얍복 강 건너로 보낸 후에 야곱은 여호와의 천사와 씨름을 합니다. 마침내 그는 얻고자 했던 축복을 받아 내고 동시에 영원히 기억될 두 가지 새로운 호칭을 받게 되는데 그것은 이스라엘 곧 '하나님과 겨루어 이긴 자'란 뜻과 '영원한 절름발이' 입니다. 에서와의 감격적인 재회는 옛적에 아브라함과 이삭에게 약속하신 많은 후손과 영원한 상속 언약에 관한 하나님의 확증하심에 뒤따른 사건입니다.

잠시 야곱의 입장으로 돌아가 봅시다. 형이 죽이려 했기 때문에 그와 결별했습니다. 이제 그가 400명의 군사를 거느리고 오고 있다는 소식을 들었습니다. 어떻게 판단하겠습니까?

첫째 "나의 형은 공식적인 방문을 하러 오고 있다."

둘째 "나의 형은 화해하기 위해 오고 있다."

셋째 "나의 형은 나를 죽이러 오고 있다."

음모와 묵인의 20년이란 세월이 지난 후 야곱은 최후의 날을 맞이하게 된 것입니다. 그는 생전 처음으로 하나님이 꼭 필요하다는 것을 깨닫게 되었습니다. 그의 기도가 그것을 보여 주었고(32:9-12), 하나님과의 씨름이 그것을 나타냈던 것입니다.(32:24-26). 결국 야곱의 진지한 추구와 투쟁에 대한 응답으로 하나님은 그의 의지를 부수고, 거짓으로 가득찬 그의 마음을 변형시키고, 야곱이 그렇게도 오랫동안 갈망하고 훔치기 위해서 애썼던 장자권의 축복을 주셨습니다.

아직까지도 하나님의 주권을 무시한 채 인생의 문제들만 가지고 하나님과 씨름하고 있습니까? 하나님께서 우리를 최후의 순간까지 끌고 가실 때까지, 하나님께서 삶을 절름발이로 만드실 때까지 기다리고 있지 마십시오. 빨리 하나님의 사랑의 주권 아래로 나오십시오. 오직 하나님께 항복했을 때만 승리할 수 있을 것입니다.

화평의 사람들이 되어서 이웃과 화목하게 살게 하소서. 아멘.

요셉의 시련과 애굽에서의 승리

1월 13일 ■ 묵상과 산책 / 창37-40장

사람은 인생의 승리에서보다 시련 속에서 더 많은 것을 배운다.

창세기에 나오는 네번째 족장, 즉 야곱이 가장 총애하던 아들, 요셉에 관해 읽게 됩니다. 요셉은 아버지 야곱의 사랑을 독차지했으며 형제들에게 너무 숨김이 없었기 때문에 형제들로부터 미움받으며 온갖 역경을 겪게 됩니다. 요셉을 시기한 형제들이 그를 지나가는 상인들에게 팔지만 하나님의 손이 요셉의 삶과 함께 하십니다. 애굽에서의 그의 부당한 감옥살이를 이용하셔서 하나님은 이스라엘 구원을 위한 도구로서 준비하십니다. 그의 믿음과 성실성이 형제 유다의 부끄러운 행동(38장)과 완전히 대조적으로 나타납니다.

"주여, 저를 이 무리로부터 구원하소서!" 이제까지 그처럼 처절한 기도를 드려본 적이 있다면 요셉의 일생에 대한 이야기를 좋아할 것입니다. 요셉처럼 거미줄 같은 역경에 처해 있다는 사실을 알게 된다면 탈출구를 찾을 수 있는 좋은 기회가 될 것입니다.

요셉은 애굽에서의 자기 자신, 곧 노예 상태이며 외로운 처지에 놓여 있는 자신을 발견하고는 온갖 역경 가운데서도 간절히 기도하고 싶은 마음이 생겼습니다. 그는 자기의 처지를 비통과 실망과 복수의 구실로 삼을 수가 있었습니다. 그러나 여호와께서 그와 함께 하심으로 흔들리지 않고 그의 생각과 범사가 형통하게 되었습니다(39:23). 갖은 압박 가운데서도 요셉은 견실하게 행동하여 후일 전화위복으로 애굽의 국무총리가 되었습니다.

지금 당신을 압박하고 있는 것은 무엇입니까? 그 압박들에 대하여 어떻게 반응하고 있습니까? 가장 쉽게 빠져나갈 수 있는 탈출구를 찾고 있습니까? 아니면 더 큰 일을 위해 써 달라고 요구하고 있습니까? 현재 겪고 있는 믿음의 시련을 생각해 보십시오. 그 결과로서 하나님께서 우리의 삶 속에 이루고자 하시는 적극적인 변화는 뭐라고 생각하십니까? 그것을 빈 종이에 써 보시고 가족이나 친구와 함께 이를 나눠 보십시오. 귀한 결과가 나타날 것입니다.

시련 가운데 있을지라도 좌절하지 않게 하소서. 아멘.

가장 암울했던 시절들

1월 14일 ■묵상과 산책 / 시3편

당신이 믿음 위에 설 때, 당신의 입장을 고수하기는 훨씬 쉬워진다.

이제까지 직접 보아 왔듯이 창세기는 성경 가운데서 가장 흥미를 자아내는 책들 중의 하나입니다. 아브라함과 사라, 이스마엘과 이삭, 야곱과 에서, 요셉과 그의 형제들, 이들의 생애는 우리에게 순종함으로 오는 즐거움과 불순종에서 오는 고통에 관해 많은 것들을 가르쳐 줍니다. 그것은 바로, 우리들의 본보기로 보여 주시기 위해 실패와 성공 이야기 모두를 포함시킨 이유가 됩니다.

당신은 소수 편에 있을 때에도 자신의 입장을 끝까지 견지할 수 있습니까? 그 소수 편이 위축되어 가고 반대 편이 커 가고 있을 때는 어떻게 하겠습니까?

다윗은 시의 첫 머리에 표제를 달아 그 시를 짓게 된 역사적인 상황을 알려 주는 열 네 편을 썼는데, 시편 3편이 그러한 시편들 가운데 하나입니다. 그 시의 표제는 "다윗이 그 아들 압살롬을 피할 때에 지은 시"라고 되어 있습니다. 한 아버지의 상심한 마음, 밀려난 군주의 수치, 그리고 한 위대한 군사 지도자의 정복에 대한 기사가 압축되어 있습니다. 다윗이 총애하던 아들 압살롬이 왕위를 강탈함으로써 왕은 그의 생애 가운데 가장 어려운 시기에 처하게 됩니다.

그러나 다윗은 시작하자마자(3절) 하나님이 자기를 지킬 방패시요, 자기를 아름답게 할 영광이시요, 자기를 격려함으로 머리를 들게 하실 분임을 기억합니다(3절). 하나님은 근심 중에 평강을 주시고(5절) 원수의 면전에서 두려움을 내쫓으십니다(6절). 진실로 하나님이 함께 하시면 모든 적들을 이길 수가 있습니다.

쌓여진 온갖 문제들로 인해 잠 못 이루는 것은 우리의 초점이 잘못된 곳에 놓여 있음을 말해 주는 확실한 증거입니다! 5절의 내용을 종이에 써서 눈에 가장 잘 띄는 장소에 그것들을 붙여 놓으십시오. 그리고 항상 기억하십시오. 문제를 해결해 주실 분은 결코 주무시지 않으시며, 살아 역사하신다는 사실을!

 그 어떠한 역경 속에서도 하나님만을 바라보게 하소서. 아멘.

바로의 꿈과 요셉의 승리

1월 15일
■ 묵상과 산책 / 창41-44장

자신이 말한 그대로 행동하는 사람은 때로는 곤란한 지경에 빠지게 된다.

억울한 누명을 뒤집어 쓰고도 하나님 앞에 신실하게 삶을 살던 요셉은, 이제 애굽에서 상상할 수도 없는 높은 권세의 자리에 오릅니다. 하나님께서 바로에게 주신 어려운 꿈을 요셉이 해몽합니다. 그 결과 요셉은 하나님께서 주신 통찰력으로써 죄수에서 국무총리로까지 승진하게 됩니다. 온 세상에 기근이 닥쳐오리라는 하나님의 계시는 바로로 하여금 애굽의 모든 정사들의 감독권을 요셉에게 위임하도록 합니다. 기근이 가나안에 이를 때에 요셉의 형제들은 식량을 구하러 애굽으로 여행을 떠납니다. 그곳에서 그들은 지금까지 조심스럽게 숨겨 두었던 죄악들의 진면목을 드러내게 되었습니다.

신념을 갖는 것과 그 신념으로 인해 유죄 판결을 받는 것은 완전히 별개의 문제입니다! 성경에는 하나님께 대한 신앙을 가지고 살다가 그 신앙으로 인해 기꺼이 투옥되고 나아가 순교까지 마다하지 아니한 사람들의 이야기들로 가득차 있습니다. 믿음의 전당에 위치한 많은 사람들, 즉 요셉, 예레미야, 다니엘, 베드로, 요한, 바울, 그리고 수많은 무명의 성도들이 하나님을 향한 굽힐 줄 모르는 신앙의 자세를 지키다가 감옥에 갇혔습니다(히 11:36). 여기에 20세기의 철의 장막에 갇힌 크리스찬들을 더하면, 당신은 '그리스도를 위한 죄수들'이라고 하는 특별한 무리를 발견하게 될 것입니다!

투옥, 고문, 그리고 복음전파와 믿음을 지키기 위해 심지어 순교까지 당하고 있는 형제 자매들을 위해 기도한 적이 있습니까? 비록 그들과 얼굴을 마주할 기회는 없지만, 우리의 기도는 그들에게 커다란 힘이 될 수 있습니다.

오늘날의 요셉을 위해서 기도하십시오. 오직 영원만이 '투옥된 성도들'의 생명과 '열렬한 간구들'을 통하여 이루신 하나님의 위대한 사역들에 대해 말해 줄 것입니다!

하나님이 높이실 때 까지 기다리는 인내를 주옵소서. 아멘.

요셉의 가족과 기근대책

1월 16일 ■묵상과 산책 / 창45-47장

하나님은 언제나 우리가 생각한 것 이상으로 변화시키는 분임을 감사해야 한다.

요셉은 이제 더 이상 숨기고 있을 수가 없어서 자기의 정체를 겁에 질린 형제들에게 밝힙니다. 형들은 복수를 두려워했지만, 요셉은 이제까지 자신에게 일어났던 사건들 속에 숨어 있었던 하나님의 의도를 이해합니다. 그리고 자기가 바로 가족을 다시 모아서 부양시킬 자라는 사실을 기뻐합니다. 그리하여 히브리 전 민족 70명은 다음 400년 동안 '고향'으로 삼고 살게 될 고센 땅으로 이동합니다.

기독교인들 가운데 일부를 선별하여, 성경에 나오는 인물들 가운데 그들이 제일 좋아하는 인물을 임의로 뽑아 보도록 해 보십시오. 그러면 요셉이 뽑힐 가능성이 클 것입니다. 왜 그렇겠습니까? 그 이유는 요셉의 생애 속에서 우리 모두가 거의 다 경험하는, 오해, 학대, 설명할 수 없는 상황들, 외견상으론 응답받지 못하는 듯한 기도들, 그리고 옳은 일을 행하는데도 그것이 모두 나쁘게 변해 버리고 마는 일들을 보게 될 것이기 때문입니다.

요셉의 생애를 읽노라면, '하나님께서는 자기 백성들의 삶 속에서 결코 에너지를 낭비하시지 않는다'는 진리를 쉽게 깨닫게 됩니다. 하나님께서 어제 허락하신 여건은 우리로 하여금 오늘을 위해 준비하도록 도우셨던 것이고, 오늘 주신 것은 내일을 위해 우리가 더 잘 무장하라는 것입니다.

요셉의 일생은 한 가지 사실, "곧 나를 이리로 보낸 자는 당신들이 아니요 하나님이시라"(45:8)라는 것을 제외하고는 실수 투성이 뿐인 하나의 희극과 다름없을 것입니다. 요셉은 그러한 인식으로 강하게 무장되어졌으므로 초조감 대신에 기대감을 가지고 매번 새 날을 맞이할 수 있었습니다! 우리의 자세도 그렇습니까? 우리나 사랑하는 사람이 겪었을지도 모르는 최근의 한 '사건'을 예로 들어 보십시오. 그리고 그것은 전혀 우연한 사건이 아니라 도리어 우리를 위한 하나님의 주권적 계획 속에서 일어난 사건임을 깨달으십시오.

하나님의 명령에 순종하는 자가 되게 하소서. 아멘.

야곱과 요셉의 말년

1월 17일　　■ 묵상과 산책 / 창48-50장

용서란 용서할 그 무엇인가가 생길 때까지는 달콤한 감정이다.

그의 파란만장한 젊은 시절과 대조해 볼 때 야곱은 애굽에서의 마지막 17년 동안 평온한 생활을 했습니다. 야곱은 죽기에 앞서 요셉의 아들들에게 특별한 축복을 합니다. 그리고 임종시에 야곱은 그의 아들들과 자손의 운명에 대해 예언하면서 유다의 자손이 메시야의 혈통이 될 것임을 알려 줍니다(49:1). 향료를 넣은 야곱의 유해는 그의 소원에 따라 막벨라 굴에 장사됩니다. 하나님께서 자기 백성에게 향하신 뜻을 이루시는 때가 오면 자기를 약속의 땅에 옮겨 묻어 달라는 믿음의 유언을 남긴 요셉의 죽음으로 창세기는 막을 내립니다.

배반을 당해 보았던 사람의 고통스런 경험을 말로써는 온전히 다 표현할 수 없습니다. 인생의 시련들은 결코 유쾌한 것이 못 됩니다. 더구나 형제들로부터 받게 되는 고통은 가장 큰 상처를 입게 합니다. 그것은 부당한 일입니다. 가장 나쁜 일이고 비기독교적입니다. 그러나 그러한 일은 실제로 일어납니다. 그것에 대처할 방책을 미리 준비할 필요성이 있습니다.

쓰라림으로 상처받는 크리스찬들이 얼마나 많은지 당신은 아십니까? 혹시 당신이 그들 가운데 하나는 아닙니까? 요셉이 겪었던 고통들을 자세히 살펴 보십시오. 복수할 수 있었던 기회가 없었나요? 분명히 있었을 것입니다. 비통함은 없었을까요? 없었습니다. 왜 그렇습니까? 요셉은 하나님의 손이 그의 삶을 인도하시고 계심을 확신하였기 때문입니다. 그는 하나님이 신실하게 인내로써 견디기만 한다면 선을 가져오시리라는 내적 확신을 가졌던 것입니다.

창세기 50:20은 좋은 충고 이상의 가치가 있습니다. 즉, 그것은 하나님과 동행하는 삶 속에서 '비통함'을 '축복'으로 바꾸는 열쇠가 될 수 있습니다. 요셉처럼 마음 속으로 "당신들은 나를 해하려 하였으나 하나님은 그것을 선으로 바꾸셨다"는 고백을 말할 수 있을 때까지는 오늘 이 성경책을 덮지 마십시오.

 하나님의 전적인 주권을 깨달아 알게 하소서. 아멘.

애굽에서의 속박

1월 18일　■묵상과 산책 / 출1-2장

미래는 하나님의 약속이 있는 한 밝다.

창세기가 막을 내린 후 세월이 지나자 히브리 민족은 애굽 땅에서 급속적으로 번성해 갔습니다. 점점 무자비해져 가는 애굽 왕의 위협 속에서 히브리 민족은 쓰라린 압박을 받으며 '들판에서의 길고도 모진 삶'을 감내했습니다(1:13).

하나님 백성의 구원에 대한 부르짖음은 드디어 모세라는 인물을 통하여 응답되어집니다. 아무런 도움의 손길도 없는 갓난 아기에게로 향하신 하나님의 섭리로 인한 돌보심에서 본 것처럼, 어릴 때부터 모세의 운명은 이미 뚜렷하게 정해진 것이었습니다.

그러나 40세에 모세는 옳지 못한 방법(살인)으로 옳은 일(구출)을 하려 합니다. 그 결과 그는 목숨을 부지하기 위해 도피하고 맙니다. 그 다음 40년 동안 미디안 사막에서 양 떼들을 돌보게 되었는데… 이는 하나님이 그에게 애굽이라는 사막에 있는 훨씬 더 큰 양 떼들을 돌보게 하기 위한 준비를 시키는 것입니다. 당신은 중요한 약속을 잊어버릴 때 그것이 얼마나 아쉬운 일인지는 잘 알고 있을 것입니다. 그러나 잊어버리고 있는 사람은 잊어버림을 당한 사람같지 않습니다.

400년 동안 하나님의 백성은 애굽 감독자들의 손아귀에서 모진 학대를 겪어 왔습니다. 하나님이 그들의 선조들에게 하신 약속들, 곧 큰 땅을 차지하며 커다란 민족을 이루리라는 약속들은 모래가 휘날리는 애굽의 광야에서 공허한 메아리가 되고 말았습니다. 그렇지만 하나님은 아브라함과 이삭과 야곱에게 맹세하신 약속을 기억하셨습니다(2:24). 뜨거운 태양이 내리쬐는 사막에서 벽돌을 만들고 있었던 그때에도 하나님은 그들이 모르는 가운데 구원을 예비하고 계셨습니다!

하나님은 그의 약속을 결코 잊지 않으시건만 당신은 얼마나 자주 그 사실을 기억하고 있습니까? 생기를 주는 훈훈한 진리를 스스로 기억할 수 있도록 손가락에 실을 매 놓으십시오. 다른 사람들이 이상해서 자꾸 물어볼 때마다 기억할 수 있도록 말입니다!

죄에서 자유를 얻게 하신 주님의 은혜에 감사하게 하소서. 아멘.

모세의 소명과 바로와의 대결

1월 19일 ■묵상과 산책 / 출3-6장

예술의 대가도 때로는 가장 좋은 효과를 얻기 위해 가장 작은 붓을 사용한다.

드디어 하나님은 자기 백성을 구원하라는 사명을 모세에게 주십니다. 그러나 모세는 그 사명을 수락하지 않으려고 버팁니다. 불 타는 떨기나무로 나타나신 하나님을 만나 뵙고 모세는 자기가 그 사명에 부적격하다는 이유를 네 가지로 들어 거절합니다. 하지만 모세의 연약성이나 바로의 강퍅성도 자기 백성을 구출하려는 하나님의 주권적 계획에는 장애가 될 수가 없습니다. 마침내 모세는 "내 백성을 보내라"(5:1)라는 힘찬 선언으로 바로와 대결하게 됩니다.

잠시 동안 모세의 입장으로 돌아가 보십시오. 당신이 평온한 산허리에서 양을 치고 있습니다. 그때 갑자기 한 떨기나무가 불이 붙었는데 나무는 타지 않습니다! 자연히 호기심에 끌린 당신은 이 놀라운 광경을 알아 보려고 더 가까이 다가 가게 될 것입니다.

그러다가 이스라엘의 하나님과 대면하여, "내가 너를 바로에게로 보내려 하노라" 하시는 그분의 음성을 듣게 됩니다. 어떻게 대답하겠습니까? 아마도 모세와 같은 행동을 하겠지요. 가장 강력한 통치자 앞에서 당신이 하나님을 대변하는 것이 부적절하다고, 실수투성이인 당신의 입술을 통해 하나님의 말씀을 전달하기엔 온당치 못하다고 말입니다. 하나님은 이미 우리의 부족을 알고 계십니다. 그게 바로 하나님께서 우리를 택하신 이유입니다. 그렇게 함으로써 그분의 힘이 우리의 연약성을 통하여 빛나게 되고, 우리들의 인생은 그의 영광을 반영하게 될 수 있기 때문입니다.

오늘 하나님을 섬길 수 없다고 그분께 드릴 수 있는(또는 아마도 벌써 드렸을지도 모르는) 세 가지 변명을 한 번 적어 보십시오. 그리고 나서 그것을 각각 기도 제목으로 삼으십시오. "하나님, 당신은 나의 체질을 아시나이다. 내 연약함을 통하여 하나님의 능력을 나타내소서. 나의 보잘 것 없는 것을 통하여 곧 '스스로 있는 자'임을 다른 사람들에게 증거하게 하소서".

 금년에도 주님이 주신 사명을 감당하게 하소서. 아멘.

애굽의 아홉 재앙들

1월 20일   ■묵상과 산책 / 출7-10장

모든 성경에는 하나님의 왕적 통치에 굴복해야만 한다.

하나님의 말씀이 그분의 종 모세를 통하여 전달되어졌음에도 불구하고, 바로의 돌같이 굳은 마음은 조금도 움직이지 않습니다. 이제 모세는 하나님의 역사하심을, 즉 곤충과 질병 및 자연 변화들을 포함하는 아홉 가지 재앙들을 드러내기 시작합니다. 재앙들은 점차로 더욱 강렬해지고 의도적이어서 그냥 무시할 수 없게 되었습니다. 자신의 빈번한 약속에도 불구하고 바로가 계속하여 그 백성들을 보내지 않으므로 결국 열번째의 최고의 재앙을 맞이하게 됩니다.

'바로는 하나님이 자기에게 어떤 것을 원하시는가를 알았습니다.' "내 백성을 가게 하라"는 명령은 여섯번 이상 반복되어졌습니다. '바로는 하나님이 그가 그 일을 어떻게 하길 원하는가를 알았습니다.' 당신의 백성들로 하여금 사흘길쯤 광야로 가게 해서, 애굽 땅에는 아무것도 남겨 두지 말게 하라는 것이었습니다 (8:26-27, 12:8-11).

'바로는 자신이 만약 순종하지 않으면 어떤 결과들을 초래할지도 뻔히 알고 있었습니다.' 각 재앙을 내릴 때마다 미리 바로에게 그 재앙의 처절한 결과에 대하여 알려 주었기 때문입니다.

바로의 문제는 '모르기 때문'이 아니고 '하지 않으려 했다'는 데서 시작됩니다. 하나님의 의지는 분명하였고 바로의 심령은 완악하였던 것입니다. 바로의 비열한 고집으로 결국 그는 그의 군대와 심지어 노예까지도 장자를 잃어야 했습니다!

바로의 이러한 비열함의 실례는 구약의 다른 저자들에 의해서도 간과되지 않았습니다. 신명기 6:2-22과 사무엘상 6:6; 느헤미야 9:9-12; 시편 28:7 중 한 구절을 택해, 오늘 저녁 식사 때 토론의 주제로 삼아 보십시오. 그것은 바로의 심령에 관한 문제를 피해갈 수 있는 좋은 방법이 될 것입니다.

우리 주변의 사람들이 하나님의 사랑을 깨달아 알게 하소서. 아멘.

인생 최대의 선물

■ 묵상과 산책 / 시4편

진정한 기도는 생활 그 자체이지, 위급할 때만 부르짖는 소리가 아니다.

애굽에서의 신실한 요셉의 모범, 자기 백성을 위한 하나님의 주권적인 돌보심, 하나님의 구원자 모세의 출현 등의 말씀을 통하여 하나님께서는 우리를 강력하게 계속 가르치십니다. 상황이 아무리 삭막하게 보인다 할지라도 하나님은 여전히 통치하고 계십니다!

오늘은 성경 순례의 길을 잠시 멈추고 시편 4편의 내용에 의지해서 주를 찬양합시다. 하나님이 원하시는 방식대로 기도하고 있습니까? 시편 4편에서 다윗은 재난 직전에 있는 자신을 발견합니다. 왕으로서의 명예는 수치로 변해 버렸고(2절), 근심이 에워쌌습니다. 그래서 과거에 자기를 도우셨던 분에게 도와달라고 부르짖습니다. "내가 부를 때에 응답하소서… 나의 기도를 들으소서"(1절).

그리고 나서 다윗은 자기가 방금 한 기도를 다시 생각해 보았습니다. 하나님께서 변덕을 부리시는 것일까요? 하나님께서는 당신의 자녀들이 올리는 기도중 일정한 기도에 대해서만 귀를 기울이시는 것일까요? 근심 중에 있을 때 하나님의 자녀들은 그분께 관심을 기울여 주십사고 간청해야만 하는 것인가요? 그렇지 않습니다. 다윗은 3절에서 다음과 같이 자신있게 말하고 있습니다. "내가 부를 때에 여호와께서 들으시리로다." '기도'로서 시작했던 것이 '약속'을 확인하는 것으로 끝나고 있습니다.

하나님께 흔히 드리는 기도에 대해 생각해 보십시오. 그것들은 모두 하나님이 이미 주시기로 약속해 놓았던 것들을 달라고 요청하는 식이 아닌가요? "하나님, 나의 필요를 돌아보소서…." 하나님은 예수 그리스도 안에서 영광 가운데 그 풍성한 대로 우리의 모든 쓸 것을 채우시는 분이십니다"(빌 4:19). "주여, 이 인생의 여행에 우리와 동행하소서…." '볼지어다 내가 세상 끝날까지 너희와 항상 함께 있으리라'(마 28:20). 오늘 기도 목록을 작성해 보십시오. 그리고 하나님 말씀 속에서 그 기도의 각각에 대한 약속을 알아 보십시오.

금년에는 기도하기를 쉬는 죄를 범치 말게 하소서. 아멘.

죽음과 출발

 1월 22일   ■묵상과 산책 / 출11-12장

만약 하나님께서 우리가 그분을 기억하는 만큼만 우리를 기억해 주신다면 우린 어떻게 될 것인가?

먼저 내려진 아홉 가지 재앙들은 모두 애굽의 숭배 대상들 즉, 나일강, 태양, 개구리, 파리 등에 대한 공격을 시사하는 것이었습니다. 그러나 이제 하나님은 히브리 민족을 내보내지 않으면 바로의 장자를 포함하여 모든 애굽 가정의 첫 아들을 죽이겠다고 경고하심으로써 바로 왕(王) 자신을 공격하십니다.

그 무서운 심판을 면하기 위하여 이스라엘의 가정에서는 집집마다 자신들의 장자의 죽음을 대신하는 의미로 어린 양을 죽임으로써 유월절을 지키게 됩니다. 공포와 죽음의 밤이 지난 후 바로는 히브리인들에게 떠나라고 명령을 내리고, 출애굽이 시작됩니다. 이렇게 하여 유월절은 히브리인들이 애굽의 종되었던 신분에서 하나님의 구속을 받은 것을 기념하는 연례적인 행사로서 지켜지게 됩니다.

남편이 아내에게 당신 생일이 어제였다고 말해 주는 것, 바로 이것이 기억입니다. 하나님께서는 자기 백성들의 기억을 되풀이해서 새롭게 해 주지 않으면 자신들이 겪은 유월절과 출애굽 사건 같은 위대한 역사의 순간들을 쉽게 잊어버리고 만다는 것을 알고 계셨습니다.

그래서 그분은 자기 백성들에게 중요한 날은 달력에다 표시를 해 놓고 해마다 지키게 함으로써 하나님의 위대하신 구원에 대한 기억을 생생하게 유지토록 하셨습니다. 그렇게 함으로써 그날들을 더없이 주요한 날들로 보존하게 하셨던 것입니다.

지난 열 두 달 동안 삶 속에서 하나님이 하신 모든 일들을 기억해 보는 시간으로서 1년 중 하루를 정해 놓으셨습니까? 그러지 못했다면 오늘 당장 달력에서 어느 한 날을 잡아 거기에 동그라미를 치십시오. 그래서 그날을 매일매일의 삶 속에서 하나님이 이제까지 하셨던 일과 지금 하고 계시는 일을 생각해 보고 그 일들을 다시 한 번 회상할 수 있는 날로 정해 두십시오. 개인 또는 당신과 가족들이 함께 기뻐할 수 있는 시간으로 가져 보십시오.

금년에도 온 가족이 기뻐하는 결산을 하게 하소서. 아멘.

홍해 횡단과 모세의 노래

1월 23일 ■묵상과 산책 / 출13-15장

기독교는 찬양으로 가득차 있는 종교이다.

출애굽 사건은 하나님께서 택하신 백성을 약속의 땅으로 인도하시기 위하여 행하실 일련의 이적들 중 단지 맨 처음 일어난 이적에 불과합니다. 낮에는 구름 기둥으로, 밤에는 불 기둥으로 인도하심을 받아 모세는 그 백성을 홍해 바닷가까지 이끌고 갑니다. 그러나 바로의 군대가 추적해 오자 이스라엘 백성들은 절망하여 울부짖습니다. 그때 하나님께서는 바다를 가르시고 길을 내서 자기 백성을 구원하십니다. 그리하여 절망의 부르짖음은 환희와 찬양의 노래로 바뀌게 됩니다.

당신은 얼마나 많은 성경 구절들을 암기하여 '노래'할 수 있습니까? 고개를 가로 저으며 포기하기 전에 여기 도와줄 몇 구절을 살펴 보십시오. "구세주여, 목자처럼 우리를 인도하소서"(시 23:1-2), "모든 축복들의 근원이신 하나님을 찬양하라"(시 23:1-2), "하늘에 계신 우리 아버지"(마 6:9-13), "삭개오는 아주 키 작은 사람이었고, 아주 키 작은 사람하면 바로 삭개오였다"(눅 19:1-5).

특별히 기억할 수 있도록 하기 위해서 곡을 붙이면 좋을 만한 구절들도 있습니다. 아마도 성경 구절들을 암기하려면 꽤나 힘이 들 겁니다. 하지만 최근에 새로 나온 찬송이나 복음송을 배운 적이 있습니까? 모세는 곡을 붙여서 노래로 부르게 하는 것이 하나님의 진리를 백성들의 심령에 심어 주는 데 가장 좋은 방법임을 알았습니다(출 15:1-18).

집 근처에 있는 기독교 서점에 들러 요즈음 사용되는 많은 찬송집 중 좋은 것 하나를 고르십시오. 그리하여 우리도 첫아들을 성별케하심을 기억하고, 홍해를 횡단케 하신 주님께 감사하며 하나님의 위대하심을 노래한 이스라엘 백성들처럼 늘 찬양해야 할 것입니다. 찬송가를 크리스챤의 생활 중 주일에만 사용하는 것으로 생각하면 큰 잘못입니다.

 날마다 찬송하는 삶을 살게 하소서. 아멘.

시내산으로의 행진

1월 24일   ■ 묵상과 산책 / 출16-18장

역경은 어떤 사람들에게는 좌절의 기회, 어떤 사람들에게는 더욱 단련받는 기회가 된다.

홍해에서 극적인 구출을 받았습니다. 그러나 겨우 3일밖에 되지 않았는데도 백성들은 불평하기 시작합니다. 그것은 앞으로의 광야 여행이 어떠하리라는 것을 짐작케 해 주는 것이었습니다. 물 공급이 줄어들자 불평이 늘어가는데, 이는 하나님께서 그들을 도와주시는 공급원이라는 사실을 잊고 있기 때문입니다. 하나님은 기적으로 만나와 메추라기와 물을 충분히 공급하심으로써 믿음으로 사는 법을 가르쳐 주십니다. 그러한 지경에 업무가 과중해진 모세는 장인의 조언을 받아들여 유능한 사람을 뽑아 백성들을 다스리게 합니다.

당신은 다음과 같은 아침을 맞이해 본 적이 있습니까? 어느 날 침대에서 벌떡 일어나자마자 오늘은 멋진 날이 될 것이라고 확신합니다. 그러나 샤워장엔 비누도 없고 깨끗한 수건들도 없습니다. 아침을 먹으려고 다가서다가 식탁 의자에 걸려 넘어집니다. 식빵은 타 버리고 계란은 발에 떨어집니다. 교통 혼잡 때문에 약속 시간에 늦습니다. 그리고 일과 진행표마저 잃어버렸습니다. 이런 일로 하루 일과가 엉망이 되어 버렸다면 당신은 어떻게 하시겠습니까? 아직 하루가 시작되지 않았다면, 다시 이불 속으로 기어들어가 하루를 다시 시작하고 싶을 지경일 것입니다! 이스라엘 사람들 역시 홍해 바다 횡단의 환희와 영광도 그들의 배 속에서 꼬르륵 소리가 나기가 무섭게 기억으로부터 사라졌습니다. 그들은 자기들을 광야로 끌어내어 죽이려 한다고 모세를 비난하였습니다(17:3)! '좋은' 날과 마찬가지로 '나쁜' 날들도 있게 하시는 하나님의 목적을 깨닫지 못한 적이 있습니까? 오늘 읽는 성경 속에서 발견한 온갖 어려운 상황들을 목록표로 만들고, 다음과 같이 스스로에게 물어보십시오. "하나님은 그의 백성들이 풍요를 통하여는 결코 배우지 못하고, 다만 역경을 통해서만 배울 수 있는 그 무엇을 가르치시려고 애쓰셨는가? 그리고 나에겐 무엇을 가르치려 하시는가?"

 금년 한해도 날마다 일용할 양식을 허락하소서. 아멘.

하나님의 백성을 위한 십계명

1월 25일   ■묵상과 산책 / 출19-20장

율법은 질병을 찾아 내지만 복음은 그 질병을 치료한다.

시내산에서 백성들은 하나님께 선택 받은 민족이라는 증서를 받게 됩니다. 그들이 받게 될 계명들을 기꺼이 지키기로 약속한 후 하나님의 음성을 듣기 위하여 스스로를 준비하면서 이틀을 보냅니다. 제3일에 하나님의 능력이 두려운 모습으로 나타남과 동시에 모세는 십계명을 받습니다. 당신은 다음과 같은 장면을 생각해 보십시오.

장면 1 : 당신이 끝없는 벼랑 위에 쇠사슬로 묶인 채로 달려서 바들바들 떨고 있습니다. 그때 한 친구가 이런 위로의 말을 건네 줍니다. "두려워 말라, 연결 고리들 중 하나 외에는 모두 네 몸무게를 지탱해 줄 것이다."

장면 2 : 거실을 꾸밀 거울을 사려고 가구점에 들러 거울을 고르고 있습니다. 그때 우연히 "거의 완전한 거울 판매함! 거울에 흠이 오직 한 군데만 있을 뿐임"이라고 씌어진 표시문을 발견합니다.

이 두 이야기는 율법을 지킴으로써 구원을 받으려고 애쓰는 어리석음을 보여 주고 있습니다. 다른 쇠사슬 고리들은 안전하지만 오직 하나의 깨어진 연결 고리는 당신을 죽음으로 던져 넣고 맙니다. 오로지 하나의 흠이 거울 전체를 망쳐 놓습니다. "누구든지 온 율법을 지키다가 그 하나에 거치면 모두 범한 자가 되나니"(약 2:10).

우리는 평생을 통하여 매사에 완전하게 율법을 지켜야만 할 것입니다. 그러나 예수 그리스도 외에는 그 어느 누구도 지금까지 그것을 지킬 수 있는 사람은 없습니다. 갈라디아서 3:24에 의하면, 율법의 목적은 우리를 구원하기 위함이 아니었고 죄가 무엇인가를 보여 주기 위함이었으며, 죄를 짊어질 수 있는 자, 곧 하나님의 어린 양에게로 인도해 주기 위함이었습니다(요 1:29).

장면 3 : 예수님은 우리 자신이 스스로를 구원할 수 없기에 예수께로 돌아와야 한다는 사실을 우리들이 인정하길 기다리십니다. 만약 지금껏 그렇게 해오지 못했다면 오늘부터라도 그렇게 해 보십시오.

 주님의 은혜 아래서 온전하게 살아가게 하소서. 아멘.

하나님의 백성을 위한 시민법

1월 26일 ■ 묵상과 산책 / 출21-24장

하나님의 법이 우리 심령에 새겨질 때 우리의 할 일은 오직 기뻐하는 것뿐이다.

십계명 외에도 모세는 이스라엘 백성들을 규제하기 위하여 제정된 시민법전 및 의식법전을 받습니다. 시민법들은 정의로운 행정, 재산권, 가난한 자들에 대한 보호, 범죄자 처벌, 대인 관계에 있어서 순결성 유지 등에 관한 하나님의 관심사를 보여 줍니다.

의식법들은 '광야교회'라고 불리는 성막과 제사장 제도, 희생제사 제도, 제물의 규칙, 그리고 각종 절기들을 다루고 있습니다. 순종의 중요성에 관해 엄중히 다시 상기시킨 후, 하나님은 모세에게 가르치시기 위해 또 다른 40일 동안 그를 산 위로 불러 올리십니다.

어느 누구도 율법을 지키는 것으로는 의롭다 함을 얻지 못합니다. 이는 갈라디아서 2:16과 같은 말씀을 살펴 볼 때 명백해집니다. 그렇다면 오늘 읽는 성경을 대하는 우리의 태도는 어떠해야 하겠습니까?

구약성경에 나타난 율법의 여러 부분들이 신약성경에 반복되고 있음을 인식하십시오. 십계명 중 아홉 가지 계명은 오늘날 하나님을 영화롭게 하는 행동 유형으로서 특별히 반복되어지고 있습니다.

사랑은 율법의 완성이라는 점을 기억하십시오(마 22:37-40). 만일 당신이 진실로 마음과 혼과 뜻을 다하여 하나님을 사랑한다면 이웃을 자신처럼 사랑하십시오. 당신이 스스로 십계명을 지키고 있음을 발견하게 될 것인데, 이는 당신이 지켜야만 하기 때문에서가 아니라 스스로 원해서 지키기 때문입니다.

율법이 하나님의 속성에 관하여 우리에게 가르치고자 하는 바를 배우십시오. 하나님은 우리의 구체적인 일상생활 구석구석에까지 관심을 갖고 계십니다. 즉 짐승 한 마리 죽는 것이나 이빨 하나까지도 관심을 기울이십니다(21:27-28). 그는 사업상의 공정한 거래를 원하시며, 죄 있는 자에겐 처벌을 주시며, 그리고 죄 없고 순진한 자를 보호하십니다. 이러한 것들이 당신에게도 역시 관심사가 되고 있습니까? 그러지 못했다면 오늘부터 관심사로 삼아 보지 않겠습니까?

우리의 모든 생활 전체를 하나님께 맡기오니 우리를 인도하소서. 아멘.

하나님 백성의 예배 처소

1월 27일
■ 묵상과 산책 / 출25-27장

청결한 심령은 곧 청결한 성전이다.

*40*일 동안 모세는 이스라엘의 예배 처소(성막)와 예배 양식에 관한 하나님의 말씀을 기록합니다. 그 청사진에는 하나님께서 "산에서 보인 식양(式樣)대로"(26:30) 지어져야 되는 성막의 가구, 덮개들, 휘장들과 뜰이 포함되어 있습니다.

그 표현 기법은 안쪽으로부터 바깥쪽으로 전개되는데, 이는 안으로 들여다 보는 사람의 입장을 반영하는 것이 아니라 바깥으로 내다보는 하나님, 곧 자기 백성 가운데 거하시길 원하시는 하나님을 반영시켜 주고 있습니다.

우선 언뜻 보기에 오늘 읽을 부분은 그다지 중요치 않은 사항들을 길게 늘어 놓은 것처럼 여겨질 것입니다. 마치 한 싯딤나무 숲 속에서 촛대와 수양의 가죽을 잃어버리기라도 한 것처럼 느껴질지 모릅니다. 그러나 그 내용의 요점을 놓치지 마십시오. 이것들은 하나님의 집을 세우기 위한 가르침들로서 각 세부 항목마다 중요성이 깃들어 있습니다. 그것은 예배자마다 하나님의 지존하심과 거룩하심을 찬양하도록 만드는 아름다운 집을 짓기 위한 내용입니다.

수세기 후 다윗왕은 "여호와의 이름에 합당한 영광을 돌리며 거룩한 옷을 입고 여호와께 경배할지어다"(시 29:2)라고 선포하였습니다. 다윗 역시 하나님의 위대성을 반영할 만한 특별한 집을 건축할 필요가 있다는 사실을 깨달았던 것입니다.

오늘날엔 그런 아름다운 건축물들이 존재하지 않습니다. 그러면 지금은 하나님이 어디에 거하고 계실까요? 그분은 그분을 믿는 자들의 심령에 거하십니다(고전 6:19-20). 우리 모두는 오늘날 하나님께서 거하시는 성전입니다. 잠시 동안 시간을 내어 '성전'을 깨끗이 청소하십시오. 그런 다음 계속해서 생각나도록 달력을 넘겨 가면서 달마다 하루씩 골라 그곳에 다음과 같이 기입하십시오. "최근에 나는 청소를 했는가?"

 우리 자신들이 항상 성결하여 거룩한 성전으로 살아가게 하소서. 아멘.

우울한 자를 위한 치료

1월 28일

■ 묵상과 산책 / 시8편

근심은 불신앙의 결정체이다.

우리 하나님은 전능하십니다. 우리 혀는 쉽사리 실수하고 우리 마음 속의 온갖 것으로 가득 쌓여 있는 것이 사실입니다. 그렇지만 우리는 그러한 사실들을 일상 생활 속에서는 거의 깨닫지 못합니다. 그토록 많은 시간 동안 자신들의 문제를 해결하려고 분주히 힘써 왔지만 지난 주에 보아 온 하나님의 능력에는 미칠 수 없습니다.

그분은 홍해를 가르셔서 수백만의 이스라엘 백성들을 건너게 하셨습니다. 그분은 백성들의 끊임없는 불평에도 불구하고 그들이 광야를 여행하는 동안 필요한 모든 것을 채워 주셨습니다. 그리고 모세를 통하여 주신 율법과 성막에 대한 계획들로써 당신의 길을 보이십니다.

시편 8편은 '월요병 환자'들이 필수적으로 읽어야 할 부분입니다. 청년 시절의 목동 다윗은 아마도 어느 싸늘하고 구름 한 점 없는 유대의 밤에 양 떼를 돌보면서 이 시를 지었을 겁니다. 자기 주위에 보이는 하나님 창조의 위대하심을 깊이 묵상하면서 다윗은 외칩니다. "여호와 우리 주여 주의 이름이 온 땅에 어찌 그리 아름다운지요 주의 영광을 하늘 위에 두셨나이다." 창조의 하나님은 '어린아이와 젖먹이'를 비롯한 만물에게서 경배를 받으시기에 합당하십니다.

다윗은 자신의 손가락으로 힘찬 은하계를 창조하신 하나님을 생각하다가(8:3) 그만 압도되어 버립니다. 왜 하나님이 연약하고 보잘 것 없는 사람에게까지 관심을 가지고 계시는가에 대해 다윗은 자못 놀라움을 금치 못합니다. 사실상 그는 사람에게 '영화와 존귀로 관을 씌우셨고'(8:5), '자기 손으로 만드신 것을 다스리도록' 주셨으며(8:6), 비할 데 없는 영광과 능력을 사람과 함께 나누셨던 것입니다.

하나님께로부터 받은 축복들을 세어 본 가장 최근의 시간은 언제였습니까? 그가 가족, 건강, 안전, 재산, 하늘의 집 등의 행복을 위하여 예비하신 것들을 헤아리는 시간을 가지십시오. 그리고나서 하나님을 향하여 큰 소리로 시편 8편을 읽으며 감사의 시간을 가지십시오.

주님의 오묘한 섭리에 감사하나이다. 아멘.

제사장들을 향한 특별한 지시들

1월 29일 ■ 묵상과 산책 / 출28-31장

예배란 이미 하나님의 소유로 삼으신 우리들을 그 분께 드리는 것이다.

성막에 관한 계획들 외에 성막에서 수종들 자들, 곧 제사장들에 관해서도 모세는 상세한 지시를 받습니다. 28-30장은 하나님 앞에서 이스라엘을 대표하기 위하여 특별히 구별된 자들, 그리고 예배시에 백성을 지도할 자들에 대해 기술하고 있습니다. 그들에 관한 것은 모두 다 특수합니다. 즉 그들이 입는 의복, 의식을 집행하기 위해 필요한 몸의 청결을 유지하는 정교한 의식들, 성막 예배에서 사용되는 기명들 및 공급품들까지도. 게다가 하나님께서는 성막을 위하여 손수 예술가들과 장인들을 고르셨으며, 안식일과 예배를 위하여 매주 특별한 날을 구별하여 놓으셨습니다.

출애굽기 25-27장을 통해 성막 견학을 즐기셨습니까? 오늘은 대부분 제사장들과 관련된 예배를 위한 하나님의 복잡한 청사진을 검토하겠습니다. 만약 이를 읽는데 오랜 시간이 걸린다고 생각되면, 모세가 이 모든 것을 쓰는 데 40일이 걸렸다는 사실을 기억하십시오.

오늘 읽을 곳은, 하나님께서 자기 백성 가운데 임재하시고 그들과 교제를 나누시기 위해 가셨던 그 거리에 대하여 새로운 인식을 갖게 해 줄 것입니다. 하나님은 전적으로 거룩하시기 때문에 죄악된 인간이 하나님과의 교제를 갖고자 했을 때는 이런 정교한 절차가 필요했습니다. 단 한 가지 사소한 사항도 소홀히 할 수 없었던 것입니다!

이스라엘 민족의 일상생활에서 예배가 얼마나 중요한지를 인식하십시오. 예배가 단 하루나 한 시간으로 한정되지 않았습니다. 즉 하나님을 예배한다는 그 하나의 중심 기능을 축으로 삼고 생활의 모든 영역이 축 주위를 맴돌았던 것입니다.

생활의 압박이 당신의 바쁜 일정표를 차단시키려 했던 때는 언제입니까? 당신의 가장 많은 시간을 개인이나 가족을 위한 시간으로 보내면서 일주일에 한 번만 교회에서 예배를 드리는 이유는 무엇입니까? 하나님은 가치있는 예배를 원하십니다.

 우리의 예배가 삶속에서도 이루어지게 하소서. 아멘.

금송아지와 영광스런 여호와

1월 30일 ■묵상과 산책 / 출32-34장

환경은 결코 성격을 형성시키지 않는다. 그 성격을 드러내게 할 뿐이다.

모세가 산에 올라가 있는 동안 백성들은 모세가 산에서 죽었다고 추측하면서 하나님께 복종하겠노라고 다짐했던 맹세를 잊고 애굽의 이교도 방식으로 되돌아갑니다. 모세는 화를 내며 두 개의 돌판을 깨뜨리며 금송아지를 파괴해 버립니다. 동시에 그는 레위인들로 하여금 우상을 섬긴 죄인들을 죽이도록 명령합니다.

모세의 사심없는 중보기도는 하나님과 그의 택한 백성 사이에 언약의 갱신을 가져옵니다. 그리고 모세가 시내산의 깨뜨린 돌판을 대신하러 간 또 다른 여행에서 돌아올 때 그의 얼굴은 이스라엘을 용서하시는 하나님의 영광을 반영하여 빛이 납니다.

자유란 '결정을 내릴 기회'로 정의되어 왔으며, 인격은 '올바른 결정을 내릴 능력'으로 정의되어 왔습니다. 만약 그게 사실이라면, 한 사람의 진정한 인격을 드러내 줄 수 있는 가장 빠른 방법 가운데 하나는 자기 자신의 길을 선택할 자유를 주는 것입니다.

이스라엘의 지도자 모세가 떠나서 부재중일 때 그 백성들은 무엇인가를 선택해야만 했습니다. 대다수가 순종하기로 맹세했던 바를 저버리고 금으로 만든 우상 섬기기를 택했으며, 애굽의 방탕한 옛 생활로 돌아갈 것을 택했던 것입니다. 다만 이때 레위 지파 출신인 모세의 친척들인 극소수만이 이러한 백성에 대항하여 심지를 굳혔습니다.

장로들과 지도자들과 아론까지도 금송아지를 섬기겠노라고 공인할 때까지 이들은 이를 섬기기를 거부하였던 것입니다. "누구든지 여호와의 편에 있는 자는…!"(32:26). 이 말은 성경에서 흔히 발견할 수 있는 말로서 강력한 부름입니다. 여호수아 24:15과 열왕기상 18:21을 찾아 보십시오. 그리고 나서 스스로 물어보십시오. "나는 그 부름에 벌써 대답하였는가? 내가 매일 살아 가는 방식은 내가 이미 그 부름에 답하였음을 보여 주는가?" 과연 영광스런 여호와만 바라보고 있는가?

 나의 삶 주변에 있는 우상을 철저하게 버리게 하소서. 아멘.

성막의 낙성식과 내부장식

1월 31일 ■묵상과 산책 / 출35-40장

먼저 하나님께 당신 자신을 드려라. 그리하면 당신이 소유하고 있는 것쯤은 기쁜 마음으로 흔쾌하게 드릴 수 있을 것이다.

출애굽기는 가나안까지의 여행중에 하나님께서 자기 백성과 만날 건물인 성막의 실제적 건조에 관한 기록으로 끝을 맺습니다. 방대한 계획은 많은 인력을 요합니다. 성막이 최종적으로 완성되어졌을 때 하나님은 영광의 구름으로 그 장막을 채우심으로써 열납하십니다. 이스라엘은 이제 '행진중에' 하나님을 예배할 준비가 갖추어집니다.

어느 주일날 우리 교회에서 다음과 같은 광경이 일어나고 있다고 생각해 보십시오. 헌금 시간 도중에 목사님이 쪽지 하나를 건네받고서 재빨리 마이크에다 대고 회중에게 공포합니다. "자, 이만하면 됐으니 헌금을 그만 하십시오! 그릇이 예물로 가득차 필요한 것이 충족되었습니다. 이미 여러 분들은 너무 많은 헌금을 하셨습니다."

억지로 꾸며댄 것 같습니까? 이 사건은 하나님의 명령하심대로 이스라엘 백성들이 자원하여 전심으로 성막짓는 데 선물을 갖다 바쳤을 때 정확히 일어났던 일입니다(35:2-29; 36:5-7). 하나님의 일을 위해 헌금하면 마치 그들이 금세 가난해지기라도 하는 것처럼 생각했을는지도 모르나 사실은 그렇지 않았습니다. 그 다음 40년 동안도 계속 하나님께서는 그들이 필요로 하는 모든 것들을 공급하셨던 것입니다.

우리에게 있는 모든 것이 하나님께서 주신 선물임을 깨닫게 될 때(고전 4:7) 우리의 드림은 보다 새로운 의미를 띠게 될 것입니다. 지금 당장 해 보십시오! 이 주간에 매일 얼마씩을 떼어 놓으세요. 그리고 그것을 교회에, 선교단체에, 당신을 향하신 하나님의 선하심을 인정하고서 특별한 '감사예물'로 보내십시오.

하나님께서 특별한 방법으로 당신에게 축복하신 적이 있습니까? 그렇다면 지금 곧 그 특별하신 물질 은사를 당신 교회의 건축헌금 등 특별계획에 쓰이도록 헌금하십시오. 하나님께서 더 크게 역사하실 것입니다.

 우리의 생활이 올바른 물질관 속에서 우선권을 하나님께 드리게 하소서. 아멘.

2월

••••
너는 하나님과 화목하고 평안하라
그리하면 복이 네게 임하리라
- 욥 22:21 -

향기로운 제사들

 2월 1일   ■묵상과 산책 / 레1-3장

약간의 찬양으로 바다같이 광활한 자비로움을 증거하기에는 역부족이다.

레위기의 첫 세 장은 이스라엘 백성들이 새로 완성된 성막에서 드려야 할 다섯 가지 형태의 제사들에 관해 기술하고 있습니다. '향기로운' 예물로 지정된 첫 세 제사는 하나님께 대한 예배와 서약의 자발적인 표현이었습니다. 마지막 두 제사는 하나님과의 개인적 교제를 회복하기 위하여 필요한 것이었습니다. 향기로운 예물들에는 첫째, 제사를 드리는 자가 하나님께 완전히 헌신함을 의미하는 번제, 둘째, 하나님이 매일 주시는 양식에 대한 감사의 증표인 소제, 셋째, 경배자가 하나님께 대하여 감사함을 선포하는 감사제로 구성되었습니다.

'찬송을 하고자 하는 기획자들'은 하나님을 찬송하기 위하여 규칙적으로 시간을 떼어 놓음으로써 삶이 그분에게 달려 있다는 사실을 인정하는 사람들입니다. 그가 우리에게 주시는 우리가 먹는 음식, 입는 옷, 기거하는 집, 그리고 우리가 타는 자동차 등은 너무나 평범하게 보이기 때문에 우리들은 그것들을 당연한 것으로 여깁니다. 그러나 하나님께서 우리에게 베푸시는 아주 사소한 관심과 돌보심조차도 우리에게는 찬양의 희생을 바치기에 충분한 것들입니다.

하나님은 찬송을 너무나 기뻐하시므로 자기 백성들이 당신을 찬송할 수 있도록 여러 가지 방법들을 제정하셨습니다. 이스라엘 백성들에게는 희생의 제사를 통한 방법을 주셨습니다. 오늘날 우리들도 하나님은 영적인 '찬송의 제사'(히 13:15)를 드리길 원하십니다. 지금 당장 시작하여 우리가 끊임없이 그렇게 하기를 원하십니다.

만일 우리들의 '제단'으로부터 피어나는 연기가 최근 들어 다소 엷어졌다면, 연필과 종이를 가지고 지난 주의 생활 총 168시간을 마음 속으로 더듬어 보십시오. 자신의 생활 중에 하나님께서 보살펴 주신 어떤 일이 떠오릅니까? 그러면 그것들을 '찬송 제사'의 내용으로 삼으십시오. 하나님은 우리가 찬송할 때 나는 그 향기를 기뻐하십니다!

 우리의 매일의 삶이 향기나는 제물의 삶이 되게 하소서. 아멘.

향기롭지 않은 제사들

2월 2일 ■ 묵상과 산책 / 레4-6장

진리가 당신을 자유롭게 해 줄 것이지만, 먼저 그것은 당신을 불편하고 불행하게 할 것이다.

하나님이 이스라엘을 위하여 제정하신 마지막 두 유형의 제사들은 자발적이라기 보다는 위임적인 것이었고, 봉헌자로 하여금 하나님과의 화해를 도모케 하기 위한 것이었습니다. 속죄제는 민족 중 어떤 사람이 고의가 아니게 죄를 지었을 때 바치게 되며, 죄를 지은 이에게 죄의 대가를 깨닫게 하였습니다. 속건제는 범법자가 하나님과의 관계를 회복하기 위하여 드리거나, 범죄자에 의해 야기된 어떤 상해 또는 재산상 손실에 대한 상환으로 드려졌습니다.

우리의 생활에 '가장 우선 순위'가 되어 우리가 매일 추구하는 세 가지 일들을 써 보십시오. 그런 다음 제1번으로 씌어진 우선순위에 동그라미를 치십시오. 그것이 우리의 가족이었습니까? 직업이었습니까? 투자? 건강? 아니면 행복이었습니까?

그 중요성의 순서에 따라 우선순위들을 정렬함은, 당신의 목적지와 그 목적지에 도달하기 위해 나아가야 할 방향을 결정하는 데 당신에게 도움을 줄 것입니다. 오늘의 본문을 보면, '하나님 앞에서', '하나님께' 라는 두 말이 자주 반복되는데 이 말은 봉헌자가 아니라 하나님이 바로 이스라엘 제사의 초점이 되신다는 것을 명백히 밝혀 줍니다. 이스라엘 백성들의 예배에 관한 모든 것들은 그를 주변의 모든 추세에도 불구하고 그들의 민족적, 개인적 삶에서 하나님을 가장 최우선의 위치에 모셔야 함을 가르쳐 주었습니다.

이스라엘 백성들의 하나님 중심 사상은 당신의 삶 속에 마찬가지로 적용돼야 합니다. 하나님은 결코 우리의 우선순위 가운데서 제2·3의 자리로는 만족해 하시지 않습니다. 우선순위 목록표를 다시 한 번 살펴 보십시오. 하나님이 제1번입니까? 그렇지 않다면, 하나님을 첫째에 두는 목록표를 재작성하십시오. 그렇게 함으로써 비로소 '주님께로' 향하는 삶이 될 것입니다. 이것이 바로 하나님을 향한 우리의 향기로운 제사가 되는 것입니다.

 우리의 생활의 최우선순위를 하나님께 두게 하소서. 아멘.

제사에 있어서 제사장의 역할

2월 3일   ■ 묵상과 산책 / 레8-10장

아버지란 자기 아들이 자기가 바라는 만큼의 좋은 사람이 되어 주기를 기대하는 법이다.

제사에 관한 기록이 모두 끝나고 이제는 제사 집행자, 곧 제사장들에 관한 세부 기록들이 등장합니다. 거룩한 제사들은 거룩한 제사장 직분을 요하므로, 모세는 아론과 그의 네 아들들을 성막에서 섬기게 하기 위해 성결케 합니다. 칠일간의 의식 준비가 끝나고 이제 거창한 의식을 통해 제사장의 직무가 시작됩니다. 그러나 그 즐거운 주간도 아론의 아들들 중 두 명이 불순종으로 인해 죽음으로써 갑자기 끝나게 되고, 그 후로부터 제사장들의 행위를 규제할 하나님의 '행위 법전'이 만들어집니다.

'성경에서 가장 슬픈 구절'로 뽑힐 만한 곳이 몇 군데 있습니다. 그 중 하나로서 당신이 쉽사리 놓쳐 버리기 쉬운 짧은 구절 하나가 오늘 읽을 부분 속에서 발견됩니다. 나답과 아비후의 죽음에 관한 기사가 바로 그것으로서 "아론이 잠잠하니"(10:3)라는 우울한 말로서 끝납니다. 눈물도, 슬픔의 폭발도, 그리고 두 종교 지도자의 죽음을 위한 민족적 통곡도 없었습니다. 오직 하나님 말씀에 대한 존경을 배우지 못했던 자식을 잃은 어버이가 가슴 아파하는 광경뿐이었습니다.

자녀들에게 하나님의 집을 존중하는 법과 하나님 말씀을 사랑하는 법, 하나님의 음성에 순종하는 법과 하나님의 대언자의 말에 귀 기울이는 법에 대해 가르치고 있습니까? 어린이들은 충고에 귀를 기울이고 실제적 예에 눈을 뜰 수 있는 굉장한 능력을 갖고 있습니다.

오늘밤 저녁 식탁에 둘러앉아 나답과 아비후에 관한 이야기를 화제로 삼아 보십시오. 어린이에게 하나님의 말씀에 순종하는 것과 하나님 집 존경함의 중요성에 관하여 배웠던 내용을 이야기해 보라고 하십시오. 그것은 그 아이들을 구원받을 수 있게 하고, 가족을 구원하며 그 후의 많은 고통을 면하게 할 것입니다.

죄에서 자유를 얻게 하신 주님의 은혜에 감사하게 하소서. 아멘.

하나님의 백성으로서 개인적인 정결

2월 4일　　■ 묵상과 산책 / 레11-15장

사람이 감추지 않으면 하나님께서 가리워 주시지만, 사람이 감추면 하나님께서 그것을 드러내신다.

하나님의 거룩한 백성이 되기 위해서는 구별된 독특한 생활을 해야만 합니다. 오늘 읽을 본문은 의식적 정결을 촉진시키기 위하여 고안된 율법들에 대해 설명하고 있습니다. 깨끗함은 거룩하신 하나님을 경배하는 데 필수불가결한 요소입니다. 거기에는 음식, 위생 상태, 질병 문제뿐만 아니라, 오염 물질들과의 접촉 문제까지도 포함됩니다. 그 내용에는 이스라엘 민족들이 지켜야 할 식이요법, 엄격한 건강 요건, 그리고 일시적인 격리를 위한 요건들이 포함되어 있었습니다. 조목조목 세밀하게 각 오염 상태에 대해 서술되어 있는데, 이에는 의식 절차상 '깨끗'해야 할 필요가 있는 사람들에게 취해져야만 할 조치들까지도 포함되어 있습니다. 그러한 조치들을 통해 그들은 회중 가운데서 하나님을 경배하기에 합당한 자격을 갖추게 됩니다.

슈퍼마켓에 갔었을 때를 한번 생각해 보십시오. 그 곳 진열대에 놓여 있던 물건들 중에서 청결을 위한 물품에는 어떤 것들이 있었는지 한번 적어 보십시오. 그런 다음 이 단순하지만 심오한 진리에 대해 잘 생각해 보십시오. 사물을 깨끗하게 하는 점에 대해서 그렇게 많은 강조를 해야만 하는 이유는, 물건은 너무나 쉽게 더러워지기 때문입니다. 빈 방에도 먼지가 쌓이는 법입니다. 하물며 사람과 애완동물까지 그곳에 기거하고 있다면 오죽하겠습니까!

똑같은 내용이 영적 영역에서도 적용이 됩니다. 오염 세력들은 어디에나 있습니다. 방송이나 책에도, 엿듣는 대화들 속에도 있습니다. 주의를 기울이지 않는다면 우리의 심령과 마음은 얼마 못 가서 주위 환경처럼 더러워지고 말 것입니다. 주의를 기울인다 해도 하나님이 제정하신 정결 규례는 매일매일 행해져야 될 것입니다. 우리의 생활 주변에서 죄악의 모든 요소를 퇴치해야 할 것입니다. 요한1서 1:9 말씀을 집에 있는 세면기에 써 붙이고 청결에 관해 잊어버리는 일이 없도록 하십시오.

우리의 주변에서 죄악의 모든 요소들을 몰아내게 하소서. 아멘.

속죄일

2월 5일   ■ 묵상과 산책 / 레16-17장

하나님은 거룩하시므로 완전함을 요구하시지만, 그분은 사랑이시므로 그 완전함을 만드신다.

매년 한 번씩 돌아오는 속죄일에 온 백성들은 대제사장이 지성소에 들어가는 것을 보려고 모입니다. 다가올 새해에 짓게 될 백성들의 죄를 위해 신선한 피를 제단에 뿌립니다. 이로써 자기들의 죄에 대한 마지막 청산의 날을 연기시키는 것입니다. 피는 온 민족의 예배의 중심이었으므로 그것은 하나님께 드리는 희생 제사의 목적이 아닌 다른 목적으로는 사용할 수 없었습니다. 왜냐하면, '생명이 피에 있으므로 피가 죄를 속하는 것은 바로 피뿐이기 때문' 입니다(17:11).

누군가의 무책임한 행위에 대한 '속죄양' 이 되어 본 적이 있습니까? 남들을 위하여 허물을 짊어지는 자인 '속죄양' 의 역할을 하는 것들은 한정되어 있습니다. 즉 더 젊은 형제 자매들, 이전 세대, 집의 애완동물 등, 다시 말해서 그런 것들은 자기 방어 능력이 없는 것들입니다. 그러나 당신은 '속죄양' 개념이 레위기 16장만큼 오래된 것임을 안다면 아마도 놀랄 것입니다.

매년 속죄일에 아론은 어린 염소를 골라서 "양손을 그 머리에 안수하고, 이스라엘 백성의 모든 죄들을 그 위에 두며", 그리고 나서 "그 염소를 사막으로 내보내어"(16:21) 죽게 합니다. 다음 해에 지을 온 민족의 죄의 형벌을 짊어지고 속죄 제물로서 그 염소가 죽었던 것과(16:15-19) 마찬가지로 그 '속죄양' 은 민족의 불의를 지고 갔던 것입니다. 그렇지만 그것이 그 죄를 용서해 주지는 못했습니다. 오직 예수 그리스도만이 완전한 희생 제사와 완전한 속죄양으로서의 역할을 하실 수 있습니다.

이제 이사야 53:3-10에 돌아가서 '우리 죄를 인하여 매 맞고 상처 입으신' 그분에 관하여 읽어 보십시오. 하나님의 뜻을 깨닫게 될 것입니다. 자기 아들을 보내사 '속죄양' 이 되도록 하신 하나님께 감사하십시오.

   우리를 죄에서 구속하시기 위하여 주님의 피흘러심을 감사합니다. 아멘.

만민 중의 구별됨

2월 6일 ■ 묵상과 산책 / 레 18-20장

죄는 영혼을 양육하고 가꾸는데 있어 백해무익하다.

민족의 생활이 민족 개개인들의 생활보다 더 거룩해질 수는 없습니다. 거룩함이 하나님 백성의 품질보증서이므로 이성관계, 또는 대인관계에 있어서 정결을 유지해야 합니다. 20장에 나타난 엄한 처벌들은 단순한 하나님의 '제안'이 아닙니다. 하나님께서는 하나님의 법을 위반한 자들은 처벌받아야 하며, 그 처벌은 그 죄에 합당한 것이어야 한다고 주장하십니다. 하나님의 목표는 분명합니다. 즉 백성을 그들의 생활 방식 면에서 독특하게 보존하심으로써 자기에게 전념하게 하는 것이었습니다. "나 여호와가… 너희로 나의 소유를 삼으려고 너희를 만민 중에서 구별하였음이니라"(20:26).

두 사람이 한 대밖에 없는 택시를 잡으려 허둥대고 있었습니다. 둘 중 키가 작은 사람이 택시를 먼저 잡으려고 상대방을 밀쳐댔습니다. 그러자 그가 이렇게 말했습니다. "내가 당신에게 먼저 양보해야 할 특별한 이유라도 있으면 말해 보시오." 그러자 그 사람은 "나는 지금 태권도장에 가야 하는데 시간에 늦었어요"라고 대답했습니다.

단순히 '… 하지 말라'는 말씀들과 '나는 여호와 너희 하나님이니 너는 … 하지 말라'는 말씀은 그 의미하는 바가 서로 다릅니다. 이 말씀은 무슨 경건한 행동을 할 만한 어떤 사람의 주관적 사고에서 나온 것이 아닙니다. 하나님이 자신이 자기 백성에게 다가오셔서 말씀하심으로써 그들의 사적 또는 공공생활 속에서 하나님께 영광돌리는 책임이 있다는 사실을 되새겨 주시는 말씀입니다.

레위기 18-20장에 나오는 "나는 여호와니라" 또는 "나는 너희의 하나님 여호와니라"라는 말씀에 밑줄을 그으십시오. 몇 번이나 나오는지 한 번 세어 보십시오. 그리고 스스로에게 이렇게 질문해 보십시오. "만약 하나님께서 이러한 명령들에 자신의 이름을 몇 번씩이나 걸었다고 한다면 오늘 나의 대답은 어떠해야 하는가?" 자문자답 하시기 바랍니다.

죄에서 자유를 얻게 하신 주님의 은혜에 감사하게 하소서. 아멘.

오직 여호와를 찬송

2월 7일

■ 묵상과 산책 / 시9편

찬양은 묵상을 대화로 바꾼 멜로디이다.

레위기는 쉬운 책은 아니지만 깊이 묵상해 보면 하나님의 거룩성이 각 행마다 빛나고 있음을 발견할 수 있습니다. 여러 가지 제사들에 관한 내용에서, 제사장들에게 필요한 여러 가지 사항들에서, 정결한 생활을 유지하기 위한 여러 법들에서 우리는 개인생활은 물론 국민생활에서 거룩성이 강조되고 있음을 봅니다. 우리가 죄에 대한 구속 개념을 연구함으로써 우리의 구속자 예수 그리스도의 흘리신 피로 말미암아 하나님 앞에 그의 자녀로서 설 수 있게 하심을 보게 되고 하나님께선 얼마나 찬양받으실 만한 분인가를 깨닫게 됩니다.

유명한 문필가 한 사람이 "언어 구사에 있어서 최대의 난관 가운데 하나는, 우리의 말들이 느슨한 관례적 어법으로 인해 생동감과 그 가치를 잃었다는 점이다"고 논평한 적이 있습니다. 슬프게도 교회는 이 나쁜 현상에 대해 무방비 상태입니다. 크리스찬이 쓰는 상투어들은 너무나 빨리, 너무나 교묘하게 발전해 갑니다. 우리들이 무슨 일이 일어나고 있는가를 미처 깨닫기 전에, 한때는 마음을 감동시켰던 말들이 심령으로부터 나온 진솔한 것이 아니라 습관에서 나온 표현들이라면 그것은 빈 조개껍질로 변해 버리고 맙니다.

하나님을 찬송하는 일이 다윗에게 있어서는 결코 낡아 빠진 '습관적이고 상투적인 일'이 될 수 없었습니다. 오히려 그의 찬송에는 하나님께 대한 심령 깊은 곳의 뜨거움이 내포되어 있었습니다. 시편 9편의 첫 두 절은 다윗의 '찬양의 형태'를 요약하고 있습니다. 먼저 그는 하나님 자신을 기뻐하고, 그후에 하나님의 진리의 놀라우신 방법들을 공개적으로 선포합니다. 여러분도 다윗이 여호와를 찬송하는 방식으로 지금 당장 찬송해 보십시오. 시편 9편에서 발견한 하나님 성품을 찬양해 보십시오. 찬송의 언어로 작곡하여 하나님을 찬양해 보십시오. 그것이 습관이 되게 해 보십시오. 그러면 다윗처럼 하나님의 마음에 꼭 맞는 사람이 될 것입니다.

우리의 찬송이 하나님께 영광이 되게 하소서. 아멘.

거룩한 제사장들과 연중 축제

2월 8일   ■ 묵상과 산책 / 레21-23장

우리의 경건함이 더욱 완전한 하나님의 선하심에 대한 감사인 것이다.

이스라엘의 제사장들은 지극히 거룩하신 하나님의 대리자들입니다. 그렇기 때문에 하나님은 제사장들의 행동을 더 많이 제한하시며 일반인보다 더 많은 책임을 맡게 하셨습니다. 제사장들은 성막에서 하나님을 섬기기 위하여 부정하지 않고 흠이 없어야 했습니다. 하나님은 또한 하나님께서 예물 드리는 임무를 그들에게 맡겨 주셨습니다. 그러나 요구 조건들이 엄격한 반면에 제사의 연중행사시에 제사장들이 담당한 역할에서 나타난 것처럼 그들의 사역에 따르는 축복 또한 큽니다.

이런 장면을 한 번 상상해 보십시오. 마음에 드는 식당에 들어가 음식을 주문했는데 누군가가 이미 내가 먹을 식사 중 절반을 먹어 버리고 말았습니다. 그럴 때 어떻게 하겠습니까? 아마도 새로 음식을 가져오라고 할 것입니다! 식당측에서는 적절한 변명을 하면서 새로운 음식으로 즉시 바꿔 올 것입니다. 그 누구도 B급의 음식으로 대접받기를 원치 않습니다. 모든 사람들은 A급 식사를 원합니다.

이제 이스라엘의 하나님을 생각해 보십시오. 자기 백성이 그에게 가져오는 제물이 가장 좋은 것이기를 원하셨습니다. 오로지 완전한 희생 제사만을 요구하심으로써 하나님께서는 그분의 완전한 속성을 어느 정도 드러내셨습니다. 그분께서는 또한 봉헌자에 대해서도 말씀하셨습니다. 감사하는 마음으로 드리는 자는 하나님께 자기의 소유물 중 가장 좋은 것을 기꺼이 드립니다. '두번째로 좋은 것'은 그 무엇과도 비할 데 없는 창조주에게는 만족할 만한 것이 못되었습니다!

우리의 '제사들'은 '감사의 자세'가 반영된 것입니까? 하나님께 드리는 시간, 재능, 그리고 여러 재산들은 우리가 하나님께 바쳐야 하는 최고 좋은 것이라고 할 수 있습니까? 만일 그렇지 못했다면 이제는 가장 좋은 제물로 바꾸어 보십시오. 하나님께서 기뻐 받으실 것입니다.

 우리의 드리는 예배가 진정한 감사의 제사가 되게 하소서. 아멘.

약속한 땅에서의 거룩함

2월 9일 ■ 묵상과 산책 / 레24-27장

하나님의 뜻을 기꺼이 따르려는 자에게 그분은 항상 자신의 뜻하심을 드러내신다.

레위기의 마지막 장들은 가나안 땅에서의 저주, 맹세, 그리고 보존에 관한 여러 규정들을 다루고 있습니다. 성막에는 늘 기름과 빵이 준비되어 있어야 했고 그 땅에는 매 7년마다 안식년이 주어져야 했습니다. 희년에는 모든 빚들이 면제 되며 모든 재산이 주인에게로 되돌려져야 했는데, 이는 그 백성이 하나님의 땅 위에서는 단지 채무자에 불과하다는 것을 기억시키려는 의도 때문입니다. 불순종에 대한 처벌이 엄중한 반면 하나님의 명령을 지키는 자들에게는 축복이 보증되고 있습니다.

속도위반 딱지, 반납기간이 지난 책, 그리고 '부도가 나서 환수된' 수표, 이들의 공통점은 무엇입니까? 그것은 제한 규정을 위반했다는 점입니다. 고속도로에서 제한 속도를 위반했을 때, 두 주 이상씩이나 도서관 책을 가지고 있었을 때, 구좌 액수 이상의 수표를 발행했을 때, 분명히 법률의 규정된 한도를 넘어선 것이므로 어려움을 당하게 됩니다.

하나님은 자기 백성이 자기 뜻을 거스리지 않기를 원하였으므로 가나안으로 가는 여행 길에 줄곧 "내게 순종하라!"고 하는 경고판들을 세우셨습니다. 그런데 백성들은 그 경고판들을 주목하기는 커녕 그것들을 무시하고 하나님 명령을 위반하였습니다. 따라서 그 누구도 이전에 '세워 놓지' 않았던 법들을 시행했다고 하나님을 고소할 수도 없었습니다.

하나님께서는 지금도 자기의 뜻을 찾으려 하는 자들에게 그것을 설명하시는 일을 하고 계십니다. 하나님께서 오늘 우리에게 무엇을 하기를 원하시는지 알고 있는 것들을 써 보십시오. 적어 놓은 목록 중 뒤로 밀려나 있는 한 항목을 골라 오늘 계획표에 적어 놓으십시오! 그리고 최선을 다하여 지켜보십시오.

 오직 하나님의 뜻에 합당하게 살게 하소서. 아멘.

백성 계수와 장막 설치

2월 10일 ■묵상과 산책 / 민1-4장

지금처럼 꾸물거릴 시간은 없다.

율법이 주어지고 의식들이 구체화되어지자 하나님은 모세로 하여금 백성들의 수를 헤아리고 그들로 성막을 빙 둘러 싸는 사각 대형을 짓도록 명령하십니다. 전투 요원들의 수(603,550명)를 고려할 때 이스라엘 백성의 수는 남녀 어린이 모두를 포함하여 300만이 넘는다고 추측할 수 있습니다. 레위 지파 사람들도 위치가 정해지고 계수되어집니다. 그리고 각 제사장 그룹에게는 성막의 관리 및 운송과 연관하여 '세부 업무'가 할당됩니다.

모두 똑같은 양을 가지고 있지만 아무도 충분하다고 생각지 않는 것은 무엇입니까? 어쩌면 여러분은 짐작했을지도 모릅니다. 세계의 어느 인종을 막론하고 똑같이 나누어 가지는 한 가지 필수품은 시간입니다. 만일 여러분이 농부이든 대통령이든, 시간이라는 하나님의 은혜로운 선물은 동일합니다.

아마 우리에게 주어진 그 시간을 관리하고, 매일 하려고 설정해 놓은 것을 성취하려고 시도하다가 실망에 왔을지도 모릅니다. 만일 그랬었다면 이것을 생각하십시오. 하나님께서 오늘 성취하고자 하는 모든 것을 이룩할 시간을 주셨다는 것을, 만약 너무 바빠서 하나님께서 원하시는 일들을 당신이 알면서도 하지 못했다면, 하나님께서 나를 통해 하시고자 했던 것보다 더 바빴다는 것을 의미합니다.

지금 즉시 우리에게 주어진 시간의 우선순위를 분석해 보십시오. 종이 한 장을 준비하여 주일에서 토요일까지 일곱 칸으로 나누고, 정상적으로 보내는 일정을 적어 보십시오. 잠자는 시간은 충분한가? 성경 공부 시간은? 기도 시간은? 레크리에이션 시간은? 가족 활동 시간은? 만일 충분하지 못하다면 하나님의 영광을 위해서 시간을 사용하지 않은 것입니다. 지금 당장 새롭게 시작하십시오.

우리에게 주어진 시간들을 하나님의 영광을 위하여 사용하게 하소서. 아멘.

정결과 회중 집회

 2월 11일　　■ 묵상과 산책 / 민 5-8장

당신이 질투심으로 얼굴을 붉힐 때마다 당신에겐 고통이 뒤따른다.

이스라엘 족속이 계수되고 위치가 정해지자 하나님께서는 정결과 예배를 위한 지시들을 모세에게 내림으로써 약속의 땅으로 들어가기 위해 백성을 준비시키십니다. 첫째, 이스라엘은 음란과 의심으로부터의 더럽힘에서 벗어나야 합니다. 백성은 나실인의 서원과 같은 얽매이는 약속의 신성함을 감수해야만 합니다. 둘째, 그들은 성막을 위해 필요한 물질들을 공급해야만 합니다. 그리고 셋째, 그들은 이스라엘의 단체 예배와 축하 행사의 업무를 효과적으로 수행하기 위해 성별시킨 레위인들을 따로 두어야만 했습니다.

질투하는 남편과 의심받는 아내, 이 양자가 결합하면 산성처럼 결혼 관계를 부식시켜 파경에 이르게 됩니다. 이 때문에 하나님께서는 가정에서의 시기와 의심을 확실하게 다루기 위하여 민수기 5:11-31에 두드러지게 색다른 의식을 주셨습니다. '쓴 물'로 인한 시련은 곪아 있는 질투로 야기된 쓰라림과 아픈 마음을 묘사하기 위하여 고안된 것이었습니다.

오늘날도 질투의 문제는 유해한 것으로 남아 있습니다. 그러나 하나님이 규정하신 치유책은 다소 변했습니다. 야고보서 4:7-10에 따르면 세 가지 치유책이 있습니다. 즉, 첫째, 하나님께 순복함, 둘째, 상호간에 자백함, 셋째, 용서하는 사람을 통한 신뢰 회복입니다. 민수기 5장에 따르면 그 과정은 고통스러우면서도 필요한 것입니다.

여러분의 마음을 지금 즉시 점검해 보십시오. 배우자, 크리스찬 친구, 또는 가족 일원을 향하여 의심이나 질투를 품고 있지 않습니까? 그렇다면 하나님과의 대화로써 해결하십시오. 잘못을 고백하고 그분의 사하심을 받으십시오. 그리고 나서 사랑으로 상대편을 맞이하십시오. 그것이 유쾌한 일은 아닐 것입니다. 그러나 그렇게 하지 않음으로써 끓어오르는 비통함으로 고통받고 친교 관계가 깨어지게 된다면 하나님의 방법에 맞추는 것이 더 좋지 않을까요?

 우리의 마음 속에 있는 미움과 시기와 질투의 마음을 없이 하소서. 아멘.

트집과 불평

2월 12일 ■ 묵상과 산책 / 민9-12장

시각이 과거에 고착되어 있는 자들은 미래와의 심각한 충돌을 각오해야 한다.

마침내 백성이 '이동하기 위해 말뚝을 뽑고' 가나안으로 출발할 날이 되었습니다. 은나팔들이 여행의 시작을 알림으로써 거대한 진영이 행진할 채비를 합니다. 그토록 오랫동안 기다리던 여행이 시작된 것입니다! 그러나 이들 모두는 또다시 얼마 가지 못해 마음을 불평으로 바꾸고 맙니다. 백성들은 그들이 매일 먹는 만나에 관해 불평을 하며 모세의 지도력에 대해 질투를 하기 시작합니다. 기적적인 공급을 받으면서도 계속되었던 불평은 급기야 가나안의 인접 경계선인 가데스바네아에까지 가고 말았습니다.

여러분은 '멋있었다'고 고백할 수 있는 과거의 경험이 얼마나 됩니까? 비록 하나님께 순종하고 있을 때라도 역경을 맞이했을 때 어쩌면 향수병의 고통과 더불어 '화려한 옛 시절들'을 회고해보게 될지도 모릅니다. 기억은 선택적인 것입니다. 현재의 난관이 때로는 지난 날의 가장 좋은 것만을 떠오르게 하기도 합니다.

이스라엘 족속들이 하나님의 매일 양식인 만나에 대해 불평하기 시작했을 때 그들은 거의 이성을 잃었습니다. 그들이 말하는 것을 들으면 그들이 애굽의 낙원을 버렸다고 생각할 것입니다(11:5)! 하나님의 의도는 결코 그의 자녀들로 하여금 남은 생애를 광야에서 만나를 먹으면서 보내게 하는 데 있지 않았습니다.

어려운 날들이 과거의 생활 방식을 돌아보게 해 왔습니까? 우리의 눈을 우리를 향하신 하나님의 목적에 초점을 맞출 수 있도록 다음 구절들을 카드에 기록하여 온종일 갖고 다니십시오. "나는 아직 내가 잡은 줄로 여기지 아니하고 오직 한 일, 즉 뒤에 있는 것은 잊어버리고 앞에 있는 것을 잡으려고 푯대를 향하여 그리스도 예수 안에서 하나님이 위에서 부르신 부름의 상을 위하여 좇아가노라"(빌3:13-14). 계속해서 위를 쳐다보십시오. 그리하면 결코 뒤돌아보고 싶지 않을 것입니다.

 아무리 어려운 난관이라 할지라도 승리하게 하소서. 아멘.

광야에서의 죽음

2월 13일   ■ 묵상과 산책 / 민13-16장

전능하신 하나님으로부터 '거인'이란 평가를 받을 사람은 아무도 없다.

여호와의 명령에 따라 모세는 매 지파에서 한 사람씩 뽑아 가나안 땅으로 정탐을 보냅니다. 그들은 40일 후에 돌아오는데 모두가 같은 것을 보았으면서도 의견이 서로 달랐습니다. 다수 의견은 "그곳 백성은 우리가 대항하기엔 너무 강하다"고 하였으며, 소수 의견은 "우리가 반드시 이기리라"고 하였습니다. 낙담하고 실망한 백성들은 모세를 돌로 쳐죽이겠다고 위협하며, 앞으로 있을지도 모르는 떼죽음을 당하느니 애굽으로 되돌아가자고 합니다.

그들의 불신앙에 대한 하나님의 형벌은 엄중합니다. 즉 정탐꾼들이 그 땅에서 보냈던 하루를 광야 생활의 1년으로 계산하고, 그 세대는 광야에서 죽을 것이라는 선포가 이루어집니다. 그럼에도 하나님은 결국 그들을 그 땅으로 인도하십니다. 그들이 이 사실을 확신할 수 있었던 것은 하나님께서 그들에게 주신 율법이 그 땅에서의 생활을 위한 지시 사항들을 포함하고 있었기 때문입니다.

두 벽돌공이 자기들이 하고 있는 일에 대해 질문을 받았습니다. 첫째가 말하기를, "나는 벽돌을 쌓고 있어요"라 하였고, 둘째는 "나는 어마어마한 대성당을 짓고 있어요"라고 대답했습니다. 똑같은 일, 똑같은 벽돌이었건만 두 사람은 안목이 전혀 달랐던 것입니다!

그 땅은 좋다, 곧 젖과 꿀이 흐르며 또한 요새화된 성읍들과 거인들이 넘쳐 흐른다! 그러나 분명한 대답 하나, "가자"만 있었어야 했습니다. 문제는 방향 결정이었습니다. 여호수아와 갈렙은 확신을 가지고 "앞으로 가자"라고 대답하였지만, 다른 열 정탐꾼들은 "애굽으로 되돌아가자"라는 불신앙으로 대답하였습니다.

하나님께서는 오늘 어디에서 믿음을 요구하고 계십니까? 스스로 상황을 '탐지해 보십시오.' 그리고 다음의 두 가지 질문을 해 보십시오. "믿음이 없다면 어떻게 대답할 것인가? 믿음 가운데선 어떻게 대답할 것인가?" 그 중에서 하나님을 기쁘시게 하는 일을 하십시오.

우리의 모든 현실을 믿음의 눈으로 보게 하소서. 아멘.

변함없는 진리

2월 14일 ■ 묵상과 산책 / 시12편

무엇이든지 거의 모두가 참이라고 주장하는 것은 완전히 거짓이며, 가장 실수의 위험이 큰 것 중의 하나이다.

지나간 며칠 동안 성경을 읽으면서 당신은 이스라엘 민족과 더불어 광야의 방황을 시작하였습니다. 만일 그때 여러분이 그곳에 있었더라면 그러한 상황에 어떻게 대응했겠습니까? 그 믿음 없는 사람들에게 손가락질하기는 쉽고, 그들이 왜 그렇게 믿음이 없었는가 의아해 하기는 쉽습니다. 그러나 압박이 쌓여 가고 두려움이 늘어날 때 우리는 손쉬운 방법을 재빨리 모색하곤 합니다.

오늘은 시편 12편을 묵상해 봄으로써 다윗과 더불어 귀하신 하나님을 신뢰하는 법에 대해서 생각해 보십시다. 진리는 변할 수 없습니다. 윈스턴 처칠은 "공포는 그것을 분개하고, 무지는 그것을 비웃고, 악의는 그것을 왜곡시킬지 모르나 진리는 거기에 있다"고 했습니다.

하나 더하기 하나는 둘입니다. 그건 현재도 그러하고 또 앞으로도 항상 그러할 것입니다. 어떤 것도 그와 같은 명제를 변경시킬 수는 없습니다. 그러므로 누구도 그것의 중요성을 인식시키려 노력하지 않을 것입니다. 그것은 변함 없으신 하나님의 말씀의 경우에서도 마찬가지입니다. 시편 12편에 기술되어 있는 바와 같이 원수들이 퍼붓는 조롱의 순간들에서조차도 그것은 다윗에게 흔들리지 않는 확고한 닻이 되었습니다. 다윗은 의로운 생활을 시작하면서부터 모든 것에서 외로움을 느끼게 됩니다. 그러나 그런 중에서도 시편기자는 하나님의 말씀들, 곧 "인간들의 공허한 말들과 대조해 볼 때 순결하고 뜻이 깊으며 전적으로 신뢰할 만한 말씀"(6-8절)들을 기억해 냅니다. 그리고 그 속에서 그는 위안을 얻습니다.

사람의 말들은 부서지기 쉽고 다분히 속임성이 있으나 하나님은 식언하지 않고 말씀들은 신실합니다. 카드 위에 하나님 말씀의 진실성에 대해 말하고 있는 구절 하나를 쓰십시오(시편 12:6; 19:7; 119:89 등). 그리고 그 구절 밑에 '하나 더하기 하나는 둘'이란 말을 덧붙이십시오. 그것은 영원히 변치 않을 진리이기 때문입니다!

 진리되신 주를 찬양하며 전파하게 하소서. 아멘.

광야에서의 아론과 레위 족속들

2월 15일 ■ 묵상과 산책 / 민 17-20장

만일 돈으로도 살 수 없는 것이 있다면 그것은 소유할 만한 값어치가 있다.

불평의 세대'는 약속의 땅 외곽에 위치한 광야를 지나 행진하면서, 모세와 아론에게로 불만의 촛점을 모읍니다. 오로지 아론 지팡이에 기적적으로 싹이 돋는 것만이 아론이 하나님의 권위를 대표하고 있음을 백성들에게 확신시킬 수 있습니다.

이 반역 사건을 통해 하나님은 성막 봉사에 있어 레위인의 역할을 다시 강조하시며, 아직도 남아 있는 죽음의 부정함에서 백성들을 정결케 하기 위해 붉은 암송아지를 제공해 주십니다. 모세까지도 백성의 불평하는 태도에 영향을 받습니다. 모세는 하나님께서 명령하신 대로 반석에다 명하는 대신에 지팡이로 내려쳐 버립니다. 그 결과 약속의 땅에 발을 들여놓을 수 있는 특권을 빼앗기게 됩니다.

미래 안전을 위하여 절대적으로 필요한 것이라고 느끼는 세 가지를 써 보십시오. 이제 그 목록표를 다시 검토하고 화재 또는 홍수와 같은 천재지변에 의해 쉽게 파괴될 수 있는 항목은 삭제해 버리십시오. 무엇이 남아 있습니까?

하나님은 아론과 그 가족에게 하나님만이 그들의 안전을 보장해 주신다는 사실을 명백히 하셨습니다. 하나님께서는 과거에 아론에게 일용할 것들을 충실하게 공급하셨으며(18:18-19) 미래에도 마찬가지요, 모든 백성에게도 마찬가지였습니다. 하나님은 그들의 큰 의존자시요, 주안에서 그들이 자기들의 재산을 소유할 때까지 끊임없이 일용할 것을 공급해 주시는 분입니다.

은행 예금 소유가 잘못된 것은 아니지만, 하나님만 의존하는 매일의 생활에 해가 됩니다. 여러분은 개인 소유를 믿고 '그 어떤 좋은 보살핌'의 손 안에 있다고 생각할지 모르지만 사실은 하나님이 함께 하시는 어디에다 비할 수 없는 아주 평안한 보호를 받고 있는 것입니다! 예금통장 번호를 민수기 18:20 다음에 쓰십시오. 진정한 보장은 하나님께로부터 온다는 사실을 당신이 기억할 수 있도록!

 하나님의 보호하심을 믿으면서 하나님의 영광을 바라보게 하소서. 아멘.

구리뱀과 발람

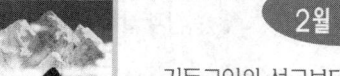
2월 16일 ■묵상과 산책 / 민21-25장

기독교인의 설교보다는 기독교인의 몸소 실천하는 행동에 세상 사람들은 더 자극받는다.

방랑의 기간이 끝나 가고, 백성들의 이동 목적은 더욱 뚜렷해집니다. 그들은 요단강 동편 모압평지를 향하여 진행하며 약속의 땅 바로 맞은 편에 진을 치게 됩니다. 진행 도중 그들은 가나안 족속, 아모리 족속, 그리고 바산족들을 쳐부수는 승리를 맛봅니다.

그러나 음식과 물에 관한 계속적인 불평은 하나님께로부터 불뱀이 보내지는 심판의 결과를 빚게 됩니다. 진보적인 이스라엘 무리들은 모압 왕으로 하여금 점쟁이 발람을 고용토록 하여 장래를 예언케 하고 이스라엘 백성을 저주토록 책동합니다. 그러나 발람은 이스라엘을 축복하고 어떻게 번성할 것인가를 예언합니다.

혹 여러분은 하루는 오르고 하루는 내려가는 활강 썰매식의 로울러 코우스터(roller coaster) 신자는 아닙니까? 크리스찬 생활에서 일관성을 유지하는 비결은 무엇입니까? 단 한 장(21장)의 내용에서 이스라엘 백성은 세 개의 강대국을 정복했습니다. 파괴적이고, 놀랄 만한 승리들! 그러나 그 백성들은 그것으로 만족하지 않았습니다. 그들의 사고방식으로는 하나님께서 시원스러울 정도로 빨리 역사하고 계시지 않는 것 같았습니다. 결국 그들은 여전히 요단강의 반대편에 있었고 그들에게 약속되어진 땅은 단 한 치도 소유하지 못하였습니다.

우리의 삶에서 일관성을 유지하는 방법은 하나님께 일할 시간을 드리는 것입니다. 모난 돌도 세월이 지나면 매끄럽게 됩니다. 성장은 결코 하룻밤 사이에 이루어지지 않습니다. 그러나 하루하루는 바른 방향으로 나아가는 의미 깊은 하나의 계단입니다. 오늘밤 잠자리에 들기 전 한 쪽 신발 속에 쪽지 하나를 써 넣으십시오. 하나님의 도우심이 가져다 줄 성숙을 향한 또 하나의 단계인 내일 아침 잠에서 깰 때 생각할 수 있게 하기 위해서 말입니다!(새로운 날을 출발하게 될 때 골로새서 2:6-7을 읽고 싶게 될 것입니다.) 하나님을 향한 삶은 여러분의 목적을 앞당길 것입니다.

하나님의 때를 기다리는 인내를 주소서. 아멘.

제2차 인구조사와 이스라엘의 율법들

2월 17일 ■묵상과 산책 / 민26-30장

명성이란 다른 사람들이 당신을 어떤 존재라고 여기는 것이며, 인격이란 하나님이 당신의 사람됨을 인정하는 것이다.

약속의 땅으로 들어가기에 앞서 모세가 명령한 '백성에 대한 마지막 인구조사'는 옛 세대가 사멸하였다는 것, 곧 40년 방황의 종말을 알려 주는 것입니다. 이번의 인구 조사에서 하나님은 모세를 대신할 새 지도자를 임명하십니다. 왜냐하면, 그는 자기 세대의 심판에서는 살아났지만 그 백성을 가나안으로 인도할 수 없었기 때문입니다. 모세는 새 세대들을 위하여 매일, 매주, 매월, 매년의 절기들은 물론 여러 가지 희생 제사들을 되새겨 주는데, 이는 그 백성으로 하여금 맡은 바 거룩한 임무들과 기억해야 할 것들을 조금도 소홀히 여기지 말게 하기 위함이었습니다.

여러분은 좋은 명성 또는 탁월한 인격으로 타인에게 알려지길 원하십니까? 명성과 인격은 같은 용어로서 사용되기도 하지만 양자의 의미에는 커다란 차이가 있습니다. 명성은 어떤 존재라고 '남들이 생각하는 것'이며, 인격은 '하나님이 사람됨을 인정하는 것'입니다.

이스라엘의 대지도자 모세도 하나의 인간에 불과했지만, 하나님께서 네가 곧 죽으리라고 말했을 때까지도 그는 탁월한 인격을 드러내었습니다. 불평하는 대신 모세는 그 백성의 번영을 위해 관심을 표명하였습니다. 광야 여행의 40년간은 지도자로서 그의 능력과 명성이 번번이 공격받는 세월이었지만, 그 모든 세월은 그의 인격을 망친 것이 아니라 도리어 세우는 데 이바지하였던 것입니다.

하나님께서 여러분의 인격을 형성하시기 위해 여러분의 생애에 어떤 환경을 몰고 오십니까? 복잡한 관계를? 일터에 분규를? 신체적 재정적 문제를? 오늘 직면한 인격을 형성시키는 여러 체험을 생각하면서 다음의 문장을 완성하십시오. "하나님이여, ___에 대한 도전에 내가 직면함으로써 내 인격이 형성되도록 인도하소서".

우리의 하루하루를 하나님께 의지하오니 주여 인도하소서. 아멘.

지도자 모세의 마지막 날들

2월 18일   ■ 묵상과 산책 / 민31-33장

두려움은 패배의 시작이다.

모세의 마지막 지도자적 행위들 가운데는 정복과 통합 결속이 포함됩니다. 이스라엘로 우상숭배케 한 미디안은 12,000명의 정예 이스라엘 군대에 의해 전멸당하고 막대한 전리품들을 탈취당함으로써 심판을 받습니다. 그 다음에 르우벤과 갓지파는 요단 동편에 정착하기를 요구합니다. 모세는, 나머지 열 지파가 약속한 땅을 모두 정복할 때까지 돕겠다는 조건으로 그들의 요구를 수락합니다. 이 부분은 40년 방랑기간 동안의 지리적 이동을 재검토하면서 끝을 맺습니다.

만일 출연진들이 이미 확보한 것을 보존하든지 아니면, 오히려 더 큰 상을 얻기 위해서 모험을 해야 하는 어려운 선택에 직면하는 퀴즈 쇼를 본 적이 있다면 오늘의 이 상황을 이해할 것입니다.

야셀과 길르앗 땅들을 정복하자 르우벤과 갓은 모세에게 와서 그곳에 정착하기를 원합니다. 그들은 나머지 땅들을 정복하는 일을 기꺼이 도울 것이며, 그들이 본바 요단 동편이 마음에 들어, 보지 못한 땅을 취할 수 있는 기회조차도 갖지 않겠다고 말했습니다. 이런 결정이 그들의 편에서는 현명한 것처럼 보였을지 모르지만 백성을 향하신 하나님의 의도와는 정반대였습니다. 하나님은 그들이 온전히 믿기만 한다면 가나안 족속을 모두 정복하여 온 나라를 주시겠다고 이미 약속하셨습니다. 하여튼 하나님이 차선(次善)으로 여기시는 곳에 정착한 다음 르우벤과 갓은 미래 투쟁의 채비를 갖춥니다.

하나님이 믿음으로 출전해 가도록 요구하시는 미지의 땅은 어디입니까? 현상태의 안전을 위해서는 정착해야 한다는 유혹이 있을 것입니다. 그런데 그것을 따르면 약속된 축복은 사라집니다! '알지 못하는 것에 대한 두려움'에 억눌리지 말고, 확실히 아는 분, 곧 졸지도 주무시지도 않으시는 이스라엘의 하나님(시편 121 : 4)에 대한 믿음을 갖고 행동하십시오.

 가장 좋은 것을 주시는 하나님을 의지하고 세상을 포기하게 하소서. 아멘.

거주지, 도피성, 그리고 토지 상속 문제

2월 19일   ■묵상과 산책 / 민34-36장

우리에게 주어진 축복들을 세어 볼수록 우리가 갖지 못한 사치품들을 덜 탐내게 된다.

이제 하나님은 땅의 경계를 정하시고 각 지파들 가운데 기업의 땅을 나누는 과업을 감독할 자들을 임명하십니다. 레위인들이 거할 성읍들이 지정되는가 하면, 부지중 살인한 죄가 있는 자들을 위한 도피성도 지정됩니다. 땅이 가족의 남자측을 통하여 분할되어짐으로써 남자 상속인이 없는 가족의 경우가 생깁니다. 그러자 모세는 모든 땅이 원래 주어진 지파 내에 머물러 있어야 한다는 원칙을 세워 줌으로써 명확히 해결해 줍니다.

오늘의 말씀에 대한 좋은 부제(副題)는 '어떻게 하나님의 가장 좋은 것으로서 복을 받을까?'가 될 수 있습니다. 읽어 나가면서 다음의 의문을 생각해 보십시오. "왜 어떤 사람들은 다른 이들보다 더 많은 하나님의 복을 누리는가?"

이스라엘을 위한 하나님의 '최고의 선물'은 가나안에 대한 완전한 소유와 그 기쁨을 누리는 것이었습니다. 그 땅을 지파별로, 그리고 가족별로 공정하게 분배했다는 사실은 하나님의 축복이 민족의 각 사람에게 미치도록 계획되어졌음을 보여 준 것이었습니다. 그 축복을 누리기 위해 필요한 유일한 조건은 자신의 신앙을 하나님께 순종함으로써 증명해 보이는 것입니다.

다른 사람들의 삶이 하나님의 축복으로 넘쳐 흐르는 것처럼 보일 때, 우리에게는 축복이 제한된 것으로 생각하는 유혹을 받을 수도 있습니다. 신약성경으로 돌아가서 에베소서 첫 열 네 절을 읽어 보십시오. 크리스찬이 얼마나 부유한 상태에 있는가를 기억나게 해 줄 것입니다. 그런 다음 영적 예금전표 위에 갖고는 있으나 현재 향유하지 못하고 있는 영적 유산의 항목들을 적어 보십시오! 과거에 얽매이지 않는 용서, 하나님이 나를 보시듯이 나 자신을 보는 용납, 하나님을 섬기기 위해 죄의 속박으로부터 벗어난 구속 등. 자, 이제 이미 소유하고 있는 것을 누리기 위하여 무엇을 해야 되겠습니까?

내가 가진 모든 것을 인하여 감사하게 하소서. 아멘.

방랑 여행의 재음미

2월 20일
■ 묵상과 산책 / 신1-4장

이미 알고 있는 것도 행하려 하지 않는다면 더 많이 안다는 게 무슨 소용이 있겠는가?

신명기는 모세의 세 편의 설교 중 첫 설교로 시작합니다. 내용은 하나님이 어떻게 자기 백성을 다루시는가에 특별히 강조점을 둔 국가 역사에 대한 재고찰입니다. 모세는 백성의 불신앙으로 이스라엘이 그 땅을 차지하지 못한 것과 결과적으로 심판의 40년 세월을 지낸 사실을 상기시킵니다. 자기 부모들과 유사한 고통을 이미 경험한 바 있는 새 세대들을 위하여 그는 이스라엘의 역사를 회고합니다. 마지막으로 그는 이스라엘의 역사로부터 얻은 최고의 교훈을 그들에게 일깨워 줍니다 : "순종하면 축복받고, 반역하면 파멸한다."

마땅히 단편소설이어야 할 것을 500페이지로 늘려 쓴 소설을 읽어 본 적이 있습니까? 아니면 화자(話者)가 5분만 말해도 될 것을 45분씩이나 질질 끌면서 말하는 것을 들어 보신 적이 있습니까? 만일 그런 일이 있었다면 필요 이상으로 일을 질질 끄는 것이 얼마나 짜증나는 일인가를 알 것입니다.

이스라엘의 가나안 정복에 대한 하나님의 계획은 간단했습니다. 곧 가데스 바네아로부터 짧은 행진을 해서 신앙의 힘으로 일련의 전투를 벌이고 완전한 승리를 거두는 것이었습니다. 그러나 이스라엘은 하나님의 간단한 계획에 불순종함으로써 열하룻거리 여행길(1:2)을 40년으로 바꾸는 비극을 연출하고 말았습니다. 그들은 두 주일도 안 걸려 통달했어야 할 것을 40년 만에 배웠습니다.

최근에 하나님께서 교훈코자 하시는 것을 거부하고 있지는 않습니까? 또는 마땅히 해야 되는데, 믿음이나 동기가 부족하여 질질 끌어 오고 있는 일은 없습니까? 조그만 카드에 하나님이 오늘 하라고 명하신다고 생각되는 일 하나를 적으십시오. 그리고 이 일이 맡겨졌다는 사실을 다시 한 번 인식하고 지금 당장 수행하십시오. 하나님께서 "전진!" 이라고 말씀하실 때 빨리 그 일을 해치우십시오. 순종하십시오.

하나님께서 원하시는 것을 행하는 자가 되게 하소서. 아멘.

결코 잊지 않으시는 하나님

2월 21일
■ 묵상과 산책 / 시13편

하나님을 신뢰하는 것이 인간에 대한 두려움을 치료하는 완전한 처방이다.

마침내 여행은 끝나고 그들은 하나님이 약속하셨던 그 땅으로 들어갈 준비를 합니다. 그러나 그에 앞서, 계획이 세워지고 새 지도자 여호수아가 선출됩니다. 그 때에 모세는 지나간 이스라엘의 역사와 하나님의 신실하심, 즉 오늘날 당신에게까지 미치는 그 신실하심을 회고하고 있습니다. 그 점이 바로 하나님께서 찬양을 받으셔야 하는 이유입니다. 시편 13편을 숙고하면서 바로 그 일을 해 보십시오.

하나님께서 결코 당신을 잊지 않으신다는 사실을 알고 있는데, 그럼에도 적들이 우리의 주변에서 득세하고 있는 상황을 본다면 어떻게 하겠습니까? 아마도 다윗이 한 것처럼 심각한 질문을 할 것입니다. 구약의 성도들 역시 요즘의 성도들과 다르지 않았습니다! 오늘날 우리가 씨름하고 있을 하나님의 주권에 관한 사항들에 대하여 다윗도 역시 많은 질문들을 했던 것입니다. 그리고 그는 자기가 곤궁할 때에 자기를 붙잡아 줄 하나님의 힘을 발견했던 것입니다.

시편 13편은 자신이 처한 곤궁에 대한 탄식으로 시작합니다. 그는 자신의 어려움을 해결해 주지 않는다고 안달하였습니다. 그러나 얼마 안 있어 그의 불평은 탄원으로 변했습니다(3-6절). 그런데 또 다른 생각이 다윗의 마음에 스쳐 갑니다. "과거는 어떠했던가? 하나님이 나를 실패케 한 적이 있었던가? 하나님이 나의 대적들로 나를 소멸케 하신 적이 있었던가? 한 번도 없었도다!" 그리하여, 다윗은 자기 과거 생애에 나타났던 하나님의 은혜로우신 사역을 열거하면서 갑자기 기뻐하고 노래합니다.

여러분은 삶의 어느 부분에서 "어느 때까지니이까?"라고 하나님께 불평하고 싶은 유혹을 받습니까? 한 번 적어 보십시오. 그리고 나서 그 아래에다 과거에 하나님이 자신의 신실함을 나타내 보이신 방법들을 나열해 보십시오. 이제는 하나님께서 현상황도 마찬가지로 해결하실 수 있다는, 또 해결하실 것이라는 믿음을 표해 보십시오!

 우리의 삶의 전부분을 인도하여 주소서. 아멘.

하나님의 약속들을 상기시킴

2월 22일　　■묵상과 산책 / 신5-7장

어린이를 올바로 양육하려면, 그가 마땅히 해야 할 일들을 당신이 때때로 직접함으로써 본을 보여야 한다.

제26장 전체에 펼쳐지는 모세의 두번째 설교는 전에 시내산에서 받았던 계명과 많은 부분에서 일치합니다. 모세는 기본법들, 즉 십계명으로부터 시작한 다음, 부모들에게 이 율례들로 자녀들을 성실히 가르칠 것을 촉구합니다. 모세의 촉구에는 긴급함이 깃들어 있습니다. 약속의 땅은 아직도 정복하고 누려야 할 과제로 남아 있습니다. 하나님은 승리로 이끌 수 있는, 그래서 오랜 약속을 성취시킬 수 있는 순종할 백성을 찾고 계십니다.

사람 구함 : 모든 일을 책임질 수 있는 정력적인 젊은 부부, 필히 무한한 인내, 힘, 낙관적 자세의 소유자이어야 함. 3시간 수면으로도 정상적으로 활동할 수 있으며, 어린아이의 잔병들을 진단하며, 지루해 하지 않고 같은 책을 27번 읽을 수 있는 자. 그리고 수의사, 카운셀러, 교사, 택시 운전의 기술도 요함. 전임사역. 휴가비 없음. 봉급은 호봉에 관계 없음. 지원자들은 건강 상태의 판정에 따라 선발됨.

어떤 직책에 관한 구인 광고인지 아시겠습니까? '해당 직책'은 바로 부모입니다. 연약한 어린 생명을 위하여 하나님의 변함 없는 진리와 교통하는 것보다 부모가 할 수 있는 더 좋은 방법이 어디 있겠습니까? 다행히도 하나님은 우리를 위해 알맞은 말씀을 해 주십니다! 그것은 6:6-7에 나오는데, 신앙의 생동력을 불어 넣어 주는 열쇠가 될 것입니다. 그것은 여러분의 자녀에게 강의하거나 양서를 읽도록 권하는 게 아니고, 매일의 인생 교실에서 가르칠 만한 순간들 즉 식사 시간, 놀이 시간, 취침 시간 등 어린 심령들이 하나님에 대해 가장 민감한 그 금같은 순간들을 활용하는 것입니다. 시도해 보십시오!

오늘 자녀의 생활에서 가르칠 만한 순간들을 찾아 보십시오. 그리고 나서 그것을 포착하여 영원을 위해 활용하십시오. 그렇게 한다면 양쪽 모두 큰 기쁨을 누리게 될 것입니다.

우리의 자녀들이 하나님의 뜻에 따라서 성장하게 하소서. 아멘.

새 세대를 위한 경고

2월 23일 ■ 묵상과 산책 / 신8-11장

순종은 하나님과의 올바른 관계를 맺기 위한 요소가 아니고 그것을 확인해 주는 증거이다.

모세는 다시 한번 이스라엘 백성들에게 민족 역사를 상기시킴으로써 하나님께서 그의 약속에 신실하심을 보여 줍니다. 하나님께서 광야 방랑생활에서 이미 드러내셨던 것처럼 자기 백성들에게 복 주시기를 원하십니다. 40년 동안 하나님은 의복과 신발을 닳아 헤어지지 않게 하시고, 생명을 유지하는 만나를 신실하게 공급하셨습니다. 그리고 계속해서 자기 백성들에게 그 땅에 들어간 후에도 더 큰 축복을 주시겠다고 약속하셨습니다. 그러나 금송아지 사건은, '불순종은 즉각적인 형벌을 가져온다'는 사실을 생각나게 해 주는 마음 아픈 사건이었습니다.

여러분은 세심한 사람입니까? 여기 얼마나 관찰력이 있는가를 알아보는 간단한 퀴즈가 있습니다.

첫째, 침실에는 전구가 몇 개 있습니까?

둘째, 입고 있는 겉옷 단추는 몇 개 입니까?

셋째, 자동차 미터기는 얼마를 나타내고 있습니까?

이런 사항들은 별로 중요치 않은 것들로 보일 수 있습니다. 또한 사실 그러합니다. 그러나 하나님의 계명들의 경우에는 어느 것 하나 중요치 않은 내용이 없습니다. 오늘 본문 중에서 다음의 구절들을 살펴 보십시오. "내가 오늘날 네 행복을 위하여 네게 명하는 모든 계명을 삼가 조심하여 지키라." "진정한 삶은 하나님의 모든 계명에 복종 함으로 가능하다." 오늘 읽은 계명 중 하나를 고르십시오. 그리고 그것을 준수하기 위해 할 수 있는 10가지 행동을 기록해 보십시오. 그런 다음 그것을 한 번 심사숙고해 보고 즉시 실행에 옮기십시오! 곧 그것이 하나님을 기쁘게 해 드리는 삶의 모습입니다(10 : 12-13). 순종은 하나님과의 올바른 관계를 맺기 위한 요소가 아니고 그것을 확인해 주는 증거입니다.

 삶의 모든 영역에서 하나님의 음성에 귀를 기울이게 하소서. 아멘.

그 땅에서 지켜야 할 의식법

2월 24일　　■묵상과 산책 / 신12-16

하나님은 나에게 꼭 필요한 것을 주셨지, 불 필요한 것은 주지 않으셨다.

12장에서 모세는 십계명이라는 광범위한 원리에서부터 약속된 땅에서 지켜야 할 하나님 백성의 일상적 행위에 관한 세밀한 규율들로 옮겨 갑니다. 그 내용은, 종교적인 삶을 위해서 우상의 영향력을 절대적으로 거부해야 하며, 삶의 거룩성을 위해 엄격하게 자기를 통제해야 하며, 개인 건강에 관한 내용과 매 7년마다 빚이 탕감될 것이고 해마다 세 번의 명절을 통해 민족 역사상의 중요 사건들이 기념될 것이라는 내용입니다.

돈으로 살 수 없는 것들 중에 가난이 있는데 그것은 결코 새삼스러운 것이 아닙니다. "땅에는 언제든지 가난한 자가 그치지 아니하겠으므로…"(15:11). 그러나 하나님은 그것을 절망적 상황으로 보시지 않습니다. 오늘 본문에는 빈곤 구제에 대한 신적 계획이 기록되어 있습니다. 만약 이대로 한다면 정부의 빈곤 구제 대책은 낡은 것이 되고 말 것입니다! 첫째, 매 7년마다 모든 빚을 탕감하라. 둘째, 하나님의 모든 계명들을 성실히 지키라. 셋째, 가난한 자들에게 풍성히 베풀어라.

이 세 가지 계획 중 첫째는 법제화될 수 있었지만 마지막 둘에 대해서는 자발적인 순종과 적절한 자세가 필요했습니다. 이스라엘 백성들이 이를 행하기만 한다면 하나님의 약속은 그들의 것입니다. "네가 여러 나라에 꾸어 줄지라도 너는 꾸지 아니하겠고 네가 여러 나라를 치리할지라도 너는 치리함을 받지 아니하리라"(15:6). 가난한 친구에게 하나님의 '빈곤 대책'을 시행해 보십시오. 그리고 무슨 일이 일어나는지 관찰해 보십시오. 결국 돈으로 살 수 없는 또 다른 것이 있는데 그것은 크리스찬의 온정입니다. 하나님께서는 그 땅에서 지켜야 할 의식법을 신약시대에 와서도 우리를 통하여 확인하시길 원하십니다.

우리에게 넉넉함을 주셔서 하나님의 영광을 위하여 사용하게 하소서. 아멘.

그 땅에서 지켜야 할 시민법들

2월 25일 ■ 묵상과 산책 / 신17-20

우리는 미래에 무슨 일이 일어날지는 알지 못하지만, 미래를 주관하시는 분이 누구신지는 알고 있다.

국가적 예배를 규제하는 종교법들에 덧붙여, 모세는 국민의 내적 업무들을 통제하는데 사용될 일련의 시민법들을 알려줍니다. 거룩함은 성막에서만 지키고 말 성질의 것이 아닙니다. 공의와 성실함과 인간적인 대우는 모든 국민의 생활에서 적용되어야 할 내용입니다. 모세는 백성들이 약속의 땅에 들어가게 되면 기필코 일어나게 될 세 가지 상황을 예상하고 있습니다. 첫째, 왕을 세워 달라는 요구, 둘째, 만약 하나님을 대변한다고 주장하는 자가 있다면 그의 진실성 여부를 검토할 필요성, 셋째, 부지중에 사람을 죽인 자들을 보호할 도피처의 필요성.

여러분이 마술을 접해 보았던 가장 최근의 때는 언제였습니까? 그 문제를 간단히 지나치기에 앞서 이스라엘 백성이 그토록 엄중히 금지되었던 이교적 행위들을 저질렀다는 사실을 생각해 보십시오 : 마술적 주문, 마법, 점을 치고 각종 영들을 찾아 다니는 것 등. 이제 이것들과 오늘날 크리스찬들이 때때로 관심을 쏟는 외관상 무해한 몇 가지 행위들을 비교해 보십시오.

첫째, 마술을 다루는 책을 읽거나 영화를 보는 것. 둘재, 카드, 별, 또는 점괘판을 사용하여 미래를 점 치는 것. 셋째, 점성술에 기초하여 그날의 활동을 계획하는 것 등.

하나님이 '경멸' 하도록 말씀해 오신 바로 그것들을 '장난삼아' 하고 있지는 않습니까? 하나님은 자기 백성들에게 "무릇 이런 일을 행하는 자는 여호와께서 가증히 여기시나니"(18:12)라고 말씀하셨습니다. 하나님께 속한 자들은 사단의 그런 짓들과 거래할 이유가 없습니다. 여러분의 삶에서 외견상 무해하게 보이는 마술적 요소들을 체크하여 그것들을 오늘 처리해 버리십시오. 하나님은 완전한 헌신을 바라고 계십니다.

 그 어떠한 불신앙적인 행위도 우리의 주변에서 용납지 않게 하소서. 아멘.

그 땅에서 지켜야 할 사회법들

2월 26일 　■묵상과 산책 / 신21-26장

전혀 부족함이 없으신 하나님께서 전혀 쓸모없는 피조물들을 존재케 하셔서 그들을 사랑하시고 그들로 하여 부족함이 없도록 돌보신다.

오늘 본문은 좀 길지만, 그 백성이 그 땅에 이르게 되면 반드시 야기될 제문제들을 어떻게 해야 하는가에 대한 매력적인 통찰력이 포함되어 있습니다. 모세는 그 땅을 해결할 수 없는 살인 문제로부터 정결케 하는 방법, 누구를 여호와의 회중에 포함시키고 제외시킬 것인가를 결정할 치명적인 처벌을 집행하는 법, 가문의 소멸을 피하는 방법, 언제 어떻게 이자를 받고 돈을 빌릴 수 있겠는가를 결정하는 법 등의 주제들을 다룹니다. 그런 규율들은 하나님의 백성이 약속의 땅에서 평화롭고 정결하게 살기 위해 지켜야 할 필수 요소들입니다.

부족함이 전혀 없는 하나님은 과연 어디까지 관심을 가지고 계실까? 동물 학대, 그 종족의 보존 등과 같은 일들에도 관심을 가지실까? 시장에서의 정확한 저울 사용 여부, 또는 고리대금업자로부터의 보호에 대해서는 어떠하실까?

이상의 것과 그 밖의 많은 내용이 오늘 본문에서 거론됩니다. 우선 해야 할 일과 하지 말아야 할 일들이 한데 섞인 것에 어리둥절할 것입니다. 그러나 마음속으로 큰 그림을 생각해 보십시오. 하나님은 생활의 모든 미세한 곳까지 관심을 갖고 계십니다. 자기 백성이 그에게 관심을 갖든 안 갖든 관계치 않습니다. 그의 사랑과 연민은 동물에까지 미치고 있습니다. "곡식 떠는 소의 입에 망을 씌우지 말지니라"(25:4), "노중에서 나무에나 땅에 있는 보금자리에 새 새끼나 알이 있고 어미새가 그 새끼나 알을 품은 것을 만나거든 그 어미새와 새끼를 아울러 취하지 말아라"(22:6).

자연을 창조하시고 보존하시는 그 하나님께서 또한 우리들을 창조하시고 보존하고 계심을 생각하면 기쁘지 않습니까? 오늘 읽은 본문 중에서 하나님께서 돌보신다는 증거를 적어 보십시오. 그리고 나서 마태복음 6:25-34을 읽으십시오. 백합과 참새를 돌보시는 하나님이 어찌 우리를 돌보시지 않으시겠습니까!

 우리의 모든 것을 다 공급하시는 주님께 감사하게 하소서. 아멘.

언약의 위임

2월 27일　■ 묵상과 산책 / 신27-30장

모슬렘교는 하나님의 명칭이 자그마치 99가지나 되지만, 그 중 '아버지'에 관계된 명칭은 하나도 들어 있지 않다.

모세는 임종 전 마지막 설교에서 하나님의 언약에 대해 순종 또는 거역함으로 받게 될 축복과 저주에 관해 엄숙한 어조로 백성들에게 말하고 있습니다. 순종하면 하나님께서 행복과 물질을 주시고 보호해 주실 것이지만, 불순종하면 오로지 재난만 닥칠 것입니다. 어느 길을 택할 것인가는 그 민족 스스로가 결정할 일이지만 그 결정의 결과는 이미 정해져 있습니다. 모세는 백성들에게 '생명을 택하라'는 현명한 권고를 해 줍니다(30:19).

누군가 자신의 아이를 훈육시켜 달라는 곤란한 부탁을 받은 경험이 있습니까? 그것은 매우 어려운 일입니다. 그 아이가 내 아이가 아니기 때문입니다. 연륜이라는 권위를 가지고 복종을 요구하는 것은 아버지와 아들 관계 외에는 불가능합니다. 훈계란 관계성이 앞서 갈 때 가장 큰 효력을 발생합니다.

이스라엘을 향한 하나님의 요구들이 다음에 잘 요약되어 있습니다. "내가 오늘날 네게 명하는 그 명령과 규례를 행할지니라"(27:10). 무슨 근거로 하나님은 그들에게 복종을 요구할 수 있었습니까? 9절은 "오늘날 네가 네 하나님 여호와의 백성이 되었으니"라고 그 답변을 제공합니다. 그들은 '그의' 백성이었습니다. 하나님은 수세기 전 그들의 선조 아브라함을 부르셨고, 애굽에서 그들을 보존하셨으며, 유월절 어린 양의 피로 말미암아 종되었던 상태에서 건져내셨습니다. 이스라엘은 하나님께 속하였기 때문에 복종해야 합니다.

그가 왜 복종을 받아야 하며 또 받기를 기대하시는가? 그 이유를 상고해 봄으로써 하나님과 동행하는 발걸음이 새로워지도록 하십시오. 그는 은혜로 구원하셨고(엡 2 : 8-9) 이로써 그를 "아버지"(눅 11 : 2)라 부르게 되었습니다. 우리와 하나님과의 관계가 아버지와 아들의 관계임을 말해줄 수 있는 사실 한 가지를 적어 보십시오. 그리고 그것을 자녀들이나 부모님과 나누어 보십시오.

 하나님의 말씀으로 양육받게 하소서. 아멘.

모세 인생의 종말

2월 28일
■ 묵상과 산책 / 신31-34장

사람들이 우리를 얼마나 생각지 않는가를 깨닫는다면, 다른 사람들의 판단으로 인해 염려하지는 않을 것이다.

이스라엘이 약속의 땅에 이르는 요단을 건널 준비가 되자, 구출자로서, 그리고 지도자로서의 모세의 책임은 끝나게 됩니다. 그는 여호수아를 자기의 후계자로 임명합니다. 그리고 모세는 그의 마지막 메시지를 쉽게 기억할 수 있는 노래로 바꾸어 백성들에게 가르침으로써 대대로 후손들에게 전할 수 있게 했습니다. 고별의 축복을 끝낸 후, 그는 느보산에 올라가 가나안을 바라봅니다. 그리고 나서 하나님만 아시는 장소에서 숨을 거둡니다.

여러분은 여러분이 아닌 딴 사람이었으면 하고 바란적이 있습니까? 연극을 보았던 어린이들은 자기네들이 가장 좋아하는 주인공들을 모방합니다. 심지어 어른들까지도 때로는 인기있는 인물이나 영력있는 지도자를 따라가고자 합니다.

그러나 다른 누군가가 되려고 노력하는 것은 결코 쉽지 않습니다. 자신도 모르게 그 대상은 잊어버리고 자신으로 되돌아 갈 가능성이 언제나 있기 때문입니다. 하나님의 입장에서 보아도 다른 사람과 같이 되려고 갈망하는 것은 불필요할 뿐만 아니라 해로운 것입니다. 하나님은 결코 내가 될 수 없는 그 누구가 되기를 요구하지 않으십니다.

하나님이 여호수아를 민족의 지도자로 부르셨을 때 그에게 또 다른 모세가 되라고 요구하지 않으셨습니다. 모세와 여호수아의 지도 방식은 전적으로 다른 것이었습니다. 애굽에서의 구출을 위해서는 모세가 합당한 사람이었지만 가나안에서의 군사 전투와 정복을 위해서는 여호수아 장군이 바로 하나님이 택하신 자였습니다.

하나님은 재주와 은사, 그리고 능력을 사용하실 수 있는 바로 당신의 일을 갖고 계십니다. 당신이 무슨 일을 해야 하는지 알려 달라고 기도하십시오. 하나님께서 주시는 임무가 어떤 것이든간에 다른 자같이 되려고 애쓰지 마십시오. 바로 나 자신이 되십시오. 그리고 하나님으로 하여금 쓰시도록 하십시오!

나의 나됨을 인정하고 하나님을 의지하게 하소서. 아멘.

죽음 뒤의 소망

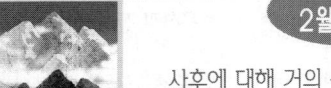

2월 29일 　■ 묵상과 산책 / 시16편

사후에 대해 거의 생각지 않는 자도 죽음을 향해 가고 있다.

성경 읽기를 잠깐 멈추고, 뒤를 돌아보면서 앞으로 전진하기 위한 힘을 얻기 위해 하나님께서 하신 일을 재음미해 보는 것이 좋겠습니다. 모세가 이스라엘 민족을 위하여 해 왔던 일은 곧 그들 중에서 행하신 하나님의 놀라운 업적을 돌아보게 하고, 거룩한 삶을 살도록 그의 명령들을 반복하여 가르치며, 믿음 가운데서 더 정진하도록 그들에게 도전을 준 것 등이었습니다.

오늘은 우리가 시편 16편을 기도하는 마음으로 읽고 공부해 봄으로써 우리 자신의 삶을 검토하고 죽음에 관해 잠시 생각해 보십시다.

"나의 인생은 노란 잎으로 변해 있구나
내 인생의 꽃과 열매들은 이미 떨어져 버렸도다
내 것이라곤 벌레와 고뇌와 슬픔뿐이로고."

영국 시인 바이런은 생의 종말이 가까워 오자 무덤 속의 절망만 바라보고 이런 슬픈 말들을 남겼습니다. 오랜 투병 끝에 죽어 가는 것을 바라보면서 했던 어떤 크리스찬 부인의 말을 이 말들과 대조해 보십시오. "그는 우리와 더불어 사는 동안에도 그래 왔듯이 죽음도 기꺼이 나누셨다. 그는 보여 주셨다. 이 땅에서 하나님 나라로 가는 것이 이 땅에 한 인간이 출생하는 것보다 한층 더 자연스럽고 아름답다는 것을."

이 부인의 찬가는 죽음 앞에서 다윗이 지녔던 것과 똑같은 소망으로 넘쳐 있습니다. 시편 16:1-8에서 다윗은 여호와 하나님을 자기의 분깃(상속주)으로, 공급자로, 그리고 보호자로서 경배합니다.

죽음이란 크리스찬에게 있어서 끝이 아니요 새로운 시작인 것입니다. 적어도 다섯 가지의 다른 방식으로 다음 문장을 완성할 수 있는지 확인해 보십시오. "내가 죽은 후에 ＿＿＿＿ 될 것을 압니다."

 고난과 슬픔뿐인 세상에서 주님을 높이게 하소서. 아멘.

3월

••••
우리가 다 하나님의 아들을
믿는 것과 아는 일에 하나가 되어
온전한 사람을 이루어
그리스도의 장성한 분량이
충만한 데까지 이르리니
- 엡 4:13 -

여호수아와 백성들의 준비

3월 1일　　■묵상과 산책 / 수 1-5장

당신이 처한 상황에 대해서 완전히 인식하기 전에 가지는 확신은 단지 감상적인 느낌에 불과할 뿐이다.

어떤 사업을 하게 될 때 계획하고 준비하는 것은 그 사업의 절반을 완성하는 것과 같습니다. 광야 40년의 생활을 통한 훈련으로 말미암아 하나님의 백성들은 가나안 땅을 정복하는 과정에서 맞게 될 전쟁의 혹독함에 대하여 준비되어졌습니다. 하나님은 다음 순서로 이스라엘의 새로운 지도자 여호수아를 세우시고 그의 명령을 수행하라고 하십니다. 이스라엘 백성은 그들 앞에 있는 적이 겁에 질려 있다는 소식을 듣고 크게 용기를 얻었으며, 요단 강물을 신비스럽게 갈라 놓으신 사실로 인하여 크게 힘을 얻게 되었습니다. 할례의 예식을 통하여 하나님께 구별된 새로운 세대는 정복을 위한 준비를 모두 갖추게 된 것입니다.

사람들은 믿음의 생활을 밧줄 타기와 같은 것으로 여겨 왔습니다. 즉 하나님께 대한 신자의 믿음은 언제나 인간 편에서의 행동과 균형을 유지해야만 합니다. 이스라엘의 입장도 마찬가지였습니다. 한편으로 가나안은 "약속 받은 땅"(1:2)이었습니다. 그리고 하나님은, "내가 너를 떠나지 아니하며 버리지 아니하리라"(1:5), "네가 어디로 가든지 네 하나님 여호와가 너와 함께 하느니라"(1:9)고 약속하셨습니다. 이 얼마나 놀라운 사실입니까! 그러나 그것은 이스라엘 사람들이 가만히 앉아서 아무 것도 하지 말라는 것을 의미 하지는 않았습니다! 오직 그 백성만이 시작할 수 있는 요단 강물 속으로 들어가는 가장 중요한 믿음의 발걸음으로 시작해야 할 행진이 남아 있었습니다.

하나님께서는 여러분을 위하여 그의 능력으로 싸우고 승리할 전쟁을 준비하십니다. 그러나 우리는 자신의 임무를 성실하게 수행해 나가야 합니다. '하나님이 내일의 전투를 위해 오늘 나를 준비시키시는 방법들'이라고 노트에 적고 여호수아를 시작하십시오. 그리고 한 달 뒤에 써 온 노트를 다시 한 번 살펴 보고, 하나님의 신실하심과 복종이 인생에 얼마나 잘 조화되어졌는지를 결산해 보십시오.

 우리의 길을 언제나 인도하시는 하나님께 감사합니다. 아멘.

정복의 시작

3월 2일 ■ 묵상과 산책 / 수6-8장

하나님을 이해하고자 하는 자는 기다릴 수 있다. 그러나 순종하고자 하는 자는 기다릴 수 없다.

약속된 땅을 완전히 정복한 것으로 알고 있던 백성들의 환희는, 아직도 여전히 싸워서 승리해야 할 전투가 남아 있음을 알고는 곧 사그라집니다. 첫번째의 커다란 군사적 목표인 여리고성이 하나님의 독특한 용병술과 백성들의 복종에 대적할 수 없는 것으로 드러납니다.

그러나 한 사람의 탐욕으로 인해 아이성 전투에서 처절한 패배를 가져오게 되고, 36명의 이스라엘 병사들이 불필요한 죽음을 당합니다. 마침내 죄악이 밝혀져 과감하게 다루어지자 하나님께서는 아이성과의 재전투에서 그의 백성들을 위하여 싸우시게 됩니다. 일단 에발산 주변 영역이 안전하게 되자 여호수아는 잠시 하나님께 희생제사를 드리고, 다시 하나님의 율법의 말씀을 백성들에게 읽어 줍니다.

여호수아의 부관들이 여리고성을 정복하시기 위한 하나님의 전투 계획을 들었을 때 그들의 반응이 어떠했을지 상상할 수 있습니까? "뭐라고요? 일주일 동안 나팔을 불면서 성 주위를 돌라고요? 우리는 모든 가나안 사람들에게 웃음거리가 되고 말 것입니다!"

하나님께서는 왜 그렇게 이상한 전략을 사용하시는지 설명하지 않으십니다. 그럼에도 불구하고 여호수아는 복종했습니다. 그는 그가 명령 받은 대로 실행했습니다. 그리고 7일째 되던 날에 여리고성 사람들의 즐거움은 '성벽들이 무너지려고' 하자 공포로 바뀌었습니다.

하나님의 뜻(의지)을 이해하는 것은 항상 쉬운 일만은 아닙니다. 믿음의 생활은 때때로 거대한 문제 앞에서 양각나팔을 부는 것처럼 우습게 보이는 반면에, 하나님의 뜻이 오직 그의 말씀에 완전히 복종함으로써 생활에서 성취될 수 있다는 확신을 가짐으로 인해 안식을 가져다 줍니다. 여러분은 오늘 여러분의 생활을 가름하는 호각을 가지고 다니십시오. 그러다가 하나님의 뜻을 행하지 못하게 하는 부당한 길로 가게 하는 유혹을 받게 되면 언제든지 경각 나팔처럼 호각을 힘차게 불어 보십시오!

우리의 인생의 여리고성들을 무너뜨려 주셔서 승리하게 하소서. 아멘.

정복을 완성함

3월 3일

■ 묵상과 산책 / 수9-12장

문제를 갖지 않으려는 사람을 위한 특별한 장소는 바로 공동묘지다.

가나안 땅의 중심부를 공격함으로써 여호수아는 그 나라를 두 개로 분리시켜 버립니다. 그래서 남아 있는 적들이, 전진하는 이스라엘 부대에 항거하기 위한 전방연합전선을 형성하지 못하도록 합니다. 여리고성의 비참한 운명을 들은 기브온 거민은 비슷한 최후를 피하기 위하여 여호수아를 속여 평화조약을 체결할 밀사를 보냅니다. 이 계략은 여호수아가 여호와께 묻지 않음으로써(14절) 이루어졌고, 그 결과로 이스라엘 민족은 적을 '쳐부수는 것보다' 오히려 그들 스스로를 '방어해야 하는 입장이 되고 맙니다.

우리의 생활 가운데서 기독교인으로서의 성장 수준을 측정하는 좋은 방법 중의 하나는 다루기 어려운 문제를 갖고 있느냐 없느냐가 아니라 다루고 있는 문제가 과연 작년과 그 이전 해에 가졌던 것이 동일한 문제인가 아닌가를 보는 것입니다.

여호수아서 12:7-24에는 여호수아 장군의 31가지 승리가 기록되어 있는데, 그것들은 각각 여호와의 힘으로 성취된 것이고, 가나안의 정복이라는 여호수아의 궁극적인 목적을 향한 디딤돌로 나타나고 있습니다. 이에 비추어 여러분은 지난 몇 주 동안 아래에 제시된 것 중에서 하나님의 뜻에 합당한 '성공'을 이루었다고 할 수 있는 것이 있는가 살펴 보십시오.

- 입의 사용
- 돈의 사용
- 배우자나 부모에 대한 관계
- 이웃에 대한 관계
- 직장에서의 근무자세
- 자녀와의 관계
- 휴식 시간 활동
- 지역 교회에서의 봉사
- 믿음의 나눔
- 감정의 조절

성공적이라고 생각하십니까? 이제 잠시 쉬면서 우리의 삶이 하나님의 영광을 위해 존재하고 있다는 사실에 대해 감사하십시오.

우리의 삶에서 날마다 승리하게 하심을 감사하나이다. 아멘.

분배의 시작

3월 4일 　■묵상과 산책 / 수13-17장

인생에 있어서 가장 가치있는 일들은, 종종 도저히 행해질 수 없는 듯이 보이는 의미있는 것들이다..

정복의 첫 단계는 끝났습니다. 가나안 민족을 통제하는 중심 세력은 부서져 버렸습니다. 이제는 각 지파들 사이에 땅을 나누고, 그들 각각의 토지에 남아 있는 가나안 민족의 영향을 없애는 임무가 주어질 시기가 되었습니다. 일찌기 요단 동쪽에 정착할 것을 요구했던 두 지파 반(루우벤, 갓 그리고 므낫세의 반 지파)은 그들이 요구했던 영토를 부여받았습니다.

레위 지파를 제외한 다른 지파들은 제비뽑기에 의해 결정된 요단 서쪽 지역을 새로운 기업으로 받았습니다. 나이가 85세이었지만, 앞으로 진압을 위하여 더 싸워야 할 필요가 있는 여호수아는 헤브론산을 요구하였습니다. 이 모든 것이 하나님의 분배 시작의 섭리였습니다.

불면증을 치료하는 현대적 방법이 많이 있지만, 여기 미처 생각하지 못한 하나의 방법이 있습니다. 그것은 소유물을 게시한 법적 서류들을 읽는 일입니다. 그것은 다음과 같은 내용일 것입니다. '서울 시청'을 중심으로, 서쪽 2km, 동쪽 3km에 이르는 모든 지역…. 정말 따분한 내용입니다. 그러나 만일 여러분이 정말 그것의 소유자라면 졸리지 않을 것입니다!

소유하고 있는 토지의 경계들을 나타내기 때문에 그것은 매우 중요할 것입니다. 그리고 무엇을 소유하고 있는지 알아야 비로소 그것들을 완전히 누릴 수 있을 것이기 때문에 중요합니다.

영적 유산(상속물)에 관한 내용들이 에베소서 1 : 3-14에 기록되어 있습니다. 이 영적 상속물은 우리에게 이 세상에서 소유하고 있는 것보다 더 가치있고 더 큰 기쁨을 맛보게 합니다. 또한 영혼의 평화와 안식을 가져다 주는 것이 사실입니다. 최근에 그것을 읽은 적이 있습니까? 더욱 중요한 점은 '소유하고' 있는, 그리고 현재를 '있게' 한 모든 것의 내용을 음미해 보십시오!

 하나님의 분배가 우리 자신의 분배가 되게 하소서. 아멘.

분배의 완료

3월 5일   ■묵상과 산책 / 수18-21장

당신이 약속한 바를 실행하지 않으면 당신은 곧 위선자가 되어 버린다.

일곱 지파들은 이제 그들이 애써 얻은 상속의 땅을 받게 됩니다. 실로에 회막이 세워지고, 요단의 양쪽으로 도피성이 지정되었으며, 레위족을 위해서 48개 성읍이 구별됨으로써 땅을 분배하는 일은 완료되었습니다. 이제는 다시 한 번 잠시 쉬면서 곰곰이 생각할 시간이 되었습니다.

하나님은 '이스라엘의 열조에게 맹세하사 주마 하신 온 땅을, 그리고 그들이 건너가서 정복하여 살고 있는 모든 땅'을 이스라엘에게 줌으로써 참으로 그의 말씀을 지키셨으며, '그들에게 약속하셨던 여호와의 모든 선한 일'을 실행하시는 데 실패하지 않으셨습니다(21:43-45).

교회 안에는 너무 많은 위선자들이 있기 때문에 오히려 교회 밖에 있는 사람들이 옳은 일을 더 많이 하고 있다는 소리를 쉽게 들을 수 있습니다. 위선은 우리의 행동이 우리의 말과 일치하지 않고 행동이 약속에 못 미칠 때 나타나는 결과입니다. 객관적으로 우리를 보는 사람들은, 하나님을 믿는다고 하면서도 믿음 생활을 전혀 하지 않을 때 거짓된 삶을 산다고 결론을 내립니다(약 2:14).

오늘 배우자, 아이들, 직장 상사, 교회 목사 등등의 다른 사람에게 약속한 것에 대해 잘 생각해 보십시오. 명예가 걸려 있는 말을 지키는 데 소홀했습니까? 아니면, 하겠다고 약속한 모든 것을 조심스럽게 이행했습니까? 자신의 백성을 위해서 하시겠다고 약속한 모든 것을 성실하게 이루어 주셨던 하나님을 모델로 제시하고 있는 여호수아 21:43-45을 주의깊게 살펴 보십시오. 여러분과의 약속이 충실히 이행되기를 아직도 기다리는 사람들이 있는지 생각해 보십시오. 만약 있다면 그 사람들의 이름을 오늘 지킬 약속과 함께 메모해 두십시오. 그리고 나서 신실하게 이행하십시오. 만일 그 일을 한다면 즐거워질 것이며 다른 사람 역시 그러할 것입니다.

 하나님의 신실하심과 같이 우리들도 신실한 삶을 살아 하나님께 영광이 되게 하소서. 아멘.

연합과 복종에의 도전

3월 6일　　■ 묵상과 산책 / 수22-24장

만일 당신의 인생을 위한 모든 계획이 성취되었다면 당신은 충분한 계획을 세우지 않은 것이다.

땅을 분배하고, 레위족을 위한 성읍을 지정하고, 부지중 오살한 자를 위한 도피성을 택정한 후에 여호수아는 요단의 동쪽에 정착하고자 하는 두 지파 반에게 "이제 하나님의 종 모세가 너희에게 준 땅으로 돌아가라"하고 명령합니다(22:4). 이 단순한 지시는 요단강 둑에 돌로 된 기념비가 세워지고 논쟁이 발생함으로써 복잡하게 됩니다. 서쪽에 있는 지파들은 그것을 이교도의 우상으로 잘못 해석하는데 여호수아의 재빠른 처리로 민족 전쟁은 방지됩니다. 여호수아는 생명이 다하여 가자 민족 지도자들에게 "당신들의 주이신 하나님을 따르라"고 간절히 권고합니다(23:8). "너희 섬길 자를 오늘날 택하라. 오직 나와 내 집은 여호와를 섬기겠노라(24:15).

다음과 같은 입장에 처해 있다고 가정해 봅시다. 방금 여러분이 몇 주일 밖에 살지 못할 것이라는 말을 들었습니다. 이 사실을 알고 있는 목사님은 교회에 가서 고별 인사를 하라고 권고합니다. 교회에 가서 무엇을 말하겠습니까?

여호수아는 이와 유사한 상황에 처한 자신을 발견했습니다. 그는 그가 곧 죽을 것이라는 사실을 알았습니다. 그래서 그는 매우 중요한 문제에 관해서 백성들에게 설교하기 위하여 자기 생명의 마지막 시간들을 잡았습니다. 그는 하나님께서 아브라함과 이삭, 야곱, 그리고 모세를 과거에 어떻게 인도하셨는가를 상기시킴으로써 시작했습니다. 그는 애굽, 홍해, 광야, 가나안을 통한 하나님의 신실하심을 되새겨 보았습니다. 그는 순종은 축복을 가져오지만, 불순종은 멸망을 초래한다는 것을 다시 한번 사람들에게 일깨워 줍니다.

여러분은 고별인사에 무슨 내용을 포함시키겠습니까? 여러분의 삶에 나타났던 하나님의 섭리입니까? 삶을 이끌었던 신실한 사람들의 이름입니까? 그가 지켜 온 약속들입니까? 여러분의 생각을 써 보십시오. 그리고 지체없이 그 내용들을 다른 사람과 나누어 보십시오.

일생을 인도하시는 주님의 인도를 받아 승리하게 하소서. 아멘.

과거의 정복, 미래의 확신

3월 7일

■묵상과 산책 / 시18편

기독교인의 자기만족이란 어불성설이다.

약속된 땅으로 들어가는 즐거움은 그들 앞에 직면해 있는 심각한 임무를 동반합니다. 내부의 죄로 인해 충격적인 패배를 당했지만, 하나님께서는 그 죄를 단호하게 처리하심으로써 백성이 계속 앞으로 전진할 수 있게 하셨습니다. 마침내 백성들은 땅을 정복하고, 지파 사이에 땅을 나누는 기쁨을 누립니다. 앞으로의 내용에서 나오겠지만, 드릴 만점의 승리와 더불어 다가온 문제는 그후에 갖게 된 자기만족입니다. 그것은 다윗이 시편 18편에서 전개하고 있다는 사상입니다.

어제의 승리로 인한 희열 속에서 사는 것은 첫째, 도움이 된다, 둘째, 해롭다, 셋째, 도움도 되고 해롭기도 하다 중에서 하나를 골라 보십시오. 아마도 세번째를 택했을 것입니다. 다윗의 시편 18편의 기록처럼 그는 하나님이 과거에 그의 생을 인도하심에 관한 몹시 흥분될 만한 기억들을 가지고 있습니다. 하나님은 거대한 산이시고, 구원의 뿔이시며, 반석이시고, 쉴 수 있는 요새이십니다(2절).

다윗은, 부르짖는 사람들에게 하나님은 귀를 기울이시며, 원수를 갚으시며, 높여 주시고, 구해 주시며, 의를 따라 갚으시며, 자비를 베푸시며, 힘을 주시는 분이라는 사실을 직접 경험함으로 깨닫습니다. 그러한 지식은 다윗으로 하여금 미래에도 여전히 하나님을 신뢰할 수 있게 합니다. "내가 열방 중에서 주께… 찬송하리이다"(49절).

그러나 하나님께서 우리를 위해 싸우시겠다고 하신 약속은, 게으르게 가만히 앉아 아무 일도 하지 말라는 뜻이 아닙니다. 다윗의 순종을 살펴 보십시오. "내가 여호와의 도를 지키고… 내 하나님을 떠나지 아니하였으며… 나의 죄악에서 스스로를 지켰나니…"(21-23절).

지난 세월 동안에 함께 하셨던 하나님의 신실함을 상기시킬 수 있는 어떤 것(앨범, 달력, 일기 등)을 꺼내 보십시오. 그리고 앞으로 남은 세월 동안 하나님께 대한 확신에 찬 순종의 삶을 살겠노라고 하나님께 고백 하십시오. 시편 18편을 소리 내어 읽고 묵상하십시오.

그 어떠한 역경 속에서도 승리하는 삶을 살게 하소서. 아멘.

사사 기간의 상황들

3월 8일 ■묵상과 산책 / 삿 1-5장

불완전한 순종은 가면을 쓴 순종이다.

그 땅의 이방 거주민들을 추방하려는 유다, 시몬, 그리고 다른 지파들의 노력은 완전히 성공하지 못합니다. 하나님을 부정하는 이방인들의 영향이, 때로는 활동적으로, 때로는 잠잠한 상태로 남아 있으나 항상 이스라엘의 정신적 혼란의 근원입니다. 국가가 부도덕과 우상숭배에 빠져 들 때 하나님은 강력한 인접 국가들로 하여금 그 백성들을 억압하거나 노예로 만들도록 허용하십니다. 참회의 울부짖음이 있을 때 하나님은 사사들로 하여금 하나님의 구원의 손길을 가져오게 하고, 사사들은 억압의 속박으로부터 백성들을 벗어나게 합니다. 이러한 주기는 반복적으로 계속됩니다. 죄… 예속… 기도… 구원… 침묵.

반만 행해진 일은 시작하지 않은 것과 마찬가지로 아무 소용이 없는 것입니다. 정해진 시간에 낙하산 줄을 '거의' 당겨 가는 스카이 다이버, 거대한 미시시피강의 다리를 '거의' 놓아 가는 건축가, 충분히 오랫동안 빵을 '거의' 구워 가는 요리사, 이들은 각각 달성치 못한 임무의 고통을 경험합니다. 만약 일이 완성되지 않는다면 아무리 좋은 계획과 면밀한 솜씨라 할지라도 거의 가치가 없는 것입니다.

여호수아서를 다 읽어 가면서 우리는 '그들은 그들의 일을 거의 마쳤다' 라는 비문을 마음 속에 새길 수 있습니다. 그러나 슬프게도 여호수아의 정복 사역이 사사시대의 자기 만족으로 말미암아 실패하게 되었습니다. 하나님은 가나안의 그릇된 우상숭배의 근절을 요구했습니다. 그러나 이스라엘이 이방인을 용납함으로써 하나님의 권위는 무너지고 하나님의 풍성한 축복은 사라졌습니다.

오늘날 크리스찬적 삶의 어떤 영역이 '완성' 을 필요로 합니까? 하나님의 임재와 능력의 풍성한 즐거움으로부터 분리시키는 불완전한 순종은 하지 마십시오. 시편 1:1을 묵상하면서 하나님의 약속은 나태하게 걷지 아니하고 서지 아니하며 또는 그 자리에 앉지 아니한 완전한 순종자들을 향한 것임을 확실히 주목하십시오.

우리에게 주어진 모든 일을 다 마치기까지는 자만하지 않게 하소서. 아멘.

미디안의 정복자 기드온

3월 9일 ■ 묵상과 산책 / 미디안의 정복

하나님은 결코 변하지 않으시지만 계속적으로 놀라게 하신다.

다섯 명의 소(小)사사의 생애를 간략히 서술하고 나서 미디안에 대항하는 하나님의 구원의 도구인 기드온에게 이야기의 초점이 맞추어집니다. 기드온은 포도주 틀에 숨어서 탈곡함으로써 미디안 압제자의 감시의 눈을 피하려고 하는 장면 등을 통해서 유머스러우면서도 애처로운 방식으로 소개되어집니다.

하나님은 위대하게 보이지 않는 후보자를 택하시고, 그가 구하는 대로 양털을 젖게 하기도 하고 마르게 하기도 하는 기적을 통하여 하나님의 뜻을 확인시키십니다. 기드온의 군대는 단 하나의 무기도 없이 나팔, 항아리, 횃불로 무장하여 미디안 진영 속으로 들어갑니다.

· 하나님은 결코 변하지 않으신다 : 참입니까, 거짓입니까?
· 하나님의 방법은 결코 변하지 않는다 : 참입니까, 거짓입니까?

만약 당신이 첫째 문장을 '참'이라고 답했다면 옳습니다! "그는 변함도 없으시고 회전하는 그림자도 없으시니라"(약 1:17). 하나님의 성품은 불변하십니다. 즉 바뀌지 않으십니다. 하나님은 어제나 오늘이나 영원토록 동일하십니다(히 13:8).

그러나 하나님의 방법은 어떠합니까? 날씨처럼 예고할 수 없습니다! 이스라엘의 하나님께서 당신 편에서 싸우고 계실 때, 전쟁은 완전히 새로운 국면에 접어듭니다. 여러분이라면 어떻게 막강한 군대를 정복하겠습니까? 사람의 방법은 큰 군대를 만드는 것입니다. 하나님의 방법은 군사력을 축소시키고, 남은 군사대를 뛰어노는 아이들처럼 '꾸미고', 그리고 그들을 조용히 서 있게 하는 것입니다.

하나님의 방법은 그 다양성에 있어서는 무한하시지만 목적은 언제나 똑같습니다. 그것은 그와 같은 방법으로 승리를 가져오게 하고, 그 승리는 오직 하나님이 이루셨음을 설명하기 위한 것입니다. 또한 그것은 바로 하나님께서 우리의 삶 속에서 무엇을 행하려고 하시는지를 이해할 수 있는 열쇠입니다.

 나의 계획과 방법이 아니라 하나님의 뜻대로 날마다 승리하게 하소서. 아멘.

한 왕과 이스라엘의 여섯 사사

3월 10일
■ 묵상과 산책 / 삿9-12장

천성이란 당신이 그것에 따라 살려고 하든지 아니면 그것을 극복하면서 살든지간에 당신의 삶을 유지해 가는 그 어떤 것이다.

"사람이 각각 그 소견에 옳은 대로 행하던" 시대에(21:25), 야심과 질투, 그리고 폭력이 난무하는 것은 놀라운 일이 아닙니다. 경건했던 기드온의 아들 아비멜렉은 그의 아버지가 왕이 될 수 있는 기회들을 거절하는 것을 보았습니다. 그러나 그는 아버지와는 달리 70명의 자기 형제 중 69명을 살해하고, 국가의 권력을 찬탈한 후 3년 동안 무서운 공포 정치를 했습니다.

그러나 그는 결국 돌에 맞아 죽었으니 이는 악에 대한 하나님의 대가였습니다. 이와 대조적으로 또 하나의 사사인 입다는 하나님의 백성을 지도하는 열정적인 지도자가 되기 위해 처절한 가정의 배경을 극복합니다. 그는 불법적으로 태어난 까닭에 그의 가족들과의 혈연 관계에서 끊어져 있었습니다.

우리의 삶에는 우리가 조절할 수 없는 많은 부분이 있습니다. 성(姓)과 키, 눈의 색깔, 부모의 빈부 등 그 모든 것은 출생시에 받는 천성적인 것들입니다. 대부분의 경우 그것을 변경시킬 수 없습니다. 그것에 따라 살든지, 아니면 극복하면서 살든지간에 그것은 삶을 유지해 갈 그 어떤 것입니다.

그러나 조상의 문제에 대해서는 선택의 여지가 없는 반면에, 후손에 대해서는 책임을 져야 합니다. 우리는 그 일원이기 때문입니다! 하나님을 믿는 가정에서 태어났습니까? 그렇다면 조심하십시오! 아비멜렉도 그러하였습니다. 결손 가정이나 주위 환경이 만족하지 못한 가정에서 태어났습니까? 그렇다면 용기를 가지십시오. 입다가 그러했지만 하나님은 그를 강하게 사용하셨습니다.

우리의 천성은 변명하기 위한 구실이 될 수도 없으며 미래의 경건성을 보장하지도 못합니다. 좋든 나쁘든간에 그것들은 하나님에게 위대한 영광을 돌리는 원천이 될 수 있습니다. 그것들이 인생에 있어서 장애가 되기보다는 출발점이 되게 해 달라고 그분께 간구하십시오.

하나님! 나의 모든 약점으로 인하여 더욱 크게 사용하여 주소서. 아멘.

블레셋의 정복자 삼손

3월 11일
■ 묵상과 산책 / 삿13-16장

하나님이 주신 달란트를 감사하라. 스스로 받는 유혹을 조심하라.

삼손의 생애는 반전을 거듭하는 우아한 동화와도 같습니다. 경건한 부모의 축복 속에서 태어났고, 하나님께로부터 은총을 받았으며, 초자연적인 힘을 가졌고, 그의 백성들에게서 칭송을 받았습니다. 진심으로 그는 '전무후무'한 행복한 생활을 할 만한 사람이었습니다.

그러나 말년에 가서 그는 소경이 되었으며, 가난하게 되었고, 짐승을 대신해서 수레를 끄는 굴욕적인 일을 감수해야만 했습니다. 블레셋의 억압으로부터 이스라엘을 구해 내는 사명을 받은 삼손은 자신에게 부여된 사명은 수행하지 않고, 대신에 나실인의 서약을 깨뜨리며, 그의 소명을 더럽히는 일로 많은 시간을 보냈습니다. 그러나 하나님께서 그에게 마지막으로 한 번의 힘을 주셨습니다. 그때 죽인 자가 살았을 때에 죽인 자보다 더욱 많았습니다.

'청지기'란 단어를 접했을 때 가장 먼저 떠오르는 생각은 무엇입니까? 돈이라고 생각했다면 그것은 정상적입니다. 그러나 하나님께서는 물질적인 것만을 위한 청지기가 되기를 원하실까요? 그렇지 않습니다.

누가복음 12:48에서는 예수께서 그의 제자들에게 "무릇 많이 받은 자에게는 많이 찾을 것이오"라고 말씀하셨습니다. 확실히 하나님께서 위탁하신 것 속에는 물질이 포함되어 있습니다. 그러나 시간과 재능도 역시 위탁하신 것입니다.

삼손은 많은 것을 소유하였으나 그것을 너무나도 자기 중심적으로 사용했습니다. 하나님이 주신 특별한 재능 예를 들면, 악기를 연주하는 것, 방문객이나 친구에 대한 환대, 상한 마음의 위로, 주일 학교 공과를 잘 가르치는 일 등을 잘 사용하고 있습니까? 아니면 악용(惡用)하고 있습니까?

목사님이나 영적인 지도자를 찾아가서 그리스도를 위한 봉사에 사용해야 할 달란트에 관해 의논하고 사용할 기회를 찾아 보십시오.

 내게 주신 달란트를 하나님의 뜻에 합당하게 사용하게 하소서. 아멘.

우상과 부도덕

3월 12일 ■ 묵상과 산책 / 삿 17-21장

사람들은 힘이 부족한 것이 아니라 의지가 약할 뿐이다

오늘 읽을 부분은 사사기 1-16장의 부록 역할을 합니다. 연대순으로 보면 3장 다음에 와야 할 것이지만 저자는 이 책의 흥미를 돋구기 위하여 마치 클라이막스처럼 의도적으로 이곳에 배치했습니다.

백성들은 나무와 쇠붙이로 우상을 만들어 그들 나름의 예배 체계를 갖추고, 레위인을 고용하여 거짓 신에게 제사를 지내게 합니다. 강간과 동성연애를 거의 눈만 뜨면 볼 수 있을 정도로 도덕성은 완전히 타락되었습니다. 그리고 이스라엘의 국민적 양심이 12지파에게 보내진 충격적인 '전문'에 의해 마지막으로 찔림을 받을 때에도 그들의 반응은 야만적인 난폭함으로 나타납니다. 결과적으로 베냐민 지파는 거의 멸종될 뻔합니다.

잠깐 동안 의사라고 가정해 보십시오. 백지에다가 환자가 아픈지 아니면 건강한지를 진단하기 위해 조사할 다섯 가지의 '중요한 증세'를 기록해 보십시오. 이번에는 '영적인 의사'라고 생각해 보십시오. 국가가 영적으로 건강한지 병들었는지를 진단하기 위해 조사해야 할 다섯 가지의 중요한 증세는 무엇입니까?

사사기의 교훈은 명쾌합니다. 백성들에게 그들의 소견에 '옳은' 대로 행하도록 내버려 둔다면, 하나님의 소견으로는 '그릇된' 상황이 되고 만다는 것입니다. 선과 악에 대한 하나님의 객관적 기준이 무시될 때 인류에게는 도덕적인 기준이 사라질 뿐 아니라, 극도의 우상 숭배, 부도덕성, 야만성, 불의 등으로 말미암아 도덕이란 말 자체도 없어질 것입니다.

여러분은 편지나 전화를 통하여 하나님과 선(善)을 위하여 목소리를 들려 줄 수 있는 특권이 있습니다. 그리고 주변에 있는 모든 사람들은 하나님만이 영적으로 병든 국가를 치료할 수 있다는 사실을 깨달아야 할 필요가 있습니다. 하루에 10분씩만 이라도 그러한 특권을 사용해 보지 않으시겠습니까?

이 나라의 구조적인 병들을 치료하소서. 아멘.

사랑의 이야기

3월 13일

■묵상과 산책 / 룻1-4장

불행해지기 위한 두 개의 지름길은 어느 누구의 충고도 듣지 않는 것과 모든 사람의 충고를 다 듣는 것이다.

룻기는 사사 시대의 사랑과 구속의 이야기입니다. 배교와 불안, 전쟁과 심판으로 암울했던 시대에 룻기는 희망과 행복의 서광을 비춰 주었습니다. 역사적 측면으로 이 책은 사사 시대에 베들레헴의 독실한 가족이 당한 경험을 묘사하고 있습니다.

상징적으로는, 그의 신부인 교회를 위하여 오실 아름다운 그리스도의 모습이 그의 신부 룻을 위하여 다가온 구원자 보아스로 묘사됩니다. 신학적으로는, 인간을 자비로써 다스리시는 하나님의 성품을 나타냅니다. 혈통적으로는, 어떻게 비이스라엘인인 모압 여인 룻이 메시야이신 그리스도의 계보에 포함될 수 있는가를 보여 줍니다.

"왜 나에게 이 모든 일이 일어납니까?" 하나님께 이러한 질문을 던져 보고 싶은 유혹을 받았던 적이 있습니까? 만약 있다면 여러분은 훌륭한 사람이 될 수 있습니다. 사사 시대에 실질적으로 모든 어려움을 다 경험한 가족이 베들레헴에 살았습니다. 기아의 엄습으로 가족들이 고향을 떠나게 되었고, 아버지가 죽고, 어머니와 두 명의 과부 며느리를 남겨 놓고 결혼한 두 아들도 죽었습니다.

그러나 그 모든 일의 배후에서 하나님은 역사하셨습니다. 그 가족의 기쁨과 슬픔에 유용하도록 적당한 때, 적당한 장소에 적당한 사람들을 놓아 두셨습니다. 그래서 이스라엘의 보리 추수하는 어느 서늘한 아침에 룻이라는 이름의 신실한 이방 여자는 보아스라는 이름의 신실한 친척의 들에서 이삭을 줍는 기회를 가지게 되었습니다. 그리고 결국 그들은 오벳을 낳은 부모가 되었는데, 그는 메시야를 후손이라 부를 수 있는 다윗의 조부였습니다.

지금 개인적으로 혹은 가정적으로 위기에 직면해 있습니까? 그 위기로 인해 두 가지 일 중의 하나를 할 수 있습니다. 걱정하든지 아니면 어떤 것도 운에 맡겨 두시지 않는 하나님께 전적으로 의지하는 것입니다. 룻기의 예를 따른다면 어떤 것이어야 하겠습니까?

지금 우리의 모든 환난을 하나님의 뜻을 이루는 계기로 만들어 주소서. 아멘.

하나님의 세계와 말씀

3월 14일
■ 묵상과 산책 / 시19편

성경은 인생의 모든 환경에 항상 빛을 준다.

사 시대가 시작되면서 우리는 드보라, 기드온, 삼손, 그리고 여러 다른 사람들이 사악한 이기주의로 곤경에 빠진 나라를 통치한 사실을 보았습니다. 그렇지만 룻의 이야기는 하나님은 그의 자녀들에게 여전히 신실하시다는 것을 우리에게 재인식시켜 주는 희망과 사랑의 횃불로서 환하게 빛납니다. 동시에 그는 그의 자녀들이 자신의 말씀에 복종함으로써 그에게 신실하기를 바라십니다.

오늘은 우리가 잠시 성경을 읽어 가는 일을 멈추고 시편 19편에서 발견되어지는 하나님의 말씀에 관한 다윗의 장엄한 생각에 초점을 맞추어 봅시다.

시편 19편은 자연과 율법에 나타난 하나님의 오묘한 섭리를 찬양한 다윗의 노래입니다. 하나님은 자연만으로는 다 나타낼 수 없는 그분의 성품의 요소와 계획을 더 많이 계시하기를 원하십니다. 그래서 그는 모든 사람이 읽고 이해할 수 있도록 성경에 그것들을 썼습니다. 그러므로 '하나님이 언제나 자신에 관하여 알기를 원하는 모든 것'에 관한 두 권의 주석을 갖게 됩니다. 제1권은 하나님의 세상이고, 제2권은 하나님의 말씀입니다.

7-10절에서 다윗은 성경에 관해서 여섯 개의 동의어 "율법, 증거, 교훈, 계명, 경외하는 도, 규례"를 사용했고, 성경을 서술하는 일곱 개의 형용사 "완전한, 확실한, 정직한, 순결한, 정결한, 확실한, 의로운"을 사용했으며, 생활 속에서 '하나님의 말씀'이 하시는 내용을 다섯 개의 문장 즉, "영혼을 소생시키고, 우둔한 자를 지혜롭게 하며, 마음에 기쁨을 주고, 눈을 밝게 하고, 영원까지 이르게 하며"로 표현했습니다. 앞에 열거한 18개의 요소를 각각 사용하여 다음 문장을 완성해 보십시오.

"하나님의 말씀은 _____이기 때문에 나는 _____할 것이다."

하나님의 세계를 사모하고 말씀을 깊이 사랑하게 하소서. 아멘.

사무엘의 탄생과 하나님의 부르심

3월 15일　　■ 묵상과 산책 / 삼상1-3장

만약 당신이 모든 일에 성공하더라도 가정에 성공하지 못한다면 당신은 실패한 것이다.

사사들의 어두운 시대에 한 가닥 햇살 같은 빛이 경건한 가정인 엘가나와 그의 임신하지 못하는 아내 한나에게 비추어집니다. 하나님은 하나님을 섬기기 위해 헌신할 아들을 원하는 한나의 기도를 듣고 자비를 베푸사 사무엘을 낳게 하십니다. 그리고 후에 세명의 아들과 딸을 더 낳게 하십니다.

한나는 맹세를 지키기 위하여 사무엘을 실로로 데려가고, 사무엘은 거기서 엘리 제사장의 지도에 따라 하나님께 헌신하는 삶을 시작합니다. 그러나 엘리가 그의 자녀 교육에 실패하고 하나님과 성막을 욕되게 하자, 하나님은 사무엘에게 엘리의 집에 대한 심판을 선포하는 임무를 부여합니다.

다음 문장을 분석해 보십시오. '좋은 사업가가 되는 것이 반드시 좋은 부모가 되는 것은 아니다.' 이제는 앞의 문장의 '사업가' 란 말을 다음의 단어와 바꾸어서 다시 읽어 보십시오. '성경 공부 지도자, 주일학교 교사, 자원 봉사자, 시정 책임자, 학생, 교회 지도자…'

오늘의 내용에서 매우 착잡한 장면을 대하게 됩니다. 성직자로서의 자기 직책을 잘 알고 있었고, 하나님 앞에서 헌신하는 데 적합한 행동을 했던 엘리는 그럼에도 불구하고 아버지로서의 직책에서는 실패자였습니다. 한 분야에서의 성공이 다른 분야에서의 성공까지 보장하지는 않습니다. 아버지로서의 의무에 소홀했기 때문에 영적인 분야에서마저도 그는 영향력을 상실했습니다.

자녀들에게 하나님을 찬양할 수 있도록 얼마나 잘 지도하고 있는지 객관적인 안목에서 바라보십시오. 교회 도서관이나 기독교 서점은 자녀들에게 하나님의 진리를 창조적으로, 그리고 실용적으로 가르칠 수 있게 하는 금광과 같은 풍성한 자원을 공급해 줍니다. 이번 주 중에 한 번쯤 서점에 들러 보십시오. 그러나 먼저 부모로서의 필요한 자질을 갖출 때에만 그 일을 할 수 있습니다.

우리의 자녀들이 하나님의 말씀인 진리 안에서 성장하게 하소서. 아멘.

사무엘의 국가 재건

3월 16일 ■ 묵상과 산책 / 삼상 4-8장

당신은 기도할 때 하나님께 지시하는가, 아니면 당신의 의무를 말하는가?

엘리의 가족에 대한 심판이 닥침으로써 사무엘의 예언이 성취됩니다. 홉니와 비느하스는 블레셋 사람들의 손에 의해 죽고, 그와 더불어 34,000명의 백성도 함께 죽게 됩니다. 더욱 비참한 일은 하나님의 언약궤가 적의 손아귀에 들어가게 됩니다. 국가와 가족의 이중적인 참상으로 인한 충격 때문에 엘리는 의자에서 넘어져 목이 부러져 죽게 됩니다. 어린 사무엘의 어깨 위에 영적으로 정치적으로 산산이 부서진 국가 재건의 임무가 놓여집니다.

블레셋으로부터 언약궤가 돌아옵니다. 그리고 이스라엘 사람들은 유일하신 참 하나님께 다시 예배하게 됩니다. 그러나 사무엘이 나이가 들고 그의 아들들이 사사로서의 직책을 그릇되게 행사하자 장로들은 당시의 주변 국가들처럼 그들을 다스릴 한 왕을 달라고 요청합니다.

어떻게 기도해야 할지를 주의하십시오. 하나님께서는 우리가 요청하는 것을 주실 수도 있습니다. 이스라엘은 왕을 원했습니다. 그것은 겉으로 보기에는 전혀 해로울 것이 없는 요구였습니다. 그러나 하나님께서는 그 사람들의 동기 "우리는 모두 다른 나라들과 똑같이 되기를 원한다"는 것이 나빴다는 것을 알았습니다. 그 결과는 참담합니다. 그들의 아들들과 딸들은 압수당하고, 무거운 세금을 물게 될 것입니다. 결과적으로 그들은 왕의 노예가 될 것입니다. 그러나 그들은 "우리에게 왕을 주십시오!"라고 주장했습니다.

여러분의 기도생활을 검토해 보십시오. 요구하는 것이 기도의 특징은 아닙니까? 기도의 동기를 체크해 보십시오. 여러분의 마음의 안정과 평안함을 위해서 기도하십니까, 아니면 하나님의 영광을 위해 기도하고 있습니까? 그리고 하나님께서 기도에 응답하셨다면 어떤 일이 일어날지 깊이 생각해 보았습니까? 자신의 기도에 대하여 응답하시는 것보다 더욱 좋은 어떤 것을 하나님이 간직하고 계실 수 없을까요? 지금 하나님께 그에 대하여 아뢰십시오.

 하나님의 뜻에 합당한 기도를 드림으로 하나님의 뜻을 이루게 하소서. 아멘.

이스라엘의 첫 번째 왕 사울

3월 17일　　■ 묵상과 산책 / 삼상9-12장

하나님께 순종함으로써 당신은 지불하는 것보다 더 많은 것을 얻게 된다.

왕을 세워 달라는 백성의 계속되는 요구에 하나님께서는 왕을 허락합니다. 준수한 얼굴을 가진 사울은 잃어버린 당나귀를 찾으러 왔다가 사무엘에게 발견되어 이스라엘의 왕으로 임명됩니다. 사울은 재빠르게 이스라엘을 지휘하여 암몬 족속과의 전투에서 결정적 승리를 거두었으며, 자신을 왕으로 인정하지 않았던 사람들을 벌하자는 의견을 겸손히 거절했습니다. 사울이 비록 그의 통치 초기에는 하나님을 공경했지만, 사무엘은 그들이 진심으로 하나님을 왕으로 모시지 않을 때 오는 위협에 대하여 백성에게 경고합니다. "만일 너희가 여전히 악을 행하면 너희와 너희 왕이 다 멸망하리라"(12:25).

어떤 제멋대로 날뛰는 어린 소년이 어머니로부터 의자에 조용히 앉아 있으라는 소리를 들었습니다. 소년은 마지못해 복종하긴 했지만 자리에 앉은 뒤 이렇게 말했습니다. "나는 겉으로는 꼼짝 않고 있지만 마음 속에서는 아직도 여전히 뛰어다니고 있어요!" 어머니의 권위가 아들의 '몸'을 억압했지만 '마음'까지 다룰 수는 없었습니다.

이스라엘이 이와 같은 경우였습니다. 작은 어린 아이처럼 이스라엘은 비록 그들이 지금 인간적 왕을 가지고 있지만 하나님의 방식을 계속해서 유지하도록 사무엘에 의해 경고를 받았습니다. 외관상으로 그들은 하나님을 섬기고 복종하는데 동의하였습니다. 그러나 외적인 추종에도 불구하고 마음은 변화되지 않은 채 남아 있었습니다.

하나님께서는 그를 진심으로 기뻐하는 '마음'(태도)과 '몸'(행동)을 가진 사람들을 원하십니다. 종이 한 장을 취해서 왼쪽 상단에는 '하나님을 위해 내가 하는 것'이라 쓰고, 오른쪽 상단에는 '내가 왜 하나님을 위해 그것을 하는가?'라고 적어 보십시오. 이제 빈 칸을 채우기 시작하십시오. 그리고 만약 '잘못된' 이유를 위해 '옳은' 일을 약간이라고 행하고 있다면 하나님께 즉시 '마음의 변화'를 요청하십시오. 그것이 하나님이 요구하시는 것입니다(렘 17:9-10).

 깨닫지 못하는 어린아이처럼 하나님의 뜻을 거역하며 마음대로 하지 않도록 도와주소서. 아멘.

사울의 불순종과 거역

3월 18일 ■ 묵상과 산책 / 상상13-15장

가장 훌륭한 지도자는 하나님을 충실히 따를 수 있는 사람이다.

오늘 읽는 본문에서 촉망받았던 사울은 궁극적으로 하나님께 거절을 당하는 원인이 되는 행동과 태도를 보여 줍니다. 주제넘은 합리화, 교만, 아집, 그리고 거리낌없는 불순종은, 마지막으로 사무엘이 '아말렉 족속을 완전히 전멸하라'는 극단적인 지시를 내릴 때까지 그의 통치 후반기 전체를 장식하고 있습니다.

단지 하나님 뜻의 일부분을 실행하도록 선택된 사울왕은 '하나님께 제사하기 위하여'(15:15) 가장 좋은 살찐 가축을 남겨 두고, 아말렉의 왕인 아각을 따로 살려 둡니다. 그의 불순종에 대하여 사무엘이 "하나님께서는 당신이 왕의 자리에 있는 것을 거절하신다"고 하는 하나님의 뜻을 전하자 사울은 죄의 책임을 백성들에게 전가시킵니다.

사울의 생애에 있어서 최대의 비극은 '무엇을 할 수 있었는가?'와 '무엇을 실제로 했는가?' 사이의 선명한 대조입니다. 성경은 하나님의 성령이 사울에게 두번 나타났다고 말하고 있습니다(10:10; 11:6). 사울이 사무엘에 의해 기름부음을 받은 후에 '하나님은 그에게 새로운 마음을 주셨습니다'(10:9). 그리고 그가 왕의 자리에서 버림을 받았을 때, '여호와의 신'이 사울에게서 떠났습니다(16:14). 이런 구절들은 사울이 자기 뜻대로 행하고, 교만하며, 하나님께 거역했음을 지적하고 있습니다(15:17; 22~23절). 그는 어떤 과업을 하나님에 의해 부여받았지만 고의적인 죄로 인해 더 많은 봉사를 할 수 있는 자격을 박탈당하게 되는 크리스찬을 대표합니다(고전 9:27).

먼저 하나님에 의해 이끌림 받으려는 마음을 가질 때, 비로소 다른 사람을 효과적으로 이끌 수 있습니다. 하나님의 관계 사이에 자존심, 아집, 거역의 구름이 끼어 있지 않습니까? 그렇다면 지금 그것을 처리하십시오. 하나님이 원하시는 경건한 지도력의 도구가 되기 위해 내가 변화될 필요가 있는 부분을 하나님께 간구하십시오. 그리고 삼상 15:22을 미래에 참고할 수 있도록 카드에 적어 놓으십시오.

 하나님의 명령에 거역하지 않을 겸손한 마음을 허락하소서. 아멘.

사울 궁 안에서의 다윗

3월 19일　　■ 묵상과 산책 / 삼상16-19장

좋은 친구를 가지기 위한 유일한 길은 그와 하나가 되는 것이다. 기독교인의 자기만족이란 어불성설이다.

사울의 범죄에 대해 여전히 슬퍼하면서도 사무엘은 이새의 가족 중 왕의 후보로 보이지 않는 어린 아이를 새 왕으로 기름 부으라는 하나님의 지시를 받습니다. 하여튼 다윗은 짧은 무명 시절을 보냈습니다. 다윗은 왕궁에서 하프를 연주하기 위해 사울에게 징병된 후 블레셋의 거인 골리앗에 대항하여 그를 굴복시킵니다. 다윗의 명성은 빛나는데, 이러한 것이 사울로 하여금 자기 지위에 대한 위협을 느끼게 합니다. 사울의 아들 요나단과의 친밀한 교제조차도 사울의 공격으로부터 다윗을 벗어나게 하지는 못합니다.

여러분은 가까운 친구를 얼마나 많이 가지고 있습니까? 단순히 안면이 있거나 직장 동료이거나 이웃이 아니라 '형제보다도 더 가까운' 친구들이 있습니까(잠 18:24)? 다윗은 진실한 친구를 가지는 것이 얼마나 가치있는가를 알았습니다. 때로는 생명을 구할 수도 있습니다! 사울이 미래의 이스라엘 왕을 죽이려는 음모를 꾸미고 있을 때, 요나단은 아버지 사울의 살인 계획을 다윗에게 알림으로써 그의 생명을 구하였습니다.

여러분은 어떤 종류의 친구입니까? 다른 사람들과 그들에게서 그 무엇을 얻을 수 있기 때문에 교제하십니까? 아니면 그들에게 그 무엇을 줄 수 있기 때문에 교제하십니까? 만약 가까운 친구와의 우정에 점점 더 문제가 생기고 있다면, 오늘은 요한복음 15:13-15을 읽는데 몇 분의 시간만이라도 할애하십시오. 거기서 점점 깊어지는 우정의 세 가지 특징을 발견하게 될 것입니다. 그것은 희생(13절), 복종(14절), 그리고 의사교환(15절)입니다.

지금 단지 안면이 있는 어떤 사람을 선정하여 그 사람에게 오늘날의 삶 속에서 '요나단 계획'을 실행해 보십시오. 이번 주 동안에 우정 수립을 위한 위의 세 가지 원칙을 적용하십시오. 그렇지 않으면 두 가지만이라도 사용하십시오.

 지금 내가 아는 모든 친구들과의 우정이 더욱 깊어 지게 하소서. 아멘.

사울로부터 도피하는 다윗

3월 20일 ■묵상과 산책 / 삼상 20-23장

우리는 우리의 소유에 대해서는 만족해야 하지만, 우리의 상황에 대해서는 결코 만족해서는 안 된다.

요나단은 사울의 분노가 일시적인 분노인지 아니면 굳은 결심인지를 알아냄으로써 다윗을 돕기로 약속합니다. 그는 후자라는 사실을 알게 되고, 그 과정에서 자신은 아버지의 분노로 다칠 뻔합니다. 다윗이 왕이 되기 위해서 취할 수 있는 단 하나의 행동은 살아남는 것이었습니다. 살기 위해서는 도망치지 않으면 안되었습니다.

그는 먼저 놉으로 달아나서 여행하는 데 필요한 식량과 무기를 공급받습니다. 거기서 그는 다시 가드로 도망칩니다. 그런 다음 아둘람의 동굴에서 친족과 소외당한 무리를 만납니다. 그들을 쫓는 사울의 추적 때문에 십(Ziph) 광야로 쫓겨난 다윗은 그의 생명이 계속해서 위험에 처해 있음을 발견하게 됩니다.

다른 사람이 나를 앞질러 갈 때 기뻐할 수 있습니까? 마땅히 차지해야 할 승진을 다른 사람이 가로챘을 때도 계속해서 관용하며 신실한 친구로 대할 수 있겠습니까? 하나님께서 주신 위치가 나의 야망에 못 미칠 때, 또는 '마땅히' 내가 차지해야 할 위치보다 낮을 때에라도 기꺼이 만족하시겠습니까?

만약 진심으로 '예'라고 대답할 수 없다면, 요나단의 훌륭한 인격을 생각해 보십시오. 인간적으로 말한다면, 그는 자기 아버지 사울의 뒤를 잇는 이스라엘의 왕위 계승자였습니다. 그는 다윗을 미워할 만한 충분한 이유가 있었고, 다윗을 죽이려는 그의 아버지의 음모에 참가할 이유가 충분했습니다. 그럼에도 그는 오히려 다윗을 사랑했고, 진정한 친구로 생각했고, 잘 보호했으며, 자신의 개인적인 욕망을 '포기'하는 것이라 할찌라도 하나님의 뜻을 받아들였습니다.

'진정으로 부요하기를 원합니까? 이미 행복하고 풍성한 상태입니다'(딤전 6:6). 감사가 '여러분의' 마음 속에서, 심령의 깊은 곳에서 진지하게 우러나오는 기도가 되게 하는 힘을 하나님이 주실 때까지 빌립보서 4:11-13을 큰 소리로 여러 번 읽어 보십시오.

 내가 서있는 곳에서 전 인격적으로 풍성한 삶을 가꾸게 하소서. 아멘.

나의 인도자시며 보호자

3월 21일
■ 묵상과 산책 / 시23편

주님은 우리의 모든 어두움을 광명으로 바꾸어 놓으셨다.

사무엘의 일생은 하나님께 바쳐지는 것으로 시작되며, 하나님의 신실한 종으로서 사사 시대에서 왕의 시대로 넘어가는 과도기의 인물입니다. 그는 사울의 통치가 그의 촉망되는 왕으로서의 시작에도 불구하고 하나님께 대한 불순종으로 인해 짧게 끝나고 말 것이라고 예언합니다. 그리하여 사울이 자신의 왕위를 완고히 고수함에도 불구하고 어린 목동은 왕으로서 기름부음을 받습니다. 겸손한 목동 소년은 하나님의 국가를 지도하기 위한 훈련을 받습니다. 그는 사랑하시며 보호하시는 하늘의 목자이신 하나님만을 의지합니다. 다윗은 이에 대한 그의 생각을 시편 23편에 기록하였습니다. 오늘은 찬양과 하나님께 대한 예배를 위한 도약판으로 다윗의 말들을 사용하여 보십시오.

성경에서 가장 주목을 받는 사람들 중의 하나는 목자였습니다. 그 중 세 사람을 생각해 낼 수 있겠습니까? 요셉이 목자였습니다(창 37:2). 그는 11명의 형제와 함께 그의 아버지 야곱의 양을 돌보았습니다. 요셉은 알지 못했지만 하나님께서는 그를 7년 기근 동안 애굽을 '이끌어 나갈 목자'로서 미리 준비해 두셨습니다.

모세도 목자였습니다. 그는 40년 동안을 미디안에서 다루기 힘든 양 치는 방법을 배웠는데, 이스라엘 민족을 인도하기 위한 '목자 교육'이라는 것을 깨닫지 못했었습니다. 다윗 역시 목자였습니다. 어린 소년으로서 아버지의 양을 키우면서 유대 광야의 거친 실상을 배웠습니다. 그럼에도 불구하고 그는 자기가 하나님 백성들의 '목자'로서 기름부음 받으리라는 것을 당시에는 깨닫지 못하고 있었습니다.

다윗은 목자로서의 역할을 직접 체험함으로써 알았기 때문에 시편 23편에서 목자의 사랑과 보호를 자연스럽게 하나님에 비유하고 있습니다. 자신의 말로 시편 23편을 다시 한 번 적어 보십시오. 예를 들면, '여호와는 나의 대장(Boss)이시며, 나의 선생님, 나의 목사님, 나의 코치, 나의 아버지이시다.' 시편 23편을 읽고 묵상하십시오.

하나님이 나의 목자가 되어 주심을 감사하오며, 모든 생활을 인도하소서. 아멘.

다윗과 사울의 만남

3월 22일　　■묵상과 산책 / 삼상24-26장

하나님은 당신의 적이 곤경에 빠졌을 때 당신이 도와주는 것을 기뻐하신다.

사울은 블레셋 사람 문제를 다루기 위해 잠시 동안 지체한 연후에 다윗을 추적하기 위하여 돌아옵니다. 그의 새로운 열정은 다윗과 동굴 속에 있는 그의 추종자들을 함정에 빠뜨릴 뻔합니다. 그때 기적적으로 다윗이 사울의 잠자는 모습을 보게 되는 장면으로 바뀝니다. 사울의 생사가 다윗의 손 안에 놓였습니다.

복수할 수 있는 기회가 바로 눈 앞에 다가왔지만 다윗은 하나님이 기름부으신 왕을 향하여 그의 손을 치켜들지 않습니다. 26장에 보면 십 광야에서 다시 한번 이와 같은 상황이 반복됩니다. 다시 한번 다윗은 칼로 찌를 것인가 말 것인가 하는 고민에 빠지게 됩니다. 그리고 다시 한 번 다윗은 하나님의 역할을 대신하여 사울의 목숨을 빼앗는 그 유혹에서 벗어납니다.

만일 하나님께서 결정하신 뜻이라고 한다면 사울의 생명은 24장에서 끝났을 것이며 나발의 생명 또한 25장에서 갑작스레 끝나버렸을 것입니다. 만약 어떠한 상황 그 자체가 하나님의 작정하신 뜻을 나타낸다면 아비새는 26장에서 자기로 하여 사울을 단번에 영원히 제거하게 해 달라고 다윗에게 더욱 '강력히' 요청했을 것입니다.

그러나 그 이상의 것이 있습니다. '기회 자체가 하나님의 뜻을 나타내지는 않습니다.' 어떤 상황에 의해서 이루어진 다른 사람의 조언은 하나님의 뜻을 결정하기에 충분치 않습니다. 이러한 것들은 하나님의 말씀에 나타난 그분의 성품과 명령에 조화를 이루어야만 합니다. 다윗은 원수 갚는 일이 하나님에게 달려 있다는 원칙을 잘 알고 잇었습니다(신 32:35; 롬 12:19).

다른 사람이 잘못을 했다고 해서 그 사람을 능히 보복할 수 있는 자리에 두지는 않았습니까? 그럴 때 악을 선으로 갚는 길을 찾도록 해 보십시오(롬 12:21). 그리고 그 일을 하나님께 맡겨서 그의 뜻대로 행하도록 하십시오.

 나에게 주어진 모든 기회를 하나님의 영광을 위해 사용하게 하소서. 아멘.

사울의 최후 몰락과 죽음

3월 23일 ■ 묵상과 산책 / 삼상27-31장

유혹으로부터 벗어날 줄 아는 사람의 앞날은 하나님께서 책임지신다.

사무엘상은 사울과 그의 아들들의 죽음, 그리고 다윗이 순조롭게 왕으로 등극할 수 있게 하는 일련의 극적인 사건들로 끝을 맺고 있습니다. 낙심한 다윗은 자신을 보호하기 위하여 곧바로 골리앗의 고향인 블레셋으로 도망가서 '가드'에 정착합니다. 그는 이스라엘에게 적대감을 품고 있는 블레셋 편이 되는 것을 피하기 위하여 속임수를 사용하게 됩니다. 하나님의 뜻하시는 바를 알 수 없는 사울은 어리석게도 하나님의 심판과 자신의 죽음을 예언하는 심령술사를 찾아 갑니다.

오늘날 '비극'이라는 단어는 그 원인이 무엇이든간에 역경을 묘사하기 위하여 사용합니다. 더욱 주목할 것은 비극이 성격상의 결함에 기초한 잘못된 결정에서 비롯된 재앙이라는 것입니다. 이러한 정의를 사용해 볼 때 사울의 생애는 진실로 비극이었습니다. 오만과 독단에서 비롯된 패배와 오욕으로 끝나기 전까지는 그 자신과 국가에 많은 성공의 약속이 있었습니다.

크리스찬이 되었다는 것이 더 이상 죄와 유혹과 싸움을 하지 않아도 된다는 것을 의미하지 않습니다. 여러 가지 의미에서 그것은 시작을 뜻합니다. 크리스찬으로서의 당신도 역시 매일의 행동에서 자신을 나타내고자 하는 죄악의 본능을 가지고 있습니다. 또한 자신의 생을 뜻대로 하려고 하는 개인적 의지를 가지고 있습니다. 이 두 가지는 예수 그리스도의 다스림 아래 놓일 필요가 있습니다.

사도 바울은 "이제는 내가 산 것이 아니요, 오직 내 안에 그리스도께서 사신 것이라"(갈2:20)고 고백합니다. 찬송가 147장의 '주 달려 죽은 십자가'를 찾아서, 머리에서 발 끝까지 그리스도를 향한 봉사를 새롭게 하기 위해 힘차게 부르십시오.

 나의 모든 것을 주를 위하여 사용하게 하소서. 아멘.

분할된 국가에 대한 다윗의 통치

3월 24일
■ 묵상과 산책 / 삼하1-4장

많은 사람들이 그들의 권리만을 주장하려 하고 책임지려 하지 않는다.

사울과 요나단의 죽음과 함께 사무엘상이 끝나고 사무엘하가 시작됩니다. 하나님의 기름 부음을 받은 자(사울)와 가장 절친한 친구를 잃은 데 대한 다윗의 슬픔이 "두 용사가 엎드러졌도다"(1:19-27)라는 반복되는 후렴구로 이어지는 감동적인 노래 속에 잘 나타나 있습니다. 이제 드디어 왕위에 등극할 시기라고 하나님으로부터 확신을 얻은 후에 다윗은 유다의 왕위에 오르게 됩니다.

그러나 이스라엘의 새 국가 지도자로서 받아들여지기에는 조금 시간이 지체되며 고통도 뒤따르게 됩니다. 사울의 살아 있는 아들 이스보셋이 북쪽에서 권력을 쟁취하게 되어 결국 이스라엘(아브넬이 이끌음)과 유다(요압이 이끌음) 사이에 전쟁이 발생합니다. 음모와 암살, 그리고 변절 속에 이사헬과 아브넬이 죽게 되는 결과를 가져오게 되고 마침내는 이스보셋도 죽게 됩니다. 사울이 죽은 지 7년 이상이 지났을 때에야 비로소 다윗의 통치를 반대하던 세력이 모두 제거됩니다. 그리고 마침내 다윗은 통합 왕국을 지배하게 됩니다.

'권위'로부터 분리된 '인격'에 대해서 알고 계십니까? 하나님의 명령은 이따금씩 권위를 기초로 하고 있습니다. 하나님께서는 일련의 명령에서, 어린 자녀들은 자기 부모에게 순종하고, 젊은이는 연장자를 존경하며, 시민들은 그들을 지배하는 권위자들의 인격이 좋든 싫든 그 권위에 복종하도록 지시하십니다. 마찬가지로 다윗은 평생 동안 사울을 기름부음 받은 왕으로서 존경하였습니다. 다윗은 사울 가족에 대한 개인적 복수심이나 앙갚음 등을 완강히 거부했으며, 비록 사울이 다윗의 절친한 친구가 아니었음에도 불구하고 진정으로 사울의 죽음을 애도하고 사울의 집안에 친절함을 보여 주었습니다.

국가 지도자들의 인격이나 철학에 동의하든 않든 그들에게 복종하고 그들을 위해 기도해야 한다는 영적인 책임감을 느껴야 합니다. 그것은 그들에게만이 아니라 자신에게도 도움을 줄 것입니다.

하나님께서 주신 모든 권위들에 기꺼이 순종할 분위기를 허락하소서. 아멘.

통일왕국에 대한 다윗의 통치

3월 25일
■ 묵상과 산책 / 삼하5-7장

하나님에게 양도하기 가장 어려운 영역은 당신의 꿈을 키운 심장 지대이다.

왕으로서 다윗이 처음 행한 공적인 임무는 헤브론에서 예루살렘으로 국가의 수도를 옮겨 놓는 일이었습니다. 예루살렘을 이스라엘의 정치적 중심지로 만드는 동시에 언약궤를 기브아로부터 옮겨 놓음으로써 종교적 중심지로까지 만듭니다. 마침내 다윗은 자기 생에 있어 최대의 꿈인 하나님을 위한 성전 건설 준비를 하게 됩니다.

그러나 선지자 나단을 통하여 하나님께서는 다윗의 계획을 변경시키십니다. 다윗은 전쟁을 많이 치룬 사람이었으므로 성전 짓는 일을 그의 아들 솔로몬(이 이름은 '평화'를 의미합니다)에게 넘겨 주어야만 했습니다. 하나님은 다윗에게 성전 짓은 일은 허락하지 않으셨지만, 다윗을 위하여 영원히 지속될 왕위, 가문, 그리고 왕국을 세우실 것입니다.

여러분은 꿈이 산산조각 날 때 어떻게 반응하십니까? 간절히 바라던 야망이 재정적인 어려움, 신체적인 상해, 혹은 기대하지 않았던 계획의 변경 등으로 인해 산산이 깨어졌을 때 어떻게 반응하십니까?

언약궤를 두기 위한 성전을 건축하려는 다윗의 계획을 하나님께서 거부하셨을 때에도 다윗은 그 국가의 지난 역사 속에 하나님께서 행하신 모든 선한 일들에 대하여 감사했습니다. 그리고 다윗의 계획을 '거부'할 수 있는 하나님의 주권을 인정했습니다. "여호와 하나님이여 이제 주의 종과 종의 집에 대하여 말씀하신 것을 영원히 확실케 하옵시며 말씀하신 대로 행하사"(7:25). 개인적 야망은 주권자의 지시에 따라야 합니다.

어떤 꿈이나 야망들을 하나님께 위임한 적이 있습니까? 하나님께서는 그것들을 인정하고 확증하기를 원하십니다. 혹은 꿈에도 생각지 못한 것들로 꿈이나 야망을 변화시키고 바꾸기를 원하시기도 하십니다. 그것은 창조주로서의 하나님의 권리이십니다. 옳다고 생각하십니까? 그렇다면 그분께 그러한 권리를 넘겨 주십시오, 지금 즉시!

우리의 모든 소망이 되신 주님께 나의 모든 길을 맡기오니 인도하소서. 아멘.

확장된 국가에 대한 다윗의 통치

3월 26일　　■묵상과 산책 / 삼하8-10장

자비를 요구하기만 하고 베풀지 않는 사람은 자신이 건너야 할 다리를 훼손시키는 사람과 같다.

일단 국가가 정치·종교적인 통일을 이루자 다윗은 하나님의 전사로서의 과업을 수행하게 됩니다. 이웃 국가들을 정복함으로써 다윗은 이스라엘의 국경선을 확장시킵니다. 즉 남서쪽으로는 블레셋까지, 남쪽으로는 아말렉을, 동쪽으로는 에돔·암몬·모압 지역을, 북동쪽으로는 수리아, 북쪽으로는 소바까지 확장합니다. 각 국가들은 다윗의 강력한 공격에 항복했습니다. 그러나 다윗은 전문적인 전사(戰士)임에도 불구하고 부드러운 마음씨의 소유자였습니다. 다윗은 사울 왕조의 유일한 생존자이며 손자인 절름발이 소년 므비보셋을 찾아서 왕가에 입적시킴으로써 그를 돕고자 합니다.

오늘날의 보험회사들은 심장병으로 고통받고 있거나 대대로 단명한 가문의 피보험자들을 가리켜서 '해로운 피보험자'라고 부릅니다. 고대 근동의 경우에서는 새로운 임금이 왕위에 오를 때, 먼저번 왕조의 남아 있는 가족들을 '해로운 피보험자'라고 말할 수 있었을 것입니다. 당시의 관례에 의하면 그들의 생존 가능성은 거의 없다시피 했습니다. 새로운 왕은 왕위에 오를 가능성이 있는 사람은 누구라도 학살해 버리는 것이 그 당시의 일반적인 관행이었습니다. 다윗이 므비보셋에게 보여준 자비스러운 태도가 아주 놀랄 만한 일이라는 것도 그러한 이유 때문인 것입니다. 그것은 상식과 관습에 어긋나는 것이었습니다.

우리에게 향한 하나님의 은총은 그보다 훨씬 위대하십니다. "우리가 아직 죄인 되었을 때에 그리스도께서 우리를 위하여 죽으심으로 … 자기의 사랑을 확증하셨느니라"(롬 5:8). "너희가 그 은혜를 인하여 믿음으로 말미암아 구원을 얻었나니 … 이는 누구든지 자랑치 못하게 함이니라"(엡 2:8-9). 만약 하나님의 은총을 받았음을 믿는다면 그것에 대해 새롭게 하나님께 감사하십시오. 그리고 하나님의 사랑과 용서를 직접 베풀 필요가 있는 주변의 므비보셋을 찾아 보십시오.

오늘 나의 도움이 필요한 자에게 베풀 수 있는 힘과 마음을 허락하소서. 아멘.

다윗의 죄와 하나님의 심판

3월 27일　　■묵상과 산책 / 삼하 11-14장

하나의 눈송이가 산사태를 일으킨다고 말할 수 없는 것처럼 죄의 완전한 결과를 말하는 것은 불가능하다.

인생의 방향은 어느 조그만 사건에 의하여 변경될 수도 있습니다. 다윗의 경우가 바로 그렇습니다. 다윗은 전쟁에서 싸우지 않고 궁전 주위에서 게으름을 피움으로써 자기 자신을 큰 불행에 빠지게 합니다. 한 순간 우연한 기회가 그를 음탕한 눈길로 이끌었습니다.

그러나 가장 암담했던 절망적인 순간에도 '하나님의 마음에 합한 자'였던 다윗은 그의 진정한 성격을 보여 줍니다. 선지자인 나단에 의해 자기 죄가 지적되었을 때 그는 진심으로 회개하는 마음을 가집니다. 비록 그는 하나님의 용서를 경험하지만 그 죄악의 씨앗들은 이미 심어졌습니다. 곧 다윗은 그런 죄악의 열매를 거두게 됩니다.

거대한 삼나무 넘어지는 소리가 수마일 떨어진 곳까지 들렸습니다. 그리고 그 소리는 사라진 후에도 오랫동안 모든 사람들의 마음 속에 의혹으로 남아있습니다. 그곳에는 톱이나 화재나 다이나마이트도 없었습니다. 그런데 어떻게 그토록 거대한 나무가 쓰러졌을까요?

아무도 이루어지리라고 예상치 않았던 조그만 딱정벌레 수천 마리가 나무의 중심부를 갉아 먹어 치우는 일이 비밀스럽게 일어나고 있습니다. 나무가 쓰러지고 난 후에야 비로소 썩었다는 것을 알 수 있게 되지만 그때는 이미 너무 늦습니다.

다윗의 도덕적 가치를 갑자기 붕괴시킨 것은 밧세바를 범한 죄가 아니라, 정욕, 일부다처주의, 태만한 쾌락주의 등 절제하지 못했던 생활의 부산물입니다. 유혹이 왔을 때 다윗은 저항할 만한 의지력이 없었습니다. 그는 보게 되었고, 묻게 되었고, 사로잡히게 되었습니다. 그리고 다윗의 가문이 배반, 불륜, 질투, 그리고 살인이라는 형태로 붕괴되어 가는 소리를 수세대 동안 들을 수 있게 되었습니다.

여러분의 영적 생명력을 갉아 먹는 교활한 죄는 어디에 있습니까? 천천히 조금씩 새는 물과 같은 것으로부터 더 큰 불행이 시작된다는 사실을 안다면, '물이 새는 조그만 구멍'을 찾아야 되지 않겠습니까?

　우리의 신앙을 좀먹는 모든 궤계에서 우리를 지켜주시고 이기게 하소서. 아멘.

찬양의 노래, 감사의 증언

3월 28일 ■ 묵상과 산책 / 시29편

무신론자에게 있어서 가장 괴로운 순간은 그가 정말로 감사하고 싶을 때에도 감사할 대상이 없다는 사실을 느낄 때이다.

사울과 요나단은 죽었고, 다윗은 이스라엘의 왕위에 오르게 되었습니다. 그러나 백성들이 그를 받아들이는 과정은 느리고 어려웠습니다. 어쨌든 반대 세력이 제거되자 통일왕국은 하나님의 축복 아래 빛을 발하기 시작합니다. 그러나 다윗이 죄와 타협하고 그것을 숨기려 하자 하나님과 동행하던 그의 걸음은 실족하게 됩니다.

다윗은 매우 감사에 차 있지만, 이제는 거의 모든 것을 잃고 말았습니다. 시편 29편과 30편에서 어떻게 주님을 찬양하고 주님께 감사하는가를 배우면서 지금 즉시 확고한 기초 위에 당신과 하나님과의 관계를 세우는 시간을 가져 보십시오.

'찬양과 감사', 이 두 용어는 동의어입니까, 아니면 그들 사이에 차이점이 있습니까? 시편 29편과 30편은 그 차이점에 대하여 도움을 줄 만한 그림을 제시해 줍니다.

시편 29편은 하나님의 전능한 속성과 사역 속에서 나타내신 하나님의 영광에 초점을 맞춘 하나님 중심의 찬양의 시입니다. 시편 30편은 보다 인간 중심적이 되어 그의 삶 속에 간섭하신 하나님에 대한 신자의 감사에 초점을 맞춘 보다 인간 중심적인 감사의 시입니다.

이 둘 사이의 차이점을 이해하게 되면, 기도의 삶은 한층 더 풍성해질 것입니다. 우리의 문제가 중심이 되어 있는 '자아 중심적' 기도의 습관을 발달시키기는 쉽습니다. 비록 간구가 기도의 중요한 부분일지라도 그것이 최상의 부분은 아닙니다. 오늘 기도를 드리는 시간을 가질 때 하나님의 영광과 성품('하나님 중심적')에 대한 찬양으로 시작하십시오. 나의 관심사에 휩쓸리기 전에 하나님의 위대함에 붙잡히는 그러한 기도의 형태를 취해 보십시오. 그러면 다윗왕처럼 주님을 향하여 찬양과 감사를 드릴 수 있게 될 것입니다. 시편 29편을 읽고 묵상하십시오.

날마다 주의 감사와 찬송이 넘치게 하소서. 아멘.

다윗을 전복시키려는 압살롬의 시도

3월 29일 ■ 묵상과 산책 / 삼하15-18장

이기주의자들에 대해서 호평할 수 있는 한 가지는, 그들이 다른 사람들에 대해서는 일체 말을 하지 않는다는 점이다.

12장에서부터 계속되는 다윗가(家)의 근친상간, 살인, 음모, 반란에 관한 이야기는 마치 괴기 소설을 읽는 것과도 같습니다. 그러나 가장 나쁜 사건이 이제 다가옵니다. 다윗의 사랑하는, 그리고 가장 교육되지 않은 아들인 압살롬은 자기 아버지의 왕위를 찬탈할 기회를 엿보고 있습니다. 압살롬은 국민들 사이에 불만을 심어 놓은 후에 다윗으로 하여금 생명을 보존키 위해 도망갈 수 밖에 없게 만드는 극적이면서도 예상치 못한 예루살렘 공격을 감행합니다.

다윗은 도주하는 가운데 시바에게 기만당하고, 시므이에게 저주받으며, 그리고 바르실래에 의해 도움을 받습니다. 그러나 그의 생명은 후새에게 큰 은혜를 입었습니다. 후새는 계속 예루살렘에 머물며 '지금 즉시 추격하기보다는 조심스럽게 천천히 공격하라'고 압살롬에게 조언 합니다. 에브라임 숲 속의 교전에서 압살롬의 권력의 꿈은 비참하게 끝을 맺습니다.

결과를 보고 나서 뒤늦게 남을 비판하는 사람과 많은 정치가들의 연설이 공통적으로 지니고 있는 점은 무엇입니까? 그들은 언제나 공평한 입장에 있으므로 언제나 옳다는 점입니다. 압살롬은 훌륭한 비평가가 될 수 있었습니다. 분명히 그는 뛰어난 정치가였습니다. 왜냐하면, 왕의 결정을 뒤에서 몰래 처리하고, 그것을 결정할 권위가 없음에도 불구하고 백성들이 요구하는 것을 약속함으로써 국민들의 애정을 차지했기 때문입니다.

실수를 저질렀을 때 그 당사자에게 솔직하고 정직한 비평을 해 주는 데 망설여서는 안 됩니다. 잘못된 결정을 모른체 해서는 안 됩니다. 그러나 탁상공론의 장군이 되려는 인간의 경향을 주의하십시오. "내가 만약 거기 있었더라면…" 하고 시작되는 모든 진술은 위험합니다. 교회 지도자나 시민 지도자를 뽑고 나서 부정적으로 뒤에서 수군대기보다는 오히려 긍정적인 지지를 하기 위해서 노력해 보십시오.

 남을 비판하기 보다는 나 자신을 먼저 살필 수 있는 마음을 주소서. 아멘.

다윗의 왕권 복귀

3월 30일　■묵상과 산책 / 삼하19-20장

용기란 그것을 달라고 기도하는 자에게는 두려움이다.

왕을 위해 생명을 걸었던 사람들의 희생의 댓가인 압살롬의 죽음에 대한 다윗의 애통해 하는 모습은 요압으로 하여금 당돌하지만 효과적인 대담을 시도하게 합니다. 왕의 개인적 감정은 국가의 이익을 위해서 양보되어야만 합니다. 이스라엘 왕으로서의 그의 복위는 어떤 사람들에게 있어서는 불만족스런 일이었습니다. 지파간의 암투, 세바에 의한 반란, 궁위병 사이의 살인 등의 폭력은 '왕관을 쓰고 있는 우두머리는 늘 불안에 쌓여 있다' 는 사실을 상기시켜 주는 것입니다.

사무엘하에서 읽었던 내용들을 다시 심사 숙고하여 보고 다윗의 장군인 요압에 대하여 받은 인상을 목록으로 작성해 보십시오. 모든 지도자는 주위에 요압과 같은 사람이 필요합니다. 많은 단점에도 불구하고 그는 야수적이며, 피에 굶주려 있고, 복수심에 불 타는 등의 단점이 있지만 요압은 훌륭한 측면을 가지고 있습니다.

다윗왕과 국가에 바친 그의 헌신은 모범적인 것이었습니다. 그는 그 견책, 즉 다윗을 향한 비난에 가까운 충고가 얼마나 사람들에게 인기가 없으며 얼마나 원치 않는 행동인가를 알았습니다. 그러나 그는 그것은 반드시 행해야만 하고 또한 행해져야만 한다는 것에 대해 확고한 신념을 가진 사람이었습니다. 다윗은 종종 요압의 행동을 의심함에도 불구하고 요압의 동기만은 의심치 않았고 옳게 보았습니다.

옳다고 생각되고 이행할 필요가 있다고 느껴질 때 사람들이 싫어하는 일을 할 용기가 있습니까? 말해 주어야 할 필요가 있을 때 거리낌없이 이야기할 용기를 가지고 있습니까? 누구나 그런 역할을 좋아하지는 않습니다. 그러나 경건한 권고에 있어서는 절대 필요한 부분입니다. 요압의 헌신, 용기, 무사(無私) 등의 삶에서 훌륭한 특성들만을 골라서, 오늘 행동 지침으로 이용하십시오. 그 일을 위해 요압과 같은 힘과 지혜를 필요로 하면 하나님께서 이것을 주실 것입니다.

 남의 충고를 마음으로 받아들일 수 있도록 도와 주소서. 아멘.

다윗의 마지막 말과 행적

3월 31일 ■ 묵상과 산책 / 삼하21-24장

우리는 우리가 얻는 것으로 생명을 유지하는 것 같지만 우리가 드리는 것으로 삶을 살아간다.

국가를 지배하는 수년 동안 때로는 고통에 빠지고 고통으로부터 벗어나기도 하면서 다윗은 많은 희생을 치루어 왔습니다. 전쟁은 그를 창백하게 만들었고, 나이는 그를 연약하게 만들었습니다. 이제 다윗은 더 이상 적의 추격을 받지는 않고 있지만 여러 가지 문제들이 그의 통치 말년에 그를 계속해서 뒤쫓고 있습니다.

기브온 사람과의 맹세를 깬 결과로 3년 동안의 기근을 맞이하며, 사악한 인구조사로 인해 이스라엘 사람 70,000명이 죽게 되는 결과를 가져옵니다. 그러나 이 모든 경우마다 다윗은 자기의 사악한 방식을 회개하고 그의 품질보증서 격인 하나님을 찬양하는 태도를 취하곤 합니다. 말년에 다윗은 '하나님의 마음에 합한 자'로 남게 됩니다.

돈으로 하나님의 일을 하도록 요청받았을 때 어떻게 합니까? 다윗은 주는 문제에 대해서 가치있는 유형을 제공해 줍니다. 다윗의 교만한 인구조사로 인해 하나님께서 이스라엘 백성들에게 진노하실 때, 선지자 갓은 다윗으로 하여금 타작마당에 제단을 쌓게 했습니다. 다윗이 아라우나의 재산을 압수하거나, 그것까지는 안 해도 최소한 희생물로 쓰일 제물과 땔나무를 아라우나가 무상으로 제공한다고 했을 때 이를 받아들이는 것은 쉬운 일이었을 것입니다. 그러나 다윗은 그러한 제의가 하나님께서 기뻐하지 않으신다는 것을 알고 이를 거절했습니다. "그렇지 아니하다 내가 값을 주고 네게서 사리라. 값 없이는 내 하나님 여호와께 번제를 드리지 아니하리라"(24:24).

하나님되신 주님께 드릴 제물을 조사해 보십시오. 피상적으로, 아니면 헐값으로 드리는 경향이 있지 않습니까? 헌물에는 감사하는 마음이 넘쳐 있습니까? 다음 날의 수입은 고대하면서, 왜 출석하고 있는 교회나 기독교 단체에 드릴 양은 계획하지 않습니까? 기억하십시오. 만약 그것을 즐겨 드릴 수 없다면 억지로 드리지는 마십시오. "하나님은 즐겨 내는 자를 사랑하시기 때문입니다"(고후 9:7).

마땅히 하나님께 드릴 것을 기쁘게 드리게 도와 주소서. 아멘.

4월

• • • •
그가 찔림은 우리의 허물을 인함이요
그가 상함은 우리의 죄악을 인함이라…
- 사 53:5 -

솔로몬 : 이스라엘의 세번째 왕

4월 1일
■ 묵상과 산책 / 왕상1-4장

돈으로 행복을 살 수는 없다. 다만 행복을 연구한 많은 연구원들의 월급을 지불할 수 있을 뿐이다.

다윗왕이 늙어 잘 활동할 수 없으므로 정치적 공백기가 오자 아도니야는 이 시기를 자신을 왕으로 선포할 절호의 기회로 삼고자 합니다. 그는 군대장관 요압과 제사장 아비아달의 지지를 받지만, 나단, 사독, 그리고 다윗의 다른 신복들의 반대를 받게 됩니다. 하나님께서는 이미 솔로몬이 다윗의 계승자로 선택되었음을 명백하게 밝히셨고, 다윗은 개인적으로 이미 알고 있었습니다.

이제 대중 앞에서 공개적으로 선포할 때가 왔습니다. 이스라엘의 세번째 왕으로서의 솔로몬의 기름부음 받음은 아도니야 음모가 끝났음을 의미합니다. 솔로몬은 비록 자신의 지위는 확고해졌지만 그가 나라를 다스리기 위해서는 하나님의 지혜가 필요함을 절감하였습니다. 지혜의 하나님께서 기꺼이 들어 주실 만한 요구였습니다. 그리고 하나님께서는 솔로몬이 요구했던 지혜와 더불어 요구하지도 않았던 부와 승리와 영광을 복으로 주셨습니다.

만약 하나님께서 솔로몬에게 하신 것처럼 여러분에게 나타나셔서 무엇이나 주시겠다고 하신다면 어떻게 반응하시겠습니까? "내가 네게 무엇을 줄꼬, 너는 구하라"(3:5). 솔직하게 대답해 보십시오! 부나 권세나 명예를 요구하고 싶은 유혹을 거절할 수 있습니까? 정말로 이 세상에서 경제적인 성공보다 더 최종적이고 중요한 그 무엇이 있습니까? 부유한 것보다 지혜를 더 우선순위에 두고 계십니까?

하나님의 제의에 대한 솔로몬의 반응은 모범적입니다. 첫째, 그는 그의 부족함을 깨달았습니다. 그래서 "좋은 작은 아이입니다"(3:7)라고 말하였습니다. 다음에 그는 왕으로서의 책임을 깨달았습니다. 그리고 마지막으로 그는 그의 공급의 원천이 하나님의 지혜라는 것을 깨달았습니다. 당신도 동일하게 행할 수 있습니다! 야고보서 1:5를 펴서 읽고 그 구절을 근거로 오늘 책임진 일들을 행함에 있어서 하나님의 지혜를 사용할 수 있게 해 달라고 기도하십시오.

 우리에게 지혜를 주셔서 하나님의 영광을 위하여 사용하게 하소서. 아멘.

솔로몬의 성전 건축과 봉헌

4월 2일　　■ 묵상과 산책 / 왕상 5-8장

하나님과 함께 하는 것이 적다는 것은 하나님을 경배하는 것이 적다는 것을 의미한다.

오늘의 본문에는 하나님의 집을 건축하고자 했던 다윗의 꿈의 실현이 서술되고 있습니다. 솔로몬은 부친의 친구인 두로 왕 히람으로부터 도움을 받는데, 히람은 성전과 왕궁을 위해 백향목과 전나무 재목을 제공합니다. 빈틈없는 조직적 기술로 솔로몬은 일꾼들을 모으고, 복잡한 장식들을 조각하기 위해 능숙한 숙련공들을 찾습니다.

하나님으로부터 모양이나 치수가 제시되지는 않았지만(모세 당시의 성막과 비교해 볼 때) 일반적인 성전과 궁전의 양식을 따라 지어집니다. 솔로몬은 성전을 봉헌하면서 백성들에게 행하던 연설의 도중에 "하늘로부터 그들을 들으소서… 그리고 용서하소서"(8:30,34,36, 39,49,50)라는 장엄한 기도를 하나님께 드립니다.

영국의 성직자 필립스(Phillips)는 「당신의 하나님은 너무 작다」라는 책에서 성경 속에 계시된 무한한 능력의 하나님을 인간의 제한성으로 잘라 버리는 그리스도인들을 고발하고 있습니다. 우리는 무한한 하나님이라는 생각보다는 그분은 연약하고 제한적이며 그의 언약들을 지킴에 있어서 변덕스럽다고 생각하면서 기도하고 있습니다.

하나님에 대해서 솔로몬은 다음과 같이 이야기했습니다. "하늘과 하늘들의 하늘이라도 주를 용납지 못하겠거든 하물며…"(8:27). "여호와께서만 하나님이시고 그 외에는 없는 줄을 알게 하시기를 원하노라"(8:60). "그 종 모세를 빙자하여 무릇 허하신 그 선한 말씀이 하나도 이루지 않음이 없도다"(8:56).

여러분의 하나님은 얼마나 크십니까? 성경에 나타난 무한하신 하나님의 크기와 동일하십니까? 8장에 기록된 하나님의 광대하심의 목록을 작성해 보십시오. 그렇게 한 후 스스로에게 이 질문을 던져 보십시오. "하나님의 광대하심에 비추어 볼 때, 나의 문제들 중에 그 분이 감당하지 못할 만큼 큰 문제가 있는가? 없다면 바로 지금 나는 그것들에 대해서 어떻게 하는 것이 과연 옳은 것일까?"

나의 모든 문제를 감당하시고 해결하여 주심을 감사하나이다. 아멘.

솔로몬의 명성과 흥망성쇠

4월 3일   ■ 묵상과 산책 / 왕상 9-11장

최고의 영적 컨디션은 하나님과 교제할 때 유지할 수 있다.

솔로몬의 생애 전반을 적당하게 표현해 줄 수 있는 묘비의 내용은 "어리석게 행동한 지혜로운 왕"이라고 해야 할 것입니다. 널리 퍼지는 명성과 급속히 불어난 부유함은 그의 마음을 교만하게 만들기 시작합니다. 하나님을 향해 전적으로 헌신되었던 마음은 결국에는 1,000명도 넘게 취한 이방 여인들을 사랑하는 마음으로 대체됩니다. 처음에는 솔로몬이 단지 우상숭배를 묵인하지만 나중에는 그것들을 수용하고, 마침내는 그 자신도 그것들을 숭배하게 됩니다.

그러나 솔로몬이 하나님을 무시하는 동안에도 하나님은 여전히 그에게 큰 관심을 갖고 계십니다. 하나님은 다윗과 맺었던 언약을 변덕스러운 왕에게 회상시켜 주십니다. 그리고 솔로몬의 우상숭배로 인해 왕국은 분열될 것이며 그의 아들에게는 오직 두 지파만이 남게 될 것이라고 선언하십니다.

하나님과의 교제는 전기 충격과 같은 것이 아닙니다. 교제는 능력의 원천과 끊임없이 접촉하는 것에 달려 있습니다. 하지만 만약 무엇인가가 그 관계 속에 침입하게 된다면 능력의 흐름은 중단되고 말 것입니다. 능력은 받는 사람에게 있지 않고 근원이신 하나님께 있기 때문입니다. 영적인 면에서 교제의 중단은 다른 사람들에게 즉각 명백하게 나타나지는 않지만 그 생명력이 즉시 약해집니다. 이것이 성경에서 다음과 같이 경고하는 이유입니다. "그런즉 선 줄로 생각하는 자는 넘어질까 조심하라"(고전 10:12).

여러분 스스로 자신의 하나님과의 교제는 어떠한지 점검해 보십시오. 하나님께서 그의 말씀을 통해 매일 말씀하실 기회를 드리고 있습니까? 정기적인 기도로 그에게 반응하고 있습니까? 자신의 삶 속에서 빚어지는 죄에 대해 즉각적으로 용서함을 구하고 있습니까? 그의 행사와 성품들에 대해서 묵상의 생활을 영위하고 있습니까? 왕상 8:57을 묵상함으로써 하늘에 계신 아버지와 교제하지 않으시렵니까?

하나님과 끊임없는 교제를 함으로 더욱 풍성한 삶을 살게 하소서. 아멘.

이스라엘과 유다

4월 4일 ■ 묵상과 산책 / 왕상12-16장

아이들은 실제적인 모범을 통해 가장 잘 배울 수 있다. 그러나 문제는 그들이 좋지 않은 것으로부터는 좋은 점들을 배우지 못한다는 것이다.

솔로몬은 이스라엘에 과중한 세금을 부과했습니다. 솔로몬이 죽은 후에 백성들은 압박하는 세금으로부터 구원해 줄 것을 요청합니다. 르호보암은 아버지를 모셨던 노인들의 의견을 물리치고 자신과 함께 자라난 소년들의 어리석은 의견을 좇습니다. 짐을 가볍게 한 것이 아니라 도리어 10배 이상이나 더 무겁게 합니다!

그 결과가 반역, 시민 전쟁, 그리고 분열된 왕국이라는 것은 능히 인식할 수 있습니다. 12지파 중에서 오직 두 지파만 르호보암에게 남습니다. 그 나머지는 여로보암의 지도 아래 새로운 국가를 형성하며, 북쪽에다 스스로 창안한 예배 체제를 정착시키고, 그러한 과정에서 후손들 모두를 특징지워 줄 사악한 통치 방식을 체계화시킵니다.

'아들은 아버지를 닮는다' 라는 말은 옳게 살아야만 한다는 내용의 친숙한 금언입니다. 한 아들이 어떻게 성장할 것인가를 보기 원하십니까? 그의 아버지의 삶을 살펴 보십시오. 그러면 대개 그 해답을 얻을 수 있을 것입니다. 이와 유사하게 만약 어떠한 소녀가 20세에 어떻게 되어 있을 것인가를 보고 싶다면 그녀의 어머니를 보십시오.

부모가 자녀들에게 끼치는 영향은 아무리 강조해도 지나치지 않습니다. 아이들은 흉내를 잘내는 존재로 태어납니다. 그리고 거의 태어나는 순간부터 그들 주위에 있는 다른 사람들 특히 부모들을 모방하게 됩니다. 아이들의 삶 속에서 적당한 '훈계' 는 중요합니다. 그러나 당신은 그에 걸맞는 '모범' 의 중요성을 간과하지는 않습니까?

영적 거울을 들고 바로 지금 여러분의 삶이 어떠한지 비춰 보십시오. 여러분이 보는 것 중에서 좋아하는 점들(좋아하지 않는 것도)에 대한 몇 가지 목록을 작성해 보십시오. 지금 자신에게 이 날카로운 질문을 던져 보십시오. "만약 내 아이들이 나의 발자취를 따라 성장한다면 나는 만족할 수 있을 것인가?" 만약 만족할 수 없다는 대답이 나온다면 지금이 바로 올바른 길로 들어설 때입니다.

이 어두운 세상에서 우리의 자녀들이 주의 뜻 안에서 살아가게 하소서. 아멘.

하나님의 대언자 엘리야

4월 5일 ■ 묵상과 산책 / 왕상17-19장

하나님이 당신에게 빛 가운데서 말씀하신 것을 어둠 속에서 절대로 의심치 말라.

엘리야는 그에 대한 소개도 없이 이스라엘 역사의 중심 무대에 등장합니다. 하나님의 대변자로서 활동한 그는 악한 왕 아합에게 수년 동안 비가 내리지 않을 것이라고 말합니다. 그렇게 한 후에 엘리야는 3년 동안 이스라엘을 떠나 하나님께서 지정해 주시는 방향으로 움직이며 하나님으로부터 필요를 공급받습니다.

가뭄이 극도에 달하자 엘리야는 아합에게로 가서 갈멜산상에서 바알의 선지자들과 경쟁해 보자고 말합니다. 그 결과 갈멜산상에서는 하늘로부터 불이 내려오는 기적적인 광경이 펼쳐지면서 여호와만이 진실로 하나님이 되신다는 것이 입증되어지고, 바알의 선지자들은 직업과 생명을 동시에 잃어버리고 맙니다!

엘리야는 믿음으로 두려움이 없었던 사람이었습니다. 그는 이스라엘의 최고 권력자와 마주서서 가뭄에 대한 하나님의 심판을 선포했습니다. 3년 후에 그는 바알을 섬기는 모든 자들에 대해서 하나님의 도전을 수행하여 하늘로부터 불이 내려오기를 간구하였으며, 혼자서 바알의 선지자들을 '죽여 버렸습니다!' 그런데 그는 하나님의 위대한 역사를 성취한 직후에 갑자기 피해의식에 사로잡혀 '외로운 방랑자'라는 생각을 하게 되었습니다. 그래서 그는 "오직 나만 남았다"(19:10,14)고 말했습니다. 용기는 사라지고 자기 연민에 빠졌으며, 확신이 의심으로 바뀌어 버렸고, '믿음의 두려움 없는 사람'이 기가 죽은 사람으로 변하기 시작했습니다.

직장이나 학교에서 하나님의 종은 나뿐이다는 생각 때문에 이와 유사한 시험에 들지는 않았습니까? 그래서 당신 스스로 슬픈 감정에 젖어 있어 본 적은 없었습니까? 그렇다면 이런 생각을 한 번 적어 보시고 그대로 실행해 보십시오. "하나님은 반드시 증인을 필요로 하신다. 그리고 하나님과 함께 있으므로 나는 결코 혼자가 아니다."

 나의 모든 삶의 영역에서 나의 모든 것을 인도하소서. 아멘.

이스라엘 왕으로서의 아합의 마지막 날들

4월 6일 ■ 묵상과 산책 / 왕상20-22장

하나님은 스스로 계신 분이기 때문에 모든 일을 스스로 하신다.

열왕기상과 열왕기하 사이의 구분은 단지 문학적인 구분일 따름이지 역사적인 것은 아닙니다. 이야기의 전개는 전혀 책의 구분이 없는 것처럼 부드럽게 이어집니다. 비록 아합을 향한 하나님의 자비와 인내는 너무나 컸지만 이스라엘의 반역하는 왕은 하나님 따르기를 거부합니다. 게다가 아합의 불순종에는 그의 부인 이세벨의 사악함까지 덧붙여져 있습니다. 무자비하게 사람을 죽이고 그 결과로 아합이 나봇의 포도원을 차지하게 한 일입니다. 마침내 아합은 그가 오랫동안 뿌렸던 씨앗을 거둬들이게 됩니다.

여러분은 친구들을 속일 수 있습니다. 또 가족들, 그리고 원수들을 속일 수도 있습니다. 심지어 때때로 자신까지도 속일 수 있습니다. 그러나 결단코 하나님은 속일 수가 없습니다.

아합의 일생을 생각해 보십시오. 하나님의 사자에 의해 전쟁터에 가지 말라고 경고받았음에도 그는 자신의 목숨을 걸고 도박을 하다가 결국은 죽고 말았습니다. 그는 어느 누구도 그를 알아 볼 수 없도록 변장하여 전쟁터에 나가기로 결정하였습니다. 하나님까지도 속이려 하였던 것입니다. 그런데 그 결과는 어떠했습니까? "한 사람이 우연히 활을 당기어 이스라엘 왕의 갑옷 솔기를 쏜지라"(22:34).

하나님을 속이려고 노력하는 것은 결코 현명한 행동이 아닙니다. 시편 저자 다윗은 숨바꼭질 게임 속에서 하나님은 항상 승리자가 되심을 배웠다고 고백합니다(시 139:7-12). 그러나 만약 그 게임을 하고 있다면 그 선택권은 여러분에게 있습니다. 변장 뒤에 숨겨진 나 자신을 드러내고 겸허하게 회개하는 자세로 나오든지, 아니면 하나님이 손수 '가면을 벗기실 때'를 기다리든지는 선택하기에 달려 있습니다. 아합은 두번째 길을 선택했습니다. 어떤 길을 택할 것인지 바로 지금 하나님께 아뢰십시오.

정직한 삶을 살게하시고 하나님을 속이지 않게 하소서. 아멘.

음악적 선언서

4월 7일　　■ 묵상과 산책 / 시33편

마음 속에서부터 우러나오는 노래가 최상의 노래이다.

다윗이 죽자 솔로몬이 왕위를 이어 이스라엘을 황금기로 인도합니다. 장엄한 하나님의 성전이 마침내 그의 영광을 위해 세워집니다. 하지만 솔로몬은 그의 아버지의 결점들보다 한 걸음 더 나아가고, 그의 하나님을 향한 헌신은 이방 여인들을 사랑함으로 퇴색되어 갑니다. 이는 뒤이은 많은 왕들이 동일한 전철을 되밟게 되는 결과를 가져옵니다. 왕국의 분열과 투쟁과 혼란 이후에 선지자 엘리야가 나타나 아합왕과 바알 선지자들에게 도전하여 오직 하나님만이 능력과 영광이 있다는 사실을 다시 한 번 우리들에게 상기시켜 주고 있습니다.

음악 듣기를 매우 사랑하는 한 어린 소년이 비통하게 낙심하고 있었습니다. 왜냐하면, 그는 어떤 악기도 연주할 수 없었고 노래도 못하기 때문이었습니다. 그런데 이때 한 친절한 신사가 그에게 이런 말로 격려해 주었습니다. "음악을 만드는 방법은 여러 가지가 있단다. 너의 마음 속에도 훌륭한 노래가 있지." 이 말을 들은 그 어린 소년 안토니오 스트라디바리우스는 나중에 세계에서 가장 위대한 바이올린 제작자가 되었습니다.

이와 마찬가지로 아마 노래하는 능력에 있어서는 자신을 낮게 평가할는지도 모릅니다. 만약 그렇다면, 시편 31:1-3이 우리들에게 주님을 즐겁게 찬양해야 할 특권과 책임이 있다고 도전할 것입니다. 이것이야말로 의로운 자들에게 있어서 정말로 합당한 사상이 아니겠습니까! 하나님의 성품은 경배의 부분을 음악적 표현으로 하는 것을 좋아하십니다. 그래서 역시 악기 사용을 나열해 놓았으며(2절), 새 노래로 찬양하며 큰 소리로 찬양하라고 써 있습니다(3절). 여러분을 주관하시는 창조자 하나님은 그 모든 것을 받으실 만한 분이십니다.

노래해 보십시오! 찬송가를 찾아서 친구들과 함께 주 안에서 찬송함으로 기쁜 시간을 가지십시오. 시편 33편을 소리 내어 읽고 노래해 보십시오.

　우리의 인생길에서 찬송할 조건들을 풍성하게 허락하여 주소서. 아멘.

엘리야의 계승자

4월 8일 ■ 묵상과 산책 / 왕하1-3장

중국어로 '위기'라는 단어의 뜻은 '위험'과 '기회'의 성격을 동시에 가지고 있다.

엘리야의 선지자적 사역은 왕상과 왕하 사이의 교량 역할을 합니다. 하나님은 그의 대언자에게 하나님보다 우상에게 조언을 구한 이스라엘의 사악한 아하시야 왕이 죽을 것임을 알리도록 하십니다. 그것은 엘리야의 마지막 예언입니다. 그의 후계자 엘리사가 지켜 보는 가운데 엘리야는 겉옷과, 하나님의 백성들을 의의 길로 부르는 사명을 남겨두고 맹렬한 회오리바람과 병거에 의해 하늘로 들려 올라갑니다.

환난에 대한 준비는 환난이 닥친 후가 아니라 그 전에 해야 합니다. 수영을 배울 때는 물이 잔잔하고 얕을 때이지 홍수가 났을 때가 아닙니다. 우리가 준비를 하였을 때 닥쳐오는 인생의 예기치 않은 폭풍은, 확신이 어디에 놓여 있는가를 보여 주는 기회가 됩니다.

3장에서 이스라엘의 사악한 왕 여호람과 신앙심이 깊은 유다의 왕 여호사밧은 남방에서부터 그들을 침략하기 위해 준비하고 있던 모압 족속에 대비하여 서로 동맹을 맺었습니다. 7일 동안의 고된 행군 후에 그들은 자신들이 물도 없는 광야 한가운데 있음을 알게 되었습니다. 어떻게 반역이 발전되는가를 보십시오. 그 시험에 대한 태도가 얼마나 확실하게 보여 주는지요! 여호람은 하나님을 욕함으로 반응하고, 여호사밧은 하나님께 간청함으로 반응했습니다. 여호람은 빠져나갈 구멍을 찾았고, 여호사밧은 하나님이 그에게 가르치시고자 하는 교훈을 배우고자 하였습니다.

동일한 태양의 열이지만 벽돌을 굳게 하기도 하고 버터를 녹이기도 합니다. 그 열기가 계속해서 닥쳐올 때 당신은 어떻게 반응하시겠습니까? 우리의 삶 속에 첫 번째 위기가 닥쳐오기 전에 당하는 문제에 대해서 절대적인 조언자는 어떠한 관점을 갖고 있는가를 깨닫기 위해 약간의 준비하는 시간을 가지십시오. 야고보서 1:2-4에서 그의 분명한 처방을 발견할 수 있을 것입니다. 그것을 읽고, 쓰고, 적용시키십시오. 그러면 위기가 닥쳐올 때 올바르게 대처할 수 있을 것입니다!

우리의 닥치는 모든 문제를 해결할 힘을 허락하소서. 아멘.

엘리사의 기적적인 사역

4월 9일 ■ 묵상과 산책 / 왕하 4-8장

'안전하다'라는 말은 위험이 전혀 없다는 뜻이 아니라 어떠한 어려움 속에서도 하나님이 함께 하신다는 뜻이다.

오늘 본문에는 하나님이 엘리사를 통해 행하셨던 기적들이 기록되어 있습니다. 엘리야의 사역이 주로 하나님의 능력을 대중적으로 나타내는 데 있었던 반면에 엘리사는 대개 개인적이었습니다. 과부, 죽은 아들, 독살당한 선지자들에게 주신 공급의 기적, 왕의 마음을 읽고, 젊은 종의 눈을 뜨게 하는 인식의 기적, 사마리아 군대의 침입을 물리치는 보호의 기적 등입니다. 이런 것들은 모두 제 뜻대로 행하지 않는 민족을 여전히 보호하시며, 일하시는 하나님의 미쁘심을 보여 주기 위해서 계획된 일들입니다.

다음 문장을 잘 읽고 'F'자가 몇 번 나오는지 세어 보고 그 답을 적어 보십시오. "The father of the bride paid for half of the festivities ; the unpaid balance of the bill he left for his new son-in-law as a wedding gift." 다섯 번입니까? 아니면 여섯 번? 일곱 번? 아니면 그 이상입니까? 정답은 열 번입니다! 이것은 한 문장 안에 숨겨진 철자를 볼 수 있는 눈이 있는가를 알아 보는 문제입니다. 그러나 주변의 세계 속에서 역사하시는 하나님을 볼 수 있는 눈을 가지는 것은 전혀 다른 성격의 일이며, 이런 것과는 비교할 수 없을 정도로 더 의미심장한 일입니다.

엘리사의 젊은 종은 도단성을 포위하고 있는 수리아 군대를 보았을 때 마음이 산란하였습니다. 외견상으로 현실은 암담했습니다. 도망갈 희망도 전혀 없는 것처럼 보였습니다. 그 종에게는 하나님이 선지자를 보호하기 위해 급파하신 천군천사들을 볼 수 있는 믿음의 눈이 부족하였습니다.

하나님의 관점에서 삶을 바라보기 전까지는 결코 볼 수 없는 많은 것들이 있습니다. 오늘은 '영적 예민성'을 다음의 구절들을 읽으면서 스스로 시험해 보십시오. 시 25:15; 11:3; 119:18; 123:2; 141:8.

 우리의 주변에서 일어나는 모든 일에서 하나님의 음성을 발견하게 하소서. 아멘.

예후에 의한 아합의 멸망

4월 10일 ■ 묵상과 산책 / 왕하9-12장

미래에 대한 가장 훌륭한 투자는 현재의 삶을 경건하게 사는 것이다.

하나님의 선지자는 현재의 왕과 그 가족들이 멸망할 것이라는 사실을 풍자적으로 표현하기 위해 이스라엘의 새로운 왕에게 기름을 붓습니다. 예후는 아합의 무리들을 대적하는 그의 신적 임무를 수행하는 데 있어서 시간을 지체하지 않습니다. 정치적, 영적인 면에서 모든 상황은 남쪽보다 더 나은 것이 조금도 없습니다. 이세벨의 딸 아달라는 왕위를 빼앗고, 그의 손자를 죽임으로 왕위를 지키고자 합니다. 겨우 한 살이었던 요아스는 도망합니다. 6년 후에 그는 유다의 가장 현명한 개혁자 중의 한 사람이 되어 나타나게 됩니다.

대통령 후보가 되기 위한 최소한의 나이가 공시되어 있다는 사실을 잠깐 생각해 보십시오. 더 나아가 '왕국의 자녀들'이 선거일에 일곱 살짜리를 대통령으로 뽑았다고 생각해 보십시오. 걱정이 되지 않겠습니까? 만일 걱정이 된다면 그 이유는 무엇입니까?

이제 11장 마지막 절과 12장의 처음 두 절을 읽으십시오. 그것은 유다 나라에서 실제로 일어났던 일입니다! 그 일은 백성들의 선택이 아니라 하나님의 명령에 의해 이루어졌습니다. 그리고 놀라운 것은 '요아스가 제사장 여호야다의 교훈을 받을 동안에 정직히 행하였다'는 것입니다(12:2). 요아스가 하나님의 충고를 듣는 한 그 민족은 그의 신실함을 기뻐하였습니다.

이제 냉정히 생각해 보십시오. 오늘 한국의 어딘가에는 장차 대통령이 될 일곱 살짜리 어린이가 있습니다. 어쩌면 그 어린이는 이웃에 살고 있거나 우리가 가르치는 주일학교에 있거나 우리의 가족일지도 모릅니다. 하나님과 선을 위하여 여러분의 삶 속에서 그 어린이에게 어떻게 영향을 주려고 노력하시겠습니까? 오늘의 투자는 내일의 풍성한 유익을 가져다 줄 것입니다. 만일 여러분이 신실하다면 오늘 양육할 수 있는 어린이를 선택하십시오! 그리고 그를 위한 기도 계획을 세우십시오.

우리에게 맡겨진 모든 직분들에 충성을 다하게 하소서. 아멘.

이스라엘의 멸망

4월 11일 ■ 묵상과 산책 / 왕상13-17장

하나님은 영원하신고로 오래 참으신다.

이스라엘의 우상숭배와 사악함 때문에 하나님이 이스라엘의 열 지파를 치시고 이방 민족 가운데로 흩으실 때가 왔습니다. 엘리사의 죽음과 함께 하나님의 목소리는 이스라엘에서 더 이상 들리지 않습니다. 지금부터 이스라엘이 멸망할 때까지 이스라엘의 지도자들은 점증하는 민족의 위기를 헤쳐 나가기 위한 지혜를 찾고자 목표도 없이 헤매게 됩니다. 그러나 그들은 아무것도 발견하지 못합니다. 마침내 앗수르의 지배를 받는 속국의 신세가 되고, 이스라엘은 앗수르의 지배를 벗어나기 위해 반란을 일으킵니다. 그러나 반란은 결국 실패하고 많은 이스라엘 백성들이 추방됩니다. 이스라엘의 오래 연기된 심판이 마침내 이루어진 것입니다.

의인이 희생당하고 불의한 자가 번창하는데도 하나님이 그 사실에 대해 아무런 반응도 없으신 것처럼 보이는 까닭은 무엇일까요? 관심이 없으신 것일까요? 의인이 번창하는 걸 원치 않으시기 때문일까요?

오늘날 하나님이 활동하지 않는 것 같음을 잘못 해석하지 마십시오! 하나님은 불의한 자들의 사악함을 심판하는 것에 관심이 없는 것도, 능력이 없으신 것도 아닙니다. 모든 자들이 믿음으로 그에게 돌아올 기회를 주기 위하여 당연한 심판을 고통 속에서 오래 참고 계시는 것입니다(벧후 3:9).

이스라엘의 200년 역사 동안, 모든 왕들과 백성들은 하나님 보시기에 악한 행동을 하였습니다. 하나님은 고통 받으시면서 잘못된 우상에게서 그들이 그분께 돌아오기를 기다리셨습니다. 그러나 그들은 그렇게 하지 않았습니다.

우리의 삶 속에서 하나님의 인내를 생각하고 있습니까? 예수 그리스도를 구주로 받아들이는 것을 연기하거나, 또는 삶의 영역을 하나님으로부터 떨어뜨려 놓고 있지 않습니까? 그렇다면 이스라엘과 같이 불안정한 상태에 있습니다. 오늘 그

하나님의 역사를 바라보면서 인내하게 하소서. 아멘.

히스기야의 신앙깊은 통치

4월 12일　　■ 묵상과 산책 / 왕하18-21장

조만간에 모든 부모들은 자신의 자녀들이 상상했던 것보다 더 이상하다는 사실을 깨닫게 된다.

이것에 대해 어떻게 하시렵니까?

이스라엘의 포로와 추방 이후에 저자의 초점을 그들의 기한이 이미 정해진, 남아 있는 유다 왕국에 집중됩니다. 유다 역사상 최대 위기인 이 기간 동안에 하나님은 히스기야라는 의로운 개혁자를 세우시는데, 그는 정치 · 군사 그리고 종교적으로 개혁을 실시합니다.

하나님에 대한 히스기야의 마음은 지속적이고 강력한 그의 기도생활에서 가장 잘 나타나고 있습니다. 그러나 그의 삶을 대표하는 영적인 역동성이 이상하게도 그의 아들 므낫세에게는 전혀 나타나지 않을 뿐 아니라 도리어 그 사악한 지도자는 민족을 멸망의 위기로 끌고 갑니다.

단어 연상 게임에 손을 사용해 보십시오. '젊음'이란 단어를 읽을 때 제일 먼저 마음에 생각나는 다섯 단어를 적어 보십시오. '열광', '이상주의' 혹은 '미숙' 같은 것들을 생각하였습니까? 만일 우리 가정에 십대의 자녀가 있다면 아마 '자동차 열쇠', '전화', '컴퓨터', '돈' 그리고 '비디오' 같은 것들일 것입니다!

이스라엘 민족이 역사적으로 절망의 위기에 처했을 때, 젊고 경험 없는 왕은 단호히 하나님을 앞세우고 흐름을 영적인 경향으로 바꾸었습니다. 히스기야의 젊은 정열, 어떤 희생을 치루고라도 하나님의 명령을 지키겠다는 일념으로 활활 타올랐습니다. 그의 젊은 나이는 약점보다는 도리어 장점이 되었습니다.

여러분도 그렇게 될 수 있습니다. 디모데전서 4:12을 보십시오. "누구든지 네 연소(年小)함을 업신여기지 못하게 하고 오직 말과 행실과 사랑과 믿음과 정절에 대하여 믿는자에게 본이 되어"라고 합니다. 적어도 다섯 가지 방법을 열거하고 있습니다. 그것들을 발견할 수 있습니까? 하나를 선택하고, 그것을 오늘의 모범으로 삼아 한 번 실행해 보십시오!

우리의 삶의 결단이 많은 사람들을 변화시킬 수 있게 하소서. 아멘.

유다의 불신앙으로 인한 멸망

4월 13일 ■ 묵상과 산책 /왕하22-25장

대개의 부모들은 그들의 자녀에게 그들 자신을 제외한 모든 것을 준다.

영적인 삶이 없는 민족을 하나님께 돌이키기 위해 노력한 왕인 요시야는 출발 장소가 성전임을 알고 있습니다. 그는 오랫동안 예배를 드리지 않은 성전을 수리하다가 잃어버린 율법서를 발견합니다. 그 속에서 요시야는 이전에 씌어진 역사인 흩어짐에 의해서 시행될 이스라엘의 약속된 심판과 이스라엘의 슬픈 운명으로부터 교훈을 얻지 못할 때 당할 유다의 징벌을 읽습니다. 요시야가 죽은 후에 왕궁 관리와 제사장들 그리고 백성들은 한결같이 멸망의 길로 돌아갑니다. 그 민족을 멸망시키는 사역은 바벨론에게 위탁됩니다.

신앙심이 깊은 부모가 자녀들의 반항을 어떻게 그만두게 할 수 있을까요? 어제 유다 역사에서 가장 위대한 개혁자인 히스기야의 아들이면서도 역사상 가장 타락한 왕인 므낫세에 대해 읽었습니다. 오늘 세명의 우상숭배자들을 아들로 둔 하나님의 충실한 종인 요시야에 대해 배울 것입니다. 어떻게 이런 일이 일어날 수 있습니까?

쉽게 대답할 수 없지만 이것은 분명한 사실입니다. 하나님에 관한 부모의 일차적인 지식이 자녀에게는 이차적인 정보 그 이상이 될 수는 없습니다. 무관심이나 지나친 관심을 통해서는 부모가 자녀들에게 자신들의 삶 속에서 하나님이 실제로 어떻게 존재하고 계신가를 발견하고자 하는 도전을 결코 줄 수 없습니다.

하나님은 영적인 자손을 가지고 있지 않습니다. 새로운 세대는 각각 개인적으로 응답해야 하며, 하나님이 그들의 요구에 대한 필요충분조건이라는 사실을 발견해야 합니다. 하나님이 여러분의 삶 속에서 실제로 자신을 드러내셨던 지난 날들을 돌이켜 보십시오. 그리고 다음 질문에 대답해 보십시오. 부모들이여, 자녀들이 동일한 치명적인 배움을 경험하게 된다는 사실을 부정하고 있습니까? 자녀들이여, 하나님 안에서 신앙의 실재성을 보여 주고자 하는 부모의 노력을 거부하고 있습니까? 이 둘 중 어느 하나만으로도 실패하고 말 것입니다!

 우리 가정이 하나님의 말씀을 따라 살아가게 하소서. 아멘.

동굴에서 삶을 바라보자

4월 14일   ■ 묵상과 산책 / 시34편

우리가 불평하게 되는 이유는 우리의 걱정이 크기 때문이 아니라 믿음이 적기 때문이다.

하나님을 떠난 인간들이 자기 중심적인 경향으로 흐르는 것은 놀라운 일이 아닙니다. 오늘날 당신을 사랑하시는 하나님을 계속 찬양함으로 자신의 마음을 하늘로 향하도록 하십시오. 하나님은 다윗이 시편 34편에서 우리에게 들려 준 것과 같이, 당신의 두려움과 의심을 담당하시고 그의 즐거움으로 그것들을 녹이실 것입니다.

시편은 시공간 속에서 기록된 것입니다. 그것은 항상 투쟁하며 살아가는 공포, 죄, 외로움, 불안, 좌절들과 씨름하였던 신앙심 깊은 구약 저자들에 의해 기록되었습니다. 비록 많은 시편의 저자가 익명이며 그들의 역사적 배경을 알 수는 없지만, 우리는 다른 성경들을 통해서 그 장면들의 숨겨진 배경을 엿볼 수 있습니다.

시편 34편은 그 한 예로서 거기에 해당하는 상황이 삼상 21장에서 발견됩니다. 기름부음은 받았으나 아직 이스라엘의 왕으로 인정받지 못한 다윗은 자신이 사울 왕의 맹렬한 분노의 대상이 되었다는 것을 발견합니다. 생명을 위해 도망가던 다윗은 가자마자 체포되고, 곧 바로 골리앗을 죽인 원수라는 사실이 발각될 블레셋으로 도망함으로써 '프라이팬에서 도망하다 불 속으로 뛰어드는' 꼴이 되었습니다!

블레셋 왕 앞에 끌려온 다윗은 생명이 위태롭게 되자 정신병자로 위장하였습니다. 그러자 왕은 다윗을 그 나라 밖으로 추방시켰습니다. 22절에서 우리는 믿을 수 없는 장면을 보게 됩니다. 이스라엘의 왕으로 기름부음 받은 다윗은 사막의 동굴 속에 혼자 숨어 미움과 버림을 받고 좌절하며, 생명을 잃을까 두려워하는 존재가 되었습니다.

앞이 바위로 가로막혔을 때 어디로 돌아갈 것입니까? 친구가 적이 되었을 때는? 세상이 온통 대적하는 것처럼 보일 때는? 다윗은 거기에서 자신을 위탁할 만큼 크신 하나님을 발견했습니다. 자신이 씨름하고 있는 두려움은 무엇입니까? 시편 34편을 여러분의 것으로 삼으십시오. 그리고 하나님을 의지함으로 두려움을 떨쳐 버리십시오.

 소망이 없어 보일 때에도 찬송할 제목을 주시니 감사하나이다. 아멘.

다윗의 가계

4월 15일 ■묵상과 산책 / 대상 1-9장

역사 책의 한 페이지는 논리학 책 한 권에 맞먹는 가치가 있다.

역대기는 사무엘하부터 열왕기하까지의 책들에 대한 단순한 반복이 아닙니다. 그것이 비록 역사적으로는 같은 시대를 취급하고 있지만, 역대기는 전적으로 다른 관점에서부터 역사에 접근하고 있습니다. 그것은 정치적이 아닌 종교적인 역사에 초점을 맞추고 있으며, 궁전이 아닌 성전을 둘러싸고 일어나는 사건들에 특별한 주의를 기울이고 있습니다. 여러 세기를 통해서 하나님은 그 자신을 위해 증거를 준비하고 계셨으며, 족보 목록에서 명백히 보여지는 것처럼 궁극적으로는 메시야가 나오게 될 이스라엘 백성들을 보호해 오셨습니다.

매일매일 성경을 읽겠다는 열정을 뒷받침할 근거를 잃어버리게 할 것만 같은 오늘의 할당량을 마구 끝내 버리기 전에, 일률적으로 계속 반복되는 "…의 아들들은 이러하니"라는 구절 밑에 포함된 인물들과 사건들을 알아 보기 위한 아래의 질문들을 먼저 살펴 보십시오.

. 얼마만큼 그 이름들에 대해서 알고 있습니까?

. 적어도 하나의 사건 혹은 하나의 이야기에 대해서 구약 성경으로부터 얼마나 많은 인물들을 회상할 수 있습니까?

. 이 목록들 안에 있는 인물 중 가장 중요한 다섯 사람이 누구누구라고 말할 수 있습니까? 왜 그들 다섯 명을 선택했습니까?

. 왜 하나님께서 그의 말씀 안에 이러한 족보에 관한 내용들을 포함시키셨는가에 대해 얼마나 많은 이유들을 생각해 낼 수 있습니까?

역대상의 앞부분 장들은 단지 하나님 백성의 역사적인 뿌리뿐만 아니라 영적인 뿌리까지도 언급합니다. 자신의 뿌리를 찾아 낼 수 있습니까? 영적 유산에 있어서 누가 가장 중요한 사람입니까? 그들 중에 누가 오늘날까지 여전히 살아 있습니까? 영적인 발전을 위해 그들이 한 역할에 대해 고마움을 표할 수 있는 명백한 방법이 있습니까? 성경 뒷장에 '영적 뿌리'의 페이지를 마련하여 연구를 계속해 가면서 내용을 더 첨가해 보는 것은 상당한 유익을 얻을 수 있는 길입니다.

 영적인 유산을 남기는 우리들이 되게 하소서. 아멘.

다윗의 등극과 수도 건립

4월 16일 ■ 묵상과 산책 / 대상 10-16장

헌신된 교사가 헌신할 학생을 배출한다.

사무엘하에 대한 '신적인 주석'의 일종으로서 역대상을 생각해 보십시오. 역대상은 다윗왕의 생애 전체를 적은 두번째 책입니다. 사울왕이 죽은 후 새로운 왕으로 즉위한 다윗은 점차 숙명적으로 그 민족 전체 역사의 중심에 자리 잡을 '평화의 성'이란 뜻의 예루살렘에 새 도성을 신속하게 건립합니다. 새 도성과 함께 다윗은 그의 통치 기간 동안 그를 지지할 강력한 군대를 선발합니다. 다음으로 다윗은 하나님의 법궤를 적당한 장소로 옮기는 일을 시도합니다. 그 일이 생각보다 더 어렵다는 것이 증명됩니다. 마침내 법궤가 안전하게 예루살렘에 도착하자 다윗은 국가 전체를 찬양의 축제로 인도합니다.

한 사람도 살고 있지 않는 섬 … 그리고 겨우 몇 명만이 살고 있는 섬을 생각해 보셨습니까! 여러분이 가지고 있는 확신과 위탁한 것들에 대해 함께 이야기할 만한 사람들의 도움 없이 홀로 서려고 하는 것은 어려운 일이며 가끔은 위험을 초래하기도 합니다.

오늘 읽을 부분에서는 다윗의 '유명한 용사들' 즉 그의 친구들이며 가장 신뢰할 만한 사람들이고 경호대이면서 상담자들 즉, 왕궁의 기둥들인 사람들의 이름을 무려 78절에 걸쳐 소개합니다. 그들이 없었다면 다윗이 이룩했던 위대한 업적은 불가능했을 것입니다. 비록 왕으로서의 그의 역할이 민족사에서 독특한 것이었지만 하나님은 다윗이 궁전에서 '홀로 일하는 사람'이 되는 것을 원치 않으셨습니다.

아마 우리들은 힘있고 특출한 다윗왕과 같은 위치에 오르지는 못할지도 모릅니다 그러나 그 어떤 사람 즉 다른 사람의 삶을 격려해 주고 도와줄 수는 있을 것입니다. 목사님을 비롯한 주변에서 지도력을 행사하고 있는 사람들을 생각해 보십시오. 역대상 11:10은 다윗의 용감한 전사들이 그의 통치 기간 중에 그를 든든히 보좌했음을 보여주고 있습니다. 당신은 교회에서 목사님을 도와주고 있다고 말할 수 있습니까? 이번 주에 사역자들을 도울 수 있는 일은 무엇이겠습니까?

다윗의 동역자들과 같은 신실한 동역자들이 되게 하소서. 아멘.

확장되는 다윗의 영향력과 왕국

4월 17일　　■ 묵상과 산책 / 대상 17-21장

부모들은 자녀들을 자기 자신이 살았던 위치보다 더 높이 올려 놓을 수 없다.

다윗이 왕궁의 생활을 즐기고 있을 때 법궤는 겨우 천막에 머물고 있었습니다. 이 사실은 다윗으로 하여금 법궤를 모실 기념비적인 건물을 건립하고자 하는 마음을 불러 일으킵니다. 나단 선지자까지도 다윗에게 하나님을 영화롭게 하는 일을 하라고 격려합니다. 그러나 하나님은 선지자를 통하여 "너는 나의 거할 집을 건축하지 말라"(17:4)고 명령하십니다. 그러나 하나님은 다윗에게 그의 자손을 통해 왕조를 계속 유지시킴으로 영원한 왕국을 세우시겠다는 흥분할 만한 약속을 주십니다. 유능한 용사인 다윗은 그의 꿈을 그의 아들 솔로몬에게 넘겨 주고, 자신은 하나님이 그에게 맡기신 왕국을 확장하는 일에 전력합니다.

아버지와 아들(다윗와 솔로몬)의 삶을 비교한 다음 목록을 생각해 보십시오. 다윗은 전쟁의 사람이고 솔로몬은 평화의 사람입니다. 다윗은 성전 건축의 꿈을 가졌고, 솔로몬은 성전을 건축하여 봉헌하였습니다. 하나님은 다윗에게 "나는 네가 원하는 것을 허락하지 않겠다"고 하셨고, 솔로몬에게는 "네가 요구하지 않은 것까지도 주겠다"고 말씀하셨습니다.

그러나 그들의 삶은 이처럼 많은 차이점이 있는 반면에 유사한 점도 많습니다. 그 중의 하나는 둘 다 하나님께 영광을 돌린 사람이라는 점입니다. 소중한 꿈이나 야망이 거부되는 것보다 더 고통스러운 것이 있습니다. 그것은 야망을 실행해 가는 과정 속에 하나님이 계시지 않음을 발견하는 것입니다. 하나님이 여러분의 길에 빨간 신호등을 켜고 계시지는 않습니까? 혹시 그 '위험 신호등' 가운데를 달려 가는 것은 아닙니까? 또 그의 영광에 '위배되는 길'을 추구하고 있지는 않습니까? 매 순간마다 반짝이는 '위험 신호등'에 유의하십시오. 꿈과 목표를 하나님께 위임하십시오. 하나님이 마침표를 찍은 곳에 물음표를 달지 마십시오!

하나님의 경고에 민감하도록 성령으로 역사하여 주소서. 아멘.

다윗의 경배와 왕국의 조직

4월 18일 ■ 묵상과 산책 / 대상22-27장

우리 모두는 미래에 대해 관심을 가지고 있어야 한다. 왜냐하면, 우리 자신의 남아 있는 삶을 모두 거기서 지내야 하기 때문이다.

하나님의 성전을 세우고자 한 다윗의 희망은 연기되지만 그것을 위한 준비는 중단되지 않습니다. 그는 가장 적당한 자리인 오르난의 타작마당을 선정하고 건축 재료를 모으며, 그의 아들 솔로몬에게 그 작업을 마치도록 명령하였으며, 협력할 이스라엘의 모든 중요한 사람들의 명단을 작성합니다.

그리고 24명의 제사장들과, 24팀으로 구분된 찬양대와 연주자들, 문지기, 보물 창고지기, 그리고 새로운 공적 예배를 드릴 장소에 관한 행정 업무와 군대 업무를 돌볼 국가적인 사무관들을 따로 세웁니다.

오늘 여러분은 미래에 하나님의 놀라운 일을 성취할 어린이들을 위해 무엇을 하고 있습니까? 다윗은 선견지명이 있는 부모로서의 훌륭한 실례입니다. 솔로몬이 나중에 이룩한 놀라운 성취는 다윗이 죽기 전에 해놓은 사려깊은 계획과 준비의 결과라고 말할 수 있습니다.

비록 솔로몬이 그의 이름을 붙일 성전을 짓는 소명을 받았으나, 청사진을 만들고, 재료를 모으고, 일꾼들을 뽑고, 그 계획을 확실히 돕도록 계약을 맺는 적극적인 계획을 세운 것은 다윗이었습니다!

다윗은 마음 속으로 솔로몬에 대하여 위대한 야망을 걸었으므로, 자신이 결코 그것을 이룩하지는 못하지만 그 길을 닦기 위해 최선을 다했습니다.

아이들을 올바로 성장시키기 위해서 남겨 둔 유산은 무엇입니까? 어느 날 그들의 교육을 위해 도서관을 세우고, 여러분이 죽은 후에도 계속해서 사역을 수행하도록 비전을 조금씩 심어 준 예지에 대해 자녀들을 하나님께 감사할 수 있을까요?

'미래의 위대함을 위한 계획'을 세우고 이번 주에 그것을 시작하십시오.

하나님, 우리의 아이들을 위하여 신앙의 유산을 물려주도록 도와 주소서. 아멘.

다윗의 왕국이 솔로몬에게 넘어감

4월 19일　■ 묵상과 산책 / 대상28-29장

죽음보다 더 확실한 것도 없고, 죽음의 시간보다 더 불확실한 것도 없다. 그러므로 미리 준비해야 한다.

오늘의 말씀에서는 다윗의 생애에 대한 적당한 결론을 내리고 있습니다. 여기서 다윗은 조언자, 격려자, 훈계자, 경배자로 나타나며, 그의 모든 지혜와 인간성이 묘사되고 있습니다. 다윗의 통치를 특징짓는 격렬한 내전과 국민들이 평안치 못했던 것과는 대조적으로 솔로몬의 통치는 민족적 경배와 기쁨으로 표현됩니다. 경건한 통치에 대해 국민 전체가 느낀 감사와 기쁨의 분위기는 다윗의 죽음조차도 기억하게 할 수 없을 정도입니다. 다윗의 생애에 대한 영광스런 묘비문은 "저가 나이 많아 늙도록 부하고 존귀하다가 죽었다"(29:28)입니다.

기독교인의 삶에 있어서 가장 슬픈 모순은 대부분의 기독교인의 장례식에서 쉽게 발견됩니다. 부친의 죽음은 사랑하던 한 사람이 떠나간다는 필연적인 슬픔의 사건인 반면에, 기독교인에게 있어서 그 죽음은 그리스도 안에 있는 형제나 자매가 마침내 "하나님과 함께 집에 거하므로"(고후5:8) 기쁨이 됩니다. 이 말 속에는 세상이 알지 못하는 희망과 평안이 깃들어 있습니다.

여러분에게 있어서 소중한 모든 사람들이 들을 것이라고 확신할 수 있는 하나의 설교는 보석상자 위로 울려퍼지는 설교일 것입니다. 경우에 따라서 여러분이 이야기하고자 하는 말 속에 어떤 의도를 주입시킨 적이 있습니까? 예수 그리스도의 복음에 대한 분명한 제시를 청중들이 들을까요? 하나님과 얼굴을 맞댈 수 있는 곳으로 가기 때문에 죽음을 두려워 하지 않는다는 사실을 그들은 발견할 수 있을까요?

예수 그리스도는 그가 참석했던 모든 장례식을 축제를 여는 계기로 변화시켰습니다. 우는 자들의 슬픈 울음은 구세주의 기적적인 삶을 주시는 은혜로 금방 그쳤으며, 죽은 자는 다시 살아났습니다. 오늘, 여러분의 장례식에서 여러분의 삶을 가장 웅변적으로 표현하는 것으로서 "이는 내게 사는 것이 그리스도니 죽는 것도 유

우리의 삶이 항상 종말론적인 삶이 되게하셔서 죽음을 대비하게 하소서. 아멘.

솔로몬의 성전

4월 20일   ■묵상과 산책 / 대하1-5장

거룩한 모범의 빛이 복음의 주된 요지이다.

익함이니라"(빌1:21)라는 말을 하기 위해 어떤 계획을 세우고 있습니까?

오늘 본문은 1, 2, 3장과 5장의 몇 구절을 읽음으로써 쉽게 요약될 수 있습니다. "솔로몬의 왕위가 견고하여 갔다." "솔로몬은 여호와의 이름을 위하여 성전을 건축하기로 결심하였다." "여호와의 성전을 건축하기 시작하였다." "그래서 성전이 마침내 완성되었다." 이 구절들 뒤에는 솔로몬이 성전을 건축하는 데 있어 153,000명의 노동자들과 7년이 넘는 기간이 필요했다는 사실이 감추어져 있습니다.

여러분은 모든 것을 가진 자에게 무엇을 주겠습니까? 만약 이것을 어려운 질문이라고 생각한다면 솔로몬이 직면했던 사실, 즉 '모든 것을 가지신 하나님께 무엇을 드릴 것인가?'에 대해서 생각해 보십시오. 보다 구체적으로 말한다면 "하늘과 하늘들의 하늘이라도 주를 용납지 못하겠거든 내가 누구관대 어찌 능히 위하여 전을 건축하리요"(2:6)라는 말입니다. 비록 한정된 건물이 그 무한하신 하나님을 모실 수가 없다 할지라도 그의 영광과 위엄만은 반영할 수 있으므로, 그곳에 들어가는 자로 하여금 경외심과 존경과 경배함으로 응답하게 할 수는 있습니다.

그리고 놀라운 것은, 그것이 오늘날 우리에게 역시 주어진 과제라는 사실입니다. 즉 우리 안에 거하시는 분의 영광을 드러내야 한다는 것입니다(고전 6:19-20). 예수님께서도 "저희로 너희 착한 행실을 보고 하늘에 계신 너희 아버지께 영광을 돌리게 하라"(마 5:16)고 말씀하셨습니다. 입고 있는 옷을 통해서, 말들을 통해서, 실제적 습관들을 통해서, 종종 가는 장소를 통해서 그렇게 할 수 있습니다. 이것들은 모두 여러분과 함께 하는 주님을 영화롭게 또는 주님의 영광을 훼손하는 수단이 될 것입니다.

빛을 발해야 하는 중요한 사명이 우리에게 있다는 사실을 상기시켜 줄 수 있도록 집이나 사무실의 돌출된 장소에 촛불을 세워 놓으십시오. 결국에는 그것이 혈

 우리의 행실을 통하여 많은 사람들이 그리스도의 빛을 보게 하소서. 아멘.

인생의 덧없음

 ■ 묵상과 산책 / 시39편

인생의 대부분이 가기 전에 가장 값진 인생을 가꾸라.

역과 육의 성전이 지어져 가는 길이 됩니다!

대기는 다윗와 솔로몬의 삶에 관한 신적인 관점을 제공합니다. 그들은 믿음이 충만한 삶을 살았으며, 그리고 실패한 삶을 살았습니다. 그러나 이들의 삶을 통해서 우리가 깨달을 수 있는 진리가 있으며, 그것은 시편 39편에 나타난 것과 마찬가지고 하루하루의 삶을 마치 마지막 날을 보내듯이 주님께 전적으로 헌신하며 살아야 한다는 사실입니다.

오늘은 잠시 동안 다윗의 시편 속에서 휴식을 취하면서, 그가 그의 삶을 한 순간의 호흡이나 잠시 동안 있다 사라지고 마는 그림자로 인식하면서 마음의 문을 열고 솔직하게 하나님께 말하는 것을 들어 보십시오. 이 기도를 통해서 교훈을 얻고 그것을 여러분의 것으로 삼으십시오.

어느 대학생이 자신의 기숙사 침대 머리맡에 다음과 같은 표어를 붙여 놓았습니다. "오늘 하루가 당신 생애의 최후의 날로 알고 살라." 그는 이 표어를 매일 아침 일어나자마자 제일 먼저 보는 것으로, 또한 매일 밤 자기 전 마지막에 읽는 것으로 삼고자 했습니다.

다윗도 시편 39편을 이와 유사한 감정 즉 자신이 단지 이 땅 위에 잠시 있다가 가는 나그네임을 인식하면서 썼습니다. 시편 기자는 하나님에 대해서 화를 내는 격렬한 말로써 시작합니다. 이러한 불평은 그가 비난하는 하나님이 바로 다윗 자신의 존재를 좌우하시는 분이심을 깨달을 때까지만 계속됩니다. 이윽고 그는 자신의 죄를 고백한 후에, 인생이 길든지 짧든지간에 그 의미를 줄 수 있는 유일한 분이신 하나님만을 의지하게 됩니다.

만일 오늘이 마지막 날이라면 어떻게 하시겠습니까? 이런 지식은 하나님께 대한 태도를 어떻게 바꾸어 놓을까요? 기도생활의 태도는? 사업에 관한 태도는? 다음의 문장을 완성해 보십시오.

 오늘이 나의 인생의 마지막날로 알고 충실하게 살게 하소서. 아멘.

솔로몬의 경배와 부

4월 22일 ■ 묵상과 산책 / 대하6-9장

만약 우리가 기도한 후에 하나님께 의지하지 않는다면 우리는 기도를 통해 하나님께 거짓말한 것이 된다.

"주님, 나의 인생이 매우 짧기에 오늘 내가 _____을 하겠나이다."

성전이 완성되고, 솔로몬이 감동적인 봉헌기도와 함께 성전 봉헌식을 함으로써 성전은 드디어 봉헌됩니다. 그는 자신과 나라가 하나님의 법을 지키겠다고 서원합니다. 그날 밤에 하나님은 솔로몬에게 나타나셔서 그와 더불어 조건부적인 언약을 체결하십니다. 그것은, 만약 그가 그의 아비 다윗이 행한 대로 하나님과 동행하면 하나님은 솔로몬의 나라를 영영히 세우시겠다는 것이었습니다.

다음의 문장을 완성해 보십시오. "오늘 내가 조국의 부패한 영적 상황을 변화시키기 위해 할 수 있는 가장 중요한 일은 ____이다." 현대사회는 행동주의 시대라고 말할 수 있습니다. 즉 일단의 흥미를 가진 그룹들이 그들의 특별한 관점을 관철시키기 위해 로비활동과 노력을 기울인다는 것입니다. 이에 대해 생각할 수 있는 첫번째 반응은 의로운 주장과 연합해야겠다는 것일 것입니다.

그러나 오늘 읽을 성경에서는 첫번째로 취해야 할 가장 중요한 단계를 제시합니다. 즉 의로운 자세로 출발해야 한다는 것입니다. 하나님을 찬양하기 전에 먼저 하나님께 기도해야 합니다.

새 성전에서 드려진 솔로몬의 봉헌기도는 그가 행하는 국정사무에 하나님이 간섭해 달라는 청원입니다. 솔로몬은 여덟 번씩이나 하나님께 그의 백성들이 회개하여 부르짖는 소리를 들으시고, 그들의 연약함을 용서하시며, 그들의 행복을 회복시키시기를 간구합니다. 여호와께서 나타나셔서 "이미 너희 기도를 들었다"(7:12)고 말씀하시는 것을 들은 솔로몬의 기쁨이 어떠했었을지를 상상해 보십시오.

기도는 가장 강력한 무기입니다. 그렇지만 불행하게도 크리스챤의 무기고 속에 버려진 가장 무시되어 온 무기가 되기도 했습니다. 오늘 성경을 읽고 나서 무릎을 꿇으십시오. 그리고 하나님께서 이 나라의 국회와 정부와 법정의 공의가 회복될 수 있도록 간구하십시오. 그리고 자신에게서부터 이 의가 회복될 수 있도록 시작하

이 나라에 법과 공의가 회복되게 하소서. 아멘.

르호보암 치하에서의 부패

4월 23일 ■ 묵상과 산책 / 대하 10-12장

하나님이 당신의 삶을 주장하시게 하라. 그것으로 그분은 당신이 할 수 있는 것보다 더 많은 일을 할 수 있다.

십시오.

솔로몬의 막대한 부는 여러 가지 근원으로부터 나옵니다. 즉 이웃 나라들로부터의 공물과 다른 외국 열강들과의 무역, 그리고 자기 백성들의 조세로 인한 것입니다. 시민들에게 부과되어진 무거운 세금에 대한 불만은 솔로몬의 죽음 이후에 전면적인 시민 전쟁으로까지 분출되기에 이릅니다. 그 결과 이스라엘은 북방과 남방으로 분리되어 서로 적대하는 열 족속은 여로보암에 의해 통치되는 북이스라엘이 되며 두 족속은 르호보암에 의해 통치되는 남 유다가 되어 두개의 국가가 설립됩니다.

체중조절을 하려고 할 때, 어떤 사람들은 그들의 엄청난 목표를 성취하기 위해 무슨 수단과 방법을 가리지 않습니다. 그러다가 곤란한 일이 생기기라도 하면 대부분의 사람들은 아무것도 하지 않고 중단해 버리고 맙니다. 그리고 다시 내적인 활력을 회복하게 되면, 몇 몇 사람들은 강하고 가는 실을 사용해서 그들의 방법을 수선하려고 합니다. 왜냐구요? 하나님께 전심으로 죄를 짓고 그 댓가를 지불하기보다는 적당히 반쪽 마음만을 주는 타협안을 선택하는 편이 오히려 덜 고통스럽고 보다 쉽기 때문입니다.

르호보암은 오직 정치적인 유리함을 위해서만 여호와를 따랐습니다. 그의 나라가 견고히 섰던 때가 있었던 적도 있었습니다. 하지만 그는 더 이상 여호와의 율법을 사용하지도 않고, 율법의 여호와도 섬기지 않았습니다. 그러나 마침내 그는 자신의 어리석은 결정으로 인해서 실패자의 전형으로 남게 되었습니다.

여러분의 삶을 새로 나온 빛나는 동전과 같다고 생각해 보십시오. 쓰고 싶을 때는 언제든지 마음대로 쓸 수 있습니다. 그러나 그것을 오직 한번 밖에 사용할 수 없습니다. 그리고 동전의 반쪽만을 사용할 수는 없습니다. 동전은 모두를 사용하거나 전혀 사용하지 않는 방법 외에는 처리 방법이 없습니다. 하나님을 전적으로

어떠한 경우에라도 하나님을 믿는 믿음에서 떠나지 않게 하소서. 아멘.

아사 왕의 통치하에 실시된 개혁

4월 24일 ■ 묵상과 산책 / 대하13-16장

당신이 그 길로 가려고 원하지 않는 한 절대로 뒤돌아보지 말라.

의지하십시오.

르호보암의 아들 아비야는 "그 부친의 이미 행한 모든 죄를 행하고, 그 마음이 하나님 여호와 앞에 온전치 못하였습니다"(왕상 15 : 3). 하지만 그는 하나님의 도구로서 한층 더 악한 왕인 북쪽의 여로보암을 쳐서 파합니다. 백만 이상의 용사들이 동원된 거대한 전쟁에서 이스라엘은 심각한 패배의 고통을 당합니다.

아비야의 3년 통치 후에 10년간의 평화가 계속됩니다. 그의 아들 아사는 구스를 격퇴시킴으로써 영적으로가 아니라 군사적으로 아버지의 뒤를 따릅니다. 그의 위대한 공헌은 전장에서가 아니고 성소에서 나타납니다. 그는 우상의 단을 파하고 주의 단을 새롭게 합니다.

14장에 나타나는 아사와 16장에 나타나는 아사가 동일인이라고 믿기는 어려운 일입니다. 그렇게 생각되지 않습니까? 통치 초기의 아사는 "여호와 하나님이 보시기에 선과 정의를 행했습니다"(14:2). 그는 하나님에게서 그의 백성을 떠나게 했던 이방 제단과 산당을 없이하고, 주상을 훼파하여 아세라 상을 찍었습니다. 또 백만이나 되는 구스 군인들이 쳐들어 왔을 때 하나님께 다음과 같이 부르짖었습니다. "주 밖에 도와줄 이가 없사오니 우리 하나님 여호와여 우리를 도우소서! 우리가 주를 의지하오며 주의 이름을 의탁하옵고 이 많은 무리를 치러 왔나이다"(14:11).

그러나 그의 통치 후기에 아사는 이방인 수리아 왕과 동맹을 맺고 주의 전 곳간에 있던 은과 금을 주면서까지 그의 비위를 맞추려고 애썼습니다. 그는 또한 어리석은 동맹을 했다고 책망하는 하나님의 선지자를 옥에 가두었고, 그의 발이 병들었을 때에도 "하나님께 구하지 않고 의원을 찾아갔다가 결국은 죽고 말았습니다"(16:12).

아사 통치 성격 중 전기 또는 후기 중 어느 것이 여러분의 삶에 가깝습니까? 아사의 경건한 공적 중의 하나를 오늘 개인적인 계획에 포함시키십시오. 하나님은

세속에 물들지 않도록 도와 주소서. 아멘.

여호사밧의 통치하에 실시된 개혁

4월 25일 ■ 묵상과 산책 / 대하17-20장

당신의 모범적인 행동이 다른 사람들로 하여금 그리스도에 대해 관심을 가지게 하는 유일한 방법은 못 되지만 중요한 방법은 될 수 있다.

그것을 통해 영화롭게 할 것입니다.

유다에 대한 경건한 왕 여호사밧의 통치는 좋은 이유로 인해서 좀더 전체적으로 역대기에 기록되어 있습니다. 여호사밧은 하나님의 땅에서 영적인 부흥을 일으킬 수 있는 열쇠는 하나님의 법을 다시 준수하는 것밖에 없다는 것을 알게 됩니다. 그는 거국적으로 왕의 방백들과 레위 지파, 제사장들을 이용한 성경 읽기 프로그램을 계획합 니다.

백성들은 여호사밧에게 사랑과 감사의 선물을 바침으로써 감격적인 반응을 보입니다. 그러나 그의 경건한 통치는 아합과의 어리석은 동맹으로 인해서, 그리고 후기에는 모압과 암몬으로부터의 군사적 제휴로 시작된 동맹에 의해서 거의 갑자기 끝나고 맙니다.

아마도 오늘 성경 본문을 읽으면서 여호사밧이 우스운 소리가 나는 이름이라는 것 밖에는 더 관심을 갖지 않았을지도 모릅니다. 그러나 그의 삶을 잘 공부해 볼 가치가 있습니다. 왜냐하면, 그는 하나님이 찾으시는 종류의 사람으로 요약되기 때문입니다(16:9).

여호사밧은 그가 걸었던 길에서 주목을 받을 만합니다. 즉 "이스라엘의 행위를 좇지 아니하고"(17:4), "조상 다윗의 처음 길로 행하였습니다"(17:3). 그의 행위는 전형적인 모범이라 할 수 있습니다. 여호사밧은 그가 받았던 축복 속에서 주목할 만한 것을 보여 줍니다. 즉 여호와께서 나라를 그 손에서 견고하게 하시며 그의 부귀와 영광이 극에 달하게 하셨던 것입니다(17:5).

어떠한 정치의 비결로 인해 그는 하나님께로부터 이런 엄청난 축복을 받을 수 있었겠습니까? 그 대답은 간단합니다. "그는 전심으로 여호와 하나님의 길을 따랐습니다"(17:6). 그에게 있어서 첫번째 사랑의 대상은 부도 권력도 왕적인 권위를 나타내는 어떠한 것도 아니었습니다. 그는 오로지 주를 사랑하고 주를 기뻐했습

날마다 더 뜨겁게 주를 사랑하게 하소서. 아멘.

요아스의 통치하에 실시된 개혁

4월 26일   ■ 묵상과 산책 / 대하21-25장

당신의 생명을 소중히 여기라. 당신의 죽음은 주님이 준비할 것이다.

니다. 여러분의 첫번째 사랑의 대상은 무엇입니까?

다윗의 집이 영원하리라는 하나님의 언약이 없었던들 여호람의 통치 때에 다윗 왕국은 종말을 고하고 말았을 것입니다. 여호람은 그의 열조들이 경건함으로 인해 축복을 받은 것과는 반대로 아합과 이세벨의 딸인 그의 부인 아달랴의 실질적인 우상숭배를 따라 행합니다. 여호람은 그의 아버지와 할아버지가 열심으로 행했던 가장 훌륭한 경건한 개혁을 단 8년 만에 무효화시키는 정치를 합니다.

여호람의 악정을 능가하는 더 잔인한 여왕 아달랴가 등장하여 자신의 손자를 죽이고 스스로 유다의 여왕으로 올라 앉습니다. 이런 위험하고 위기감이 넘치는 상황 속에서도 하나님은 유일하게 그녀의 손자 요아스를 살아남게 함으로써 다윗 왕가를 보존시키십니다. 결과적으로 이 계보를 통하여 예수 그리스도가 오십니다!

악한 여왕 아달랴의 죽음에 관해 단 한 구절로 이루어진 간단한 주석이 있습니다. "온 국민이 즐거워하고 성중이 평온하더라. 아달랴를 무리가 칼로 죽였었더라"(23:21). 아달랴의 죽음 후에 두 가지 특징있는 사실이 감지됩니다. 즉 행복과 화합입니다. 그녀가 더 이상 존재하지 않자 온 세계가 보다 더 살기 좋은 곳이 되었습니다. 이 땅을 떠나는 날 사람들은 기뻐할까요, 아니면 비탄에 잠길까요? 아래에 아달랴나 여호람의 삶에 결코 걸맞지 않는 몇 개의 묘비문이 제시되어져 있습니다. 나에게 알맞은 묘비문은 어느 것입니까?

· 다른 사람들의 삶에 빛을 가져다 준 사람이었다.
· 전염성 행복의 전달자였다.
· 자기가 사랑하는 자들을 위해 그의 삶을 바쳤다.
· 결코 아낌없이 상처받은 친구들의 피난처가 되어 주었다.
· 생애 속에서의 부르심은 위대한 것이었다. 그리고 그는 그것을 위대하게 이룩하였다.

 내가 이 땅에 사는 동안 하나님의 영광을 위하여 살게 하소서. 아멘.

웃시야와 요담의 통치하에 실시된 개혁

4월 27일 ■ 묵상과 산책 / 대하26-28장

당신에게 호흡이 있다는 사실이 죽을 가치도있게 한다는 것을 명심하라.

웃시야는 16세 때 유다 왕위를 계승합니다. 그의 52년간의 통치는 군사적으로는 강성하고, 농업적으로는 거대한 업적을 성취했다라고 표현되어집니다. 하지만 슬프게도 그의 생애 마지막 때에는 쓰디 쓴 면이 있습니다. 즉 그의 마음이 교만해져서 제사장의 업무를 가로채려고 합니다. 그리하여 그의 남은 생애는 여호와의 전에서부터 떨어진 별궁에서 지내게 됩니다. 그의 아들 요담은 계속해서 여호와 하나님의 길로 행합니다. 그러나 아하스 아래에서는 다시 바알과 몰록을 경배함으로 말미암아 더 이상 회복될 수 없는 철저한 부패함에 빠져 영적인 악순환의 굴레에 떨어지게 됩니다.

하나님께서 삶의 전 영역에서 말씀하시고 계십니까? 대답하기 전에 일상의 행동들을 기록한 머릿속의 점검표를 훑어 보십시오. 수면, 식사, 휴식시간, 가족상황, 데이트, 공부시간, 교회사역, 인간관계, 육체적 활동, 이 모든 것들 위에 하나님의 지문이 나타나 있습니까?

하나님께서는 여러분의 삶의 순간순간을 중요하게 지켜 보십니다. 즉 하나님께서는 단지 교회에서 보내는 시간이나, 기도할 때, 또는 성경 읽는 시간만을 보시는 것이 아니라는 말입니다. 하나님께서는 책을 읽을 때도, 음식을 먹을 때도, 친구와 교제를 할 때도, 습관적 행위를 할 때도 주의깊게 보고 계십니다. 웃시야는 하나님의 묵시를 밝히 아는 사람이며, 사는 동안 하나님을 구하였고 하나님과 동행하였습니다(26:5). 그러나 그 사실이 직면하는 문제나 위협으로부터 그가 벗어났다는 것을 의미하지 않습니다. 웃시야는 매일 '신앙의 시험'에 직면했습니다. 그러나 그가 여호와의 능력으로 무장했을 때 모든 전투에서 승리했습니다. 여러분도 그렇게 할 수 있습니까?

역대하 26:5에 나타나는 웃시야의 이름 대신 여러분의 이름을 써 넣으십시오. 삶의 영역 중에서 어느 부분이 그분의 지배하에 들어가야만 앞서 말한 구절이 완전히 해당되겠습니까?

나의 일상의 생활이 하나님과 동행하는 삶을 살게 하소서. 아멘.

낙심될 때는 위를 바라보라

4월 28일　　　■ 묵상과 산책 / 시40편

절망에 빠진 자는 하나님의 섭리하시는 영역을 결코 볼 수 없다.

역대기를 통독하면서 솔로몬의 통치와 성전 건축을 보았고, 르호보암과 아비야의 어리석음, 아사와 여호사밧의 부흥 운동, 그리고 그 외의 악하고 선한 통치자들을 계속해서 보았습니다. 그리고 마침내 아하스왕의 거룩하지 않은 행동을 통해 유다가 영적으로 후퇴하는 것을 보았습니다.

하나님의 백성들이 어리석음과 죄악에 압도되는 것은 쉬운 일입니다. 그러나 보다 더 쉬운 것은 우리 자신이 죄악에 의해서든지 아니면 어려운 환경과 암흑의 시절로 인해 비천한 지경에 빠지게 되는 것입니다. 그러나 시편 40편에서 다윗이 우리에게 일깨워 주듯이, 우리가 믿음과 소망을 가지고 여호와를 바라보고 그에게 도움을 요청할 때 우리는 다시 새 힘을 공급받을 수 있게 됩니다.

다음의 이야기를 생각해 보십시오. "모든 성인 남자의 95%가 때때로 절망감에 빠진다고 응답하였다. 나머지 5%는 너무 절망감에 빠져서 조사에도 응하지 않았다." 이런 기막힌 이야기가 여러분을 절망감에 빠뜨립니까, 아니면 용기를 북돋아 줍니까?

의욕상실, 절망감, 의기소침 등, 이 모든 것은 사람들의 보편적인 경험입니다. 시편 40편은 다윗왕의 생애 속에 나타난 그러한 사실을 기록합니다. 즉 그는 '기가 막힐 웅덩이' 속에 있다고 말합니다. 그러나 다윗은 수렁(2절)에서부터 찬송(3절)의 자리로 옮겨 가는 비결을 발견했습니다. 불평에 대한 유혹이 오고, 비난하고 싶고, 포기하고 싶으며, 화가 나는 상황 속에서 다윗은 이것들에 대해 자신에게 대답하는 것을 멈추고 하나님께 부르짖었던 것입니다.

오늘 이 시간 어떤 친구가 '기가 막힐 웅덩이' 속에 빠져 있다는 생각이 든다면, 그를 불러서 함께 다윗의 시편 40편을 묵상하고 서로의 의견을 나누십시오. 이렇게 한다면, 분명히 하나님의 놀라운 격려하심을 친구와 함께 받을 수 있게 될 것입니다.

하나님 어려움에 처한 ○○○를 구하여 주소서. 아멘.

히스기야의 위탁

4월 29일　■ 묵상과 산책 / 대하29-32장

당신을 놀라게 만드는 사건들은 당신을 하나님께 굴복시키는 기회이다.

역대기서 기자는 비록 앗수르의 침공과 이로 인한 이스라엘 멸망이 히스기야의 생애와 유다의 통치에 대해 심각하게 영향을 끼쳤음에도 불구하고 그것에 대해 한 마디도 언급하지 않습니다. 히스기야는 조상 다윗의 모든 행위와 같이 여호와 보시기에 정직히 행합니다. 그는 즉위 원년 첫 달에 여호와의 성전 문들을 다시 열고 수리하며, 오랫동안 행하지 않았던 성전에서의 제사와 유월절 의식을 회복합니다.

그리고 우상숭배와 이방인의 제사는 엄격히 금하며 우상들을 파괴합니다. 앗수르 왕 산헤립이 예루살렘에 쳐들어옴으로써 소망이 없는 상황이 되었을 때도 히스기야는 그의 무릎을 꿇어 엎드림으로써 위대하신 하나님께서 특별하게 베푸시는 기적을 보게 됩니다.

좋은 일을 하려다 오히려 그 일을 아니함만 못한 적이 있습니까? 경제적으로 궁핍한 친구를 돕기 위해 수표를 주었는데 그것이 부도수표가 될 수도 있습니다. 주일학교 분반 공부를 위해 특별히 준비했는데 주일학교 시간에 늦어 버린 적이 있을 수도 있습니다.

히스기야도 이러한 곤경과 동일한 처지에 있었습니다. 하나님 앞에 신실하게 서 있었던 왕은 그에 대한 '보상'으로 앗수르 군대가 성읍의 입구에 벌떼같이 도열해 있음을 발견하였습니다. 그러나 히스기야는 화를 내거나 고민하는 대신에 하나님 앞에 이 문제를 내어놓음으로써 해결함을 받았습니다. 그의 문제들은 하나님을 보다 더 크게 찬양하는 기회가 되었던 것입니다.

기대하지 않았던 축복은 참으로 기쁘고 놀라운 것입니다. 또 예기치 못했던 비극은 종종 비탄과 슬픔에 빠지게 합니다. 그러나 하나님은 기대하지 않았던 곤경조차도 기대하지 않았던 축복으로 바꾸어 주실 수 있는 분이십니다. 만일 여러분이 그에 대한 준비만 되어 있다면! 여러분은 준비되어 있습니까? 만약 히스기야가 가졌던 믿음을 갖기만 한다면 여러분도 그렇게 될 수 있습니다.

어떠한 문제이든지 하나님만을 의지하게 하소서. 아멘.

바벨론 포로

4월 30일   ■묵상과 산책 / 대하33-36장

하나님께서 왕으로 좌정하여 계신 그 마음이 바로 하늘나라의 수도이다.

유다 왕국 역사상 가장 오랜 기간 동안 왕위에 있었던 므낫세는 또한 가장 악한 왕이기도 했습니다. 그의 손자 요시야 때에는 신실한 개혁을 통해서 잘못된 것들을 바로잡고자 했지만 이미 늦었고, 유다의 운명은 점점 기울어져만 갑니다. 그 종말은 시드기야의 통치 기간 중에 오는데, 바벨론은 잔인하게 유대 나라를 학살하고 약탈하며 성전을 불 사르고 벽을 훼파합니다. 그리고 살아 남은 자들은 바벨론으로 끌려가 70년 동안을 비참하게 그곳에서 살게 됩니다.

그러나 역대기는 소망으로 마지막을 장식하고 있습니다. 포로 시기가 끝날 때쯤 바사가 바벨론을 대신하여 세계를 지배하게 되고, 바사의 왕 고레스는 "하늘의 신 여호와께서… 나를 명하여 유다 예루살렘에 전을 건축하라 하셨나니…" (36:23)라는 놀라운 말을 합니다.

아무리 산산이 부서진 포악한 삶이라 할지라도 마음의 변화만 있다면 하나님께서는 이를 다시 아름답게 회복시키십니다. 므낫세는 하나님을 모독하고 하나님의 백성을 타락시키는데 그의 삶을 허비하였습니다. 그래서 "그가 악을 행한 것이 여호와께서 이스라엘 자손 앞에서 멸하신 열방보다 더욱 심하였더라"(33:9)라고 기록되어 있습니다. 분명 므낫세는 개인적으로 돌이킬 수 없는 절망의 사람입니다.

결국 그의 나라에서 쫓겨나고 바벨론에 감금된 후 므낫세는 자신의 어리석음을 깨달았습니다. 그리고 그는 겸손하게 복종하는 마음으로 하나님께 돌아와 자비를 기원하며 왕위에 복귀하여 이전 시대의 잘못들을 고치면서 나머지 여생을 보냈습니다.

오늘날에도 하나님께서는 므낫세와 같은 사람을 찾고 계십니다. 과거는 상관없이 자신의 조각난 삶을 하나님께 드리고, "나는 당신이 필요합니다"라고 말하는 자를 찾고 있는 것입니다. 이 고백이 바로 여러분의 마음 속에 있는 소원이라고 할 수 있습니까? 그렇다면 그렇게 하십시오!

 하나님만을 겸손하게 의지하는 믿음을 주소서. 아멘.

5월

••••
자녀들아
너희 부모를 주 안에서 순종하라
이것이 옳으니라
- 엡 6:1 -

하나님 백성의 회복

5월 1일
■ 묵상과 산책 / 스1-3장

대장장이가 망치보다 앞서듯 예배는 일에 앞선다.

구약은 하나님께서 자기의 약속을 자기의 백성들에게 지켜 가시는 하나님의 역사입니다. 바벨론 포로 생활 중에 하나님은 바사 왕의 마음을 감동시켜 유대인을 해방하도록 하며, 200년 전에 예언된 사건인(사 44:28) 예루살렘에 그들 소유의 성전을 재건하도록 허락하게 하십니다. 약 5만 명의 유대인들이 고국에 돌아가기로 작정합니다. 그들의 지도자인 스룹바벨과 헌신적인 제사장들, 목수들, 석공들, 그리고 일반 백성들이 붕괴된 그들의 조국에 돌아가는 긴 여정을 시작합니다. 제단을 재건하고 성소를 복구한 후 그들은 성전을 재건하는 거대한 일을 시작하기 위해 준비합니다. 성전의 기초가 놓여지고 일꾼들 사이에선 기쁨과 낙관주의가 일어납니다. 그러나 옛날의 불순종으로 말미암아 파괴되어버린 그 찬란했던 성전과는 비교할 수도 없는 지금의 성전을 바라보며 슬픔의 눈물을 흘리는 자들도 있습니다.

다음의 내용을 마음에 그려 보십시오. 여러분은 바벨론으로부터 예루살렘까지의 900마일 여정에 오른 5만의 캐러밴 중의 한 사람입니다. 노상에서 한 달을 지낸 후에야 목적지에 도착합니다. 발이 부르트고 피곤했지만 일을 열정적으로 시작합니다. 처음에 무엇을 하겠습니까? 청사진을 그리겠습니까? 건축가들을 준비하시겠습니까? 필요한 재료들을 준비하시겠습니까? 아니면 집을 먼저 건축하시겠습니까?

이스라엘인들이 이러한 모든 일을 실제로 수행하는 동안 그들은 먼저 하나님을 생각했습니다(3:1-6절). 성전을 건축하는 일의 성공 여부는 하나님을 향한 자신들의 태도에 달려 있음을 그들은 알았습니다. 그래서 그들은 일을 시작하기에 앞서 예배를 드렸습니다.

오늘 해야 하는 일들의 목록을 작성해 보십시오. 그런 다음 목록에 달려 들기 전에 먼저 하나님께 말씀 드리십시오. 여러분은 귀향하는 이스라엘 사람들처럼 하나님께 찬양할 만한 충분한 이유를 갖고 있습니다.

우리에게 주어진 사명을 인하여 하나님께 찬양하게 하소서. 아멘.

하나님의 성전 복구

5월 2일 ■ 묵상과 산책 / 스4-6장

신자에게 있어서 이 세상은 안락의자가 아니라 경기장이다.

성전 건축의 노력은 방해공작에 직면하게 됩니다. 스룹바벨과 백성들이 하나님의 전을 건축하고자 했을 때 '유다의 대적들'이 찾아와 돕겠다고 하지만 스룹바벨은 그들의 요구를 단호히 거절합니다. 고소와 법적 행동이 뒤따르고, 15년이라는 오랜 시간 동안 사역이 중단됩니다. 그러나 결국 다리오왕의 칙서와 학개, 스가랴 선지자로부터 용기를 북돋아 주는 예언이 전해집니다. 다시 일이 진행되고 성전은 신속히 완성됩니다. 그리고 국가적으로 절기 행사가 치루어집니다.

싸울 만한 가치가 있다고 생각하는 다섯 개의 목록을 작성해 보십시오. 그 목록에는 믿음, 가정, 국가 등이 포함될 수 있을 것입니다. 이제 싸울 만한 가치가 없다고 생각하는 다섯 개를 목록으로 작성해 보십시오. 그 목록에는 쓰고 계신 치약의 상표, 잔디를 깎아야 할 주간 중의 한 날, 냉장고 속에 넣을 얼음 상자의 크기 등이 포함될 수 있을 것입니다. 이제 두 목록을 비교해 보십시오.

처음 목록이 중요한 것들인 반면에, 두번째 목록에 있는 것들은 비교적 사사로운 것들임을 발견했을 것입니다. 그 어느 누구도 자신이 좋아하는 TV 프로그램을 위하여 죽지는 않습니다. 그러나 자기 나라의 자유를 수호하기 위해서는 많은 사람들이 자신의 생명을 바치는 데 주저하지 않습니다. 스룹바벨은 이방인의 방해에 직면했을 때(4:1-2) 자신에게 "이것은 싸울 만한 가치가 있는가?"라고 물었습니다. 다른 이들은 사사롭게 여겼지만 스룹바벨은 그것이 15년씩이나 그의 계획을 연기시키기에 충분한 이유가 된다고 생각하였습니다!

신앙에 따라 사는 삶이 불행해지거나 고통스러워질 수 있습니다. 그것은 하나님의 사역이 하나님의 방법대로 이루어지기 위해 필요한 것입니다. 다시 두 목록을 본 후에, 가치가 있는 항목 하나를 뽑으십시오. 그리고 오늘, 말이나 편지 등을 통해 다시 한 번 여러분의 입장을 공표해 보십시오. 가치있는 확신은 전할 만한 가치가 있습니다.

내가 확신하는 이 복음의 진리를 많은 사람들에게 전하게 하소서. 아멘.

하나님의 제사직 개선

5월 3일   ■묵상과 산책 / 스7-8장

좋은 교사는 자신의 삶을 교재로 삼는 사람이다.

에스라서의 처음 절반(1-6장)은 정확하게 스룹바벨의 책이라 불리어질 수 있습니다. 왜냐하면, 그것은 경건한 지도자의 성전 재건에 관한 이야기라 할 수 있기 때문입니다. 7장과 함께 에스라의 이야기가 펼쳐집니다. 성전 완성 후 거의 60년이 지났습니다.

제사장 에스라는 국가를 이끌어 가고 성전의 일들을 주관하기 위하여 예루살렘으로 돌아올 1,753명 규모의 제2차 원정대를 이끌기 위한 준비를 합니다. 아닥사스는 에스라의 예루살렘을 향한 원정을 허락할 뿐만 아니라 성전을 위한 희생물과 예배를 위한 다른 필요한 것들까지도 제공합니다. 900마일의 여행 전에, 여행 도중에, 그리고 여행 후까지도 에스라는 하나님의 지시하심을 구합니다. 여기서 그의 영적 성숙과 특출한 지도력이 잘 증거되고 있습니다.

일생 동안 계속해서 적용할 수 있는 원리가 있습니다. 자기가 무엇을 해야 되는가를 알면 반드시 그것을 행동으로 옮겨야 한다는 원리입니다. 에스라는 당대에 있어 가장 훌륭한 성경학자이며 교사였음에 틀림없습니다. 그러나 그는 무엇보다도 지식의 교사였습니다. 그는 주의 율법을 위하여, 그리고 이스라엘 백성과 자신의 삶을 위한 진리의 적용을 위하여 불타는 마음을 가진 자였습니다. "에스라가 여호와의 율법을 연구하여 준행하며 율례와 규례를 이스라엘에게 가르치기로 결심하였더라"(7:10).

성경을 가르치는 사역에 종사하고 있습니까? 여러분의 가르침이, 매일매일 하나님의 진리를 실천하는 삶으로 인해 넘쳐 흐르게 하십시오! 여러분을 향한 에스라의 충고는 바로 이것입니다. 하나님의 진리가 먼저 여러분에게 말씀하실 때까지는 다른 사람에게 전하지 마십시오. 다음 주에 다른 사람에게 전해야 할 진리를 먼저 자신에게 가르치십시오. 다른 사람들을 확신있게 가르치려고 준비하기 전에 여러분의 삶 속에서 행동으로 전환되어야 할 것은 무엇입니까?

마땅히 내가 가르쳐야 할 진리를 내게 먼저 가르쳐 주소서. 아멘.

하나님께 대한 예배의 개선

5월 4일 ■ 묵상과 산책 / 스9-10장

신자와 불신자가 함께 멍에를 지는 것은 불가능하다. 그들은 각기 다른 북소리에 맞추어 행진하기 때문이다.

성전 재건과 함께 영적 지도자가 임명되어졌으므로, 온전한 마음으로 다시 하나님께 예배 드리기 위해 필요한 것은 이제 단 한 가지뿐입니다. 이방 여인과의 결혼 관계, 곧 진실하신 하나님으로부터 백성들을 갈라 놓는 이방 신의 영향을 제거시켜야만 합니다. 에스라는 금지된 이방 혈족과의 결혼 소식을 듣고 큰 슬픔에 빠집니다. 에스라는 하나님께 대한 불복종으로부터 오는 결과가 가족들이 헤어지는 슬픔보다 더 크다는 사실과 이에 대한 손쉬운 해결책이 없음을 압니다. 그것은 고통스러운 일이지만 필요한 시련입니다.

여러분이 다음의 상황에 처해 있다고 상상하십시오. 여러분 앞에 놓여진 작업은 간단한 일입니다. 몇 마리의 동물이 이끄는 쟁기로 땅 10에이커를 일구는 일입니다. 당신은 재빨리 작업에 필요한 동물을 파악합니다. 앞마당에 있는 노새 한 마리, 닭 세 마리, 돼지 두 마리, 사냥개 한 마리 중 개와 노새를 쟁기에 연결해서 첫번째 고랑을 파도록 출발시킵니다. 과연 이들로써 경작지를 일굴 수 있겠습니까? 할 수 없습니다. 왜냐하면, 동일한 노동 습관을 가진 동물들로 작업을 위한 팀을 이루어야 그 일을 해 낼 수가 있기 때문입니다.

이 이야기는 멍에를 지울 때는 동류의 동물이어야 한다는 원리를 나타내 줍니다. 그런데 그리스도를 섬기는 데 목적이 있는 이들과 자신을 섬기는 데 목적을 가진 불신자들 사이의 화합에서도 이 원리는 똑같이 적용됩니다. 신자와 불신자가 함께 멍에를 지는 것은 불가능합니다. 왜냐하면, 그들은 각기 다른 북소리에 맞추어 행진할 것이기 때문입니다!

아직 늦지 않았습니다. 불신자와의 관계에 대해 점검해 보십시오. 이스라엘의 슬픈 예로부터 교훈을 얻고 행동을 조심하십시오. 그리고 만일 '부당한 멍에'를 메려 하고 있다면 고린도후서 6:14-18을 읽어 보십시오. 그것은 무시할 수 없는 확실한 경고의 말씀입니다.

죄악의 모든 행위를 버리게 하소서. 아멘.

느헤미야의 계획

5월 5일　　■묵상과 산책 / 느1-2장

만일 당신의 문제들이 깊이 뿌리를 내리거나 오래 지속되고 있다면 무릎을 꿇으십시오.

에스라가 예루살렘으로 돌아온 지 거의 30년이 지났습니다. 수사에 위치한 겨울 궁전에서 바사 왕의 술잔 나르는 일을 하던 느헤미야는 실망스러운 소식을 듣게 됩니다. 예루살렘의 성벽들은 폐허가 되었고 백성들은 기진맥진한 상태가 되었던 것입니다. 이 소식은 그의 마음을 슬프게 하였으며, "이 사람 앞에서 은혜를 입게 하옵소서"(1:11)라고 이스라엘을 대신하여 탄원의 중보기도를 드리게 합니다.

하나님은 느헤미야의 기도에 응답하셔서 바사 왕의 마음을 감동시키십니다. 느헤미야는 예루살렘으로 돌아가도록 허락을 받음은 물론, 돌아가는 데 필요한 것까지 공급받게 됩니다. 여기서 느헤미야는 "하늘의 하나님이 우리로 형통케 하시리니"(2:20)라는 놀라운 약속을 따라 백성들을 독려하기 전에 그 상황에 대한 현장조사를 실시합니다.

데살로니가전서 5:17을 읽고 지금 곧 그것을 암기하십시오. 그 절은 오직 4가지 단어로 구성되어 있을 뿐입니다! 지금 자신에게 이렇게 질문해 보십시오. "나의 기도 생활은 지속적인가, 산발적인가?"

느헤미야는 응답을 받기 전에, 자신의 마음을 하나님께 한 달, 두 달, 석 달 동안 계속해서 쏟아 부었습니다. 여러분은 하나님의 응답이 오기도 전에 그만두지는 않았습니까? 그런데 예기치 못했던 때에 하나님께서는 느헤미야에게 그 기회가 도래했다고 알려 주었습니다. 기회가 주어졌을 때를 위해 준비해 본 적이 있었습니까? 느헤미야는 은총을 구하는 기도를 조용하고 짧게 드리고 나서 자신의 청원 내용을 왕에게 고하였으며 하나님의 응답을 받았습니다. 여러분은 기도할 때 같은 단어들로 중언부언하지는 않습니까?

기도생활 중에 얼마나 자주 '은혜로우신 하나님'(2 : 8)을 경험하십니까? 오늘 데살로니가전서 5:17을 반복하여 읽으면서 빛을 바라보십시오. 그리고 하나님께 마음에 두신 한 가지의 탄원을 계속 반복하십시오. 그런 다음 하나님으로부터 올 응답에 대비하십시오.

 쉬지 않고 기도할 능력과 힘을 주소서. 아멘.

성벽 재건에 대한 초기의 반대

5월 6일　　■ 묵상과 산책 / 느3-4장

이미 완성된 일을 앞으로 해야 할 일과 동일하게 취급해서는 안 된다.

한때 예루살렘의 자랑거리였던 성벽들이 산산이 부서진 채 흔적만 남아 있음을 보고서도 느헤미야는 낙담하지 않았습니다. 주를 신뢰함으로 무장한 느헤미야는 그 사역을 시작하기 위한 일단의 건축 팀을 조직합니다. 제사장, 금세공자, 측량자, 여자, 상인 등 모든 사람이 작은 일 하나까지 다 맡았습니다. 그 계획을 위협하는 반대가 여론과 물리적인 힘으로 곧 나타납니다. 이로 인해 사기가 침체되자 느헤미야는 그의 사역자들을 다시 한 번 불러 모아 놓고는 전투를 준비하면서 일을 해 나가라고 지시를 내립니다. 백성들은 그들의 입술로 하나님과 조국을 위한 전쟁 슬로건을 부르짖으며 그 사역에 전심전력합니다.

훌륭한 행정이란, 사람을 통하여 일을 완전무결하게 하는 것입니다. 성경에 나타난 인물들 가운데서 느헤미야의 행정 기술을 따를 만한 사람은 아무도 없습니다. 그가 아무리 천부적인 능력과 명석한 두뇌를 가졌다 해도 예루살렘 성벽을 건축하는 기념비적인 사역을 느헤미야 한 사람의 힘으로는 성취할 수가 없는 것입니다. 그러나 느헤미야는 지혜롭게 일의 책임을 많은 소그룹들에게 분담시켰습니다. 유용한 일꾼들을 모두 고용하여 일을 잘 할 수 있도록 동기를 부여했고, 각 사람으로 하여금 자기 집 앞의 성벽을 건축하도록 했습니다. 그리고 각 사람이 참여할 수 있도록 충분한 인식을 심어 주었습니다.

우리의 삶 속에 '느헤미야의 행정 원리들'을 도입할 수 있겠습니까? 교회사역들과 학과 계획들, 공동체 내에서의 봉사, 혹은 직장에서의 행정업무들 등 모든 분야에 대해 생각해 보십시오. 어디가 우리의 시간과 재능을 배가시키기 위해서 책임을 위임할 수 있는 부분입니까? 내가 직접 그 자리에 있지 않아도 될 영역의 일을 위임하기 위한 전략을 오늘 세우십시오. 주님의 사역 감당에 효과적이 될 것입니다. 다른 사람들도 역시 일을 찾고 있다는 사실을 기억하십시오!

 하나님 일들을 바르게 처리할 수 있도록 지혜를 주소서. 아멘.

여기 신랑이 오시다

5월 7일 ■ 묵상과 산책 / 시45편

그리스도의 사랑은 가장자리도 없고 밑바닥도 없다(한이 없다).

바벨론에 포로된 지 70년 만에 5만여 명의 유대인들은 기쁨에 넘쳐 스룹바벨을 따라 그들의 성전과 장래를 재건하기 위해 자신들의 땅으로 돌아왔습니다. 60년 후에는 에스라가 이스라엘을 이끌어 나갈 좀더 작은 무리들과 함께 돌아왔습니다. 그가 이스라엘이 범한 죄를 들추어 내자 백성들은 회개하였습니다. 그리고 무대는 13년 후로 넘어가고, 폐허가 된 도시의 성벽을 재건하기 위해 준비하는 느헤미야가 등장합니다. 엄청난 방해에도 불구하고 성벽 재건은 시작됩니다.

이스라엘 백성들의 성벽 재건이라는 힘든 사역과 조국을 위한 귀환에 대해 읽는 것은 흥미진진한 일입니다. 그러나 그 일은 오직 자신의 백성을 끊임없이 사랑하시는 하나님 때문에 일어날 수 있었습니다. 시편 45편에서 고라 자손이 묘사한 것처럼 그분은 신랑이십니다. 오늘 이 기쁨의 구절들로 그분을 찬양하십시오.

신문을 펼쳐 사회 면을 보십시오. 그리고 결혼에 관한 기사와 사진, 그리고 광고에 주목하십시오. '하늘의 저널리스트'와도 같은 시인에 의해 씌어진 시편 45편은 결혼식 날의 신랑 · 신부의 찬란함과 영광스러운 장면들을 묘사합니다. 이것은 한낱 지상적인 결혼식에 대한 묘사가 아니었습니다. 이 시편의 6, 7절이 히브리서 1:8-9에서 어떻게 인용되었으며 어떻게 예수 그리스도께 연결되고 있습니까?

고대 근동의 결혼식은 여자보다 남자를 더 중요시 했었습니다. 손님들은 그의 장식과 수행원들을 보기 위해 모여 들었습니다! 결혼식의 행렬은 신부가 아니라 신랑을 위한 것이었습니다. "하나님이여 주의 보좌가 영영하며 주의 나라의 홀은 공평한 홀이니이다"(6절). "왕은 인생보다 아름다워 은혜를 입술에 머금으니"(2절). 영화와 위엄을 드러내시려고 칼을 차시고 진리와 온유와 공의로 치장하신 왕은 실로 장엄함을 연상케 합니다. 17절을 자세히 보면 왕중의 왕에 대해 다음 '세대'에게 소개할 수 있는 한 가지 길을 발견하게 될 것입니다.

 주님을 맞이하는 신부로서 이 세상에서 아름답게 단장하게 하소서. 아멘.

성벽 재건에 대한 점증하는 반대

5월 8일　　■ 묵상과 산책 / 느5-7장

모든 일이 잘 되어 나갈 때는 조심해야 한다! 당신이 어쩌면 옳지 않은 길에 서 있을지도 모르기 때문이다.

재건의 기간 동안 백성들의 삶을 곤란하게 만든 여건들 중의 하나는 극심한 재정적 압박입니다. 그 결과로 성벽 재건을 완성하지 못하게 하는 또 다른 장애물을 만나게 됩니다. 다른 유대인 형제들을 노예로 만들지 못하도록 법으로 금지했음에도 불구하고 탐욕스런 고리대금업자와 노예 상인들의 부당한 횡포는 계속되는데, 이는 느헤미야로 하여금 신속하고 효율적인 행동을 취하도록 고무시킵니다.

다시 새로운 위협에 직면하게 됩니다. 즉 반역자들이 그의 생명을 빼앗으려는 음모를 꾸밉니다. 그러나 느헤미야는 한편으로 대적들의 계략에 대해 경계태세를 취하면서도 하나님을 철저히 신뢰하는 가운데 52일만에 성벽 완성을 이루기 위해 일을 계속 합니다.

오늘 도전받는 분위기 속에 있습니까? 그렇다면 우리 주께서 하신 다음 말씀들에 비추어서 그 크기를 정해 보십시오. "너희 착한 행실을 보고 하늘에 계신 너희 아버지께 영광을 돌리게 하라"(마 5:16). 이것을 불경건한 세상에서 경건한 삶을 살라는 그리스도의 도전이라 부를 수 있습니다. 이것은 엄청난 주문입니다.

그러나 느헤미야의 삶은 그 주문이 가능하다는 사실에 대한 설득력있는 증거가 됩니다. 느헤미야는 수천명의 숙련되지 못한 벽돌공들을 관리하고 조직화해야 하는 일에 직면했으며, 또한 안팎으로 반대 세력들과 대치되어 있음에도 불구하고, 그의 일을 수행했습니다. 느헤미야 자신의 말을 들어 봅시다. "우리 모든 대적과 사면 이방 사람들이 이를 듣고 다 두려워하여 스스로 낙담하였으니 이는 이 역사를 우리 하나님이 이루신 것을 앎이니라"(6:16).

행동은 말보다 더 큰 웅변의 힘이 있습니다. 배우자나 가까운 믿음의 친구에게 다음과 같이 한번 물어보십시오. "나의 행동들이 '하나님이 나의 아버지시다' 라는 나의 주장을 부인하는가, 아니면 뒷받침하는가?" 그때 그들이 말하는 것을 주의깊게 들어 보십시오.

 진리에 대해서 도전하는 자들에게 담대하게 전하게 하소서. 아멘.

재건된 도시의 부흥

5월 9일
■ 묵상과 산책 / 느8-10장

당연한 일로 생각하는 것이 하나님의 계획으로 말미암아 이루어졌다는 사실을 얼마나 깨닫는 가에 따라 더 큰 감사가 나오게 된다.

다시 한 번 제사장 에스라가 백성들 앞에 하나님의 율법을 낭독하기 위해 연단에 올라 섬으로써 관심을 집중시킵니다. 일단(一團)의 사람들이, 온 백성을 위해 성경을 번역하고 해석하는 에스라의 일을 도와 주었으며, 그 결과로 온 국민이 죄를 자각하고 눈물을 흘리며 회개하게 됩니다. 에스라와 느헤미야는 이러한 승리의 때에 슬퍼하지 말고 기뻐하라고 백성에게 권고합니다.

그들은 성경의 가장 주목할 만한 기도문들 가운데 하나로 꼽히는 기도로써 초막절의 축제 행사를 칠칠절으로 이끌어 갑니다. 하나님께 순종하겠다는 언약을 선포(10:29)하고, 이방인과의 결혼을 폐지(10:30)하며, 안식일을 준수(10:3)하고 성전에서 하나님께 예배를 드리겠다는 내용의 기도문입니다. 드디어 개혁은 이루어졌습니다!

시편 146편을 펼치고 첫 줄을 크게 소리 내어 읽어 보십시오. 마찬가지로 시편 147, 148, 149, 150편도 그렇게 읽어 보십시오. 그런 다음, 시편 기자는 무엇을 해야 한다고 말하고 있는지 열 개의 단어 또는 그 이하로 답해 보십시오.

느헤미야 9장에서 이스라엘 백성들은 하나님께서 모든 것에 대하여 찬양을 받으셔야 한다는 것에 대한 좋은 예를 제공합니다. '그분께선 무로부터 모든 피조물을 이끌어 내셨고, 애굽으로부터 백성을 이끌어 내셨으며, 이적들로 바로를 정복하셨습니다. 또한 구름 기둥으로 백성을 인도하셨습니다. 이스라엘 백성들은 그분께서 행하셨던 놀라운 섭리들을 기억함으로써 하나님을 찬양하였던 것입니다.

그들의 예로부터 교훈을 받으십시오. 개인의 역사 가운데 나타났던 그분의 놀라운 일들을 다시 기억하면서 하나님을 찬양하십시오. 다음의 문장을 열 가지의 다른 방법들로 완성할 수 있습니까?

"오 하나님, 당신은 위대하십니다. 왜냐하면, 나의 삶 속에서 주님은 _____을 하셨기 때문입니다."

모든 것을 행하시는 하나님의 영광을 바라보게 하소서. 아멘.

재건된 도시를 정화함

5월 10일   ■ 묵상과 산책 / 느11-13장

참된 사랑은 기꺼이 관련을 맺는 것이다.

이제 느헤미야는 백성을 정화하고, 국가의 기강을 세우고 하나님의 율법에 대한 해이함을 처리하기 위해 첫 발을 내딛습니다. 예루살렘의 성벽들과 성전이 모두 완성되었으나 백성들은 이동하려 하지 않습니다. 그러나 그들은 거주민이 거의 없는 거대한 성읍, 살고 싶지 않은 그곳으로 들어가기 위해 결국에는 제비뽑기를 합니다. 그리하여 백성 중 10분의 1 정도만 그 도시의 성벽 안으로 이동하게 됩니다.

동시에 성벽 낙헌식이 이루어지고, 성전에서 일할 자들이 다시 임명됩니다. 바벨론에서 긴 휴가를 받은 느헤미야는, 성전 창고에서 살면서 결혼과 안식일에 관한 하나님의 율법을 무시하던 못된 도비야를 찾기 위해 돌아옵니다. 그리고 다시 한 번 질서를 회복합니다.

바벨론으로부터 '휴가'를 받아 돌아온 느헤미야는 예루살렘의 상황이 무시무시해진 것을 보고 다음 중의 한 가지를 택하였습니다. 그는 첫째, 모든 문제를 하나님께 위탁하고 그 백성을 위해 기도할 수 있었고, 둘째, 넌더리가 나서 포기하고는 바벨론으로 돌아갈 수 있었으며, 셋째, 먼저 기도하고, 마지막으로 백성들로 하여금 자신들의 죄와 싸우게 할 수도 있었습니다. 그는 무엇을 선택했습니까? 여러분은 무엇을 선택했겠습니까? 느헤미야는 "내가 책망하고 저주하며 두어 사람을 때리고 그 머리털을 뽑고 이르되 너희는 너희 딸들로 저희 아들들에게 주지 말고 너희 아들들이나 너희를 위하여 저희 딸을 데려오지 않겠다고 하나님을 가리켜 맹세하라"(13:25)고 하였습니다. 바꾸어 말하면, 그는 그들의 옷섶을 부여잡고 그들의 머리 속에서 영적인 감각이 되살아나게 하기 위해 애썼던 것입니다.

주위에 있는 사람 가운데서 그가 여자든 남자든 자신의 삶을 파멸시킬 만한 큰 죄에 빠져 있는 사람이 있습니까? 진실로 여러분의 삶은 하나님 앞에 펼쳐쳐 있는 책이라는 사실을 기억하면서 사랑 안에서 친밀하게 대하십시오. 참된 사랑은 기꺼이 관련을 맺는 것입니다.

참된 사랑으로 모든 사람들에게 하나님의 영광을 드러내게 하소서. 아멘.

바사의 왕비가 된 에스더

5월 11일 ■묵상과 산책 / 에1-2장

당신이 끝까지 버려서는 안 될 사람들은 바로 당신을 도와주었던 사람들이다.

바사의 왕 아하수에로는 그의 궁전에서 화려한 향연을 베풉니다. 연회가 일주일이 지난 후 왕은 왕비 와스디를 연회에 초청하지만 그때 그녀는 왕의 요청을 거절합니다. 분노와 노여움 속에서 왕은 그녀를 그의 왕궁으로부터 내쫓고 새 왕비를 찾기 시작합니다.

느브갓네살에 의하여 포로로 끌려 온 에스더는 아름다운 유대인 고아인데(2:7) 그녀의 삼촌 모르드개에 의하여 추천되어 경쟁을 물리치고 왕의 마음을 얻습니다. 모르드개로부터 아하수에로 왕을 반대하는 음모가 있다는 소식을 안 에스더는 왕의 생명을 구하기 위하여 정보를 제공합니다. 그 모르드개의 영웅적인 행동은 공식 문서들 속에 확실하게 기록되어집니다. … 그리고는 점차로 잊혀져 갑니다!

모르드개는 복수심으로 가득찰 만한 이유를 가지고 있었던 사람이었습니다. 주전 597년, 느브갓네살의 군대에 의해 처음으로 유배될 때 모르드개의 가족은 그들의 고향으로부터 수백 마일 떨어진 곳으로 옮겨야 했습니다. 모르드개가 경험할 수 있었던 유일한 삶은 유배의 생활뿐이었습니다.

모르드개는 항상 복수심으로 불타던 마음을 다른 행동으로 옮겼습니다. 왕이 모르고 있는 가운데 암살 계획이 진행되고 있었습니다. 주께서 드디어 복수하신다고 생각하고 모르드개가 그것에 대해 침묵을 지키는 것은 어렵지 않은 일이었습니다. 그러나 모르드개는 왕의 생명을 구하기 위해 자신의 생명의 위험을 무릅쓰고 고합니다.

당신은 비슷한 상황에 처해 있었다면 어떻게 했겠습니까? 다음의 성경 구절들을 읽으면서, 그들이 악하든지 선하든지간에 위에 있는 권세자들에 대한 반응이 어떠해야 하는가를 생각해 보십시오. 롬 13:1-7; 딤전 2:1-2; 벧전 2:17. 이제 다음의 문장을 완성해 보십시오. "하나님의 도움으로 앙갚음하는 대신에, 나는 내가 복수해야 될 어떤 사람에게든지 _____ 로써 반응하겠다."

 우리의 모든 억울함을 친히 신원하는 주여, 주께 모든 것을 맡깁니다. 아멘.

유대인을 파멸시키기 위한 하만의 음모

5월 12일 ■묵상과 산책 / 에3-4장

사람은 누구나 자신의 마음에 힘을 더해 주고, 가슴에 기쁨을 가득 채워줄 수 있는 것들을 원한다.

모르드개의 영웅적인 행동 이후에 악랄한 하만이 곧 드라마에 등장하게 되는데 그는 아하수에로 왕에 의하여 승진하게 됩니다. 자신에게 절하라는 명령을 모르드개가 거절하자 하만은 모르드개를 따르는 바사의 모든 유대인을 멸종시키기 위한 음모를 계획합니다. 미신에 따라 주사위는 던져지고 그가 제안한 대학살의 날이 결정되어집니다. 그리고 그 열 한 번째 달을 향한 카운트 다운은 시작됩니다.

심상치 않은 하만의 위험한 음모에 대해 모르드개가 에스더에게 알리자 그녀는 고통스러운 선택을 해야 하는 입장에 처하게 됩니다. 자신의 생명을 걸고 왕께 나아가든지 아니면 침묵하고 있든지 둘 중의 하나를 선택해야 합니다.

나 외에는 그 누구도 알지 못하는 마음 속의 비밀에 대한 목록을 만들어 보십시오. 만약 그것들이 공공연하게 세상에 드러날 경우 피해를 입게 될 가능성이 있는 모든 것에서부터 배경이나 개인적인 삶에 관한 내용들까지 자세하게 기록해 보십시오.

자, 이제 생각하십시오. 에스더의 '비밀 족보'는 하룻밤 사이에 자산에서 부채로 바뀌고 말았습니다. 그녀에게 놀라운 아름다움을 제공하였던 바로 그 유대인의 뿌리는 이제 위험 속에 빠지게 하는 원인이 되었습니다. 에스더는 자신의 백성과 '뿌리'를 등지고 궁전의 보호를 즐기며 자신의 형편을 계속 유지할 수도 있었지만, 그보다는 자신의 하나님의 백성들과 같은 위험에 처하게 했습니다. 그리고 자신을 하나님의 영광을 위하여 유용하게 쓰이는 도구로 만들었습니다.

개인이나 혹은 가족의 어떤 사정을 근거로 하나님을 영화롭게 할 수 있는 상황에서 자신을 제외시키려고 시도하지는 않습니까? 하나님께서는 우리를 "바로 이 때를 위하여"(4:14) 세우셨는지도 모릅니다! 그러나 하나님께서 사용하시기 전에, 먼저 여러분의 유용한 것들과, 부담스러운 것들을 포함한 모든 것을 그분께서 소유하셔야만 합니다.

 나의 가진 모든 것이 하나님의 영광을 위하여 사용되게 하소서. 아멘.

유대인들을 구하기 위한 에스더의 계획

5월 13일   ■묵상과 산책 / 에5-7장

하나님의 목적은 언제나 하나님의 섭리 가운데 이루어진다.

믿음으로 무장한 에스더는 자신의 요구 사항을 알리기 위해 담대하게 왕의 궁전으로 들어갑니다. 지혜로운 에스더는 왕과 하만이 만족할 만한 특별한 연회를 배풀고 그들을 초청합니다. 그리고 그러한 만족감은 두번째 초청을 위한 근거로 사용됩니다. 그러나 두번째 연회가 열리기 전에 세 가지 일들이 빠른 속도로 진행됩니다.

하만이 모르드개의 목을 매달기 위해 거대한 교수대를 만들고, 아하수에로가 자신의 생명을 구하기 위해 용기있게 행동한 모르드개의 공로가 심각하게 간과된 것을 발견하며, 하만은 모르드개에게 모욕을 주고자 하는 열망을 참기 위해 애씁니다. 두번째 연회에서 에스더는 자기 백성을 공략하려는 음모가 있음을 밝히고, 하만은 자신이 만든 교수대에 목을 매달고 맙니다.

호주머니나 지갑에서 동전 하나를 꺼내어 공중에 던져 보십시오. 그리고 나서 동전의 앞이나 뒷면이 연속적으로 몇 번이나 나오는지 살펴 보십시오. 한 면이 연속적으로 다섯 번 나왔다면 통계상의 1/32에 해당하는 사람이 된 셈입니다.

에스더서의 처음 일곱 장 속에서 우리는 적어도 열 두 가지의 하나님의 주권적 역사의 손자국을 발견할 수 있습니다. 즉 에스더의 대관식, 잊혀진 모르드개의 무용담, 하만의 계략, 에스더가 부르지도 않은 왕에게 나아감, 에스더의 2차에 걸친 연회, 그리고 왕의 불면증 등입니다. 이 외의 6가지를 더 나열할 수 있습니까?

우연히 연속적으로 열 두 가지 사건이 함께 일어날 수 있는 '가능성'은 4억 7천 9백만분의 1이지만, 하나님의 주권적인 계획 안에서 이러한 상황이 발생할 수 있는 가능성은 언제나 100%입니다. 인생의 목적과 기한은 하나님의 사랑스러운 섭리에 달려 있습니다. 여러분의 삶 속에 나타난 그의 섭리를 찬양하는 기도를 드리기 위해 얼마간의 시간을 가져 보십시오.

모든 것을 나를 위하여 역사하시는 주님께 맡기게 하소서. 아멘.

막강한 요새

5월 14일　　■묵상과 산책 / 시46편

우리가 사람을 두려워하는 것은 하나님을 두려워할 줄 모르기 때문이다.

느헤미야와 그의 동료들이 예루살렘 주변의 성벽들을 완전히 재건하자 내외적으로 계속되던 반대는 중단되었습니다. 백성들은 느헤미야와 에스라의 통솔에 따라 하나님의 율법을 듣기 위해 모이고, 회개하며 자신들의 삶을 다시 한번 헌신하였습니다.

그런 다음, 장면은 바사로 옮겨져 에스더라는 유대인 왕비가 자기의 백성을 파멸시키려는 하만의 계략을 물리치는 이야기가 계속됩니다. 만약 그녀에게 믿음이 없었더라면 에스더는 공포 속에서 굴복하고 말았을 것입니다. 그러나 에스더는 시편 기자의 고백과 같이 우리의 피난처와 힘이 되시는 하나님을 신뢰하였습니다. 이제 시편 46편을 묵상하며 전능하신 하나님께 대한 인식을 새롭게 함으로써 능력을 재충전 받으십시오. 모든 미래의 날들은 욕망의 핸들과 믿음의 핸들을 가지고 있습니다. 사는 날 동안 어느 '손잡이'를 잡으시렵니까? 많은 청중 앞에 설 때 두려움은 일반적으로 '잘 알지 못하는 사람에 대한 공포증'의 하나입니다. 하루 동안에 발생하는 국가적인 문제들과 국제적 관심사에 속하는 문제들은 효과적인 해결책보다 그 수를 크게 앞지르고 있습니다. 점차로 불안정해져 가는 세상에서 안전을 위해 어디로 돌아서렵니까?

고라의 자손들은 시편 46편에서 이 지구상에서 일어날 수 있는 최악의 재앙들을 묘사하고 있습니다. 지진, 산 사태, 땅과 바다의 흉용함(2,3절). 그리고 모든 것이 부서지고 풀어지는 것처럼 보일 때도 흔들리지 않고 남아 있는 피난처 야곱의 하나님을 발견합니다.

잡다한 생각들을 제거하고 모든 두려움을 주님께 맡기고 안연히 거하십시오. 시편 46:10의 말씀을 카드에 적어 지니고 다니십시오. 환각제와도 같은 두려움이 마음의 평화를 갉아 먹기 시작할 때, 고라 자손으로부터 온 독촉장을 빼어 들고 기억을 새롭게 하십시오. 여러분의 피난처는 "어제나 오늘이나 영원토록 동일하십니다"(히 13:8).

 하나님이여 우리의 피난처가 되셔서 우리를 보호하소서. 아멘.

하나님의 구원을 기념하는 유대인들

5월 15일 ■ 묵상과 산책 / 에8-10장

당신은 주시함으로써 많은 정의를 지킬 수 있다.

하만은 죽었으나 유대인들을 멸절시키라는 그의 살인적인 법령은 살아 있습니다. 결코 바꿀 수 없는 '메데와 바사의 법'으로 말미암아, 그 법의 효력은 후속적으로 제정되는 법령에 의해 사라질 수 없었습니다.

아하수에로왕은 하만이 지정한 유대인들을 멸절시키는 날에, 유대인들이 제국 전체에서 자신들의 방어를 할 수 있게 하는 새로운 칙령을 선포합니다. 이때부터 부림절은 이러한 유대인들의 역사적 구원을 기념하기 위하여 시작됩니다.

여기 답을 요구하는 성경의 한 사소한 질문이 있습니다. 다음에 나오는 단어들에 대한 상식을 가지고 있습니까? 디스리, 그술, 니산, 시반, 그리고 아빕, 또 여기에 아달을 더할 수 있습니다.

이에 대한 대답은 모두 유대인의 달력에 있는 달(月)의 이름들입니다. 경건한 유대인들에게는 그 달력이 시간을 표시하는 매우 중요한 도구입니다. 그것은 국민의 삶 속에서 연례적으로 하나님의 섭리를 회상하기에 편리하도록 만들어졌습니다. 니산월은 이스라엘이 애굽의 속박으로부터 구원받은 때인 유월절을 표시했습니다. 시반월은 하나님께서 주신 지금까지의 여러 가지 풍성한 수확을 축하하는 오순절을 포함합니다. 디스리월은 초막절을 통하여 백성들이 그들의 광야생활을 기억하도록 해 주었습니다. 모든 휴일은 거룩한 날이 되었습니다. 하나님을 경외하기 위한 옛 언약의 갱신과 회개와 회상의 날이 된 것입니다.

왜 지난 해를 이끄신 하나님의 특별하신 섭리를 자신과 가족들이 회상할 수 있게 하는 여러분만의 '부림절'을 제정하지 않습니까? 오늘 밤에 시작하십시오!

우리를 구원하신 나날들을 기억하고 지킬 수 있게 하소서. 아멘.

욥의 고난과 슬픔

5월 16일 ■ 묵상과 산책 / 욥1-3장

당신에게 하나님 외에는 아무것도 남아 있지 않게 되었을 때에야 비로소 하나님이 당신의 모든 것 되심을 깨닫게 된다.

욥은 부자이며 하나님을 경외하는 사람으로서 족장 시대 동안 우스 땅에서 살고 있던 대농장주였습니다. 그는 하나님과 사단 사이에 있어서 대화의 초점이 됩니다. 신적인 헌신과 경배의 모델로서 추천된 신실성은 재정적 번영의 산물이라고 사단에 의해 공격받습니다. 사단은 '욥의 헌신은 저주 속에서 용해될 것이다'라고 고소합니다.

하룻밤 사이에 욥은 그의 건강과 부와 가족, 그리고 명성을 잃습니다. 그러나 그 모든 것을 통하여 욥은 하나님이 자신의 뜻대로 은혜를 주시기도 하고 기도하고 그것들을 가져가시기도 하는 공정하신 하나님이심을 확고하게 깨닫게 됩니다.

하나님을 향한 헌신은 얼마나 깊습니까? 하나님을 경배하는 것은 사회적으로 인정받을 만한 일이기 때문입니까? 아니면 가족들이 그를 섬기기 때문입니까? 장수와 건강을 원하기 때문입니까?

하나님께서 갑자기 욥과 같은 상황 속으로 집어 넣으신다면 어떤 일이 일어나겠습니까? 낭만이 파괴되고, 건강이 깨지고, 사랑하는 사람이 죽고, 재정적으로 고갈되고, 욥처럼 넋을 잃게 되고, 극심한 질병에 걸리게 된다면 말입니다. 그를 파멸시키기 위함이 아니라 그를 징계하기 위하여 주어진 재앙의 용광로 속에서 욥의 신앙은 혹독하게 단련되어졌습니다. 그리고 욥은 언제나 공평하셔서 은혜를 주기도 하시고 보류하기도 하시는 그 분을 완전히 신뢰하였습니다. "주신 자도 여호와시요 취하신 자도 여호와시오니 여호와의 이름이 찬송을 받으실지니이다" (1:21).

최근에 하나님께서 여러분의 삶으로부터 은혜를 제거하신 일이 있습니까? 돌이켜서 그분께서 그것을 처음 주셨던 때를 생각해 보십시오. 그때 여러분의 반응은 어떻게 나타났었습니까? 지금은 어떤 식으로 반응할 것인지 그 원칙을 세우십시오! 하나님의 능력 안에서 욥이 확실하게 했던 것처럼 그렇게 할 수 있습니다.

고난과 슬픔 속에서도 하나님의 은혜를 기억하게 하소서. 아멘.

엘리바스를 향한 욥의 대답

5월 17일　　■묵상과 산책 / 욥 4-7장

동정이란 당신의 마음 속에 다른 이의 고통을 담는 것이다.

이제 무대 위에 욥의 세 친구가 상담자로 등장하여 그 다음 28장을 꾸며 갑니다. 각 친구들은 욥이 당하는 고난에 대해 각기 다른 관점으로 관심을 표합니다. 가장 연장자이며 주로 고발성 발언의 상담자인 엘리바스는 그의 통찰력의 대부분을 개인적 경험 위에 기초하고 있습니다.

그의 다른 두 동료들보다 더 연장자요 더 외교술에 능한 엘리바스는 욥을 부드러운 말로 비난합니다. "인간이 어찌 하나님보다 의롭겠느냐 사람이 어찌 그 창조하신 이보다 성결하겠느냐(4 : 17). 그러므로 욥을 포함하여 인간의 문제들은 그 자신에 의하여 야기된다." 욥은 엘리바스의 진단에 찬동하지 않습니다. 욥은 자신과 자신의 하나님 사이에 서 있는 어떤 존재처럼 주장하는 엘리바스에게 도전합니다.

말할 때와 침묵할 때를 아는 친구는 드물고 귀합니다. 부적절한 순간에 사람을 비판하기 위해 잘 계획된 말은 훨씬 더 악할 수 있습니다. 열 살이 될 때까지 오랜 병에 시달리고 있는 딸을 둔 어느 아버지를 이해하며, 동정을 베풀려는 사람들에게 다음과 같은 지혜로운 말을 해 줄 수가 있습니다.

"당신이 말하는 것을 위하여 기도하십시오. 현인의 상담보다는 우리를 위해 방문했다는 사실 자체가 더 의미있는 것입니다. 이러한 시련의 목적에 대하여 '신학화' 하려고 시도하는 것은 가치없는 일임을 우리는 압니다. 과거나 현재에 대한 심사숙고보다는 차라리 지금의 순간을 위한 격려가 필요합니다."

오늘날 욥과 같은 그러한 경험을 겪고 있는 다른 이를 알고 있습니까? 실제로 그러하지 못하면서도 "이해합니다"라고 그들에게 재잘거리듯 말하지 마십시오. 그 대신 실제로 그러하더라도 "제가 여기 있습니다… 당신을 사랑합니다"라고 그들에게 말하십시오.

 하나님이여, 형제의 고통에 외면하지 않고 함께 아픔을 나누게 하소서. 아멘.

빌닷을 향한 욥의 대답

5월 18일   ■묵상과 산책 / 욥8-10장

시련으로 인해 우리가 하나님께 감사할 수 만 있다면 시련은 축복인 것이다.

빌닷은 욥의 세 친구들 가운데 두번째로 말한 사람입니다. 그는 그의 논쟁 속에서 경험보다는 전통에 더욱 치중합니다. 하나님이 공평하시다는 그의 주장을 입증하기 위하여 '과거의 지혜'로 돌아갑니다. 욥과 같이 그러한 무신론을 추구하는 자들은 오직 하나님의 징벌하는 계열 안에 있을 수밖에 없다고 결론을 맺습니다. 욥은 자신이 무죄라고 대응합니다(10:7). 그럼에도 불구하고 그는 '왜 하나님께서 그에게만 고난을 주셨는가'를 설명할 수 없습니다.

생활 속에는 상식을 초월하는 불평등이 있습니다. 도난당한 자동차의 헤드라이트가 고장났다고 딱지를 받습니다. 신입사원이 당신을 추월하여 승진하고, 저금 한 푼 하지 않은 사람이 차를 두대씩이나 갖고 있는데 당신은 월급을 가지고 먹고 살기에도 급급합니다.

그러나 여러분은 처음의 열 장 안에서 욥이 직면했던 것에 필적할 만한 다음과 같은 불공평이 여러분의 삶 속에서 나타났다면 어떻게 하겠습니까? 사단에 의한 명예훼손, 가족과 재산과 건강을 잃음, 그의 유죄를 전제하는 친구들의 잘못된 비난, 그리고 이 모든 것보다도 더욱 참을 수 없는, 그의 무죄를 입증해 줄 수 있고 즉시 기억해 줄 수 있는 그분의 완전한 침묵.

욥의 절망스런 절규에 대한 빌닷의 반응은, 욥이 틀림없이 어떤 지독한 비밀스런 죄를 감추고 있다는 것입니다. "욥, 당신의 죄를 고백하십시오. 그러면 하나님께서 고난을 제거하실 것입니다." 그러나 어떻게 처음부터 있지도 않은 죄를 고백할 수 있겠습니까?

우리는 야고보서 1:1-12에서 더 좋은 대답을 얻을 수 있습니다. 하나님께서는 우리의 삶 속에 더 뛰어난 인내를 부여하셨습니다. 하나님께서는 그것을 혹독한 시련을 통과하는 방법으로 제공하셨습니다. 인내는 성령의 아홉가지 열매 중 하나입니다. 기억하십시오. 용광로 믿음은 정제되고 능력있고 심오해진 믿음입니다.

 현실의 삶 속에서 시련을 감내하는 정금같은 믿음을 소유하게 하소서! 아멘.

소발을 향한 욥의 대답

5월 19일 ■ 묵상과 산책 / 욥11-14장

환경은 방석과 같아서 우리가 그 위에 있으면 편안히 휴식을 취할 수 있지만 밑에 깔려 있으면 숨이 차서 질식하게 된다.

처음 두 사람의 관대함과 억제를 옆으로 다 제쳐 두고 소발은 자기 나름대로 문제의 핵심을 파고 듭니다. "네 자랑하는 말이 어떻게 사람으로 잠잠하게 하겠으며… 하나님은 말씀을 내시며, 너를 향하여 입을 여시고… 하나님의 벌하심이 네 죄보다 경하니라"(11:3,5,6). 소발은 어리석은 자신의 논리를 따르기 위하여 무한한 하나님의 지혜를 포기하는 욥을 교만하다고 파악하고 하나님이 징계를 내리시리라고 하면서 고소합니다. 그러나 욥은 자신의 정직함을 방어하며, 나는 결코 하나님을 떠난 적이 없고, 너희들은 나를 도울 수 없으며 하나님 만이 나를 도우실 수 있다면서 대응합니다.

낙담은 우리가 다음과 같을 때 느끼는 감정적 반응입니다. 내 자신이 일주일 내내 식이요법을 신실하게 했음에도 몸무게가 1킬로그램 더 늘었을때, 양심적인 운전을 했으나 너무 천천히 간다고 딱지를 끊겼을 경우, 전등 아래서 경품의 수치를 맞추려고 노력한 끝에 막 성공했다고 생각하는 바로 그 순간에 누군가가 전원을 뽑아 버렸을 때.

욥기 14장 만큼 어둡고 실망적인 그림은 성경의 다른 어떤 부분에서도 거의 찾아 볼 수 없습니다. 욥은 하나님께서 그의 곁에 계심과, 그의 고통과 그에게 고통을 주는 자 모두를 관할하고 계심과, 정의가 궁극적으로 승리할 것임을 알고 있던 사람이었음에도 불구하고 그는 아주 비관적으로 변했습니다. 그에게 닥친 엄청난 슬픔에 너무나 집중한 나머지 그는 그의 하나님의 위대하심을 바라볼 수 있는 눈을 잃어버리고 말았습니다.

여러분은 오늘 여러분이 도저히 변화시킬 수 없는 환경에 억눌려서 절망의 바다를 고생스럽게 항해하고 있지는 않습니까? 열쇠는 문제 자체가 아니라 그 문제의 해결자에 초점을 맞추는 것입니다. 여러분이 도움을 받을 수 있는 욥기 12:16을 명상하기 위해 약간의 시간을 할애 하십시오.

 어떤 침울한 환경에 처했을지라도 포기하지 않고 주님을 바라보게 하소서. 아멘.

엘리바스를 향한 욥의 대답

5월 20일 ■묵상과 산책 / 욥15-17장

무식한 자들의 노년은 겨울과 같지만 지혜로운 자들에게 있어서의 노년은 추수기와 같다.

욥의 모든 친구들은 자신들의 생각을 말했으며, 그들 각자는 욥에 의해 자신들의 의견이 논박되는 것을 들었습니다. 그러나 15장은 마치 욥의 설명할 수 없는 상황에 대한 최종적인 결론을 제시하려는 듯한 두번째의 일제사격으로써 시작됩니다. 엘리바스는 욥의 말을 무가치한 말이라고 묘사함으로써 다시 논쟁을 시작합니다. 그는 욥이 하나님에 대한 참된 지식을 가졌다는 것을 부정합니다. 그리고 더 나아가 인간 속에 들어 있는 모든 악함(교묘하게 위장된 욥의 영적 삶)을 비난합니다. 욥은 엘리바스와 그의 동료들을 '번뇌케하는 안위자'라고 지칭함으로써 응답합니다(16:2). 욥의 관점인 욥 자신은 영적으로 파산된 상태가 되었고 홀로 남은 것과 같다는 생각에서 볼 때는 하나님께서 그를 완전히 부수어 버렸습니다.

소외감을 더하는 노화는 불가사의한 것입니다. 그것은 다음과 같이 말해지곤 했습니다. "노인층이란 사실상 모든 사람들이 앞으로 소속되게 될 유일한 소외집단이다." 아놀드 토인비는 그의 80회 생일에서 다음과 같이 말하였습니다. "나는 영국에서 늙어 가고 있기 때문에 기쁩니다. 미국인들은 새로운 것과 초능률에 몰두하였습니다. 미국에서 노인이 된다는 것은 틀림없이 고통스러운 일입니다." 아마도 그것은 바울이 젊은 남자들에게 경건한 모델을 제공하기 위하여 늙은 남자를 세우고, 젊은 여자들을 가르치기 위해 늙은 여자들을 세우라고 디도에게 명령해야 했던 이유일 것입니다(딛2:1-8). 그의 격려가 없었다면 경로심이 결단코 일어나지 못했을 것입니다.

여러분도 여러분의 노년을 생각하며 그들을 대우합니까? 영적 결단을 내림에 있어서 그들의 지혜와 감각을 존중해 드리고 있습니까? 이번 주에는 나 자신보다 연장자이신 다른 분과 함께 하는 시간을 보내십시오. 우리는 지혜로운 자로 남을 것입니다.

젊은이들이 소외감에 젖어 있는 연장자들에게 사랑을 실천하게 하소서. 아멘.

그 유일한 참된 소망

5월 21일   ■ 묵상과 산책 / 시49편

몇몇 부자들은 자신이 재산을 소유하고 있다고 말하지만 사실은 재산이 그들을 소유하고 있는 것이다.

여러분은 욥기를 읽기 시작하면서부터 그 이야기의 배경에서 진행되고 있는 것을 알고 있습니다. 그러나 만약 여러분이 욥과 같이 몰랐었다면 어떻게 반응했겠습니까? 하나님께서 여러분을 위하여 하실 수 있으며 하셔야만 하는 것에 대하여 여러분의 친구들이 여러분을 혼란스럽게 했을 때 그들에게 어떻게 반응했겠습니까? 욥은 모든 걸 다 아는 체 꾸미지 않았습니다. 그는 그의 하나님을 알고 있었습니다. 그리고 그는 하나님께서 하고자 하시는 일에는 언제나 선한 이유가 있다는 것을 알고 있었습니다.

그러나 여러분이 그의 발에 관심을 둔다면 숙연해지게 될 것입니다. 당대에 가장 부유했던 사람 중의 하나가 재를 무릅쓰기까지 낮아졌습니다. 그러나 그는 자신이 소유한 것을 신뢰하지 않고 하나님을 신뢰하였습니다. 고라 자손들은 모든 사람들의 처지(가난하거나 부하거나)를 포괄하는 시를 지었습니다. 그러므로 오늘은 시편 49편에 나타난 진리로부터 힘을 얻기 위해 잠시 멈추십시오.

유명한 백만장자의 장례식에서 애도자 중 한 사람이 많은 사람들에게 다음과 같은 질문을 던졌습니다. "재산을 얼마나 많이 남기고 갔습니까?"

그러자 비서 한 사람이 대답하였습니다. "모든 것을 다 남기고 가셨습니다!"

'너희는 아무것도 가지고 갈 수 없다'라고 하는 고전적인 표현이 시편 49편에 잘 묘사되어 있습니다. 고라는 이 세상을 살아가는 모든 사람들에게 지혜의 찬송을 들려주고 있습니다(1-4절).

부유함을 자랑하는 것은 정말 쓸데없는 일이라고 그 시인은 주장합니다. 모든 일상생활들 가운데서 가장 가치있는 것, 즉 생명은 돈을 주고 살 수 없는 것입니다(5-12절). 그러므로 인간의 유일한 참된 소망은 그의 구속자를 바라보는 것입니다(13-20절).

 유일한 참된 소망은 예수 그리스도를 바라보는 것임을 깨닫게 하소서! 아멘.

빌닷을 향한 욥의 대답

5월 22일　　■묵상과 산책 / 욥18-19장

좋은 책을 읽지 않는 사람은 좋은 책을 읽을 수 없는 소경보다 나은 게 하나도 없다.

이제 빌닷은 욥에 대해 두번째의 집중 사격을 신랄하게 퍼붓기 시작합니다. 빌닷에 따르면, 그 악한 자(욥)의 빛은 사라졌으며, 여러 가지 올무에 걸렸고, 질병은 초췌하게 만들었습니다. 빌닷의 연설 태도에는 흠이 없으나 신학엔 문제가 있습니다. 실제로 욥은 그것을 재빨리 지적해 냅니다. 그의 냉담한 친구들에게 반응하는 가운데 욥은 하나님께서 그에게 발생한 사건에 대하여 간섭하시고 계시다는 사실을 깨닫습니다. 그의 친구들과 가족들은 그를 버렸습니다. 심지어 아내까지도 그를 떠나 버립니다. 그러나 욥은 절망의 밑바닥에 도달하게 된 바로 그 순간 "나의 이 가죽, 이것이 썩은 후에 내가 육체 밖에서 하나님을 보리라"(19:26)고 선언함으로써 그의 신앙은 다시 불 붙기 시작합니다.

여러분 신앙도 불 붙이시기 바랍니다. 이번 달에 당신이 읽었던 가장 좋은 책은 무엇입니까? 금년 중에 읽었던 가장 좋은 책은? 당신의 생애 중에 읽었던 가장 좋은 책은 무엇입니까?

당신의 삶 가운데 책에 의해 영향받지 않고 지내는 날이 하루라도 있어서는 안 될 것입니다. 그 속에는 반드시 성경책도 포함되어야 하며, 성경읽기를 하루도 걸러서는 안 됩니다. 책을 통해 당신은 저자의 경험 속에 간접적으로 참여할 수 있으며, 하나님의 창조의 광대한 넓이와 인간 정신의 깊이에 관한 새로운 시각을 얻을 수 있습니다.

사도 바울이 로마의 지하 감옥에서 지내게 되었을 때 그는 두 가지를 요청하였습니다. 하나는 그의 몸을 따뜻하게 해 주는 외투이며, 나머지 하나는 그의 마음과 영을 채워주는 책이었습니다(딤후4:13).

만약 당신이 아직도 좋은 책을 읽는 습관을 터득하지 못했다면 오늘부터 시작하십시오. 집 근처에 있는 기독교 서점을 방문해 보십시오. 하나님과 동행하는 당신의 삶에 영감과 정보의 새로운 지평을 열어 줄 것입니다.

 시들은 영혼을 소생시키시고 고난의 분기점에서 더욱 충만하게 하소서. 아멘.

소발을 향한 욥의 대답

5월 23일 ■ 묵상과 산책 / 욥 20-21장

가까운 자신의 이웃 한 사람을 사랑하는 것보다 인류 전체를 사랑하는 것이 더 쉽다.

어려운 질문에 대해 쉬운 말로 대답을 잘하는 소발은 이제 두번째로 욥에게 빗발치는 질문 공세를 가합니다. 소발은 거룩한 하나님의 손 안에 있는 악한 자의 운명을 생생하게 묘사합니다. 소발의 말이 사실이라면 욥의 삶은 그에 대한 확실한 증거를 제공하는 것입니다. 그러나 욥이 지적하는 것처럼 그것이 항상 옳은 것은 아닙니다!

어떤 사람들은 악한 일을 하면서도 장수하며 양심의 고통 없이 살아갑니다. 행복하고 풍요로우며 안락한 생활을 합니다. 불경건한 삶에도 불구하고 벌을 받지 않으며 외관상 아무런 일도 생기지 않습니다. 그러나 다음엔 하나님의 심판이 찾아 옵니다. 그러므로 소발의 말은 비탄에 잠겨 있는 욥에게 아무런 위로도 가져다 줄 수 없습니다.

'살인을 하고도 교묘히 빠져나간 것처럼' 보이는 어떤 사람에 대하여 분개함을 느껴 본 적이 있습니까? 그렇다면 다음의 내용들을 깊이 숙고하십시오.

하나님께서는 적당한 기간 동안 악한 자를 허용하십니다. 징계를 보류하시며(21:9), 손에 부를 안겨 주시며(21:16), 가족과 삶의 터전과 여러 가지의 복을 허용하십니다(21:8-11). 악한 자들의 번영은 그들을 하나님께로부터 멀어지게 합니다. 그들은 삶 속에 부어 주시는 하나님의 은혜에도 불구하고 그 분 알기를 원치 않습니다(21:15).

악한 자들의 파멸은 확실합니다. 이제 번영은 장래에 도래할 재앙의 길로 그들을 이끌어 줄 것이며, 그 사악한 자들의 눈은 자신들의 소유가 파괴되는 것을 보며 분노하게 될 것입니다(21 : 20).

그분의 징계를 받을 수 밖에 없는 자들에 대해 오래 참으시는 것보다 하나님의 사랑을 더 명백하게 볼 수 있는 곳은 없습니다. 여러분의 입장도 그러합니까? 다음의 말들을 여러분의 행진을 위한 구호로 삼으십시오. "사랑은 사랑을 주는 자나 그 사랑을 받는 자 모두를 교정시켜 준다."

 악한 자에게도 긍휼을 베푸셔서 회개의 기회를 주시니 감사합니다. 아멘.

엘리바스를 향한 욥의 대답

5월 24일 ■ 묵상과 산책 / 욥22-24장

세상에서 가장 큰 방은 개량할 준비가 되어 있는 방이다.

욥의 곤경에 대해 욥과 그의 친구들 사이에 벌어진 논쟁의 제3회전은 아주 적은 빛을 발산하지만 많은 열을 산출합니다. 다시 한번 엘리바스는 논쟁을 이끕니다. "네 죄악이 극하니라"(22:5). 정중한 대화로 시작했던 것이 이제는 가혹한 비난으로 전환합니다. 엘리바스의 비난을 지지할만한 증거가 한 조각도 없음에도 불구하고 그는 자신이 말하고 있는 것들이 욥의 상황을 설명해 주는 틀림없는 진리라고 주장합니다. 그러나 욥은 하나님의 신실성과 자신의 무죄함에 대한 확신 안에서 견고하게 서 있습니다.

철과 석탄과 보크사이트는 서로 합치지 않는 것이 좋습니다. 만약 그것들을 합친다면, 그 시도는 좋지만 강철이나 다이아몬드나 알루미늄 같은 것들을 얻을 수가 없습니다! 왜 그렇습니까? 이러한 '원재료들'이 어떤 더 좋은 것이나 더 강한 것, 더욱 유용한 것이나 더 아름다운 것으로 바뀌어지는 데에는 열과 압력, 그리고 시간 등의 제요소가 첨가되어야 하기 때문입니다. 그 과정을 무시해 보십시오. 그러면 얻고자 하는 산물을 얻지 못할 것입니다.

23장에서 욥은 하나님께서 자신을 파멸시키시기 위함이 아니라 단련하시기 위해서 자신의 믿음을 용광로 속에 집어 넣으셨다고 인식하고 있습니다. 금이 수천 도의 온도 속에서 불순물과 오염이 제거되는 것처럼 욥은 "나의 가는 길을 오직 그가 아시나니 그가 나를 단련하신 후에는 내가 정금같이 나오리라"(23:10) 선언함으로써 그의 성품이 단련되고 정화되었음을 고백합니다.

오늘은 벧전 1 : 1-9을 주의깊게 읽으십시오. 오늘 직면한 열과 압력이 내일 하나님께서 나로 하여금 그의 영광을 반영하도록 하시는 하나님의 방법임을 상기할 수 있도록 알루미늄 조각 하나를 호주머니나 지갑 속에 넣어 두십시오!

나의 모든 시련 속에서도 나를 단련하시는 하나님의 손길을 깨닫게 하소서. 아멘.

빌닷을 향한 욥의 대답

5월 25일   ■ 묵상과 산책 / 욥 25-28장

인간의 지혜는 이성에서 비롯되지만 신적인 지혜는 계시로 말미암는다.

장황한 변론을 늘어놓는 사람들은 사실상 논쟁에서 패배한 자들입니다. 엘리바스와 빌닷과 소발이 그러한 경우였습니다. 빌닷은 욥의 상황에 있어서 오직 참담한 내용만을 강조합니다. 도덕적인 사람은 하나님 앞에서 방어할 필요가 없습니다. 따라서 욥의 고난은 틀림없이 하나님의 의로운 요청에 대한 불이행으로 인한 것입니다. 욥은 그 전제에는 동의하지만, 빌닷의 결론은 잘못됐다는 확신을 가집니다.

욥은 피조계 안에 나타난 하나님의 장엄함과 능력을 대략적으로 묘사함으로써, 죽을 수 밖에 없는 인간이 하나님의 방법을 이해하며 인식할 수 있으리라고 기대하는 것은 어리석은 일이라고 주장합니다(26:14). 소발이 이에 대해 다시 이의를 제기하지 않자 욥은 하나님의 지혜에 대해 세 사람 모두에게 말합니다.

인류는 지난 세기 동안에 놀라운 위엄을 성취했습니다. 달에 사람들을 보냈으며, 초음속 제트기를 원격 조정해서 대륙을 횡단케 했으며, 수백만을 죽일 수 있는 질병을 치료하고 그 원인을 퇴치시켰습니다. 우리의 새로운 지식에 대한 탐구는 우리를 가장 높은 산꼭대기와 가장 깊은 바다의 협곡에까지 이르게 했습니다. 그러나 이러한 모든 지식과 성취에도 불구하고 우리는 아직도 삶의 모든 부분들을 함께 엮을 수 있는 지혜의 원천을 발견해야 할 일이 남아 있습니다.

"그러나 지혜는 어디서 얻으며 명철의 곳은 어디인고 그 값을 사람이 알지 못하나니 사람 사는 땅에서 찾을 수 없구나"(28:12-13). 하나님 안에서만 인생의 해답을 찾을 수 있습니다. "주를 경외함이 곧 지혜니라"(28:28). 인간은 스스로 많은 보배를 발견할 수 있습니다. 그러나 오직 하나님 안에서만 발견할 수 있는 것들도 있습니다. 현재 씨름하고 있는 인간의 설명을 불허하는 여러 문제들 중에서 하나를 선택하십시오. 하나님께서 그 문제에 관해서 성경을 통해 말씀하신 모든 것을 발견하십시오. 거기가 지혜가 시작되는 곳입니다.

 지금 나의 씨름하는 문제를 간과치 마시고 간섭하셔서 해결하여 주소서. 아멘.

욥의 마지막 탄원

5월 26일　　■묵상과 산책 / 욥 29-31장

크리스찬의 삶 속에 우연이란 것은 없다.

욥은 그의 진부한 비난을 반복하기보다는 차라리 침묵을 지킵니다. 욥의 상담자들이 할 말을 다 끝냈음에도 불구하고 욥의 형편은 전과 똑같이 뒤얽혀 있습니다. 현재의 곤경이 욥을 더욱 슬프게 한 것은 그의 과거가 떠올랐기 때문입니다. 지난 날 하나님께서는 그에게 보호와 인도와 가족과 재물과 위엄과 통찰력으로 축복하셨습니다.

'그러나 지금은' 그 모든 것이 바뀌었습니다. 비웃음과 질병과 가난과 눈물이 그의 삶을 가득 채웠습니다. 그리고 이제까지 스무 번도 넘게 "만약 내가 하나님의 율법에 위배되었다면 나는 벌을 받아도 마땅하다"라고 자신있게 말하고 있습니다. 욥은 하나님께서 그의 삶을 저울질하심에 따른 결과를 두려워하지 않습니다.

'끝', 이 단어는 종종 영화나 책이 끝날 때 볼 수 있는 것입니다. 그것은 마지막 페이지나 마지막 장면을 표시합니다. 이야기의 끝인 것입니다. 욥의 경우에 있어서 이 말은 그의 곤경을 설명하기 위한 그의 시도가 막을 내림을 의미합니다(31:40). 그 수수께끼는 해결되지 않은 채 남아 있습니다. '왜 성도가 고난을 당하는가?'라는 문제는 전혀 해결할 수 없는 것처럼 보입니다. 그리고 그때 욥은 아주 지혜로운 행동을 했습니다. 그는 주님을 기다렸습니다.

'수수께끼를 풀기 위한' 노력을 29장 동안 기울인 후 욥은 시편 기자가 제안한 것을 하였습니다. "너희는 가만히 있어 내가 하나님됨을 알지어다"(시편 46:10).

말하기를 강요하고 변호하며 설명을 요청하는 데에 우리 모두 강합니다. 그러나 욥으로부터 교훈을 받으십시오. '때때로' 이것은 헛된 것을 말하는 것보다 더 지혜롭고 더 나은 것입니다. 고요한 중에 하나님의 세밀한 음성을 들어야 할 때가 있습니다. 혹시 바로 지금이 이러한 '때때로' 중에 속하는 경우는 아닙니까?

　우리에게 허락된 모든 것 중에서 하나님의 손길을 알게 하소서. 아멘.

엘리후를 향한 욥의 대답

5월 27일　■묵상과 산책 / 욥32-34장

비뚤어진 젊은이로 인해 슬퍼하는 것보다는 어린 아이를 훈육하는 것이 덜 고통스럽다.

욥은 절망의 수렁에 빠졌으며, 그의 문제를 해결해 줄 수 있는 사람을 가까이에서 도저히 찾을 수 없습니다. 욥은 이제 더 이상 다른 '상담자'가 나타나기를 기대하지도 않습니다. 그러나 그의 동료들 중에서 가장 나이가 어린 엘리후는 엘리바스와 빌닷과 소발의 말들이 욥에게 도움을 주는 말보다는 상처를 주는 말들임을 침묵 속에서 듣고 있다가 모든 상황에 대한 그의 판단을 설파합니다.

욥은 계속해서 자신의 무죄를 주장합니다. 그러나 엘리후는 하나님께서 때때로 사람의 고집을 꺾고 멸망의 길로부터 그를 돌이키시기 위해 고난과 역경을 사용하신다는 사실을 그에게 상기시킵니다. 엘리후는 하나님의 완전한 의를 재천명하고, 욥에게 그의 교만한 반항의 죄를 회개할 것을 요청합니다. 거의 '모든 사람들'이 이용은 하면서도 그것 자체를 믿는 사람은 '아무도 없는' 것처럼 보이는 다음과 같은 구절들을 보신 적이 있습니까?

· 이것은 너에게 해를 입히기보다는 오히려 나에게 더 큰 상처를 입히고 있다.
· 받는 것보다는 주는 것이 더 복되다.
· 솔직히 말해서 그 잔디는 더 푸르지도 않을 뿐더러 멋있지도 않는데 옆집의 잔디가 언제나 더 푸르게 보인다.

첫번째 문장을 보십시오. 아이를 징계하지 않을 수 없게 되었을 때, 정말 그것을 당하는 아이보다 부모가 더 고통을 느낍니까? 하나님은 범죄한 그의 백성들이 마땅히 받아야 할 고통스런 결과를 부여하실 때 과연 괴로워하실까요? 그것을 알아내기 원한다면 욥기 33장 후반부의 스무 절을 읽으십시오. 오늘 밤에는 여러분의 아이나 혹은 부모들과 함께 여러분의 삶에 있어서의 징계의 효과를 나누도록 하십시오. '그것이 왜 중요하고, 왜 고통스러우며, 하나님께서 왜 마치 부모가 아이에게 하는 것처럼 징계해야만 하는가'

　인생의 어려움에 대해 바르게 이해하게 하소서. 아멘.

고난 당하고 있는 성도들의 주일

5월 28일 ■묵상과 산책 / 시50편

하나님은 기계적인 메마른 순종보다는 예배자의 마음 속에서 우러나는 감사와 헌신을 더 기대하신다.

시편 50편은 법정의 광경을 묘사하고 있습니다. 의로운 재판장이신 하나님은 성도와 악한 자 모두에게 소환장을 발부하시고, 그들의 행위에 대한 그 분의 판결을 듣도록 그들에게 명령하십니다. 배심원으로 활동하는 하늘과 땅에게 하나님은 배심 판결을 요청하십니다.

그때 놀라웁게도 하나님께서는 그의 언약의 백성에 대한 증거를 제시하기 위하여 자신이 직접 증인석에 서십니다. 외적인 면에서 그들이 예배의 형태를 갖추긴 했지만 내적인 면에서 그들은 예배의 자세를 포기하였습니다. 그들은 성의가 없으며, 사랑과 신실함과 자비한 하나님을 열망하는 자세를 유지하는 경향이 없이 단순히 '몸짓으로만' 행합니다.

그들은 섬김을 대신하는 제물과 신성한 경건이 깃들지 않은 번제를 허용했습니다. 하나님께서는 급소를 예리하게 찌르십니다. 그분은 제물의 고기에 대해서 관심을 기울이시기보다는 제물 드리는 자의 근본 동기에 관심을 가지십니다. 그는 예배자의 메마르고 기계적인 순종보다는 예배자의 감사함과 헌신을 기대하십니다.

멈추어 서서 깊이 생각해 보십시오. 왜 무엇 때문에 하나님께 대한 예배를 드리십니까? 교회에 규칙적으로 출석하는 것은 사회적인 유익 때문입니까, 아니면 하나님께 대한 갈급함과 열망 때문입니까? 선교사로 헌신하는 것은 죽어 가는 세상을 향해 복음의 말씀을 전하기를 원하기 때문입니까, 아니면 그것이 구원받지 못한 친척이나 이웃을 위한 전도자가 되는 것보다 훨씬 더 쉽기 때문입니까?

하나님께 대한 예배를 점검해 보기 위해 잠시 동안 자신을 저울대 위에 올려놓아 보십시오. 신실합니까? 만약 그렇지 못하다면 그를 영화롭게 하는 경배를 드리기 전에 먼저 삶의 변화를 위해 필요한 것이 과연 무엇인지 생각해 보십시오.

 나의 순종이 하나님의 기쁨이 되게 하소서. 아멘.

엘리후를 향한 욥의 대답

5월 29일　　■묵상과 산책 / 욥35-37장

하늘에는 절대로 공포가 없다.

엘리후는 다른 어느 상담자들보다 더욱 완벽한 설명을 제공함으로써 욥의 상황 평가에 실수가 없습니다. 그는 다른 사람들을 향해 어리석은 진술을 한 욥을 고소합니다. 그는 욥이 그의 고난의 숨겨진 목적을 즉각적으로 볼 수 있을 것이라는 잘못된 가정의 진단을 내립니다. 그는 고난은 항상 그 고난당하는 자의 삶 속에서 교육적 역할을 한다고 결론을 맺습니다.

엘리후의 모든 주장을 살펴 보면 그가 하나님의 주권에 대해 얼마나 강한 확신을 지니고 있는가를 발견할 수 있습니다. 하나님께서는 역사하심에 있어서 의로우시고 거룩하시며 권능이 있으시며 광대하십니다. 그분에 대한 보다 명백한 초상은 욥의 질문에 대한 대답에서 잘 나타나고 있습니다.

유용한 사람들을 미몽에서 깨어나게 하는 것은 과학의 역할입니다. 아인슈타인은 그가 죽기 얼마 전에 "만약 내가 다시 살 수만 있다면 물리학자보다는 차라리 배관공을 선택하겠다"고 말했습니다.

다시 말하면, 과학은 아직도 인간 경험의 가장 깊은 수준에 대해서는 아무 것도 말해 줄 것이 없다는 것입니다. 고독에 의하여 차가워진 심장을 따뜻하게 해 줄 수 없습니다. 또한 슬픔으로 무너져 버린 가슴을 수리해 줄 수도 없습니다. 죄의 얼룩을 제거할 수 없으며, 죄악의 고통을 지워줄 수도 없습니다. 엘리후는 하나님의 위대함과 광대함에 대한 한 증거로서 과학을 제시하였습니다. 그러나 오로지 하나님의 말씀만이 슬픔 속에 잠겨 있는 욥을 위로 할 수 있었습니다.

오늘 밤 별빛 아래에서 시편 19편의 말씀을 소리 내어 읽어 보십시오. 인생의 가장 어려운 문제에 대한 해답을 알고 계시는 창조주 하나님과, 하늘의 아버지가 계심을 다시 한번 기억해 보십시오. 폭풍을 자유자재로 다루시는 하나님은 오늘의 삶 속의 혼란이나 의심의 어떠한 폭풍이라도 능히 다루실 수 있으십니다.

 　우리의 믿음이 항상 이성보다 앞서게 하소서. 아멘.

욥을 향한 하나님의 대답

5월 30일　　■ 묵상과 산책 / 욥38-39장

하나님은 결코 어떤 장소에 드나들지 못하도록 감금하시는 분이 아니시다.

서른 다섯 장이 지나는 동안 하나님은 한 마디의 말씀도 하시지 않았습니다. 그러나 이제 하나님께서는 욥이 그토록 창조주 하나님에게 줄기차게 요청했던 것을 주시기 위해 침묵을 깨시고 가장 중요한 말씀을 하십니다. 욥은 이상스러우리만큼 조용해집니다. 하나님께서는 욥에게 피조된 우주에 대한 연속적인 질문을 시작하십니다.

하나님께서는 물질적인 세계로부터 10가지의 대상을 들고, 자연 세계에서 또 10가지를 더 들어 교훈하시면서 그의 위대하심과 광대하심으로써 욥을 압도하십니다. 그에 대한 욥의 반응은 "나는 미천합니다"(40 : 4)였습니다. 하나님의 엄위한 권능의 빛 아래서 피조물이 창조주께 해설을 요청하는 것이 정당한 일입니까?

'어느 누군가가 당신의 역량을 비난한다는 것'은 거들먹거림에 대해 좋은 충고가 되며, 또한 하나님을 대적하기에 족하다고 생각함에 대해 좋은 충고가 됩니다. 욥은 여호와께 공식 회견을 요청했으며, 만약 그가 즉시 전능자를 대면하면 그는 자신의 의견을 고수할 수 있다고 충분히 확신하고 있었습니다.

욥에게 기쁨을 주기 위해 하나님은 그의 소원을 들어 주셨습니다! 욥이 예배자로 바뀌는데 그리 오랜 시간이 걸리지 않았습니다. 그는 창조자의 현존 앞에 서 있는 동안 재빨리 자신의 죄악됨과 왜소함을 깨닫고 겸손과 경외로 납작 엎드리고 말았습니다. 하나님의 권능과 위엄의 경이로운 광대함에 자신은 비할 바가 아님을 느꼈습니다!

현재 겪고 있는 고난에 대한 해답을 하나님께서 가지고 계심을 욥처럼 느끼고 있습니까? 그것은 하나님에 대한 당신의 근시안적인 지식이 자라고 있다는 증거입니다. 오늘부터 접안렌즈로 눈을 지키십시오. 적당한 초점으로 무제한적인 권능과 사랑의 하나님을 볼 수 있기 위하여 노력하십시오. 욥처럼 무릎을 꿇고 하나님과 동행하는 법을 배우십시오!

 나의 모든 문제에 대한 해답을 가지고 계신 주님을 의지하게 하소서. 아멘.

욥이 받은 보상

5월 31일 ■ 묵상과 산책 / 욥40-42장

욥과 같은 믿음의 기도는 고난의 늪에 빠져도 결코 가라앉지 않는다.

욥은 하나님의 권능과 지혜에 직면하긴 했지만 아직 그의 심판과 정의에 관한 질문의 답은 여전히 남아 있었습니다. 다시 한번 하나님은 심문, 요구, 예증을 사용하심으로 욥으로 하여금 자신의 주제넘은 자세를 회개할 수 있는 기회를 얻게 하십니다.

"너는 하나님만큼 강한가?"

"네가 진실된 정의를 어떻게 실천하는지를 입증하라."

"하마와 그리고 악어를 바라보라."

욥은 불가사의한 하나님의 길을 발견함으로써 기꺼이 하나님을 온전히 신뢰하게 됩니다. 욥은 자신의 비극을 통해 새롭게 변화된 믿음의 사람으로 나타납니다.

하나님께서는 당장 고치시는 것이 아니라 서서히 새롭게 하십니다. 하나님께서는 죄를 즉시 제거하시지 않으시고 점차로 구원하십니다. 하나님께서는 즉시 개혁하시지 않으시고 천천히 변화시키십니다. 하나님께 대한 욥의 신앙이 그의 삶을 안락하게 해 주지 못한 것은 당연한 귀결입니다. 어떤 면에서 그의 신앙은 그의 재앙의 원인이기도 했습니다. 제1, 2장을 기억하고 있습니까?!

매일매일 초래되는 부와 가난, 축복과 사별, 예기치 못한 것과 말로 다 할 수 없는 것을 받아들일 수 있는 힘과 안정성을 욥은 얻었습니다. 그것이 바로 하나님께 대한 신앙이 여러분을 위해 해 줄 수 있는 것입니다. 어느 시인이 이렇게 시를 읊었습니다. "모든 것을 통해 나는 예수님 신뢰하는 걸 배웠고 하나님 신뢰하는 것을 배웠네. 모든 걸 통해 나는 그의 말씀에 의존하는 걸 배웠네."

우리는 먼저 하나님을 대면하여 만나야만 합니다. 오늘 읽어야 하는 성경을 주의깊게 기도하는 마음으로 읽으십시오. 그리고 기억하십시오. 욥을 격려하시고 구원하신 그 하나님께서 여러분을 위해 그와 같이 구원하시고 격려와 위로하실 수 있음을!

 하나님의 손길을 날마다의 삶에서 느끼게 하소서. 아멘.

6월

····
항상 기뻐하라
쉬지말고 기도하라
범사에 감사하라…
- 살전 5:16~18 -

하나님과 동행하며 대화하기

6월 1일

■ 묵상과 산책 / 시 1-6편

찬송은 친구간의 대화처럼 해야 한다.

시편은 한 묶음의 '신앙의 초석'으로 시작됩니다. 생명을 주는 말씀(1편)은 신실하신 주님(2편)이 당신을 축복의 길로 인도하시는 데 사용하실 안내서의 역할을 합니다.

신앙있는 삶의 토대는 때때로 다가오는 패배(3편)나 대적, 극한 상황 속(5편)에서도 흔들리지 않습니다. 회심한 신자는 자신이 기도를 드리면 하나님이 즉시 들어 주신다는 확신을 가지고 있습니다(6편). 아침이나 저녁이나 기쁠 때에나 슬플 때나 자기 백성들을 위한 하나님의 신실하심은 변함이 없으십니다.

음악이 없다면 삶이 얼마나 삭막해질까를 상상해 보았습니까? 경배의 찬양이나 축하송이 없을 것이고, 하나님의 위대하심과 장엄하심을 상기시켜 줄 만한 웅장한 교향곡도, 마음 깊숙이 스며들게 하는 사랑의 노래도, 나라를 향한 사랑에 불을 당겨 줄 만한 애국적 행진곡도 없을 것입니다. 게다가 아기를 잠 재울 만한 자장가도, 고속도로 위에서 휘파람으로 부를 수 있는 노래도, 샤워하면서 부를 노래도, 크리스마스 캐롤이나 부활절 성가도 없을 것입니다.

음악을 없앤다고 가정해 보십시오. 그러면 기독교인들에게 있어서 최상의 교제의 통로 중 하나를 제거하는 것이 될 것입니다. 시편은 영감된 노래들의 모음집입니다. 슬픔과 기쁨, 아픔과 찬양이 스며들어 넘쳐 흘러 내리는 마음의 노래들입니다.

저자의 단어 선택에 주의하면서, 각 구절 속에 배어 있는 감정을 추적하면서, 어떤 한 사람의 일기를 읽는 것처럼 시편을 읽어 보십시오. 그렇게 읽으면서 자기 자신에게 다음과 같이 자주 질문해 보십시오. "이것이 내 마음의 소원을 노래하는가? 나의 삶에 필요한 것인가? 내 속에 있는 문제를 표현한 것인가?" 종종 노래를 하고 싶은 생각이 들거든 그렇게 하십시오.

찬양 속에서 하나님께 대한 감사를 표현하게 하소서. 아멘.

응답없는 기도

6월 2일

■묵상과 산책 / 시7-12편

하나님은 우리를 항상 생각하고 계신다.

시편에 두드러지게 나타나는 내용은 여호와께서 자기 백성을 구원해 주시고 대적들을 심판하며 그의 의로우심을 입증하신다는 것입니다. 신앙인이라면 정의가 궁극적으로 승리할 것(7편)과 약한 자는 낮은 곳에 처하게 될 것(9,10편), 그리고 하나님의 거룩한 이름만이 존귀케 될 것(8,11,12편)에 대한 확신 속에 거할 수 있습니다. 그러나 반면에 하나님은 우리에게 삶의 거친 물결을 잔잔케 할 수 있는 유일한 분은 하나님뿐임을 믿는 차분한 확신을 요구하십니다.

"여호와여, 어찌하여…"(10:1). 특히 악인들이 아무런 해도 받지 않고 흥왕하고, 하나님은 잠잠하시며 기도에 응답조차 안 하시는 것처럼 보일 때 이런 질문을 기독교인들이 던지지 않을 수 있습니까?

시편 기자는 10편에서 이런 고통스런 문제의 진수를 다루면서 그것에 대한 하나님의 신적인 관점을 탐구합니다. 교만하고 자족해 하는 자들이 그들 나름대로 번영하는 것도 사실입니다. 그들이 살인을 하고도 용케 벌을 면하는 것처럼 보이는 것도 사실입니다. 실로 하나님은 의를 실행해야 할 사실을 잊어버리신 것처럼 보입니다.

그러나 악한 길을 좇음으로써 문제를 해결하려고 하지 마십시오. 하나님은 악인들이 행하는 불의를 보고 계십니다. 하나님은 해독과 악의를 간과하지 않으십니다. 행악을 보상해야 될 날이 올 것입니다. 그날이 오면 악인과 함께 동행하지 않았음을 기뻐할 것입니다.

혹 타인의 손에 의해 당하는 부당함 때문에 하나님께 빈정대거나 사람에게 복수하고픈 감정이 들어 고민하고 있지나 않습니까? 당신이 갈 수 있는 길은 두 길입니다. 원한의 비수를 가슴에 품고 하나님께 모순 투성이에 대한 답을 요구하든지, 아니면, 원한을 하나님께 맡기고 그 대신에 부당함을 뒤에서 막아 주시고 있는 힘을 발견하든지를 선택해야 합니다. '여호와는 왕이시다'라는 확신에 대한 선언의 표시로 시편 10:16-18을 소리 내어 읽으십시오.

하나님께서 침묵하심이 없음을 믿게 하시고 믿음으로 인내하게 하소서. 아멘.

하나님의 마음을 본 받는 사람

6월 3일　　■묵상과 산책 / 시13-18편

만일 하나님이 약속대로 자신을 우리에게 주신다면, 우리는 당연히 우리 자신을 그분께 바쳐야 한다.

오직 어리석은 자만이 '하나님은 없다'라고 애써 말할 것입니다(14편). 그러나 하나님이 살아계심을 알고 그를 전심으로 섬기기를 추구하는 자에게는 세상이 도무지 알지 못하는 축복과 은혜가 있습니다.

근심 중에도 소유할 수 있는 희망(13편), 하나님의 영원한 임재하심(15편), 악인으로부터의 보호(17편), 위급할 때에 힘 주심(18편), 그리고 무엇보다도 영원한 생명의 약속(16편) 등이 그것입니다.

대한민국 시민으로서의 책임은 무엇입니까? 대한민국 헌법을 수호하고 방어하고 준수하는 것입니다. 천국 시민의 책임은 무엇입니까? 하나님의 말씀을 보호하고 지키고 준수하는 것입니다.

시편 15편은 기독교인 헌법의 축소판으로 일컬어집니다. 왜냐하면, 이 시에서 우리는 천국 시민들의 의무라고 할 수 있는 여러 요구들을 발견할 수 있기 때문입니다. 시편 15편은 시민으로서 마땅히 해야 할 행동을 할 수 있도록 인도해 줍니다.

시편 기자는 열 한 부분에 걸쳐 답을 제공하는데, 그것들은 생활의 모든 영역에 해당하는 덕목과 관계된 말과 행동에의 정직(2절), 혀의 사용(3절), 죄와 예배에 대한 태도(4절), 약속을 지킴에 있어서의 신실성(4절), 재물 관리(5절) 등입니다. 간단히 말해, 당신과 하나님과의 '교제'는 그분 말씀의 교훈에 '순종'하는 것과 깊은 연관이 있습니다. 만일 당신이 하나님을 향한 마음을 소유하고 있다면 이 두 가지 교제와 순종 모두는 필수적입니다.

이제 그 시편을 생활하는 현장에 적용시켜 봅시다. 시편 15편에서 '… 하는 자'가 나올 때마다 '… 하는 내가'라는 말로 대치시켜 보십시오. '하나님의 말씀'이라는 거울로 천국 시민으로서의 생활 그 자체를 비추어 보십시오. 그리고 하나님의 통치 아래서 요구되는 행동이나 태도를 말씀을 통해 확인해 보십시오.

 하나님의 말씀을 따라 담대하게 살아가게 하소서. 아멘.

십자가의 시편

6월 4일　　■ 묵상과 산책 / 시19-24편

'불평하는 기독교인'이란 언어 모순이다.

오늘은 하나님의 다양한 사역과 그 성품을 한 눈에 볼 수가 있을 것입니다. 즉 창조주(19편), 유지하시는 분(20, 21편), 대속제물로 죽으시는 주님(22편), 양 떼를 돌보시는 목자(23편), 피조물을 다스리는 주권자(24편) 역할을 하시는 모습을 읽을 수 있을 것입니다. 진실로 그는 찬양을 받으시기에 합당하신 분입니다.

혹시 백화점의 불량품 신고처 앞에서 손님과 점원간에 벌어지는 논쟁을 들어보신 경험이 있습니까? 그 상황은 마치 말로써 탁구 경기를 하는듯한 생각이 들게 합니다.

"내 생각으론 이 상품이 어디 제품 같은데 …."
"손님, 그러나 상표가 분명히 외제라는 걸 말하고 있잖아요."
"그 상표는 나도 알아요. 그러나 판매 사원이 내게 말하기는 …."
"글쎄요, 분명히 뭔가 잘못이 있었겠지만, 내가 확실히 말할 수 있는 것은, 우리는…."

만일 '그러나'를 고집하지 않으면 책임을 지게 될까봐 그들은 전전긍긍합니다. 이 상황은 시편 기자가 당면한 문제와 유사합니다. 그가 '그러나'를 고집했을 때 하나님을 신뢰하는 마음에 구름으로 가리어졌습니다. 그의 불평은 시편 22 : 1-2, 6-8, 12-18에서 뚜렷이 들을 수 있습니다. 그러나 모든 불평이 끝난 뒤에는, 하나님은 자신의 문제보다 더 크신 분이라는 확신을 담은 진술이 뒤따릅니다(3-5, 9-11, 19-21절). 시편 기자는 과거에 사역하신 하나님을 바라보면서, 현재나 미래에도 마찬가지로 하나님은 위대하시다는 사실을 깨닫습니다.

위기의 순간에 '핑퐁 기질'로 인해 "하나님은 전능하시다. 그러나…"라고 씨름하지는 않습니까? 여러분이 필요할 때에 여러분에게 주신 하나님의 약속에는 결코 '그러나'가 없음을 끊임없이 되새기면서 오늘 바로 여러분의 이같은 탁구공을 치워 버리십시오.

 신앙에서 의심이 갈 만한 모든 것을 다 제거하게 하소서. 아멘.

위험으로부터의 구제책

6월 5일　　■ 묵상과 산책 / 시25-30편

삶의 두려움은 20세기가 자랑하는 질병이다.

하나님이 어떤 분인지 설명하는 한 가지 좋은 방법이 있습니다. 여러분의 삶 속에서 하나님이 역사하시는 방법을 항목별로 써 보십시오. 예를 들면, 그분은 가르치는 교사이며(25편), 무죄를 선언해 줄 재판관이시며(26편), 구원자시며(27편), 보호해 줄 반석이시며(28편), 경배하여야 할 영광이며(29편), 건져 줄 구출자(30편)십니다.

1에서 10까지의 수 중 가장 낮은 것은 1, 가장 높은 것은 10으로 등급을 매겨 표시한다고 할 때, 다음 항목에 관한 당신의 '두려움의 등급'은 어떻습니까?

- 대중 앞에 섰을 때의 두려움.
- 뱀, 도마뱀, 어린아이에 대한 두려움.
- 어둠에 대한 두려움.
- 미래에 대한 두려움.

두려움은 산(酸)과 같아서 가장 강력한 해결책조차도 파괴시켜 버릴 수 있습니다. 여러분을 무섭게 하는 것이 여러분을 지배한다고 하여 두려워하지 마십시오. 하나님께서는 우리에게 두려워하는 마음이 아니고 오직 '능력과 사랑과 근신하는 마음'을 주셨습니다(딤후 1:7).

다윗은 암흑의 두려움, 장래에 대한 두려움, 대적들에 대한 두려움이 무엇인지를 알았습니다. 그러나 그는 그러한 두려움을 극복할 수 있는 비결을 배웠습니다. 그것이 무엇인지 알겠습니까? 그가 가진 두려움을 부인하려고 한 것이 아니라 오히려 그것들보다 더 큰 이에게 의존함으로써 이를 해결하였습니다. 시편 27:1을 보면 다윗이 깨달았던 사실을 알게 될 것입니다. 우리를 위협하는 것으로부터 구제해 주실 분은 바로 주님이십니다. 그 분은 암흑을 사라지게 하시는 빛이시며 약함을 강함으로 바꾸어 주시는 능력이십니다.

우리도 다윗처럼 오늘 이러한 고백들을 적을 수 있습니다. 다윗은 자기의 언어로 하나님을 찬양하였습니다(27:5). 어떻게 하시겠습니까?

 우리의 두려움을 다 내어 쫓으소서. 아멘.

용서받기와, 용서하기

6월 6일 ■묵상과 산책 / 시31-36편

"하나님은 매우 큰 지우개를 갖고 있다"

적절한 통찰은 어떤 암울한 환경에도 대처할 수 있도록 도와줍니다. 시편은 공허함 속에서 씌어진 것이 아닙니다. 오히려 씨름하고 있는 매일의 문제들, 즉 두려움, 죄책, 고독, 걱정, 좌절 등의 문제들로 인해 고민하던 구약의 경건한 인물들에 의해 씌어진 것입니다.

하나님의 능력 안에서, 고민에서 찬양으로(시31, 32편), 산 아래 굴 속에서 산 정상으로(시33, 34편) 옮겨 갈 수 있는 길을 시편 기자들은 발견하였습니다. 부당한 미움을 받을 때에도 하나님께서 빛이시요 구원이 되시므로 무조건적인 사랑으로 대응할 수 있습니다(시 35, 36편).

"참회는 영혼을 위한 보약이다"라는 격언이 있습니다. 더 나아가 말한다면, 참회는 영과 육을 포함하는 전인격을 위한 보약입니다. 시편 32편에서 다윗은 참 용서(1-2절)를 경험한 사람의 놀라운 기쁨을 묘사하고 있습니다. 바로 그 다음에서 그는 죄를 고백치 않고 숨기려 했을 때의 육체적·정신적 징후를 말하고(3-4절), 5절에서 능력있는 처방을 내립니다. "내 허물을 여호와께 자복하리라!"

죄가 무엇이든지 그것을 자백하여 드러내십시오. 죄가 삶 속에 있음을 인정하고 다시는 거기에 물들지 않겠다고 하나님께 약속하십시오. 그리고 나서, 시원하고 상쾌한 비가 씻기듯이 죄에 대해 하나님의 용서를 받으십시오. 죄를 자백한 시편 기자의 그 회복이 얼마나 기다릴 만한 일입니까(6-7)! 다윗은 다음과 같이 권하고 있습니다. 하나님께 강제로 복종 당하게 될 때까지 기다리지 말고, 기꺼이 자원하여 그의 자비를 구하라고(8-11절) 말입니다!

자주 보는 벽시계 앞면에 '용서받고 용서하기'란 말을 붙여 놓으십시오. 그리고 나서 하나님이 그리스도 안에서 용서하셨던 때를 상기해 보십시오. 다른 사람들을 용서할 수 있는 충분한 이유가 될 것입니다(엡 4 : 32).

 나를 용서하신 용서로 모든 사람을 용서하게 하소서. 아멘.

정결키 원하는 왕의 부르짖음

6월 7일 ■ 묵상과 산책 / 시51편

만일 우리의 기도가 우리를 변화시키지 못한다면 우리의 기도는 올바르지 못한 것이다.

나단 선지자로 인하여 자신의 죄를 깨달은 다윗왕은 하나님께 용서를 구하고자 겸손한 회개를 하였습니다. 이 회개의 시편을 묵상하면서 마음 속에 하나님께로부터 깨끗함을 받아야 할 부분이 없는가를 살펴 보십시오. 그리고 그분의 자비로운 용서를 찬양하십시오.

'찌든 때'에서부터 '목 칼라'에 이르기까지 모든 것을 세탁할 수 있다고 요란하게 광고하는 소위 새로운 '기적의 상품들'. 그러나 그 상품(세탁제)이 아무리 좋아도 여전히 세탁 불가능한 것이 하나 있는데 그것은 바로 더러운 마음입니다.

시편 51편은 다윗의 생애 중 가장 어두운 시기에 쐬어진 시입니다. 약 20년 동안을 다윗은 의의 위엄으로 백성들을 다스려 왔지만, 밧세바와의 하룻밤 죄악으로 인해 모든 것이 바뀌어져 버렸습니다. 처음에는 간음, 그 다음엔 살인까지 하게 되어 왕의 생애에 더러운 흠집이 생기고 말았습니다. 다윗의 죄가 얼마나 심각한가를 깨닫도록 하기 위해 하나님은 그에게 선지자를 보냈습니다. 그러자 다윗은 전심으로 용서를 비는 기도로 즉각적인 반응을 했습니다. "나의 죄악을 말갛게 씻기시며 나의 죄를 깨끗이 제하소서… 내 속에 정한 마음을 창조하시고 내 안에 정직한 영을 새롭게 하소서"(2, 10절).

다윗은 용서란 범죄자와 피해자 양자 모두가 관련되어야 함을 알았습니다. 만일 피해자 측이 범죄 행위를 무마해 주지 않으면 관계 회복이란 있을 수 없는 일이기 때문입니다. 사죄의 대가란 결코 값싼 것이 아닙니다. 그러나 다윗은 그것이 반드시 지불되어져야 함을 알았습니다. "하나님의 구하시는 제사는 상한 심령이라 하나님이여 상하고 통회하는 마음을 주께서 멸시치 아니하시리이다"(17절).

하나님과 동행하는 동안 어두운 죄의 얼룩으로 인해 방해받아 본 적이 있습니까? 그렇다면 하나님께 범했던 특정한 죄를 고백함으로써 그분의 깨끗게 해 주심을 체험해 보십시오(요일 1:9).

 우리의 범죄를 감추지 않고 철저하게 회개하게 하소서. 아멘.

안타까워하는 성도의 부르짖음

6월 8일 ■묵상과 산책 / 시37-41편

우리가 심히 걱정하는 것이 무엇인지를 알았다면 그렇게 걱정하지 않았을 것이다.

오늘 읽을 다섯 편의 시는 모두 다윗왕의 시로서 그가 하나님과 동행할 때 나타났던 다양한 면을 접하게 합니다. 이스라엘의 왕인 다윗은 자주 하나님을 찬양했지만 한편으로는 그 역시 안달함(37편), 무력함(38, 39편), 그리고 믿었던 친구들의 배신(40편) 등으로 고민했습니다. 그러나 그런 상황에서도 다윗은 결코 '변하지 않고 고갈되지 않는 후원과 힘의 근원', 곧 자신의 언약을 지키시는 하나님의 성실하심을 발견했습니다.

오늘날 기독교인들이 직면한 가장 큰 난제 중 하나가 악인의 번성함입니다. 이 문제로 고민하던 다윗이 그것에 대한 처신의 비결을 시편 37편에서 제시합니다. 우리는 그의 조언을 이렇게 요약할 수 있겠습니다. "영원의 관점에서 악인들을 보라. 오늘이란 토대 위에서 당신의 삶을 살라."

불경건한 자들에게 닥칠 운명을 인식함으로써 시작하십시오. "저희는 풀과 같이 속히 베임을 볼 것이며"(37:2), "행악하는 자는 끊어질 것이다"(37:9), "악인은 멸망하고… 연기되어 없어지리로다"(37:20). 그들에게는 분명히 심판이 있습니다. 영원의 관점에서 본다면, 의인이 당하는 일순간의 고통과 악인의 번영이 무슨 문제가 되겠습니까? 하나님께서 모든 것을 의롭게 해결하실 것입니다. 그런 까닭에 다윗은 "행악자를 인하여 불평하여 하지 말라"(37:1)고 권유합니다.

다윗이 권고하기를, 우리가 변화시킬 수 없는 것들로 걱정하지 말고, 우리가 변화시킬 수 있는 태도 변화에 전력을 다하라고 말합니다. "여호와를 신뢰하라, 여호와와 더불어 즐거워하라, 모든 일을 여호와께 맡기라, 여호와를 의지하라, 여호와를 기다리라." 이 다섯 계명 중 하나를 택해 여러분의 언어로 표현해 보십시오.

행악자를 인하여 죄를 범하지 않게 우리의 마음을 다스려 주소서. 아멘.

실패에서 성공으로

6월 9일 ■ 묵상과 산책 / 시42-49편

끊임없이 배우는 자는 늙지 않는다.

오늘 읽을 시편은 대부분 '고라의 자손'들의 시입니다. 하나님의 가까이 하심과 그의 계획이 이루어지기를 열망하는 노래들입니다. 시편 42,43편은 하나님이 그의 예배 처소에 대한 강렬한 열망을 이야기하는 반면, 44편에서는 패배에서 승리로 이끌어 달라고 하나님께 호소하고 있습니다.

곧 하나님의 위엄(45편), 권세(46-48편), 지혜(49편) 등에서 그 답을 찾아 볼 수 있습니다. 어찌 감히 이 땅의 재물로 하나님의 경외스런 위엄을 비교할 수 있겠습니까?

하나님께서는 당신의 부모, 조부모, 선조들이 생활하던 그때에도 살아계셨음을 알고 있습니까?

만일 그것이 사실이라면 다음과 같은 헨리포드의 금언을 실행하는 것은 큰 어려움이 없을 것입니다. "배우기를 그친 사람은 그 사람이 20대이건 80대이건 노인이다. 그러나 계속해서 배우는 자는 늙지 않는다."

하나님은 당신에게 이전 세대들을 통해 배울 만한 것을 제공해 주십니다. 이것을 마음에 두고 시편 44편의 첫 세 절을 기도하면서 조심스럽게 읽어 보십시오. 당신이 신앙의 선조들의 생생한 지혜, 하나님이 그들을 위해 행한 능력있는 사역을 잘 표현한 증언들을 들어 본 때가 얼마나 오래 되었습니까?

만일 들어 본 때가 '너무 오래되었다'고 생각한다면 당신은 아주 좋은 것을 잃어버리고 있는 셈입니다. 이번 주 중에 신앙의 연장자 중 한 분을 저녁 식사에 초대하십시오. 그리고 나서 자리를 같이 하며 간증을 들어 보십시오! 견고한 믿음이 생길 것이며, 산성같은 담대함을 보게 될 것이며, 슬기로운 삶을 배우게 될 것이며, 문헌에서 깨닫지 못한 진리를 얻게 될 것입니다.

 오직 길과 진리와 생명이신 주님만을 바라보게 하소서. 아멘.

어리석은 자의 대답

6월 10일 ■ 묵상과 산책 / 시50-54편

자신이 어리석다고 생각하는 것만큼 개개인의 특성이 나타난다.

하나님은 의로우신 재판관이십니다(50편). 스스로 하나님의 백성이라 부르는 자들은 하나님의 관점에서 악을 바라보아야 합니다. 죄는 고백되어야 하고 용서받아야 하는 것입니다(51편). 혀가 종종 악한 것을 위한 도구가 되기도 합니다(52편). 악을 추구하는 것은 어리석은 일입니다(53편).

여기 어리석은 자에 관한 금언 몇 가지를 소개하겠습니다. "아무리 많은 사람들이 자신의 어리석은 짓을 변명한다 할지라도 어리석은 것은 여전히 어리석은 것이다." "어리석은 자와 그가 가진 돈과는 별개의 문제다. 반면, 예전에는 어리석은 자와 돈이 함께 하였으니 얼마나 다행한 일인가!" "어떤 일에 너무 잘 어울리는 적격자는 바보 취급 당하기 쉽다."

우리는 이러한 유머스런 격언을 대할 때 미소를 짓습니다. 그러나 여기 감히 가볍게 대할 수 없는 또 다른 격언이 있습니다. "어리석은 자는 그 마음에 이르기를 하나님이 없다 하도다"(53:1). 어리석은 자만이 하나님의 존재, 죄의 문제, 그리고 구세주의 필요성을 부인합니다. 바울은 로마서 3:10-12에서 "의인은 없나니 하나도 없으며 깨닫는 자도 없고 하나님을 찾는 자도 없고 다 치우쳐 한 가지로 무익하게 되고 선을 행하는 자는 없나니 하나도 없도다"고 했습니다.

우리가 어떤 인물이든, 무엇을 좋아했든 상관없이 오직 그리스도께 나아옴으로써 하나님의 의를 소유할 수 있다(롬 3:22)고 확신하는 것은 아주 중요합니다. 하나님이 이미 그 길을 제시하고 있음에도 어리석은 자는 자기 자신의 업적으로 그것을 얻으려고 노력합니다.

여러분은 어떠합니까? 구세주의 예수 그리스도께 도달한 현명한 사람입니까? 그렇지 않으면 어리석게도 스스로 구원을 찾고 있습니까? 만약 그리스도께 나온 적이 없다면 단순하게 믿는 믿음을 가지고 그에게 나아오십시오. 예수 그리스도 외에는 다른 길이 없습니다.

오직 길과 진리와 생명이신 주님만을 바라보게 하소서. 아멘.

눈물로 가득찬 병

6월 11일　　■ 묵상과 산책 / 시55-59편

하나님이 마침표를 찍은 곳에 물음표를 달지 말라.

시련(57-59편)과 눈물(56편), 그리고 믿었던 친구로부터 배반(55편)을 당한 중에도 하나님을 찬양할 수 있겠습니까? 다윗은 '할 수 있다' 라고 대답을 합니다. 하나님에 대한 탄탄한 신뢰를 가지면 친구나 대적들로부터의 무자비함과 배반당함에 직면하더라도 하나님을 찬양하는 것이 가능합니다. 오늘 읽는 시편들에서, 위기 가운데서의 다윗의 탄원이 확신에 찬 찬양의 표현으로 바뀌어지고 있는 과정을 살펴 보십시오.

시편 56편과 동전 한 닢이 가지는 공통점은 무엇입니까? 대답은 둘 다 '우리는 하나님을 의지해야 한다' 라는 메시지를 가지고 있다는 것입니다. 다윗은 13절로 된 이 시편에서 '하나님을 의지' 한다는 구절을 여섯 번이나 반복합니다. 이는 시편 기자의 어휘력이 부족해서가 아니라 하나님을 신뢰하는 것이 그의 소망의 초점이 되었기 때문입니다.

마치 눈부신 보석을 자랑하듯이 다윗은 하나님에 대한 자신의 확신을 높이 들어 올려 천천히 회전시키면서 자신의 신앙의 여러 면들을 보여 주고자 노력합니다. 대적의 공격을 당할 때, 두려움으로 가득찬 상황에서, 언어와 생각들이 그를 향하여 덤빌 때, 고통을 받으며 홀로 눈물을 흘릴 때 등의 여러 상황에서 하나님께서는 그와 함께 계시고 그를 도우십니다(56 : 9).

이것이 오늘 당신에게 꼭 필요한 소망의 메시지가 되길 바랍니다. 이 소망의 메시지로 말미암아 하나님이 여러분 앞에 펼쳐 놓은 모든 도전들에 능히 대처할 수 있기를 바랍니다. 하나님께 의지하십시오. 왜냐하면, 그 분은 여러분을 위해서 존재하시기 때문입니다! 온종일 이 생생한 진리를 기억할 수 있도록 특별한 곳에 몇 편의 메모를 붙여 놓으십시오. 그리고 친구와 함께 그 진리를 나누면서 교제해 보도록 하십시오.

매일의 삶에서 주님을 의지하며 깊은 교제를 나누게 하소서. 아멘.

밤을 지새면서

6월 12일　　■ 묵상과 산책 / 시60-66편

생명의 양식이 곁들여지지 않은 식사는 불완전한 것이다.

하나님 앞에서 솔직한 마음과 느낌에 대해 정확하게 표현할 수 있는 자유는 기도의 중요한 요소입니다. 다윗의 기도는 그의 마음속 깊은 곳까지도 보여 줍니다. 나라의 평안(60편)과 그의 왕으로서의 책무들이(61편) 그를 무겁게 짓누르고 있습니다. 그는 하나님과의 관계가 더욱 깊어지기를 열망합니다(62-64편). 그의 대적들은 결코 알 수 없는 깊숙한 관계를 열망합니다! 그는 전능하신 하나님의 창조(65편)에 대해 경외심을 갖고 있으며, 그 무엇과도 비교할 수 없는 하나님의 구원(66편)을 즐거워합니다. 하나님은 그의 말씀을 읽는 모든 이에게 "와서 하나님이 행하신 것을 보라"(시 66:5)고 초청하십니다.

시편 63편은 다윗이 유다 광야에 있을 때 기록되어진 것입니다. 그곳은 물이 부족하고 식물이라곤 거의 찾아 볼 수 없으며, 낮에는 너무 뜨거워 활동하는 모든 것이 고통스러운 그러한 황폐한 지역입니다. 이런 황폐한 주위 환경이 다윗으로 하여금 "내가 간절히 주를 찾되 물이 없어 마르고 곤핍한 땅에서 내 영혼이 주를 갈망하며…"(63:1)라 쓰도록 했습니다. 다윗은 영혼과 육체가 하나님 앞에 있기를 열망하고 있습니다. 그는 하나님을 찾는 갈급함과 굶주림이 하나님을 열심히 따름으로써 만족되어질 것임을 알았습니다. "골수와 기름진 것을 먹음과 같이 내 영혼이 만족할 것이라"(63:5). 다윗이 하나님을 아침 일찍 찾아도 하나님께선 밤 늦게야 응답하시는 줄 알게 되었습니다(63:6). '마르고 곤핍한 땅'에서 그를 찾으면 '주의 날개 그늘의 보호' 속에서 원기가 회복될 것을 알았습니다(63:7). 하나님께 가까이 하면 그분이 자신을 붙잡아 주실 것을 알았습니다(63:8).

예수님은 그를 따르는 자들에게 이렇게 말씀하셨습니다. "의에 주리고 목마른 자들은 복이 있나니 저희가 배부를 것임이요"(마 5:6). 당신도 '영적인 갈증'을 그분을 나타내며 그분의 말씀을 통하여 해결 하십시오.

말씀을 통하여 날마다 충만한 은혜를 주소서. 아멘.

연장자인 성도의 시편

6월 13일　　■ 묵상과 산책 / 시67-72편

늙어 간다는 것은 열정이 동정으로 바뀐다는 것을 의미한다.

오늘 읽을 여섯 편의 시는 '찬양의 시간을 가져야만 하는' 충분한 이유를 제공해 줍니다. 하나님은 열방의 정사들을 다스리시기에 족하신 위대한 분이십니다(67편). 하늘의 구름 위에 앉으신 분이시며(68편), 반면에 자기 백성의 아픔을 보살피실 수 있을 만큼 세밀하신 분이십니다(69-71편). 진실로 그분은 피조물들을 다스리는 왕으로서 찬양과 경배를 받으시기에 합당하신 분이십니다(72편).

나이를 먹는다는 것은 하나의 역설입니다. 처음 20년 동안은 빨리 성장하지 않음을 아쉬워하지만, 그 다음 20년은 얼마나 세월이 빨리 지나가는지 간담이 서늘해질 지경입니다. 그런데 그 다음 20년, 30년, 40년간은 다시 시간이 멈춘 듯한 느낌을 갖게 합니다.

비록 '인생은 60세부터 시작된다'는 속담에 동의하는 사람은 거의 없을지라도, 삶이 60세와 70세까지도 계속 된다는 것은 분명한 사실입니다. 하나님의 백성 중 어떤 이들은 80세나 그 이상을 살기도 합니다. 그러나 이들에게 장수의 영예를 주신 하나님의 목적은 무엇입니까? 육체적 기력이 쇠퇴해 가는 '나이 든 성도'는 어디에서 힘과 안전을 얻을 수 있습니까?

시편 71편은 하나님이 나이 든 사람들에게 필요한 모든 것을 풍성히 공급해 주신다는 사실을 보여 줍니다. 안전? "주께서 나를 구원하라 명하셨다"(71:3). 소망? "주는 나의 소망이시요 나의 어릴 때부터의 의지시라"(71:5). 기력? "내가 주 여호와의 능하신 행적을 가지고 오겠다"(71:16). 용기? "나를 더욱 창대하게 하시고 돌이키사 나를 위로하소서"(71:21). 삶의 목적? "하나님이여 내가 늙어 백수가 될 때에도 나를 버리지 마시며 내가 주의 힘을 후대에 전하고 주의 능을 장래 모든 사람에게 전하기까지 나를 버리지 마소서"(71:18).

시편 71편을 다시 한번 생각하면서 읽어 보십시오. 그리고 노인들을 향한 하나님의 사랑을 나누기 위한 격려의 편지를 쓰십시오.

 인생의 가치를 깊이 알게 하소서. 아멘.

신앙의 교리

6월 14일　　■ 묵상과 산책 / 시55편

근심의 시작은 신앙의 끝을 의미하고, 진정한 신앙의 시작은 근심의 끝을 의미한다.

잠시 동안 지난 주에 읽었던 시편들을 다시 한번 더듬어 보십시오. 하나님과 하루하루 살아 가면서 그것들을 통해 배운 교훈은 어떤 것들입니까? 성경의 이 부분에서 반복적으로 가르쳐 주고 있는 것은, 어려운 환경이 결코 우리를 넘어지게 할 수 없으며, 오히려 우리를 사랑하는 주님께 의지하게 한다는 것입니다. 오늘은 시편 55편을 통해 다른 모습을 한번 보도록 합시다. 이 시에서 다윗은 우리 짐을 져 주신 하나님의 미쁘심을 상기시켜 줍니다.

폭풍이 있을 것이라는 일기예보가 있으면 선박들은 강한 닻을 준비합니다. 건물들은 단단한 토대를, 나무들은 깊이 박힌 튼튼한 뿌리를 준비해야 합니다. 폭풍이 있을 때에도 그것들이 지탱할 수 있는 이유는 요동하지 않는 어떤 것에 강하게 연결되어져 있기 때문입 니다.

폭풍우가 몰아치는 듯한 어려운 환경 속에서 다윗이 내린 닻은 바로 하나님을 변함없이 믿는 흔들리지 않는 신앙이었습니다. 다윗은 자신을 소용돌이 속으로 휘몰아 넣는 세력에 집착하기 보다는 오히려 신앙으로 하나님과 연결되려고 총력을 기울였습니다(55:22). 자신의 닻이 요동치 않는 반석에 고정되어지게 되었을 때 다윗은 하나님의 능력 때문에 자신도 역시 요동치 않음을 알았습니다.

삶 속에 폭풍이 몰아치고 있지는 않습니까? 신앙 때문에 극심한 반대에 직면해 있지는 않습니까? 다윗의 표현을 당신의 모델로서 활용하면서, 변하지 않는 하나님에 대한 확신을 당신의 말로써 두 세 문장 만들어 보십시오. 간증문을 게시판이나 욕실 거울에 부착해 놓으십시오. 그것으로 인해 확실한 기반, 곧 하나님께 내린 닻을 소유하고 있으므로 생의 폭풍 따위를 두려워할 필요가 없다는 것을 훗날에도 상기할 수 있을 것입니다.

 어떠한 시련과 역경도 이길 수 있는 힘을 주소서. 아멘.

좋았던 옛 시절에 대한 감사

6월 15일   ■ 묵상과 산책 / 시73-77편

만일 당신의 미래가 현재와 다르기를 원한다면 과거를 공부하라.

오늘 읽을 다섯 편의 시편 저자 아삽은 생의 아주 어려운 난제에 대해 고민을 합니다. 왜 악인이 번성하는가(73, 75편), 왜 의인이 고통을 당하는가(74편), 왜 기도가 응답되지 않는 것처럼 보이나(77편) 등의 문제로 인해 두려움과 불확실성 가운데 고민하다가 아삽은 요동치 않는 반석이 있음을 발견합니다.

만약 여러분이 과거의 기억을 더듬게 될 때 반응은 어떠합니까? 아주 고통스런 경험이었다고 말하십니까? 아니면 스스로 '참 좋았던 옛 시절'이었다고 말하며 그 시절을 그리워하십니까?

아삽이 시편 77편에 기록한 것처럼, 과거의 기억들이 그의 사상에 중요한 역할을 하고 있습니다. 밤중에 잠자리에 누워 걱정하며 하나님의 위로를 찾고 있던(1-6절) 그는 자신에게 질문해 봅니다. "하나님이 혹 변하신 것은 아닐까? 아직도 나와 내 문제들에 관심을 갖고 계실까?"

그러나 곧 역사 속에서 활동하신 하나님의 행사를 기억해 봅니다(1-12절). 그분은 애굽의 속박으로부터 그의 민족을 구속해 주셨습니다. 백성들로 하여금 홍해를 건너게 하셨고, 아무 것도 없는 황량한 곳에서 먹을 것과 마실 것을 공급해 주셨습니다. 하나님의 과거 행적을 통해 그의 선하심을 기억하는 바로 그 순간, 아삽은 자신을 불쌍히 여기는 마음을 떨쳐 버리고 주를 찬양할 수 있게 되었습니다.

최근에 '우울증과의 투쟁'을 경험해 본 적이 있습니까? 여기에 아삽의 우울증을 치료해 준 처방이 있습니다. 여러분도 역시 치료될 수 있을 것입니다. 어제 일들을 돌이켜 보면서, 공급, 보호, 인도의 차원에서 당신을 위해 하나님이 하신 선한 일을 적어도 각각 하나 이상씩 확인해 보십시오. 이젠 지난 주 동안의 하나님의 선하신 일들을 세어 보십시오. 남은 여생 동안 '나를 위해 행하신 많은 기적들을 기억'(11절)할 수 있게 하는 증표를 마련해 보십시오.

지난 날에 주신 모든 은혜를 감사하게 하소서. 아멘.

과거로부터 얻은 유익

6월 16일 ■묵상과 산책 / 시78-83편

나는 단 한 번도 실수한 적이 없다고 주장하는 실수를 결코 범하지 말라.

아삽의 시편들(50, 73-83편)을 완숙하게 만들어 주는 것은 하나님의 위대하심에 대한 여섯 개의 증언입니다. 성경에서 두번째로 긴 시편인 78편은 이스라엘 역사를 통한 교훈들을 가득 담고 있습니다. 시편 79편에서는 예루살렘의 멸망으로 인해 얻었던 뼈아픈 교훈을 말해 주고 있습니다. 시편 80편은 연단받은 하나님의 백성이 부흥하기를 기원하는 감동적인 기도문입니다. 고통과 불의에 직면하였을 때에도 하나님을 믿는 자는 여전히 기쁨을 노래할 수 있습니다(81편). 왜냐하면, 하나님이 사람들의 모든 행사를 다스리고 계신다는 것을 알기 때문입니다(82-83편).

지난 세대들의 실수를 통해 유익한 교훈을 얻습니까, 아니면 그것들을 그대로 답습하고 있습니까? 시편 78편은 하나님의 백성이 하나님을 배반하고 그로 인해 뼈아픈 결과를 당하게 되었음을 역사를 통해 가르쳐 주고 있습니다. 그러나 이스라엘의 타락과 불성실에도 불구하고 하나님은 여전히 신실하십니다. 징계하시는 하나님이 결국은 사랑의 하나님이시라는 사실을 그는 거듭해서 나타내고 있습니다.

자녀들이 혹 여러분 자신의 실패를 본 적이 있습니까? 과실들을 숨기지 마십시오. 오히려 그것들을 통해 교훈을 얻으십시오. 그리고 자녀들도 그러할 수 있도록 가르치십시오. 이런 방법으로 다음의 사실을 가능하게 하는 것입니다. "여호와의 영예와 그 능력과 기이한 사적을 후대에 전하리로다… 이는 저희로 후대 곧 후생 자손에게 이를 알게 하고 그들은 일어나 그 자손에게 일러서 저희로 그 소망을 하나님께 두며 하나님의 행사를 잊지 아니하고 오직 그 계명을 지키게 하려 하심이로다"(78:4,6-7).

자녀들은 말로 하는 충고보다는 직접 보여 주는 행동을 더 잘 따를 것입니다. 그것이 지난 날의 실패를 통해 얻는 배움이라면 더욱 그렇습니다.

나의 지난 날의 실패를 소중한 교훈으로 삼게 하소서. 아멘.

영속하는 하나님의 약속들

6월 17일　■묵상과 산책 / 시84-89편

하나님의 약속들을 양식으로 삼은 사람은 굶어 죽지 않는다.

오늘 읽을 시편들은 네 명의 다른 저자들이 기록했습니다. 저자가 다른 만큼 그 주제도 다양합니다. 고라는 여호와의 장막을 동경하며(84편), 또한 열방 위에 하나님의 통치가 펼쳐짐으로써(85편) 하나님의 위대하심이 그의 도성에 편만하게 될 것임을 말합니다(87편). 다윗은 대적들로부터의 구원과 부흥을 구합니다(86편). 헤만은 죽음의 문턱에서 하나님께 자신을 건져 달라고 부르짖습니다(88편). 에단은 주의 성실하심을 노래로 표현하고 있습니다(89편).

어떤 사람이 약속을 했는데 상황이 바뀌어서 그 사람이 자신의 약속을 지킬 수 없게 되었다면 다음 둘 중 하나를 선택해야 할 것입니다. '문제'를 그의 '약속'에 전가시키든가, 아니면 문제를 해결하기 위해 다시 그로 하여금 약속을 정하도록 하게 하는 것입니다. 그런데 그 모든 것은 약속한 사람의 신실성에 달려 있습니다.

하나님은 다윗과 약속을 하셨습니다(89:3-4). 사무엘하 7:13-16에 그 약속이 기록되어 있습니다. 하나님은 다윗에게 영원한 집과 왕좌와 왕국을 약속하셨습니다. 그러나 때로는 다윗의 가계가 풍전등화의 위기에 처할 때가 있었습니다. 적어도 두 번이나 '왕족'만 겨우 남게 될 정도로 쇠퇴하기도 했습니다(대하21:3;22:1-12). 그러나 그것은 오히려 약속을 주신 하나님을 믿는 믿음을 날마다 더 고조시켜 주었습니다. 어두움이 극심할 때일수록 하나님의 약속은 더욱 밝게 빛나기 때문입니다.

종이에 다음과 같이 쓰십시오. "성경에서 하나님이 백성들과 하신 약속들을 지키시지 않은 적은 한 번도 없었다." 그리고 뒷면에는 "성경상에 나타난 하나님이 백성들과 약속하고 지켰던 것들"이라고 쓰십시오. 그리고 혼자서 노아, 아브라함, 요나 등 여러 인물들에 대해 연구해 보십시오. 종이 한면이 빽빽하게 들어 찰 것입니다. 그들이 하나님의 약속들에 관해서 깨달았던 것은 무엇이었습니까?

 하나님의 신실하신 약속을 언제나 지키게 하는자가 되게 하소서. 아멘.

하나님의 그늘에서 쉼

6월 18일 ■묵상과 산책 / 시90-97편

주님을 의지하는 습관을 길러라

시편 기자는 하나님께서는 비할 데 없이 위대하시고 영원하신 분이심을 알았습니다(90편). 확실히 하나님은 경배와(95편) 높임을(96편) 받으실 만한 자격이 있는 분이십니다. 왜냐하면, 하나님은 다른 모든 이방 신들보다 지극히 높으신 분이기 때문입니다(97편).

지금 후덥지근한 광야에 있다고 마음 속으로 상상해 보십시오. 태양은 가장 사나운 대적이 될 것이며, 그늘진 곳을 애타게 찾을 것입니다. 그러나 나무나 동굴이나 쉴만한 그늘은 전혀 보이지 않습니다. 그런데 갑자기 은밀한 곳이 기억납니다. 그곳은 보통의 눈으로는 볼 수 없는 피난처입니다. 그곳은 뜨거운 열기로부터 피할 수 있는 곳입니다.

하나님의 사랑은 한낮의 뜨거운 고통과 같은 삶의 상황 속에서 안식처, 피난처, 그리고 쉴만한 그늘이 되어 주십니다. 아마도 그것은, 오늘도 하나님을 섬기면서 인내해야 하는 데 필요한 '산들거리는 상쾌한 바람' 과도 같은 것일 겁니다.

시편 기자는 하나님과 인생의 관계를 "주여 주는 대대에 우리의 거처가 되셨나이다. 산이 생기기 전, 땅과 세계도 주께서 조성하시기 전 곧 영원부터 영원까지 주는 하나님이시니이다"(90:1-2)라고 고백하며, "내가 여호와를 가리켜 말하기를 저는 나의 피난처요 나의 요새요 나의 의뢰하는 하나님이라 하리니 이는 저가 너를 새 사냥꾼의 올무에서와 극한 염병에서 건지실 것임이로다"(91:2-3)라고 심령의 고백을 하고 있습니다.

여기에서 전능자의 그늘에 관한 것 다섯 가지를 찾고(91:1-2), 14-16절에서는 하나님이 사랑하시는 자들에게 약속하신 여섯 가지를 찾아 "내가 … 하리라"는 구절에 동그라미를 쳐 보십시오. 오늘도 하나님 앞에서 새로운 활력을 공급 받으십시오!

 날마다 우리의 길을 인도하셔서 주를 찬양하게 하소서. 아멘.

완전한 생활, 마음, 걸음

6월 19일　　■ 묵상과 산책 / 시98-103편

거룩은 우리 자신을 전적으로 하나님께 드리는 것이다.

오늘은 흠모의 노래와 고통의 노래를 접하게 됩니다. "새 노래로 여호와께 찬송하라"(98편), "여호와는 왕이시다"(99편), "여호와께 즐거이 부를지어다"(100편), "내가 인자와 공의를 찬송하겠나이다"(101편), "여호와여 내 기도를 들으소서"(102편), "내 속에 있는 것들아, 다 그 성호를 송축하라"(103편).

행할 바를 아는 것이 명철입니다. 아는 바를 행하는 것이 지혜입니다. 여러분은 지혜롭습니까? 행할 바를 가르치는 것은 현명한 일입니다. 여러분은 현명합니까?

다윗은 구약 율법서를 읽음으로 인하여, 거룩이 그의 통치 행정의 보증서가 되어야 함을 알았습니다. 왜 그렇습니까? 다윗이 섬기는 하나님의 성품이 자비로우시면서 공의로우시기 때문입니다. 그러나 이것만으로는 그 진리를 알기에 불충분합니다. 왕인 그가 날마다 내리는 결정 속에서 이 진리를 보충하기 위한 어떤 실제적인 방도가 모색되어야만 했습니다. 그것이 바로 시편 101편에 기록되어 있습니다.

기독교인인 여러분 역시 다음을 삶의 목적으로 삼고 있습니까? 완전한 행동, 완전한 마음, 하나님과의 완전한 동행 …(2,6절). 독서할 때, TV를 시청할 때, 친구를 선택할 때, 직장에서 근무할 때, 여가 시간을 보낼 때 등에 거룩이라는 여과기가 영향을 미치고 있습니까?

다윗의 개인적인 삶과 공적인 삶에 있어 '거룩'이란 단지 일회적인 결정이 아니라 매일 추구되어야 할 성질의 것이었습니다. "아침마다 내가 이 땅의 모든 악인을 멸하리니 죄악 행하는 자는 여호와의 성에서 다 끊어지리로다"(8절). 한 주석가는, 다윗은 '깨끗한 행정에 대한 관심은 위로부터 실행되어져야 한다'고 생각했던 사람이라고 했습니다. '완전함'과 '거룩함'으로 하나님과 동행하기 위해 오늘 다윗의 신앙적인 모범을 통해 취해야 할 한 가지 길은 무엇입니까?

항상 거룩하게 하시고 하나님의 은혜 가운데 살게 하소서. 아멘.

그러나 하나님…

6월 20일 ■ 묵상과 산책 / 시104-106편

타인으로부터 용서받는 것은 자비이고, 하나님께 용서받는 것은 은총이며, 자신에게서 용서 받는 것은 지혜이다.

하나님이 위대하시다는 증거들은 어디서나 볼 수 있습니다. 그가 지으신 자연 세계에서(104편), 이스라엘 민족에 제공한 매일의 양식 속에서(105편), 고집 세고 목이 곧은 백성들을 다루시는 하나님의 인내 속에서(106편) 찾아볼 수 있습니다.

시인 콜리지(Coleridge)는 그의 유명한 시「옛 수부의 노래」에서 항로를 이탈해 표류하게 된 어떤 모험적인 항해가들의 곤경을 묘사하고 있습니다. 바다새 알바트로스('신천옹'이란 새)가 그 배와 동행하면서 순풍을 가져다 주었습니다. 그러나 선원 중 한 사람이 그 새에게 활을 쏘고 말았습니다. 순풍은 알바트로스의 죽음과 함께 사라지게 됩니다. 죽은 새는 죄를 지은 선원의 어리석은 실수를 계속 상기시키는 증표로서 그 선원의 목에 걸리게 되었습니다.

이스라엘 역시 그들의 빈번하고 비극적인 실수를 경계받기 위해 죽은 알바트로스를 그들의 목에 걸었더라면 좋을 뻔했습니다. 시편 106편에서 시편 기자는 먼저 이스라엘 백성이 애굽의 압제하에 있을 때 지은 죄들을 열거하고 있습니다(1-6절). 그 다음에 광야 방랑기 동안의 이스라엘 민족의 반역을 이야기합니다(7-33절). 마지막으로 약속의 땅에 들어간 백성들의 죄를 언급하고서 결론을 내립니다(34-39절). 그럼에도 불구하고 하나님께서는 자기 백성들을 용서해 주셨고 그들의 상황을 회복시켜 주셨습니다(8-12, 23, 30-31, 44-46).

여러분은 어떤 알바트로스를 목에다 걸고 있습니까? 과거의 어떤 죄가 아직도 여러분을 노리면서 서성거리고 있습니까? 8절과 44절을 읽고 '그러나'에 밑줄을 그으십시오. 그리고 다음 문장을 완성시켜 보십시오. "비록 내가 _____ 했음에도 불구하고 하나님께서는 나를 용서해 주셨다." 밑줄 친 부분에 당신이 과거에 잘못한 내용을 써 넣고, 하나님이 그것들을 용서해 주셨음을 확인해 보십시오.

 하나님의 용서와 자비하심을 많은 사람들에게 전하게 하소서. 아멘.

쫓기는 상황 속에서 나온 기도

6월 21일　　■묵상과 산책 / 시59편

원수들은 생겨나는 것이 아니라 만들어지는 것이다.

칼빈은 "시편 속에는 얼마나 많고 찬란한 보화가 들어 있는지! 이 책을 '모든 영혼의 해부체'라 부르는 것이 결코 부적당하지 않다. 왜냐하면, 여기엔 표현되지 않은 감정이 없기 때문이다. 마치 거울 속에 비치듯 모든 감정들이 다 스며들어 있다"고 했습니다. 이 기도와 찬양의 모음집을 읽었다면 칼빈 선생의 말에 전적으로 동감할 것입니다. 다윗은 시편 59편에 사울왕의 병사들에게 쫓겨 다니는 동안의 자신의 생각들을 기록합니다. 아마 그가 당했던 상황 그대로 당신이 쫓기지는 않을 것입니다. 그러나 그가 느꼈던 동일한 감정을 우리가 경험하고 있을 수는 있습니다. 그의 예로부터 함께 배워 봅시다.

시편 59편은 구원의 노래입니다. 그 제목도 '사울이 사람을 보내어 다윗을 죽이려고 그 집을 지킨 때에 다윗이 기록한 노래'입니다. 사무엘상 19:11에 나타난 시편 59편의 역사적 상황을 살펴 보십시오. 사람들은 누구나 '도망중에 먹을 것'이 필요함을 절감하고, 때로는 '도망갈 곳'을 요청하기에 급급합니다. 그러나 '도망중에 찬양'하는 법에 대해 당신은 배워 본 적이 있습니까?

다윗은 '도망중'에 시편 59편을 기록하였습니다. 사울이 보낸 병사들의 추적을 아슬아슬하게 피하던 다윗은 결국 창문 뒤로 빠져나가 그의 생명을 건지게 됩니다. 그는 도망자요 추격당하고 있는 비련의 사나이였습니다. 아마도 그는 잠시 쉬면서 숨 돌릴 틈이 있을 때마다 펜을 들어 시편 59편을 지었을 것입니다.

우리를 둘러싸고 있는 '원수들'을 심판하시고 나쁜 환경들을 제거해 달라고 하나님께 기도하기도 쉬운 일입니다. 그러나 진정 다윗처럼, 그런 환경 속에서도 하나님을 찬양하고 '도망하는 중'에서도 기쁨으로 찬양하는 자세를 취할 수 있겠습니까? 시편 59편을 읽고 난 후 이 문장을 완성시켜 보십시오. "하나님은 나의 피난처이시니 오늘 내가 _____로 쫓기는 가운데서도 주를 찬양하오리다."

 우리가 찬양하지 못할 상황이 없음을 알게 하시고 감사하는 믿음 주소서. 아멘.

압박당할 때의 노래

6월 22일 ■ 묵상과 산책 / 시107-110편

스트레스로 인해 절망하지 않기 위한 가장 좋은 훈련은 자주 무릎을 꿇는 일이다.

하나님의 선하심은 구원받은 자들에게 노래할 이유를 제공합니다(107편). 하나님의 진실하심은 절망 가운데 소망을 던져 주십니다(108편). 하나님의 의는 악한 자의 기쁨이 결코 오래 가지 못함을 보여 줍니다(109편). 하나님의 위엄은 인간 역사를 꿰뚫어 보게 하는 예리한 눈을 제공해 줍니다(110편).

스트레스를 받는 상황 속에서 어떻게 반응합니까? 혼자서 전전긍긍합니까, 그렇지 않으면 평안을 유지합니까? 절망하고 맙니까, 아니면 소망을 찾아 누립니까? 더 생산적이 됩니까, 아니면 곧 막혀 버리고 맙니까? 다윗왕 그보다 스트레스를 많이 당한 자도 없지만 그는 극심한 압박으로 짓눌리는 상황에서도 하나님의 능력 안에 있으면 파산되지 않고 승리할 수 있다는 것을 깨달았습니다. 그것은 건방진 자부심이 아니라 삶으로 보여 주는 감동적인 증거입니다.

삶이 어느 쪽으로 기울지 모르는 불안한 상태를 경험해 본적이 있습니까? 다윗은 궁중에서, 동굴에서, 전쟁터에서 그런 경험을 했습니다. 어느 지점쯤에서 사람들이 욕설로 상처를 입히고, 돌들로 길을 방해할지 잘 몰라 불안해 한 적은 없습니까? 다윗은 그랬습니다. 사건이 진정되고 나서야 당신이 그 문제에 굴복되었는지, 아니면 당신이 그 문제를 굴복시켰는지를 알 수 있는 그런 엄청난 규모의 문제에 직면해 본 적이 있습니까? 다윗은 그런 적이 있었습니다.

그러나 스트레스를 받는 순간에도 다윗은 여전히 시편 108편과 같은 노래를 지을 수 있었습니다. 다윗은 도망 중에도 시편 109편과 같은 노래를 지을 수 있었습니다. 다윗은 도망중에 지었던 시편 57편과, 전쟁터에서 패배 직전에 건짐을 받았을 때 지은 시편 60편의 핵심 요소와 그 맥을 같이 하는 확신에 찬 신뢰의 노래를 시편 108편에서 하였습니다. 하나님의 능력 안에서 그러한 두 상황 모두에 대해 용감히 대항할 수 있었습니다. 여러분 또한 그렇게 할 수 있습니다!

 우리에게 허락된 모든 상황에서도 하나님만을 찬양하게 하소서. 아멘.

우상숭배의 어리석음

6월 23일 ■ 묵상과 산책 / 시111-118장

마음 속의 우상은 손으로 만든 우상만큼이나 하나님께 도전하는 것이다.

오늘 읽을 한 묶음의 시편들을 '찬양 꾸러미'로 생각해 보십시오. 그 속에는 하나님의 돌보심(111편), 하나님의 명령들(112편), 하나님의 긍휼(113편), 하나님의 도움(115편), 하나님의 선하심(116편), 하나님의 인자(117편), 그리고 하나님의 영원한 사랑(118편)이 담겨져 있습니다. 평생토록 하나님을 찬양해야 할 이유는 너무도 많습니다.

세상에 얼마나 많은 '신들'이 있습니까?

생활 속에는 얼마나 많은 '신들'이 있습니까?

첫째 물음의 답은 간단합니다. 오직 한 분 하나님이 계실 뿐입니다. "이스라엘아 들으라 우리 하나님 여호와는 오직 하나인 여호와시니"(신 6:4), "나는 하나님이라 나 외에 다른 이가 없느니라 나는 하나님이라 나 같은 이가 없느니라"(사 46:9).

두번째 물음은 어려운 문제입니다. 그것들은 거하는 처소가 없는 보이지 않는 우상들로서 우리의 생활을 살펴 보아야 알 수 있기 때문입니다. 시편 기자는 시편 115편에서 그의 청중들에게 손으로 만든 우상들을 섬긴다고 꾸짖고 있습니다. 말할 줄도 모르고 보지도 못하며 듣거나 냄새도 못 맡고 느끼지도 못하며 걸을 수도 없는 그런 신들을 섬긴다고 말입니다. 그의 결론은 이렇습니다. "우상을 만드는 자와 그것을 의지하는 자가 다 그와 같으리로다"(115:8). 이와는 대조적으로 이스라엘의 하나님은 자기 백성들의 구원이시며 방패가 되십니다. 모든 축복의 제공자시며 땅과 하늘의 주인이십니다. 다른 어떠한 신이 감히 그분을 능가할 수 있겠습니까?

우리는 가진 시간이나 열정의 중심에 '사람의 손으로 만들어진 어떤 것(우상)'이 자리 잡고 있지나 않습니까? 그것이 자동차일 수도 있고, 모임·운동·투자 등 어떤 것일 수도 있습니다. 8절은 권고를 하고 있는 반면 11절은 일종의 초청을 하고 있습니다. 어리석은 것을 따르는 일은 결코 현명한 일이 아닙니다!

 우리의 마음 속에서 하나님보다 더 사랑하는 것들을 몰아내게 하소서. 아멘.

하나님의 말씀- 알파에서 오메가까지

6월 24일　　■묵상과 산책 / 시119-121편

성경을 읽는 방법은 여러 가지가 있으나 전권을 통독하는 것이 가장 좋은 방법이다.

시편 119편은 가장 긴 시편이자 성경 전체에서도 가장 긴 장입니다. 그리고 하나님의 말씀을 여러 각도에서 집중 조명하고 있는 장이기도 합니다. 하나님의 말씀에 관한 동의어를 12개나 사용한 시편 기자는 사실상 176절이나 되는 모든 구절을 하나님의 율법과 율법의 하나님을 찬미하는 데 사용했습니다. 시편 119편을 읽는 일이 마치 끝없이 계속될 것처럼 보이는 것과 마찬가지로, 비할 데 없는 하나님의 말씀에 대한 당신의 찬양과 사랑도 영원히 계속되어져야 합니다.

만일 어떤 사람이 길을 가고 있는 여러분에게 다가와 마이크를 손에 쥐어 주면서 "당신은 하나님의 말씀이 무엇이라고 생각하시오?" 라고 묻는다면 뭐라고 대답하겠습니까? 어떤 반응을 보이겠습니까?

만일 거리에서 질문한 그 사람이 시편 119편을 쓴 시편 기자를 예로 든다면, 그는 예상되는 그 이상의 답을 틀림없이 소유하고 있을 것입니다. 그 시편 기자는 하나님의 말씀을 지켜야 할 규례, 함께 나누어야 할 증거, 따라야 할 길, 준행해야 할 교훈, 준수해야 할 법도, 책임감을 동반한 명령, 옳고 그름을 판단하는 심판, 하나님이 권위로 하신 말씀, 반드시 갚아 주시는 약속 등으로 기술하고 있습니다.

그러나 시편 119편은 단순히 읽기 연습을 위해 주어진 것이 아닙니다. 오히려 성경은 걷기 연습을 요구하고 있습니다. 즉 사업의 결정들, 권위에 대한 반응, 상담자의 선택, 시험받거나 용기를 잃을 때의 문제 해소 방법들 등에 하나님의 말씀을 적용함으로써 당신의 삶 속에 성경의 영원한 진리를 옮겨 놓는 걸음걸이 훈련을 매일매일 해야 합니다.

오늘 성경을 읽기 전에 종이를 준비해서 그 상단 여백에 '내가 지금 가장 압박받고 있는 문제는 …이다' 라고 쓰십시오. 그런 다음 시편 119편을 읽으면서 당시의 상황을 향해 직접적으로 이야기하고 있는 시편 기자의 원리들과 교훈들의 목록을 작성해 보십시오.

오늘 나를 압박하는 여러가지 문제들에게 자유를 주소서. 아멘.

울며 거둠

6월 25일 ■ 묵상과 산책 / 시120-127편

가능한 것을 붙잡고 조금 손해를 보려는 자들보다 불가능한 것을 움켜잡는 자들을 그리스도께서는 원하신다.

시편 120-134편의 제목은 '성전에 올라가는 노래'입니다. 해마다 절기를 지키기 위해 예루살렘 성전으로 올라가는 유대인 여행자들에 의해 불리어졌던 노래입니다.

이 올라가는 노래들은 집을 떠나 여행하면서 평화, 보호, 양식 등을 기대하는 순례자의 사상들을 반영하고 있습니다.

귀향! 몹시 흥분될 만한 일입니다. 우리가 속했던 곳으로 되돌아간다는 것은 가족이 함께 있는 곳과 주위 환경이 친숙해 있는 곳으로 되돌아간다는 것을 뜻하므로 편안함을 가져다 줍니다.

오랫동안 집을 떠나 있던 사람만이 이런 느낌을 갖고 감사할 수 있습니다.

시편 126편은 귀향에 대한 기술입니다. 축복의 땅, 약속의 땅을 떠나 있었던 하나님의 백성이 결국 고향으로 돌아왔습니다. 꿈 같은 일이 결국 실현되었습니다.

오직 웃음과 노래와 기쁨의 눈물로써만 표현할 수 있는 느낌이 있었습니다. 순례자가 귀향한 것입니다!

그러나 그 순간의 감격을 잊지 않도록 시편 기자가 강조한 원리를 놓치지 마십시오. "울며 씨를 뿌리러 나가는 자는 정녕 기쁨으로 그 단을 가지고 돌아오리로다"(126:6). 농부의 수고처럼 기다림의 고통은 언젠가 때가 되면 그 열매를 거두게 될 것입니다.

부모로서, 주일학교 교사로서, 혹은 신실한 직장인이나 이웃을 위해 기도하는 자로서 당신이 뿌린 눈물과 노고는 어느 날엔가는 반드시 수확의 날을 맞게 될 것입니다.

그러므로 기뻐하십시오! 노래하십시오! 웃으십시오! 하나님을 위한 일에 충실하다면 작은 일에도 꿈을 키우십시오. 수확의 때가 가까왔습니다. 그때에는 울며 아파하던 것이 결실을 맺게 될 것입니다.

 기쁨으로 결실할 날을 소망하면서 눈물로 오늘의 사명을 감당하게 하소서. 아멘.

순례자의 가정생활

6월 26일 ■ 묵상과 산책 / 시128-134편

오늘날의 가정은 아이들의 안식처가 되기 보다는 오히려 TV에 정신을 빼앗겨 버리는 곳이 되고 말았다.

성전에 올라가는 순례자는 성전에 계신 하나님과 함께 하는 축복을 기대합니다. 가족(128편)이나 원수들(129편)과 함께 있으면서 애타게 부르짖는 중에(130편), 조용한 순간에(131편), 하나님의 성소에서(132, 134편), 하나님의 백성 가운데서(133편), 여호와를 찬양하는 것은 즐거운 일입니다. 그것은 바로 순례자의 특권이기 때문입니다. 여러분의 가정에 걸맞는 상황은 다음 중 어느 것에 해당된다고 생각하십니까? ① 태풍의 눈(고요, 평안), ② 태풍 그 자체.

시편 128편은 아버지와 결실한 포도나무인 어머니, 그리고 감람나무인 자식들이 한 상에 둘러 모인 어떤 가정을 느낄 수 있게 하는 모습입니다. 그러나 여러분의 가정을 마음 속에 그려 볼 때 문제있는 장면으로 생각될 수도 있습니다. 어떤 성급한 가정주부는 이렇게 토로합니다. "나의 애들과 저녁 식사를 함께 하기란 하늘의 별따기보다 더 어려운 일이에요."

그러나 이 시편이 지적하는 바를 놓치지 마십시오! 이 시편 기자는 우리의 안방을 더 훌륭한 가정이나 에덴동산으로 꾸미려고 애쓰는 것이 아닙니다. 오히려 가정이 진정으로 행복하게 될 수 있는 비결을 보여 주고 있습니다. 혼란스러운 상황 가운데서도 만일 여러분의 가정이 다음의 세 가지 사항을 최우선적으로 지킬 수만 있다면 토대가 확실한 안정과 만족을 발견하게 될 것입니다. 그 세 가지는 경외(여호와를 두려워하는 것, 1절)와 신뢰(여호와를 믿는 것, 1절), 그리고 순종(여호와의 도를 행하는 것, 1절) 등입니다.

오늘 저녁에 가족회의를 열어서 가정에 시편 128편이 실현될 수 있게 하는 방안들은 어느 것인지 의논해 보십시오. 만일 가족회의의 결정 내용을 충실히 이행하기만 한다면 하나님께서는 여러분의 가정을 축복해 주실 것입니다. 먼저 여러분의 가정에서 경외와 순종과 인내의 본을 보여 주지 않겠습니까?

 우리의 가정이 주님을 모신 천국가정이 되게 하소서. 아멘.

무소부재하신 하나님

6월 27일 ■ 묵상과 산책 / 시135-139편

진리되신 하나님 때문에 우리는 안심할 수 있다.

어떤 때는 우리가 과거를 회상하면서 쉽게 여호와를 찬양할 수 있습니다(135-136편). 그러나 또 다른 때는 찬양은 커녕 과거의 기억들이 더 큰 고통을 가져다 주기도 합니다(137편). 그러나 눈물과 고통의 어려운 시절에도 하나님의 신실한 사랑(138편)과 그분의 전지전능하심과 임재하심(139편)으로 인해 하나님께 찬양을 드릴 수 있습니다. '하나님은 모든 것을 다 아신다'라는 사실만큼 우리를 평안하게 해 주며 당혹스럽지 않게 해 주는 것은 없습니다.

하나님은 우리의 생각을 아시고 행동과 하는 말을 다 알고 계십니다. 일어날 때와 잠잘 때를 또한 알고 계십니다. 비록 이 땅 위의 그 누구도 알아주지 않는다 해도 하나님께서는 우리의 동기와 의도를 이해해 주십니다. 그와 동시에 하나님은 은밀한 죄에 대해서도 또한 아십니다. 아무에게도 알려지지 않은 죄일지라도 그분께서는 아십니다. 우리의 교만, 정욕, 질투, 탐욕들에 대해 하나님은 다른 사람이 아는 것보다 훨씬 더 세밀하게 파악하고 계십니다.

또한 하나님이 가까이 계심은 우리에게 위로와 힘이 됩니다. 산꼭대기에 올라가도 바다 깊숙이 내려가도 그가 안 계신 곳은 없습니다. 그의 계심은 밤을 낮과 같이 밝히시며 장소를 초월하십니다. 그가 없는 곳에서 지을 수 있는 '은밀한 죄'란 있을 수 없습니다. 그분께선 언제나 당신 가까이에 계십니다.

하나님은 우리를 속속들이 알고 계십니다. 그리고 가는 곳이라면 어디든지 함께 하시기를 원하십니다. 그 얼마나 성실하신 사랑입니까! '하나님이 나를 알고 계신다, 하나님은 나와 함께라면 어디든지 가신다, 하나님은 나를 창조하시고 독특한 인격을 가진 자로 만드셨다'는 사실에 대해 어떠한 느낌이 듭니까? 시편 139편의 마지막 두 절이 대답이 되기를 바랍니다. 성경을 다 읽고 난 뒤 그것들이 헌신의 기도가 되게 해 보십시오.

하나님과 함께하면 무엇이든지 만족하게 하소서. 아멘.

좋은 소식, 나쁜 소식

6월 28일 ■ 묵상과 산책 / 시60편

모든 신문의 제1면 톱 기사는 구원의 하나님을 필요로 하는 적절한 이유를 제시 해 준다.

마틴 루터는 시편을 이렇게 요약했습니다. "시편에서 우리는 모든 성도들의 마음을 들여다 본다. 그리고 참으로 천국과 같은 기쁨이 충만한 정원을 보는 것 같다. 그곳은 하나님과 그가 내리시는 축복으로 인한 행복함으로 피어난 달콤하고 생기있는, 그리고 즐거움을 가져다 주는 꽃들이 만발해 있는 곳이다." 아마도 시편을 한 페이지씩 계속 읽어 오면서 역시 그러한 경험을 했을 것입니다.

이 시편에서 다윗은 당대에 자신의 생애를 장식해 주었던 사건들에 대한 느낌을 보여 주고 있습니다. 읽어 가면서 인생 여정과 어느 정도나 비슷한가를 주목해 보십시오.

지난 해에 받아 보았던 것 중 가장 좋았던 소식은 어떤 것이었습니까? 그리고 가장 최악의 소식은 무엇이었습니까? 만일 어떤 사람이 "내가 좋은 소식과 나쁜 소식을 가지고 왔는데…"라고 달콤씁쓸한 이야기를 한다면 무슨 소식부터 먼저 듣기를 원하겠습니까?

시편 60편은 다윗왕이 좋은 소식과 나쁜 소식 모두를 듣고 난 후의 여파 속에서 기록한 것입니다. 권세가 절정에 오른 다윗은 원근각처의 원수들과 싸워 승리하였습니다(삼하 8:3-5, 좋은 소식). 그러나 다윗의 파죽지세적 승리는 그의 대적들로 하여금 서로 뭉쳐 동맹을 맺게 만들었습니다. 이 시에서는 에돔이 유대 남쪽으로부터 공격을 해 와서 수비가 허술한 지역을 쑥밭으로 만들었던 것을 기록하고 있습니다(나쁜 소식). 다윗왕은 이 소식을 접한 후 성령의 영감에 사로잡혀 시편 60편을 짓게 되었던 것입니다. 다윗은 방금 일어난 사건 속에도 하나님의 주권적인 손길이 역사하고 있음을 분명히 인식했습니다. 하나님은 사람의 대소사를 주관하실 뿐 아니라 민족들도 소유하고 계십니다(7-8절)! 그러므로 다윗은 '하나님의 도움으로 용감히 행할 수 있음'(12절)을 알고 있기에 하나님의 강한 능력에 영광을 돌릴 수 있었습니다. 이것이 여러분에게 오늘 확신이 되기를 바랍니다.

그 어떠한 환경에서도 하나님만을 높이게 하소서. 아멘.

찬양하는 백성들

6월 29일 ■ 묵상과 산책 / 시140-145편

우리가 무엇을 경배하는가는 우리가 무엇이 되는가를 결정하는 것 만큼 중요한 요소이다.

적들은 우리를 하나님으로부터 떨어지게 만들거나 하나님께 더 가까이 나아가게 만듭니다. 시편 기자는 자신을 해하려는 사람들로 포위 당해 있음을 발견했을 때 거기로부터 건져줄 것(140편)과 복수해 줄 것(141편), 보전해 줄 것(142편), 심판을 행치 말 것(143편), 그리고 구원해 줄 것(144편)을 부르짖었습니다. 진실로 하나님은 크시고 영화로우십니다. 이 사실은 모든 피조물들이 알고 전파할 만한 가치가 있는 일입니다(145편).

지난 주에 당신은 몇 차례 예배를 드렸습니까? 아마도 이 물음에 대해 교회의 출석 일수를 세어 볼지도 모르겠습니다. 주일 오전, 주일 저녁, 기도회…. 그러나 시편 145편을 읽어 보십시오. 그러면 하나님께 예배한다는 의미가 완전히 다른 모습으로 나타납니다.

다윗은 1, 2절에서 예배를 일주일에 한 번 있는 주일 예배에 참석하는 것보다는 일상생활에서 얻는 기쁨으로 기술하고 있습니다. 한번 찾아서 읽어 보십시오. 만일 다윗이 오늘날까지 살아 있다면 다음과 같이 이야기했을 것입니다. "나는 고속도로를 달릴 때, 사무실에서 일할 때, 고객을 만날 때, 집으로 가고 있을 때 등 언제나 하나님만을 생각하며, 나를 위해 행하신 일들은 찬양받으시기에 합당하심을 묵상한다."

예배는 장소에 국한될 수 없습니다. 주변에 교회가 없을 때에도 예배를 드릴 수 있습니다. 잠잘 시간에도 자녀들과 함께 하나님을 경배할 수 있으며(145 : 4), 버스 안에서도 아직 하나님을 알지 못하는 자들에게 하나님의 위대하심을 선포할 수 있습니다(145 : 11-12).

만일 하나님에 관해 생각하는 것에 지쳤다는 느낌이 들거나 그분을 예배하기에 힘이 든다면 4절을 보십시오. "그의 광대하심을 측량치 못하리로다." 시편 145편에서 다윗이 제안한 것들 중 하나를 사용하여, 지금 당장 몇 분 동안 하나님께 예배를 드려 보십시오.

하나님을 예배하는 것을 가장 귀중한 일로 삼게 하소서. 아멘.

찬양받으시기에 합당하신 하나님을 찬양하라

6월 30일 ■ 묵상과 산책 / 시146-150장

기도할 때 우리는 사람이 되고 찬양할 때 우리는 천사가 된다.

지금까지 읽은 시편에서는 시편 기자의 감정이 마치 청룡열차를 탄 것 같았습니다. 절망의 구덩이에서 최정상 꼭대기까지 높아짐을 맛보았습니다. 그러나 시편의 마지막 부분은 독자들에게 확실한 감명을 줍니다. 곧 하나님을 찬양함이 마땅하다는 인상을 갖게 합니다. 세세토록 그를 찬양하십시오. 창조주이며 보존자이신, 그리고 구원자이시며 주님이신 그를 찬양하십시오.

시편 146-150편은 모두 '여호와를 찬양하라'는 의미를 가진 히브리어 '할렐루야'로 시작하고 '할렐루야'로 끝마칩니다. 이것이 시편 기자의 어법입니다. 시편 146편만이 하나님이 높임받아야 하는 이유를 제시하고 있습니다. 거기에는 그의 창조, 진실, 심판, 공급, 병고침, 보호, 통치 등을 포함한 12가지의 사실이 언급되고 있습니다.

그러나 하나님을 찬양함이 말로 표현할 수 있는 자들만의 특권은 아닙니다. 해, 바다의 생물, 눈송이, 별들 등 모든 피조물들이 하늘에서 여호와의 위대하심을 외칩니다(시148편). 시편 150편은 시편 전체 핵심을 제공해 줍니다. 짧은 6절 안에서 시편 기자는 무려 13회나 찬양하라는 명령을 하고 있습니다. 시편의 중심은 분명합니다. 호흡이 있는 동안 당신의 삶이 하나님을 찬양하도록 하십시오. 그분의 위대하심은 공적으로 선포되고도 남을 가치가 있기 때문입니다.

날마다 찬양받으시기에 합당한 하나님에 관해 들어야 할 사람들이 주변에는 너무도 많습니다. 아직 구원받지 못한 이웃, 동역자, 급우, 친구…, 이들 모두가 하늘에 계신 하나님의 신실한 사랑의 선포를 듣고자 기다리고 있습니다.

하나님의 사랑을 듣고 대답해야 할 친구, 친척, 동료들 중 '가장 필요한 열 명의 명단'을 작성해 보십시오. 각 사람을 위해 매일마다 그 이름을 불러 가며 기도해 보십시오. 자신을 위해서도 기도하십시오. 하나님이 문을 열고 기회를 주셨을 때 기꺼이 하게 해 달라고!

우리의 삶의 중심이 하나님을 찬양하는 찬양되게 하소서. 아멘.

7월

• • • •

나의 가는 길을 오직 그가 아시나니
그가 나를 단련하신 후에는
내가 정금 같이 나오리라
- 욥 23:10 -

지혜의 부름

7월 1일
■ 묵상과 산책 / 잠1-4장

자신이 씹을 수 있는 정도보다 더 많은 것을 깨무는 바로 그 순간이 지혜의 이빨을 자르기 시작하는 때이다.

다윗의 아들이며 이스라엘의 왕인 동시에 구약에서 가장 현명한 사람인 솔로몬보다 더 하나님 관점에서의 지혜를 잘 말할 수 있는 사람은 없을 것입니다! 솔로몬은 잠언서의 첫머리에서 자신의 저작 목적과 주제에 대해서 확실하게 밝혀 주고 있습니다. "이는 지혜와 훈계를 알게 하며 명철의 말씀을 깨닫게 하며 지혜롭게, 의롭게, 공평하게, 정직하게 행할 일에 대하여 훈계를 받게 하며"(1:2-3).

여러분은 생활 속에서 하나님께 영광 돌리는 법들을 어떻게 개발할 수 있습니까? 이에 대해서 솔로몬은 즉시 "여호와를 경외하는 것이 지식의 근본이어늘"(1:7)라고 대답해 줍니다. 여호와를 경외하는 법을 배움으로써 오직 하나님의 지혜만이 가져다 줄 수 있는 유익을 얻는 길에 설 수 있게 됩니다. 즉 도덕적 순결, 진정한 행복, 매일매일의 삶 속에서 행하여야 할 어려운 결정들에 대해 지도하심을 받게 됩니다.

어느 피아노의 대가가 자신의 재능에 대해서 '타고 난 천재'라고 평가하는 것을 듣고 다음과 같이 대답하였습니다. "천재라고요? 나는 38년 동안을 매일 여섯 시간씩 연습해 왔습니다. 그러한 나를 이제 와서 천재라고 부르다니요!" 그 사람이 피아노를 그렇게 잘 치게 되기까지에는 피눈물 나는 노력이 있었던 것입니다. 천재적인 자질을 부여받았기 때문이 아니라, 그것을 갈고 닦으며 전심으로 훈련하였기 때문에 얻어지는 것입니다.

극소수의 하나님의 자녀들만이, 주님에 대한 두려움이 커짐으로 인하여, 무엇을 우선순위에 놓아야 하며, 어떻게 결정하는 것이 좋은지에 대해서 결정하는데 하나님이 주시는 지혜가 필요함을 경험하게 됩니다. 잠언에 대한 연구를 시작하면서 다음과 같은 질문을 자신에게 던져 보십시오. "솔로몬은 지혜를 얻기 위한 비결을 알아냈다. 과연 나는 그것을 발견했는가?"

 우리의 우선순위를 하나님께 두게 하소서. 아멘.

지혜를 얻게 됨

7월 2일　　■ 묵상과 산책 / 잠5-9장

유혹은 언제나 얻게 될 것보다 더 많이 주겠노라고 약속한다.

잠언서에서 계속 반복되고 있는 간절한 권고는 무엇입니까? 경우에 맞는 지혜의 말씀에 주의를 기울이는 것만으로는 충분하지 않습니다. 조심스럽게 듣지 않는 사람은 어리석은 사람입니다. 특히 인생에 있어서 도덕적 선택을 해야 할 경우는 더욱 더 조심해야 합니다. 현명한 사람은 성적 유혹과 도덕적 타락을 물리칩니다. 왜냐하면, 그러한 일시적인 쾌락 뒤에는 반드시 엄청난 대가를 지불해야 하는 사실을 알고 있기 때문입니다. 사람에게 있어서 진정한 행복의 길은 자유 분방한 부도덕에 있지 않고 정조를 지키는 데에 있습니다. '젊어서 취한 아내를 즐거워'(5:18)해야 한다고 가르쳐 줍니다.

솔로몬의 유년 시절은 분명히 시련의 때였을 것입니다. 그 격동의 기간 동안 궁궐을 뒤흔들었을 고통과 전율을 생각해 보십시오. '더럽혀진 다말, 다윗의 퇴위, 압살롬의 부끄러운 행위들과 부끄러운 죽음'(삼하 13-18) 등. 솔로몬이 그의 아들에게 죄의 유혹을 조심하라고 경고의 글을 쓸 때, 자신의 부모의 죄악들을 깊이 생각했을 것이라고 추측할 수 있습니다.

형식적 도덕으로 이끄는 길은 사람을 미궁에 빠뜨리고 맙니다. 아첨하는 입술과 거짓된 유혹, 마음을 홀리는 기쁨들은 모두 다 피할 수 없는 종국, 즉 파멸로 몰고 가는 것들입니다. 아들에게 주는 솔로몬의 현명한 충고는 자신의 아버지인 다윗왕에게서 물려받은 것과 똑같은 충고였습니다. "미끄러운 길을 피하라. 네 발을 삼가고, 네 마음을 지켜라"(6:20-23; 시 119:9,11)고 말입니다. 왜냐하면 죄의 유혹은 마음에서부터 시작되기 때문입니다.

"내 아들아"라고 시작되는 솔로몬의 말들을 '부도덕과 그것의 고통(6:20-29), 그것의 대가(6:30-35), 그것의 교활한 계획'(7:1-27) 등으로 단락을 나누어 묵상하십시오. 그런 다음 솔로몬의 권고가 일에 대한 태도를 어떻게 결정하라고 가르치는지를 토론해 보십시오.

우리의 눈과 걸음을 쳐악된 길에서 지케 주소서. 아멘.

지혜의 행위

7월 3일 ■ 묵상과 산책 / 잠10-13장

신중한 질문은 지혜의 문이다.

지혜는 단 하나의 문장으로 정의될 수 있습니다. "여호와를 경외하는 것이 지혜의 근본이요"(9:10). 그러나 지혜가 완전하게 그 모습을 드러내기 위해서는 평생이 걸립니다! 매일매일의 삶 속에서 현명한 행동과 반응으로 대처해야 되는 수많은 상황들을 생각해 보십시오. 언어, 각종 사무, 우정, 사업윤리, 그리고 가족관계 등등. 이 모든 경우에 있어 솔로몬의 말씀들은 우리를 하나님을 경외하는 길로 인도해 줄 것입니다.

잠언 1장에서 9장까지는 "누가 주님을 기쁘시게 할 수 있나?"라는 질문에 대한 답을 제공하고 있습니다. 당신은 어떤 식으로 그 질문에 답하시겠습니까?(3:12)

잠언의 나머지 부분(10-13장)은 "어떻게 주님을 기쁘시게 할 수 있는가?"라는 질문과 이에 대한 답으로 구성되어 있습니다. 그 질문에 대한 답은 매우 복잡합니다. 왜냐하면, 인생의 상황들이 복잡하고 다양하기 때문입니다. 그러나 우리들에게 예상되는 모든 경우에 있어 올바른 결정을 할 수 있도록 이끌어 줄 하나님의 원리가 있습니다. 하나님과 함께 동행하는 구체적이며 가장 세밀한 부분에 대해서도 하나님은 관심을 갖고 계십니다. 오늘 우리가 읽고, 묵상하고, 적용코자 하는 구절은 수십 개의 금언보다 더 확실한 답을 제공합니다.

여기 적당한 본보기가 있습니다. 다음의 잠언을 읽고 이를 삶에 적용시켜 보십시오.

· "속이는 저울은 여호와께서 미워하셔도 공평한 추는 그가 기뻐하시느니라"(11:1).

· "미련한 자는 자기 행위를 바른 줄로 여기나 지혜로운 자는 권고를 듣느니라"(12:15).

· "초달을 차마 못하는 자는 그 자식을 미워함이라. 자식을 사랑하는 자는 근실히 징계하느니라"(13:24).

 주님의 말씀에서 삶의 지혜를 얻게 하소서. 아멘.

어리석음과 지혜의 대조

7월 4일 ■묵상과 산책 / 잠14-17장

그 어디에도 하나님과 무관한 것은 없다.

오늘 읽을 내용의 전반부는(14-15장) 각 절의 앞부분과 뒷부분이 대조를 이루는 대조적인 잠언들로 이루어져 있습니다. 나머지 후반부는(16-17장) 반복과 부언의 형식을 빌어서 같은 내용을 강조하는 잠언들로 묶여져 있습니다. 이 잠언들의 구조는 간단합니다. 그러나 주제의 영역은 광대합니다. 우리의 성격과 언어, 인생행로와 직업, 사상과 목적들은 모두 삶을 경건으로 이끄는 헌신으로 나타내져야 합니다.

잠언 16장에 있어서 앞의 일곱 구절이 공통적으로 갖고 있는 것은 무엇입니까? 공통 요소를 찾아낼 때까지 여러 번 읽으십시오. 공통점을 찾아냈습니까? 이 모든 구절에는 '여호와' 란 이름이 들어 있습니다. 사실상 오늘의 본문에는 하나님의 이름이 20번 이상 들어 있습니다. 여호와가 현명하고 경건한 삶을 살게 하는 열쇠가 된다는 사실을 기억할 수 있도록 도와주고 있는 것입니다.

그는 생명을 지으신 자십니다(14:31). 그리고 성경은, 가장 완전한 삶을 사는 방법을 가르쳐 주기 위해서 그가 주신 '우리 주인의 지침서' 입니다.

나를 창조하신 하나님께 감사했던 때는 언제였습니까? 나의 삶 가운데 임재하시고 삶을 준비해 주시는 그분을 인식했던 때는 언제였습니까? 만일 그때가 너무 오래되었다면 다음과 같은 연습으로 도움을 받아 보십시오.

오늘 읽는 부분에서 '여호와' 가 나오면 그때마다 동그라미로 표시해 보십시오. 그런 다음 이름이 들어 있는 그 구절들로 하나님께 감사하는 찬양의 기도를 드려 보십시오. "주님, 당신이 나의 견고한 힘이 되심을 감사합니다(14:26), 생명의 샘이 되심을 감사합니다(14:27)" 등등. 나의 삶의 중심 부분이 바로 그분이 거하실 가장 적합한 장소라는 사실을 발견하게 될 것입니다!

내 삶의 중심에서 주님이 모든 것을 역사하여 주소서. 아멘.

지혜의 선택

7월 5일   ■ 묵상과 산책 / 잠18-21장

주 예수님의 멍에가 뻣뻣한 목에는 결코 적합하지 않다.

오늘 읽은 본문은 상식에 해당하는 것으로서, 지혜로운 자와 미련한 자가 직면하는 위험들, 연약한 자에 대한 성격 묘사, 외견상 선하게 보이는 것과 실제로 선한 것에 대한 가치판단에 대해 논하고 있습니다. 솔로몬은, 하나님께서는 사람들로 하여금 그들의 일상생활과 마음 속에서 아첨과 거짓을 버리시게 하는 반면 하나님 말씀에 복종토록 도와주시고 계신다는 사실을 나타내 주고 있습니다.

자신의 진실한 모습을 보지 못하도록 막는 것은 무엇입니까? 하나님으로 하여금 우리가 마땅히 되어야 할 사람이 되도록 돕지 못하시게 하는 것은 무엇입니까? 위 질문들을 곰곰이 생각하면서 18:12에 들어 있는 교훈을 살펴 보십시오. 이것은 대단히 중요한 내용으로서, 이미 16:18-19에 기록되었던 것의 반복임을 알게 될 것입니다.

하나님은 겸손한 자는 높이시기를 즐거워 하시지만(15:33) 교만한 자는 멸시하십니다(6:16-17; 16:5). 교만한 사람은 자기 자신과(8:36) 다른 사람들(13:10), 그뿐만 아니라 하나님과(16:5) 다투게 됩니다. 그러다가 결국에 가서는 그도 멸망하게 됩니다. 교만으로 인해 천사 루시퍼는 하나님보다 더 큰 자가 되기를 원하게 되었고(사 14:12-14), 그로 인해 정죄되었습니다(딤전 3:6).

교만은 일생을 황폐하게 합니다. 높은 말에서 내려와 엎드리는 것처럼 온순하게 행하기는 대단히 어려운 일일 것입니다. 그렇지만 그 일은 가장 필요한 일입니다! 오늘은 여러분이 섬길 수 있는 분, 여러분을 필요로 하고 관심을 갖고 있는 그런 사람을 찾아 보십시오. 그리고 의식적으로 진지한 감사의 뜻을 표현해 보십시오. 여러분의 소유와 현재의 모든 것이 다 하나님께서 주신 것이라는 사실을 꼭 기억하십시오(고전 4:7). 교만은 다른 사람들의 견해에 대해 어둡게 합니다. 그리고 교만은 하나님에 대한 예배를 방해합니다!

  교만을 버리고 겸손하게 하소서. 아멘.

지혜의 조건

7월 6일
■ 묵상과 산책 / 잠22-24장

어린아이들은 사랑받을 만한 자격이 없을 때, 특히 더 사랑을 필요로 한다.

1-21장은 우리의 행동과 반응, 우선순위, 그리고 여러 관계를 통해 드러나는 경건한 삶과 불경건한 삶에 대해 정의해 주고 있습니다. 그런데 22장부터는 그 강조점이 진리를 아는 것에서 진리를 행하는 것으로 옮겨지고 있습니다. 주된 관심은 얼마나 많은 잠언을 알고 있는가에 있지 않고 얼마나 많은 잠언을 생활 속에서 적용하는가에 집중되어 있습니다. "지혜있는 자의 말씀을 들으라 ; 그것을 주의깊에 따르라, 그러면 너에게 좋을 것이다"(22:17). 이 말씀은 모든 시대에 적용되는 지혜입니다. 다음은 평범한 기독교 가정에서 흔히 볼 수 있는 장면입니다.

아버지 : "얘야, 내 말대로 하려므나."

아 들 : "왜요, 아버지?"

아버지 : "아버지가 하라면 해."

이 드라마는 다양하게 전개될 수 있습니다. 때때로 등장 인물이 아버지와 딸, 어머니와 아들, 또는 어머니와 딸로 바뀔 수도 있습니다. 경우에 따라 위의 말은 삶과 죽음에 관계되는 중요한 내용이 될 수도 있습니다. 또는 그 내용이 잠옷을 가져오라는 하찮은 것일 수도 있습니다.

아이들이 즉각적인 순종을 배우기에 적합한 이유가 있을 때는, 부모 역시도 자신의 명령 속에 포함되어 있는 신념을 담대히 가르칠 수 있을 것입니다. 잠언 23장에서는 무엇을 하라고 명령할 때 무려 아홉번씩이나 왜 명령에 순종해야 하는지 그 이유에 대해 말해 주고 있습니다.

자녀에게 여러분의 신념을 설명하는 시간을 갖기보다는, "내가 그렇다면 그런 줄 알아"에 더 의존하는 잘못을 범해 오진 않았습니까? 오늘은 시간을 만드십시오. 자녀들은 여러분이 적극적인 관심과 사랑을 위해 더욱 더 많은 시간을 할애해 주기를 바라고 있습니다.

 우리의 자녀들이 진리 안에서 순종하게 하소서. 아멘.

실패했을 때는 기다리라

7월 7일　■묵상과 산책 / 시62편

기도를 멈추지 말라. 응답이 지체되면 기다리라. 하나님은 반드시 응답하시며, 결코 늦게 찾아오시는 법이 없다.

잠언은 생활을 위한 지혜의 말씀입니다. 하나님의 영감으로 되어진 실제적인 진리는 우리의 삶의 모든 국면에 도움을 줄 것입니다. 지혜로운 자와 어리석은 자, 교만과 겸손, 정의와 불의, 게으름과 노동, 빈곤과 부, 친구와 이웃, 사랑과 음욕, 분노와 다툼, 주인과 종, 삶과 죽음 등과 같은 서로 연관된 주제들은 하나님과 또는 사람들과 관계를 맺을 때 도움을 줄 것입니다.

"모든 시도가 실패했을 때는 하나님을 기다리십시오." 간단히 해결할 수 없는 문제에 직면했을 때 어떤 생각을 하게 됩니까? 만일 모든 수단을 다 동원해 보았고, 게다가 모든 외부의 도움이 다 끊어져 더 이상 어떤 일도 할 수 없게 되었다면 그때는 하나님을 기다리십 시오.

그러나 다윗이 시편 62편에서 말하고 있는 것에 주목하십시오. 하나님을 기다린다는 것은 약함의 표시가 아니라 가장 강한 자세입니다! 사람이 행할 수 있는 어떤 일도 하나님을 기다리겠다는 다윗의 결정을 흔들지 못합니다(62:1-4).

다윗은 하나님이 그의 확실한 힘이 되신다는 것을 알았습니다. 그래서 그는 자기와 마찬가지로 다른 사람들에게도 하나님만 의지하라고 권고하고 있습니다(5-8절).

하나님의 무한한 능력과 비교할 때, 사람의 힘은 아주 나약하며 헛된 것에 불과합니다(9-12절)

오늘의 일과중에 기다려야만 할 때가 오게 되면, 다윗이 말한 힘의 원천을 기억해 보도록 하십시오. 다윗은 "나의 영혼이 잠잠히 하나님만 바람이여, 나의 구원이 그에게서 나는도다"(1절).

이 고백처럼 여러분의 옆에 있는 사람과 이 구절에 대해 함께 얘기해 보십시오. 시편 62편 본문을 읽고 묵상해 보십시오.

 하나님의 때까지 기다리는 인내를 우리에게 주소서. 아멘.

지혜로운 말들의 집합

7월 8일

■ 묵상과 산책 / 잠25-29장

만일 당신이 그리스도 안에 있고, 그리스도가 당신 안에 계시다면 그것만으로도 충분하다.

의는 국가를 높일 뿐만 아니라(14:34) 그 국가의 국민들을 안정시킵니다! 솔로몬은 잠언서의 끝부분에서도 의의 유익함과 어리석음의 치명적인 위험을 기술함으로써 마지막까지 우리에게 도움을 주고 있습니다. 왕과 언어, 거짓된 증인과 친구, 의로운 자와 패역한 자, 어리석은 자와 현명한 자, 게으른 자와 부지런한 자, 속이는 자와 믿을 만한 자 등에 관하여 솔로몬은 각각 서술하고 있습니다. 하나님의 지혜는 인생에서 겪게 되는 여러 상황에 대하여 옳게 반응하도록 지도해 주십니다. 그리고 물질의 소유에 대한 합당한 관점을 가르쳐 주십니다.

언뜻 보기에 이 138개의 잠언들은 이것저것 잡다한 생각들을 두서없이 늘어놓은 것 같이 보입니다. 그러나 실제로는 사려깊은 배열로서 비슷한 주제들끼리 모아 놓은 흔적이 있습니다. 이러한 점에 유의하여 읽으면서, 여러분의 삶 중에서 솔로몬의 권고로부터 도움을 받을 수 있는 경우들을 생각해 보십시오.

· 말(25:11-15)
· 방종(25:16-17)
· 불성실(25:18-19)
· 연민(25:20-22)
· 우매한 행동들(26:1-12)
· 게으름(26:13-16)
· 농담(26:20-22)
· 위선(26:23-28)
· 목축 정신(27:23-27)
· 억압(28:15-17)
· 가난(29:13-14)
· 육(29:13-14)

이제 하나님과 동행하기에 곤란한 영역에서는 동그라미를 쳐 보고, 현재 동행하고 있다고 자신있게 내세울 수 있는 것들에는 밑줄을 그어 보십시오. 우리들의 일생 속에서 지금까지 지키지 못했던 하나님의 지혜로운 말씀을 지켜나가기 시작할 때 큰 역사가 나타날 것입니다.

말씀을 따라서 살아가는 생활 중에 거리끼는 것이 없게 하소서. 아멘.

여자에 관한 권고

7월 9일 ■ 묵상과 산책 / 잠30-31장

한 성숙한 여인이 된다는 것은 어려운 일이다. 왜냐하면, 그것은 원리적으로 남자들을 대하는 자세에 관한 문제이기 때문이다.

우리가 이미 알고 있는 것처럼 잠언서 모두가 솔로몬의 작품은 아닙니다. 30장은 다음과 같이 시작합니다 "이 말씀은 야게의 아들 아굴의 잠언이니 그가 이디엘과 우갈에게 이른 것이니라." 여기에 언급된 네 사람의 이름이 이곳 말고는 성경 어디에서도 발견되지 않습니다. 그러나 아굴의 말은 영원한 진리의 형태로 존재하고 있습니다. 여러분은 그것을 '두 개의 것들, 혹은 세 개의 것들, 또는 네 개의 것들로 된 지혜' 라고 지칭했을 것입니다.

아굴은 족할 줄 모르는 네 가지(15-16절), 놀랄 만한 것 네 가지(18-19), 허용할 수 없는 네 가지(21-32절, 암수 각각 둘씩), 그리고 위품있게 걸어다니는 것 네 가지(29-31절)에 대해 말하고 있습니다. 잠언의 마지막 장은 르무엘왕에 의해 씌어졌습니다. 거기에는 어머니로부터 전해진 경건한 충고가 들어 있는데, 그 내용은 품위있고 도덕적인 성숙한 여인에 대한 묘사입니다.

여러분은 아내나 어머니를 칭찬할 만한 내용 스물 두 가지 정도를 열거할 수 있습니까? "여호와를 경외하는 여자는 칭찬을 받을 것이라"(31:30). 그런데 르무엘은 그의 인생 속에서 만난 현숙한 여성을 격찬하는 데에 히브리어 알파벳 스물 두 자를 한번씩 사용한 스물 두 절을(10-31절) 할애하고 있습니다.

여러분의 주변의 여인들에 대해서 한 번 쯤 생각해 보는 시간을 가져 보십시오. 종이 한 장을 펴 놓고 맨 윗부분의 왼쪽에는 아내의 이름을 오른쪽에는 어머니의 이름을 쓰십시오. 그런 다음 31:1-31과 연관지으면서 '진주보다도 더 소중한' 아내와 어머니의 장점이나 칭찬할 만한 내용들을 적어 내려가 보십시오. 예를 들면 "① 믿을 만한 여인," "② 집안 일을 잘 보살피는 여자" 등과 같이 말입니다. 이런 식으로 아내에 대한 칭찬을 22번까지 모두 적어 내려갔을 때, 아마 아내에게 선물이라도 하지 않고서는 견딜 수 없을 것입니다.

 현숙한 여인들이 되어 가정을 잘 다스리는 아내들이 되게 하소서. 아멘.

인생추구의 허무함

7월 10일 ■ 묵상과 산책 / 전1-6장

인생이란 당신이 다른 계획을 세우고 있는 동안 우연히 발생하는 일들의 연속이다.

거리에 나가서 아무나 붙잡고 "인생이 무엇입니까?" 하고 물어보십시오. 그러면 그 사람은 깜짝 놀라며 여러분을 보고 웃을 것입니다. 그러나 전도서의 저자에게 똑같은 질문을 해 보십시오. 그의 대답은 여러분을 놀라게 할 것입니다. "헛되고 헛되니 모든 것이 헛되도다"(1:2). 이 대답은 평범한 삶을 살았던 철학자가 무심코 내뱉은 단순한 말이 아닙니다. 성경의 인물 가운데 가장 부유하고, 가장 현명하며, 가장 유력한 사람들 중의 하나인 '다윗왕의 아들'(1:1) 솔로몬왕이 깊은 생각 끝에 내린 결론입니다. 솔로몬은 해 아래에서의 삶을 살핀 후에, 자기의 막대한 재산과 끊임없는 추구들이 결코 궁극적인 행복과 성취를 가져오지 못한다는 사실을 깨달았습니다. 오직 하나님을 그 행복과 성취의 영역에 방정식에 포함시킬 때 인생은 의미있는 것이 될 수 있습니다.

다음과 같은 미묘하고 작은 O× 테스트를 받아 보십시오.

① 구원은 간단하다 · · · · · · · ( )
② 구원은 복잡하다 · · · · · · · ( )

물론 첫번째가 O입니다. 구원은 너무나도 간단해서 어린이조차도 받을 수 있습니다(막 1:13-16). 그렇지만 두번째도 마찬가지로 O입니다. 구원은 칭의, 화해, 그리고 구속과 같은 복잡한 신학적인 개념들을 포함하고 있습니다. 이와 같이 구원은 관점에 따라 간단하기도 하고 복잡하기도 합니다.

인생도 똑같이 말해질 수 있습니다. 인생은 여러분의 관점에 따라 의미없을 수도 있고, 또는 의미있을 수도 있습니다. 내일은 오늘의 연장으로 인생의 헛됨에 대한 해결책에 관해서 읽게 될 것입니다. 그러나 오늘은 다음과 같은 질문들을 해 보십시오. "나는 살아 가면서 어디에서 만족을 찾고 있는가? 거기에서 만족을 찾았는가? 만일 찾지 못했다면 왜일까? 솔로몬의 충고가 내게는 어떻게 적용되는가?"

삶을 보람있게 살기 위하여 하나님의 말씀 안에서 더욱 순종하게 하소서. 아멘.

인생 허무함에 대한 해결책

7월 11일
■ 묵상과 산책 / 전7-12장

현명한 사람은 머리핀과도 같아서 그의 현명한 머리로써 자신의 탈선을 방지한다.

전도자는 계속해서 이 세상에서의 삶이 소망 없고, 도움 받을 수 없는 것들임을 여러 사례를 들어 증명하고 있습니다(8:9,15,17; 9:3,6,9,11,13 ; 10:5). 인생의 비극과 모순이 악인과 마찬가지로 의인에게도 엄습하게 되는데, 웃는 것과 법에 따라 사는 것이(8장) 무슨 도움을 주겠습니까?

인생의 복잡한 갖가지 일로부터 벗어나기 위한 해결책을 발견하기 위해 어디로 돌아설 것입니까? 이에 대한 답은 "너는 청년의 때 곧 곤고한 날이 이르기 전, 나는 아무 낙이 없다고 할 해가 가깝기 전에 너의 창조자를 기억하라 … 하나님을 경외하고 그 명령을 지킬지어다"(12:1,13)라고 말하는 데서 명백히 드러 납니다. 비록 어떤 때는 하나님의 하시는 일을 이해하지 못할지라도(11 : 5), 언제나 그의 말씀에 대한 신뢰에 기초해서 삶을 영위해 가야 합니다.

인생의 의미를 탐구하는 일이 새로운 것은 아닙니다. 훨씬 이전부터 사람들은 전도서의 설교자를 괴롭혔던 문제와 똑같은 의문 때문에 씨름해 왔습니다. 여러분도 역시 똑같을 것입니다.

· 장-폴 사르트르라는 프랑스 극작가는 인생의 무의미한 상태로부터 벗어날 출구는 없다고 결론을 내렸습니다.

· 키에르케고르라는 덴마크 신학자는 인생의 복잡성 때문에 신앙으로의 맹목적인 도약을 해야 한다고 주장하였습니다.

· 헨리 데이빗 도로는 "대다수의 사람들이 완전한 자포자기의 삶을 살고 있다"고 했습니다.

예수님은 "내가 온 것은 양으로 생명을 얻게 하고 더 풍성히 얻게 하려는 것이라"(요 10:10)고 하셨습니다. 그리스도를 마음의 중심에 모실 때에만 하나님의 관점에서 인생을 볼 수 있고 모든 영역의 목적을 바로 알고 살릴 수 있습니다. 요한복음 14:6을 개인적인 '초청'으로 알고 생명을 주신 하나님께로 지금 곧 나오십시오.

인생의 종국은 하나님을 아는 것임을 깨닫게 하소서. 아멘.

영광으로 가득한 땅

7월 28일

■ 묵상과 산책 / 시72편

위대한 지도자는 책임을 감당할 때를 제외하고는 결코 자신의 추종자 위에 서지 않는다.

심판에 관한 하나님의 메시지는 그의 선지자 이사야를 통해서 계속됩니다. 그러나 동시에 새벽의 여명처럼 위로와 안식이 다가오고 있음도 그는 선포합니다. 하나님은 어느 날 그의 국가를 영광 가운데 회복하실 것입니다. 그는 자신의 말씀을 듣고 순종하는 백성을 구속하기 위해 평화의 왕을 보낼 것입니다. 이 의로운 통치자는 시편 72편에서 솔로몬에 의해 암시되었는데, 우리 마음의 초점을 전능하신 구세주에게 맞출 수 있도록 도와줍니다.

시편 72편을 읽으면서 '의로운 통치자의 임무 묘사'를 잘 관찰하십시오. 시72편은 우리가 국가적, 지역적, 그리고 영적 지도자들을 위해 기도할 때 특별히 생각해야 할 사항들을 제공해 줄 것입니다. 예를 들면, 의로운 통치자는 다음과 관계되어 있습니다.

··· 백성에게 평화를 가져다 줌(3,7절).
··· 가난한 자, 궁핍한 자, 억압받는 자들을 도와줌(4, 12-14절).
··· 의로운 개혁으로 백성을 흥왕게 함(6-7절).

이 시편을 이사야 11:1-5과 비교해 보십시오. 그러면 이 시편에 예언된 분이 다름 아닌 이스라엘의 메시야이신 예수 그리스도라는 사실을 알게 될 것입니다! 그러나 시편의 정신은 다음의 문장에 집중하고 있습니다. "사람들이 저를 위하여 항상 기도하고 종일 찬송하리로다"(15절). 시편 72편의 저자 솔로몬은 하나님께서 어떤 시대에나 하나님을 대행할 자를 필요로 하시고 자신의 일들로 인해 찬양과 기도를 받으셔야 한다는 사실을 알았습니다.

바로 지금, 권세의 위치에서 여러분에게 봉사하는 자들을 위해 하나님께 감사하십시오. '백성들의 종들'로서의 그들의 어려운 역할을 하나님께서 도우시도록 기도하십시오. 시편 72편으로부터 배웠던 내용을 나누기 위해 관리들 중의 한 사람 또는 여러 사람들을 택하여 그들에게 짧은 내용의 편지를 전달할 수도 있을 것입니다.

날마다 기도하고 찬송하게 하소서. 아멘.

고난받는 종

7월 29일　　■묵상과 산책 / 사52-57장

예수 그리스도는 이전까지 살았던 사람들 중에 가장 뛰어난 인간이 아니다. 그는 단순히 인간성 그 자체만으로는 판단할 수 없는 그런 존재이다.

자신의 생명을 던져 종으로서의 삶을 사는 것보다 더 위대한 자기희생의 사랑은 없습니다. 메시야는 많은 사람을 범죄함으로 인해 고난받고 죽으심으로써 가장 위대한 섬김의 사역을 행하십니다. 그분은 구속의 대가를 지불하기 위해서 "매 맞고 피 흘리고 상처입고, 멸시받고, 배척당하고, 찢기고, 죄인과 동일하게 장사"됩니다(52 : 14 - 53 : 12). 그 분의 죽음은 유대인 동족뿐 아니라 모든 이방 국가들에게까지도 복을 제공하십니다.

예수 그리스도의 '좋은 소식'에 이사야에 의해 700년 전에 예언되어진 십자가의 죽음이라는 '나쁜 소식'이 포함되어 있다는 사실은 모순이 아닐까요? 이사야 53장의 친숙한 단어들을 다시 읽으면서 피터 마샬의 눈에 비친 영상과 그것의 중요성을 살펴 보십시오.

"복음은 해야 할 어떤 것이 아니라 이미 행해진 어떤 것이다. 하나의 요구가 아니라 하나의 제공이다. 내가 할 수 있는 어떤 것이 아니고 나를 위해서 행해진 어떤 것이다. 그것은 역사의 한 순간에 일어난 일이다. 해골같이 생긴 언덕 위에서 … 그것은 오로지 하나님의 사랑 때문에 일어난 일이다. 영원히 기억될 마지막 날 밤, 다락방에서 예수님은 사도들에게 '사람이 자신의 친구를 위하여 목숨을 버리는 것보다 더 큰 사랑은 없다'고 말씀하지 않으셨던가? 바로 그것이 끔찍한 십자가가 이 세상의 복을 상징하는 대상이 된 이유이다."

이해하셨습니까? 여러분도 그것을 원하십니까? 만일 그렇다면 이사야 53장을 자신을 위탁하는 기도로 바꾸어 보십시오. "그는 나의 죄를 위해서 상처받고 찢기셨습니다. 그는 나의 평화를 위하여 매 맞으셨습니다…" 고난받는 구세주가 여러분 자신의 구세주가 되시도록 허락하십시오. 바로 오늘 말입니다.

 고난의 주님을 바라보면서 주께만 영광을 돌리게 하소서. 아멘.

하나님 백성의 회복

7월 30일　　■ 묵상과 산책 / 사58-62장

진정한 기독교인은 복음을 부끄러워하지 않으며, 복음을 부끄럽게 하지도 않는다.

이사야서의 끝부분 아홉 장은 하나님이 구속하신 백성들의 미래에 관한 내용입니다. 현재의 장면은 황량하지만 미래는 하나님의 약속들로 인하여 밝게 빛나고 있습니다. 예루살렘을 비춘 메시아는 예루살렘으로 하여금 세상 나라들을 비추게 할 것입니다. 확장된 경계, 높여진 위치, 선양된 국위 등, 이것들은 이스라엘에 관한 하나님의 미래의 축복을 잘 드러내 줍니다. 이스라엘의 약함은 강함으로 바뀔 것이며, 가난은 풍요함으로, 여러 어려움들은 메시야가 돌아오실 그날에 안전함으로 바뀔 것입니다!

자신의 삶의 방식을 '독특'하게 묘사하기를 원하십니까? 만약 다른 사람이 여러분을 독특하게 묘사했다면 기뻐하시겠습니까? 난처해 하시겠습니까? 하나님은 자기 백성들이 주변의 세상에 대해 질적으로 독특한 삶을 살기를 원하십니다. 이상하거나 밉살스럽지 않고, 소금을 치는 것과 같이 맛이 다른, 즉 확실한 영향력이 있으면서도 한편으로는 부드러운 삶을 살기를 원하십니다(마 5:13; 막 9:50).

신·구약 모두 문자적으로 '독특한' 이란 의미를 지닌 단어를 사용하고 있습니다(출 19:5; 벧전 2:9). 즉 '성격과 가치 면에서 독특한' 의미를 지닌 단어로서 하나님 백성의 역할을 묘사하고 있습니다. 이스라엘은 당시의 정치적, 영적 타락인 불의, 범법, 반역, 탐욕, 우상숭배 등으로부터 구별된 독특함을 지녀야 했습니다.

오늘날 그 임무는 필연적인 전략적 임무와도 같습니다. 갈라디아 5:9-23에서, 피해야 할 어리석음과 세상에서 '독특한' 증인이 되기 위해서 맺어야 할 열매에 대한 묘사를 발견할 것입니다. '혼자 마음대로' 생각하지 않기 위해서 5:16,18,22,25에 있는 핵심을 주목해야 합니다. 여러분은 사역을 감당하고 그 사역을 도울 수 있는 '독특한' 힘을 가지고 있습니다. 인격적이신 성령님! 그분과 동행하면서, 성령의 열매를 맺기 위한 '독특한 사업'을 오늘부터 시작하십시오.

 하나님의 일을 기쁨으로 감당하여 모든 사람과 동역하게 하소서. 아멘.

이사야의 묵상과 여호와의 응답

7월 31일 ■묵상과 산책 / 사63-66장

하나님께 순종하는 자는 하나님을 신뢰하고, 하나님을 신뢰하는 자는 하나님께 순종한다.

이사야는 자신의 위대한 예언 사역을 이스라엘을 위한 놀라운 중보의 기도로서 마감합니다. 그들의 고집과 빈번한 반역에 대해 잘 인식하고 있으면서도 그들을 구속하셔서 영광스러운 백성의 반열에 다시 받아들이시겠다는 약속을 들고 나옵니다. 하나님의 응답은 견고하면서도 동시에 위로를 줍니다. 하나님의 계속된 초청을 무시한 자들은 처벌될 것입니다. 우상숭배, 탐욕, 반역, 불순종은 그의 백성에게서 뿌리가 뽑힐 것입니다.

그러나 하나님께 충실한 자들에게는 영광과 축복의 창고가 기다리고 있습니다. 즉 새 하늘과 새 땅, 더 이상 눈물이 없고 죽음이 없고 굶주림도 없으며 본성적으로 범죄하는 일도 없습니다. 이사야는 자신의 책을 커다란 주제들로 요약함으로써 결론 짓고 있습니다. "하나님은 겸손하게 죄를 뉘우친 자들을 높이신다. 메시야는 그의 원수들을 없애기 위해 오신다 ; 모든 나라는 하나님의 영광을 볼 것이다. 모든 육체가 주님을 경배할 날이 올 것이다."

이사야서는 하나님을 가볍게 여기는 자들이 당할 고통스러운 결과를 확실하게 상기시켜 줍니다. 즉 그의 약속을 무시하여 그의 축복을 상실한 자들, 그의 초청을 무시하게 하여 하나님과의 가족적인 관계에서 얻는 기쁨을 잃은 자들에게 경고하십니다.

이사야의 예언은 깁니다. 구약성경 중에서 가장 많은 장들로 이루어졌습니다. 그러나 그의 메시지는 간단하며 집약적입니다. 곧, 심판과 위로입니다. 하나님의 말씀을 듣지 않는 사람들에게는 심판을, 듣는 사람들에게는 위로를 선포합니다.

지금 당장 스스로 영적 음성에 대한 '듣기 시험'을 해 보십시오. 하나님의 음성을 들을 준비가 되어 있습니까? 그분이 부르실 때 응답하시겠습니까(6:8), 아니면 계속해서 자신의 일로 분주하시겠습니까? 하나님의 전화가 울리지 않을 날이 올 것입니다. … 영원히!

 하나님의 뜻을 날마다 깨달아 알게 하소서. 아멘.

8월

• • • •
여호와는 나의 목자시니
내가 부족함이 없으리로다
그가 나를 푸른 초장에 누이시며
쉴만한 물가으로 인도하시는도다
- 시 23:1~2 -

심판의 예언

 ■ 묵상과 산책 / 렘1-3장

당신의 인생은 단 한 번 뿐이며, 그후에는 반드시 심판이 있다.

어렸을 때에 소명을 받았던 예레미야가 처음에 그 사명을 회피하려 했던 이유는 노령의 나이에 완고한 유다 백성들에게 하나님의 예언을 선포해야 했기 때문이었습니다.

예레미야는 그보다 앞서 외친 선지자들처럼 하나님의 율법을 떠난 백성들에게 심판을 외쳤지만, 특별히 유다에게 마지막 회개의 기회를 선포합니다. 그의 메시지에는 하나님의 뚜렷한 최후 결단이 포함되어 있습니다. "나에게로 돌아오라 그렇지 아니하면 파멸이 있을지니라." 유다는 갈림길에 서서 선지자의 경고를 듣지 않음으로써 마지막 기회마저도 잃어버리고 맙니다.

테니스 공을 마룻바닥 위에 내리치면 그 공이 바닥에 부딪혀 솟아올랐다가는 다시 내려오는 것을 볼 수 있습니다. 여러분이 물 아래나 대기권 밖에서 살지 않는 한 그 공이 다시 땅으로 떨어지는 것을 볼 수 있는데 그 이유는 물리학의 법칙인 중력의 법칙이 적용되기 때문입니다. 우리는 그런 법칙의 영향권 안에서 매일 생활하고 있습니다.

물리적 우주를 지배하는 물리 법칙이 있는 것과 마찬가지로 하나님께도 우리와 하나님의 관계를 지배하는 영적, 도덕적 법칙이 있습니다. 만약에 부주의로 그런 법칙들을 어긴다면, 물리 법칙을 무시할 때 닥치는 것과 마찬가지로 하나님으로부터 어떤 결과가 곧 바로 임하게 될 것입니다. 예레미야 시대에 있었던 이스라엘의 힘든 생활과 슬픈 상황을 통해 어떤 삶을 살아야 할 것인가를 배울 수 있을 것입니다.

작은 노트 한 권에 '하나님의 선지자들로부터 얻은 유익'이라는 제목을 쓰고 이번 달과 다음 달 동안에 성경을 통하여 얻은 내용을 기록하십시오. 원하지 않고 필요를 느끼지 못한 교훈들까지도 빠짐없이 기록하도록 하십시오!

 모든 것을 다스리시는 주님의 주권에 절대 순종하게 하소서. 아멘.

심판의 선지자

8월 2일　　■ 묵상과 산책 / 렘4-6장

죄의 시작은 거미줄과 같으나 마지막에는 철판처럼 되어 버린다.

날카로운 칼과 우뢰와 같은 무시무시한 표현을 사용하면서 예레미야가 우상숭배에 대한 하나님의 심판이 임박했음을 외쳐 대지만 그들은 듣지 않을 뿐 아니라 관심조차도 없습니다. 유다는 용서받을 수 없는 상황으로 타락해 갑니다(5:7). 그들의 반역과 회개치 않는 태도로 말미암아 결국 무섭고 거대한 심판이 임하게 되는데, 이 심판을 선포해야 하는 선지자의 심정은 슬프고 아프기만 합니다(4:19).

과격한 문제는 종종 과격한 해답을 요구합니다. 유정(油井)의 불을 끄기 위해서는 때때로 다이나마이트가 필요합니다. 거대한 폭발의 힘으로만 격렬한 땅 밑의 불을 끌 수가 있는 것입니다. 의학에 있어서도 팔다리를 잘라야 될 때는 이를 과감하게 시도해야 암이나 부패를 중지시켜 생명을 보존할 수 있습니다. 낡은 건물을 새롭게 하기 위한 가장 좋은 방법은 그 건물을 헐고 새로운 건물을 신축하는 것입니다.

유다의 배교는 민족의 영적 생명력을 파괴시켰습니다. 암이 퍼져 나가는 상황인데도 치료에 있어서 미진했습니다. 백성들의 우상숭배와 부도덕성에 대하여 과감한 추방이나 엄격한 조치가 있어야만 했습니다. 하나님께서는 우리의 삶을 건축하시기에 앞서, 우리의 나쁜 습관, 이기심, 무관심의 벽, 은밀한 죄를 모두 폭발시켜 제거하시기를 원하십니다.

우리의 삶 속에서 재물이 사랑의 대상으로 되어 가고 있지는 않습니까? 우리가 삶 속에서 어떤 삶을 세워주기보다 오히려 파멸시키고 있지는 않습니까? 우리가 삶 속에 추구하고 있는 목표가 하나님 나라를 확장시키는 것이 아니라 오히려 방해하고 있지는 않습니까? 하나님의 도움으로 말미암아 그런 요소들을 제거해야만 합니다. 치료가 병보다 더 고통스러울지라도 반드시 치료해야만 합니다.

 우리의 삶의 우선순위를 하나님께 바로 두게 하소서. 아멘.

슬픈 예언

8월 3일 ■묵상과 산책 / 렘7-10장

만일 죄가 사람들에게 어떤 쾌락을 주지 않는다면 죄짓지 않을 것이다.

오늘 읽을 성경 내용에는 우상숭배와 유다의 죄악들 중에 가장 무시무시한 죄인 어린아이를 제물로 바치는 악습에 대해 예레미야가 신랄하게 책망하는 내용이 나옵니다.

탐람하는 제사장들(8:10), 어리석은 지도자들(10:21), 거짓된 지혜자들(8:9), 버림받은 가족들(7:18), 즉 위로부터 아래까지 온통 죄로 물든 유다는 곧 황폐한 땅으로 변하고 맙니다. 백성들은 예언자의 눈물 어린 책망에도 불구하고 하나님의 임박한 심판에 전혀 아랑곳하지 않습니다(8:4-7).

신경과민성 환자가 매주마다 상당한 양의 진정제 주사를 맞으면 점점 그 진정제에 중독되어 신경이 무디어져 버립니다. 마찬가지로 영적 생활에서도 똑같은 무감각성이 나타날 수 있습니다. 죄에 대하여 일단 심각하게 생각하지 않고 허용해 버리면 곧 합리화되고 정당화되어 결국 공공연하게 죄악을 행하는 상태가 됩니다.

유다 백성들은 그런 무감각성으로 말미암아 고통이 야기된 것입니다. 하나님의 거룩하고 구별된 백성으로 부름받은 그들이 점점 죄의 오염에 무감각해지기 시작했습니다. 드디어 타락하기 시작하더니 결국 어린 자녀를 불살라 힌놈 골짜기에 있는 사당인 도벳에게 우상 제물로 바치기까지 했습니다. 그렇게하면 자기들에게 저주가 오지 않는다고 믿었기 때문입니다.

매일 생활 속에서 괴롭히는 습관적인 나쁜 버릇과 '작은 죄들'의 목록을 작성하십시오. 즉 부주의한 험담, 과식, 올바르지 못한 직장생활, 하나님 말씀에 어긋나는 일들 ….

7 : 5-7까지 천천히 주의깊에 소리 내어 읽어 보십시오. 그리고 하나님께 고백해야 될 것들을 작성해 보십시오. 이렇게 하면 강팍해진 죄에 대한 영적 무감각을 다시 회복할 수 있을 것입니다.

 내가 알지 못하는 죄악까지도 깨달아 알게 하소서. 아멘.

썩은 베 띠, 썩은 민족

8월 4일 ■묵상과 산책 / 렘11-15장

일부 사람들이 기회를 인식하지 못하는 이유는 그것이 힘든 일처럼 변장하고 다가오기 때문이다.

백성들에게 시각적인 깨달음을 주기 위해서 하나님께서는 예레미야에게 깨끗한 베 띠를 사서 유브라데 강둑의 습기찬 진흙에 묻어 두라고 하십니다. 여러 날 후, 하나님의 명령에 의해 그것들을 다시 파 보니 썩어서 아무 쓸모없이 되어 버렸습니다. 이 교훈은 무엇을 의미합니까? 하나님께서는 한 번 선택하셨던 백성을 가까이 하시고 자자손손 부유함으로 채워 주셨는데도 그들은 엄청난 죄악으로 인해 썩어 버린 베 띠처럼 아무 쓸모없이 되어 버렸던 것입니다.

지난 7일 동안을 회상해 보면서 여러분과 대화를 가졌던 사람을 손꼽아 보십시오. 가족들, 동료 직원들, 같은 과 학생들, 친구들, 이웃들, 서비스 종업원들, 점원들…. 전화 통화나 편지로 또는 한 잔의 커피를 하면서, 아니면 서로 등을 돌리며 대화를 한 것이 기억 날 것입니다.

자, 그럼 이젠 크리스찬은 빼고 그 나머지 사람만 세어 보십시오. 5명? 10명? 아니, 그 이상입니까? 이것이 바로 매주마다 희망과 용기를 불러일으켜 주고, 타락한 세상에 복음을 전할 수 있는 기회의 숫자인 것임을 알아야 하겠습니다.

예레미야의 '묻어 놓은' 베 띠는 곧 썩어 버렸고 아무 쓸모가 없게 되었습니다. 마찬가지로 유다처럼 '묻어 놓은' 여러분 자신이 썩어져 버려서 아무 쓸모없이 될 위험이 있습니다. 근육은 사용하지 않으면 곧 쇠퇴해지고 약해집니다. 영적 근육도 마찬가지입니다. 쇠퇴하거나 약해지지 않으려면 실천해야 합니다.

'묻혀진 것을 캐내는 것' 이 우리의 의무입니다. 하나님의 사역을 실천할 수 있는 기회를 가져야 합니다. 신앙을 위한 경건의 책을 볼 수 있는 기회를 가지십시오. 그리고 바로 이번 주 동안에 하나님의 복음을 세상에 전할 수 있는 몇 차례의 좋은 기회를 찾아서 실행하십시오.

나에게 주신 모든 은사를 잘 활용하게 하소서. 아멘.

항아리, 병, 그리고 착고

8월 5일 ■묵상과 산책 / 렘16-20장

하나님께서 우주 속에 편재해 계시듯이 우리들의 심령 속에도 항상 계심을 알고 삶을 살아야 한다.

1 3장의 베 띠 사건과 마찬가지로 하나님께서는 예레미야에게 고통을 연출하기 위해 특이한 행동을 다시 요구하십니다. 결코 결혼하지 말며, 장례식과 결혼식에 참여하라는 말씀이 주어집니다. 그래서 그의 삶으로 하여금 유다의 조상과 자손들에게 임할 영광을 상기시키도록 하십니다. 예레미야는 장로들과 제사장들의 발에 흙항아리를 내던짐으로써 남방 왕국에 대한 앞날의 불행을 예고해 줍니다. 그는 수없이 두들겨 맞고 베냐민 문의 착고에 밤새도록 감금되는 어려움을 겪습니다.

'소중히 하다'(cherish)라는 말은 '존경하다'라는 말에서 유래된 것입니다. 이런 정의에 입각하여 소중히 여기는 다섯 가지 일을 여백에 기록해 보십시오. 아마도 배우자, 가족, 자유, 친밀한 친구 등과 같은 것들을 생각할 것입니다. 자, 그럼 16:2,5,8을 읽어 보십시오. 이것이 선지자에게 포기하도록 요구하신 하나님의 뜻입니다.

예수 그리스도는 그의 제자들에게 말씀하시기를 "아비나 어미를 나보다 더 사랑하는 자는 내게 합당치 아니하고 아들이나 딸을 나보다 더 사랑하는 자도 내게 합당치 아니하니라"(마 10:37)고 말씀하셨습니다. 주님이 '나를 따라오기 위해서 집을 떠나고 배우자와 이혼하고 자녀들을 포기하라'고 하셨습니까? 결코 그렇게 하시지 않았습니다. 오히려 "만약에 생활 속에서 네가 가장 소중히 여기는 어떤 것이 있다면 나를 따르지 말라, 만약 내가 먼저 너와 함께 할 수 없다면 너는 진실로 나에게 아무런 유익이 없다"라고 하신 것입니다.

여백에 쓴 목록을 다시 한 번 살펴 보십시오. 소중하게 여기는 목록들에 대한 지나친 과업들이 하나님께 대한 변함없는 충성을 방해하고 있지는 않습니까? 마태복음 10:37이 그것을 해결할 수 있는 열쇠입니다. 예레미야는 하나님을 따르는 대가가 얼마나 높은지를 알았지만, 보상은 더 영원히 빛나는 가치임을 깊이 깨달았던 것입니다.

 주님을 위하여 모든 것을 포기하고 십자가를 지게 하소서. 아멘.

돌아서기에는 이미 너무 늦었다

8월 6일
■ 묵상과 산책 / 렘21-25장

세상 사람들은 오로지 희망 없는 종말만을 보지만 신자는 끝 없는 희망 속에서 기뻐한다.

심판이 임박했습니다. 지도자들의 괴롭힘 밑에서 두려운 생활을 해 왔던 예루살렘은 하나님의 도우심을 구하는 선지자에게 다시 돌아오기에는 이미 너무 늦었습니다. 예레미야를 통한 하나님의 무서운 진노의 예언은 철저하게 성취될 것입니다. 도시는 폐허가 될 것이며, 장정들은 바벨론에 포로로 잡혀 갈 것입니다. 그러나 한편으로는 희망적인 메시지도 있었습니다. 70년 후에 예루살렘으로 돌아올 것이며 남은 자들은 의의 지도자에게 인도를 받을 것이며, 그들을 포로로 잡아 간 자들은 멸망하게 될 것입니다.

어느 부모와 어린아이가 차를 타고 가다가 고속도로의 터널 속으로 들어가게 되었습니다. 그 어린아이는 갑자기 무시무시한 어두움으로 인해 두려움을 느꼈습니다. 그 아이는 선택의 기로에 서게 됐습니다. 즉, 차체를 잡고 허둥지둥 한다든지, 부모님을 신뢰함으로써 터널의 양 끝이 열려져 있다는 행복한 발견을 곧 하게 되는 것입니다.

유다는 희망의 빛이 사라지는 '포로' 라는 어두운 터널 속으로 갑자기 빠져들었습니다. 그러나 예레미야는 확실한 것을 알았습니다. 그는 70년의 고통의 터널을 지난 후에 다시 돌아올 것을 예언하였습니다. 뿐만 아니라 다윗의 영광스런 전통을 이어받은 '우리의 의의' 여호와(23:6)께서 유다를 회복시키기 위해서 오실 것이며, 그분께서 의의 통치를 하실 것을 예언하였습니다.

환경이 아무리 칠흙같이 어둡다 하더라도 우리는 요한일서 1:5의 "하나님은 빛이시라 그에게는 어두움이 조금도 없으시니라"는 말씀으로 위로를 받을 수 있습니다. 하나님께서 인생들을 어둠의 과정으로 통과시킬 때, 희망의 빛도 주십니다. 어둠의 환경이 엄습할 때 공포를 느끼고는 '차체만 붙잡으려고' 할 것입니까? 로마서 8:18-25의 말씀을 여러번 읽어 보십시오. 터널 끝에서 빛을 보여 주시기 위해서 하나님은 그곳으로 인도하고 계실 것입니다.

절망의 끝에 하나님께서 역사하심을 믿게 하소서. 아멘.

기억에 대한 감사

8월 7일 ■ 묵상과 산책 / 시 75편

노년을 위한 저축은 약간의 즐거운 추억을 억제한다.

예레미야는 배역하는 유다의 앞날에 대해 예언하기 위해 어린 나이에 하나님으로부터 소명을 받았습니다. 바벨론이 침략해 올 즈음에 그는 유다에 대하여 경고하고 회개를 촉구했습니다. 그러나 이미 죄가 그 나라 깊숙이 스며들어 선지자가 아무리 눈물로 호소해도 백성들은 무감각하기만 했습니다. 심판의 때가 되어서야 그들은 하나님께 돌아오려고 했지만 이미 너무 늦었습니다.

하나님은 자신의 말씀을 부정적이든 긍정적이든 철저하게 지키시는 분이십니다. 심판의 한가운데서 하나님의 신실하심을 찬양한 시편 75편을 잠깐 생각해 보도록 하십시다.

'기억에 대한 감사' 와 같은 찬송을 들을 때 지난 날들의 기억을 다시 살릴 수 있습니다. 마찬가지로 시편 75편의 기자는 하나님의 '위대한 기사' 를 다시 깨달음으로써 하나님께 감사하고 있습니다. 하나님께 예배 드릴 수 있습니다. 과거의 하나님의 신실하심과 능력을 기억할 때 우리는 다음과 같은 피할 수 없는 결론에 이르게 됩니다. "나는 야곱의 하나님을 영원히 선포하며 찬양하며"(75:9).

과거의 삶 속에서 함께 하신 하나님의 인도하심이 여러 방면에서 기억날 것입니다. 오늘 저녁에 가족이나 자신으로부터 하나님을 찬양할 만한 기억들을 더듬어 보십시오.

슬라이드, 비디오, 사진 앨범이 있다면 과거에 인도하신 하나님의 신실하심을 기억해 보십시오. 올해까지 여러분에게 있어 가장 찬란했던 신앙의 경험담을 다른 사람들과 서로 나누어 보십시오.

만약에 일기장이 있다면 쭉 훑어 보십시오. 질병의 횟수로 인한 의사의 지시 사항, 갑작스런 사고로 인한 차 수리 일지, 또는 육적, 정신적, 영적인 문제로 인한 필요에 하나님이 얼마나 신실하게 대해 주셨는지, 그리고 몇 번이나 함께 하셨는지를 검토해 보십시오. 시편 75편을 읽고 묵상해 보십시오.

날마다 호흡마다 우리를 지켜주소서. 아멘.

예레미야에게 대항하는 유다

8월 8일 ■묵상과 산책 / 렘26-29장

하나님과 동행함이 없는 그리스도인의 삶은 빵없이 사는 것보다도 못하다.

하나님으로부터 말씀이 선포되어진 후에 백성들이 그 말씀을 행동으로 옮기는 모습을 보는 것은 기쁜 일입니다. 그러나 예레미야의 경우에는, 백성들이 전혀 반응하지 않으며, 하나님의 말씀을 오히려 우습게 여기며 무시합니다. 최후 심판에 대한 예레미야의 메시지를 듣고 유다의 방백들은 분노로 가득차서 예레미야를 죽이기 위한 계획을 세웁니다.

예레미야는 대담하게도 줄과 멍에를 만들어 자신의 목에 얹고서는, "이 나라를 훈련시키기 위해 하나님께서는 바벨론을 막대기로 사용하시니 바벨론의 멍에를 메라"고 가르칩니다. 하나냐라는 거짓 선지자가 일어나 예레미야의 예언과 정반대로 말씀을 선포합니다. 그러자 그는 백성들을 잘못 인도한 죄로 일찍 죽임을 당합니다. 결국, 예레미야는 백성들이 포로로서 바벨론에서 살 것이며, 포로의 나라에서 만족하며 살게 될 것임을 선포합니다.

우리의 생활 속에서 타인들과의 다양한 관계를 생각해 보십시오. 우연히 관심을 기울여 주는 사람, 일관성 없이 관심을 가져 주는 사람, 전혀 무관심한 사람, 적극적으로 관심을 기울여 주는 사람들의 이름을 각각 세 명씩만 적어 보십시오.

이런 네 가지 내용 중 어느 것이 여러분과 하나님과의 관계를 묘사합니까? 우연? 변칙적? 적극적? 아니면 전혀 무관심입니까? 별로 중요하지 않은 관계나 활동과 비교해 볼 때, 하나님께 대한 관심은 어떠합니까?

만약에 여러분의 대답이 만족할만한 것이 못된다면, 내일을 하나님 사이에 약속한 특별한 날로 정해 보십시오. 기도하는 시간, 성경 읽는 시간, 찬양의 시간, 묵상하는 시간을 조심스럽게 짜 보십시오. 이것이 서서히 습관화되어 가고 있음을 발견할 수 있게 될 것입니다.

하나님을 묵상하며 그 명령을 날마다 순종하게 하소서. 아멘.

심판 후의 구원, 희망

8월 9일　　■묵상과 산책 / 렘30-33장

의심이 많은 성도는 겨자 씨를 움직이기 위해 산 같은 믿음이 필요하다고 주장한다.

30장에 들어서면서 유다 국가는 결코 황량한 모습으로 묘사되지 않습니다. 하나님께서는 그의 백성을 영원히 버리시지 않으십니다. 그들은 고국으로 돌아갈 것이며, 선택 받은 백성으로서 대우를 받을 것이며, 더 새롭고 더 나은 언약이 주어질 것입니다. 이러한 희망을 알리기 위해 예레미야는 밭을 구입합니다. 그것은 바벨론이 멸망하면 곧 유다 백성이 다시 돌아와서 토지 매매가 정상이 될 것을 예언하기 위한 방법입니다. 결국 바벨론은 하나님의 의로운 가지, 즉 메시야가 통치할 때까지 잠깐 이스라엘을 다스릴 뿐입니다.

다음의 상황 속에 있는 자신을 발견해 본 적이 있습니까? 즉, 하나님의 뜻을 몰라서 몇 달 동안 씨름해 보았던 경험이 있습니까? 이것은 이론상의 문제가 아니라 무엇을 해야만 하는가 하는 실제의 문제입니다. 결국 순종하게 되고, 그 즉시 하나님께서 원하시는 것을 하였다는 큰 해방감을 경험하게 되었을 것입니다. 그러나 의심은 분쟁과 같습니다. 의심은 일이 어떻게 성취되는지를 깨닫지 못합니다.

하나님께서는 예레미야에게, 바벨론에게 곧 정복 당하고 압수 당하게 될 땅을 사라고 말씀하셨습니다. 이것은 상식에 어긋나는 일이었으나 예레미야는 순종하였습니다. 아마도 그는 어리석은 청지기처럼 왜 땅을 사야 되는지 몰라 어리둥절했을 것입니다. 그때 예레미야는 현명한 처신을 했습니다. 그는 그의 의심을 하나님께 기도했습니다(32: 16-25). 그가 '당황하면서 기도했을 때' 하나님께서는 예레미야에게 위대한 약속의 말씀으로 용기를 북돋아 주며 응답하셨습니다.

하나님께서는 의심과 걱정을 하지 않는 자를 사랑하시며, 무릎을 꿇을 때 최선을 다하여 응답해 주십니다. 단순히 환경을 변화시켜 주실 뿐만 아니라 인격도 변화시켜 주시기를 하나님께 간구하십시오. 그러면 하나님의 신실하신 약속의 온기 속에 의심이 안개처럼 녹는 것을 볼 수 있을 것입니다.

　내 마음 속에 가지고 있는 모든 의심을 사라지게 하소서. 아멘.

어두운 온 사방에 깔린 암흑

8월 10일 ■ 묵상과 산책 / 렘 34-39장

크리스찬은 홍차 거르는 주머니(천)와 같아서 뜨거운 물이 통과될 때까지는 아무런 가치가 없다.

예레미야는 자신의 대부분의 설교가 중요하게 여김을 받지 못하고 불신임과 하찮은 것으로 취급되었기 때문에, 이제 그는 펜을 잡고 기록하기 시작합니다. 그러나 사악한 통치자들은 하나님 말씀을 읽으려 하지 않으며 또한 듣는 것조차 거부합니다. 반역과 배역죄로 체포되어 물 없는 웅덩이에 감금되어 있던 예레미야는 호의적인 세력에 의해 구출됩니다. 예레미야는 왕에게 이렇게 경고하기 위해 궁정으로 돌아옵니다. "항복하라 그렇지 않으면 멸망할 것이다."

몇 달 동안 채찍이 예레미야와 함께 있었습니다. 그 선지자는 주후 21세기를 향하여 말하고 있는 반면에 우리는 주전 6세기의 선지자의 옷을 입어야 합니다. 어둡고 좁고 깊은 진흙의 웅덩이 속에 버려진 채로 던져져 있습니다. 이유 없이 매를 맞고, 죄인으로 거짓 고발 당하고 가택 연금 당하고 있습니다. 아무도 나의 말을 듣지 않고 아무도 돌보지 않습니다. 나와 동일한 선지자가 나를 곤경에 처하도록 합니다. 문자적으로 하자면 '웅덩이'에 빠뜨립니다.

우리의 마음 속에서 무슨 느낌이 일어나고 있습니까? 낙담이 되십니까? 실망감을 느낍니까? '고용주'를 바꾸어야겠다는 생각이 드십니까? 자, 그럼 시편 13편을 한 번 보십시오! 이 시는 환난 속에서 쓴 신뢰와 희망의 시로서, 다른 사람에 의해 곤경에 빠져 있는 다윗의 노래입니다. 오랜 기간의 환난의 징조가 보이지만 생의 포기나 쓰라린 고통은 전혀 없습니다.

주기적인 실망은 삶의 '부분이며 한 토막'일 뿐입니다. 그러나 신자들은, 하나님은 어떤 환난보다 더 위대하시며 순간적인 환난들, 즉 거짓 고발, 인격적 모독, 제한되는 자유, 인신 공격 등은 하나님의 능력에 비해 아무것도 아니라는 확신을 가집니다. 시편 13편을 읽고 줄을 친 후, 당신을 '웅덩이에 빠뜨린 자'와 만나 그 격려의 말씀으로 서로 은혜를 나누십시오.

우리의 마음이 주기적인 슬럼프에 빠지지 않게 하소서. 아멘.

또 다시 불순종

8월 11일 ■묵상과 산책 / 렘40-45장

하나님의 인도하심에 순종하겠다는 의지없이 하나님이 인도하시기를 요구하는 것은 위험하다.

예루살렘의 패망 후 수천 명의 유다 백성들이 포로로 잡혀 가고, 느부갓네살이 그다랴를 그 지역의 총독으로 임명합니다. 예레미야는 유다의 남은 자를 선택하여 그 남은 자들 가운데서 하나님이 명령하신 사역을 계속 합니다. 그다랴가 이스마엘에 의해 잔인하게 살해 당하자 유대인들은 공포에 떱니다. 바벨론의 보복이 무서워서 그들은 선지자가 충고를 했음에도 불구하고 기질적으로 그것을 무시하고 애굽으로 피신하면서 예레미야를 데리고 갑니다.

어떤 아이가 무엇을 하기 위해 부모님의 허락을 요구합니다. 허락을 받지 못하면 그 아이는 더욱 더 떼를 쓰면서 어떻게 하든 그 일을 하려고 고집을 피웁니다. 그러면 무엇 때문에 그 아이가 먼저 허락을 요구합니까? 허가를 받기보다는 오히려 자기가 하고자 하는 것에 대해 인정(시인) 받기를 원하기 때문입니다.

예루살렘이 멸망한 후 남은 자들이 예레미야에게 다가와서 '우리가 무엇을 해야 하며 어디로 가야 할지' 말씀해 달라고 요구했습니다. 그들은 하나님의 뜻을 요구하였고, 그것에 순종할 것임을 약속했습니다. 그러나 사실상 그들의 마음 속에는 이미 애굽으로 피신할 것을 결정한 상태였습니다. 고집 센 아기처럼 그들은 이미 결정해 놓은 행위에 대하여 인정 받기를 원했던 것일 뿐입니다.

이런 것이 바로 우리의 기도 생활의 모습이 아닙니까? "하나님 여기에 나의 계획이 있나이다. 내가 결정해 놓은 이 일에 축복하여 주옵소서"라고 말하지 않습니까? 진실로 하나님의 뜻이 실현되기를, 또는 하나님의 뜻이 무엇인지 알기를 원합니까? 아니면 하나님께서 우리의 뜻에 OK 하면서 도장을 찍어 주시기를 원하십니까? 하나님의 인도하심에 전적으로 순종하겠다는 각오 없이 하나님의 지시를 요구하는 것은 위험한 일입니다.

 나의 결정권을 온전히 주님께 드리게 하소서. 아멘.

모든 민족들의 징벌

8월 12일 ■ 묵상과 산책 / 렘46-49장

근심케 하는 이 세상의 불안은 하나님께 대한 침묵으로 인해 나타난 절규이다.

약한 자에게나 중요하지 않은 나라에도 하나님의 능력은 제한되거나 그 영향력을 상실하지 아니합니다. 하나님의 권위는 모든 민족, 모든 언어, 모든 인류의 모든 일에 드러납니다. 예레미야의 선지자적 걸작품을 당신은 발견할 수 있습니다. 서쪽에서 동쪽까지, 엘람에서 애굽까지, 다메섹에서 에돔까지의 모든 불경스럽고 우상숭배하는 나라들이 유일하시고 참된 신이신 하나님의 정의와 권능을 바르게 볼 수 있는 때가 올 것입니다.

운동장에서 모든 학생들이 휴식 시간을 즐기고 있는 동안에 오직 한 학생만 데리고 수업을 하는 선생이 있다면 그는 틀림없이 어리석은 선생일 것입니다. 오늘 읽을 말씀은 이방 나라들의 운명에 관한 내용인데, 하나님께서는 현명한 선생으로 나타나십니다. 왜냐하면, 불량한 학생 한 명(유다)을 벌하신 후에, '학급'의 나머지 학생들도 똑같은 기준에 의해 처벌하고 있기 때문입니다.

이러한 방법으로 하나님께서는 모든 민족과 모든 백성들에게 자신의 신적 권능을 드러내십니다. 모든 것이 그의 주권적 의지와 섭리에 달려 있습니다. 하나님은 '지역적인' 조그마한 신이 아니라 전 세계를 통치하시는 분이시며 그의 팔로 모든 것을 다스리는 분이십니다.

우리의 기도 내용이 단지 우리들의 가족, 친구들, 교회, 국가, 우리의 필요들 뿐이라면, 하나님을 '작고 지역적'인 신으로 격하시키고 간주하는 오류를 범하는 것입니다. 오늘부터 시야를 넓히십시오. '우주적인 기도'로 바꾸십시오. 세계 지도를 펼치고, 매일매일 신문 기사를 보면서 '열심 있는 중보 기도자'가 되십시오. 우리의 사고와 기도 영역 속에 지금까지 전혀 포함되지 않았던 사건과 사람을 위해 기도하십시오. 이렇게 함으로써 "밭은 세상이요"(마 13:38)라고 말씀한 사실을 깨닫게 될 것입니다. 그렇게 함으로써 교회의 선교 프로그램을 더욱 더 활성화시킬 수 있게 될 것입니다.

오늘 우리 가정이 세계를 품고 기도하는 선교사가 되게 하소서. 아멘.

바벨론의 멸망

8월 13일　　■ 묵상과 산책 / 렘50-52장

우리의 죄에 대한 감각은 하나님과 가까이 있는 정도에 비례한다.

우상 숭배하는 이방 나라들의 멸망을 예언하면서도 예레미야는 마지막 나라, 즉 최고로 악한 국가에 대해 예언하는 것은 유보해 둡니다. 그는 바벨론이 "멸망할 것을 반복적으로" 두 장 전체에 걸쳐 예언하고 있습니다. "여호와의 진노로 인하여 거민이 없는 완전한 황무지가 될 것이라." 바벨론으로 지나는 자마다 "모든 재앙을 놀라며 비웃으리로다"(50:13). 그는 예루살렘의 함락과 파괴에 대해서 다시 한 번 간단히 언급한 후에 예언을 끝내고 있습니다. 다가올 회복에 대한 전조로서, 포로된 유다의 여호야긴왕이 전혀 예상치도 않았던 바벨론 왕의 호의를 받게 됩니다.

예레미야서는 유다가 바벨론의 포로 상태로 있는 어두운 장면으로 끝나고 있습니다. 유다는 하나님의 자비로우신 음성을 오랫동안 거절하였습니다. 그래서 이제는 더 이상 예레미야 선지자의 '회개하고 돌아오라'는 말씀을 들을 수가 없게 되었습니다.

예레미야와 구약의 모든 선지자들은 하나님의 '초기 경보 장치'와 같은 역할을 했습니다. 하나님의 백성들이 멸망의 경지에 이를만한 위험한 행위를 할 때, 그들의 잘못에 대해 경종을 울려 주어야만 했습니다. 선지자들은 신실하게 자기들의 임무를 수행하였습니다. 그들은 철저하게 경고하였지만 유다는 결코 듣지 않았습니다. 하나님은 여러 사람들을 믿는 자들을 위한 위험 신호로서 사용하십니다.

성경을 읽노라면 때때로 삶의 변화를 요구하는 말씀으로 한대 얻어 맞게 되는 경우가 올 것입니다. 또는 크리스찬 카운셀러, 친구, 목사님, 혹은 부모님의 '선지자적 음성'이 습관적으로 범하고 있는 잘못된 행동에 대해 경고할 때도 있을 것입니다.

삶 속에 나타난 '초기 경보'(죄책과 양심의 가책)를 한 번 찾아 보십시오. 유다의 슬픈 운명 …, 그리고 오늘의 경고 앞에서 결코 그냥 지나갈 수 없다는 사실을 기억하십시오.

말씀을 통하여 하나님의 경고를 겸허하게 받아들이게 하소서. 아멘.

배은망덕에서 풍성한 감사로

8월 14일   ■ 묵상과 산책 / 시 78편

하나님께 구하는 일과 마찬가지로 하나님께 감사하는 일도 습관화되어야만 한다.

유다는 예레미야가 전하는 메시지가 싫어서 그를 죽이려고 합니다. 그러나 그렇게 살벌한 상황중에서도 하나님께서는 그의 백성을 영원히 버리지 않을 것이라고 약속하십니다.

예레미야는 확고부동한 자세로 말씀을 전했지만, 결국 그의 백성들이 포로로 잡혀 가는 슬픈 사건을 목격하게 됩니다. 시편 78편에서 아삽은 계속적으로 불순종하고 반역하는 배은망덕한 백성들을 향한 하나님의 신실하심을 다시 한번 강조하고 있습니다. 오늘은 나쁜 모습의 예를 통해서 교훈을 받게 될 것입니다.

어떤 부인이 의사에게 질문하기를 "의사 선생님, 매력적이고 꿈 같은 일들을 동경하게 되는 이유는 무엇일까요?"라고 하자, 의사는 "아주머니! 그 이유는 바로 집안에서 너무 편안하게 살고 있으면서도 마음 속으로 전혀 감사하지 않기 때문입니다"라고 대답했습니다.

시편 78편에서 아삽은 세 번이나 이스라엘의 잘못을 지적하고 있습니다. 탐욕을 따라 식물을 구하면서도 '하나님을 시험'(18절)하고, 과거의 구원을 잊어버리고(41절), 하나님의 언약을 지키지 않고(56절) 있다고 지적합니다. 문제는 배은망덕입니다. 처음에는 하나님의 축복을 시험하는 습관이 생기더니, 나중에는 그것을 기대하게 되고, 마지막에는 그것을 요구하는 자리에까지 이르렀습니다.

하나님의 축복을 어떠한 태도로 생각하고 있습니까? 전혀 감정이 없는 삶입니까? 아니면 감사가 넘치는 생활입니까? 하나님의 섭리 안에서 심령이 뜨거워지는 경험을 하고 있습니까? 옛 복음송이 아직도 기억이 납니다. "당신의 축복을 세어 보라/하나씩 하나씩 찾아 읊어보라/당신의 수많은 축복을 세어 보라/하나님이 하신 일들을 보라!"

자, 그럼 하나님께서 우리의 삶을 풍성하게 하셨던 25가지의 감사할 수 있는 하나님의 축복을 목록으로 작성해 보십시오. 삶을 풍성하게 할 수 있는 유일한 비결은 '감사'라는 사실을 기억하십시오!

 날마다 감사할 수 있는 조건들이 넘치게 하옵소서. 아멘.

훼파된 도시에 대한 눈물

8월 15일   ■ 묵상과 산책 / 애1-5장

조금씩이라도 용서해 주는 것이 전혀 용서치 않는 것보다 낫다.

드디어 전쟁이 끝납니다. 예레미야는 백성들이 사악한 생활을 회개하지 않으면 심판이 임할 것이라고 40년 동안이나 경고해 왔습니다. 그러나 백성들은 강퍅한 마음 때문에 예레미야의 경고에 대해 전혀 관심을 기울이지 않습니다. 이제 그 국가는 사라져 버리고 잔인한 바벨론에 의해 완전히 폐허가 되어 버립니다. 애가서는 훼파된 성읍 때문에 선지자가 눈물을 흘리며 쓴 일기장입니다. 그러나 이런 비참한 와중에서 선지자는 갑자기 승리의 소식을 전합니다. "주의 성실이 크도소이다"(3:23). 나라와 선지자의 입장에서는 슬픈 일이지만 "여호와의 자비와 긍휼이 아침마다 새롭다"(3:22-23)고 노래합니다.

잠시 동안 불쾌한 상황 속에 있다고 상상해 보십시오. 다른 사람이 나를 해치고자 하여 당황하게 만들고, 무시해 버리는 경우들을 생각해 보십시오. 누군가가 나에 관해 나쁜 소문을 퍼뜨리고, 험담하고, 심지어 친구조차도 등을 돌립니다. 그때 어떤 소식이 들려 왔습니다. 그것은 괴롭히는 자들에게, 예를 들면 치명적인 질병, 교통 사고, 경제적 타격 등 나쁜 일들이 임하였다는 내용이었습니다. 그럴 때 여러분은 드디어 올 것이 왔다고 손뼉 치며 좋아하겠습니까? 아니면 슬퍼하며 눈물을 흘리겠습니까?

그런 상황에서 충실한 하나님의 종 예레미야는 이전에 눈물을 흘리며 애곡했던 때(렘 9:1,10; 13:17; 22:1; 48:32; 애 1:16)보다 더 슬퍼합니다. "올 것이 왔구나"하는 사람은 저주가 임하기를 원하였기 때문에 쾌감을 느낍니다. 하나님의 기적적인 능력으로 위로받기 보다는 오히려 타인에게 저주가 임하기를 원하는 사람이 있습니다.

하루를 계획하면서 기도하는 시간에, 화가 났을 때 그 분노를 가라앉게 할 중재자를 만나게 해 달라고 간구하십시오. 어떤 복수심을 고백하고 나면 평안함을 얻게 될 것입니다. 예수님께서는 "원수를 사랑하라"(마5:44)고 말씀하셨습니다.

 나를 괴롭히는 자들을 위하여 기도하는 마음을 주소서. 아멘.

에스겔의 환상과 소명

8월 16일 ■묵상과 산책 / 겔1-6장

하나님께서 당신의 목소리를 아실만큼 충분히 기도하고 있는가?

예레미야가 유다에서 예루살렘이 멸망할 것이라는 예언을 하고 있을 때, 그보다 더 젊은 동시대의 선지자인 에스겔은 이미 포로가 되어 있는 바벨론의 동족들에게 똑같은 메시지를 선포합니다. 예레미야와 달리 에스겔은 위안의 메시지로 마음을 달래 주기도 합니다. 하나님의 연단하심은 그가 하나님이신 것을 그의 백성들에게 알게 하고, 나라 안의 우상숭배를 막기 위함입니다. 에스겔은 본격적으로 하나님의 사역을 수행하기 전에 하나님의 위대하심을 번쩍번쩍 빛나는 빛으로 체험하게 됩니다. 그 때 그는 영적으로 눈 먼 백성들에게 닥쳐 올 진노를 징조를 통해 벌써 보았던 것입니다.

검은 안경을 끼고 방 안에 들어가서 눈에 보이는 것들을 기록해 보십시오. 해가 진 후라든지 희미한 불빛 아래라면 어려움을 느낄 것입니다.

만약 어둠 속에서 사람의 초상화를 그리고자 한다면 그것은 어리석은 일일 것입니다. 먼저 주위를 밝게 하여 그 사람의 얼굴을 잘 볼 수 있도록 한 다음에 그 일을 시작해야 할 것입니다. 그렇게 하지 않고서는 마음에 드는 그림을 그릴 수가 없게 될 것입니다.

에스겔은 영적으로 눈 먼 유대인들에게 하나님의 풍성과 그들에 대한 하나님의 계획을 묘사해야 되는 사명을 받게 됩니다. 그러나 그는 그러한 자격을 갖추기 전에 자신의 영적 시력을 점검해야 됨을 알았습니다. 왜냐하면, 자신을 대표자로 부르신 위대하시고 영광스러우신 하나님을 정확하고 신선하게 나타내 보여야 하기 때문이었습니다.

하나님께서 여러분을 사무실, 가정, 학교에서 하나님의 대리자로 부르셨다는 사실을 어떻게 확인할 수 있습니까? 오늘의 성경 본문을 읽으면서 에스겔이 본 하나님을 발견해 보십시오. 그리고 나서 여러분이 발견한 하나님의 여러 가지 속성들을 적어 보십시오. 하나님의 신선한 영감을 받아 신선한 동기로써 그 분을 찬양하며 섬깁시다.

하나님의 뜻을 밝히 알고 실천하게 하소서. 아멘.

우상 숭배에 대한 선고

8월 17일   ■ 묵상과 산책 / 겔7-11장

상식이 비상식이 되는 일은 거의 없다.

에스겔은 예루살렘의 폐망을 환상으로 보았습니다(4-6장). 오늘 읽을 성경 본문에서는 예루살렘에 임하게 될 재앙을 그리고 있는데, 여기서 우리는 에스겔의 다른 모습을 볼 수 있게 됩니다. 우상 숭배하는 백성들은 살륙 당할 것이며, 도시는 불 탈 것이며, 하나님의 영광은 성전에서 떠나갈 것이며, 유다의 지도자들은 무기력하게 될 것입니다.

다가 올 전망은 비록 침울하지만 하늘을 바라보면 여전히 밝습니다. 왜냐하면, 이스라엘의 거룩하신 이가 이렇게 외쳤기 때문입니다. "내가 그들에게 일치한 마음을 주고 그 속에 새 신(神)을 주며 그 몸에서 굳은 마음을 제하고 부드러운 마음을 주어서"(11:19).

"그것을 유용하게 사용하느냐? 아니면 잃느냐?" "사랑을 받지 않는다는 것은 버림을 받은 것이다." "무릇 있는 자는 받아 넉넉하게 되되 무릇 없는 자는 그 있는 것도 빼앗기리라"(마 13:12).

우리 모두에게도 똑같은 원리가 적용됩니다. 영적인 유익은 항상 영적 책임을 야기시킵니다. 하나님께서 영적 축복을 주신 이유는, 우리들을 유용하게 하나님의 도구로 사용하시기 위함입니다.

유다 나라는 하나님의 임재하에서 여러 가지 유익을 즐길 수 있는 특권을 부여받아 국가적 자부심을 가졌지만, 슬프게도 그 백성들은 성결과 의로써 생활해야 되는 책임을 망각해 버린 것입니다. 그 결과로 하나님의 영광이 성전으로부터 떠나 갔고, 결국 국가로부터도 떠나 버렸습니다. 백성들은 하나님과의 관계 속에서 돌보심을 받지 못하게 되었고, 하나님과의 친분적인 관계를 박탈 당했습니다.

하나님 말씀을 공부할 수 있는 것과 예배를 자유롭게 드릴 수 있는 영적 특권들을 한번 기록해 보십시오. 유다가 행한 행동을 통해서 교훈을 얻으십시오. 영적 특권이 주어졌을 때 그것을 잘 활용하십시오. 결코 잃어서는 아니 됩니다.

 주어진 모든 영적인 특권들을 하나님의 영광을 위해 사용하게 하소서. 아멘.

거짓 지도자들에 대한 저주

8월 18일　　■ 묵상과 산책 / 겔12-15장

열매로 알리라.

예레미야에게처럼 에스겔에게도 하나님께서는 고등적이고도 상징적인 그림 같은 특이한 방법으로 메시지를 선포하라고 명하십니다. 백성들의 관심을 불러일으키기 위해 에스겔은 '여행용 가방'을 들고 성벽을 뚫고 통과함으로써 앞으로 유다에 닥쳐 올 포로 생활을 그리고자 합니다. 그는 거짓 선지자들과 나라의 우상 숭배자들을 혹독하게 책망합니다. 이로 말미암아 유다가 하나님께 반역하는 일은 더욱 더 가속화됩니다. 확실히 그 나라는 열매 없는 포도나무며 아무 유익이 없는 나라였던 것입니다. 그 결과로 유다의 원수들과 유다의 하나님은 그들에게서 등을 돌려 버리게 됩니다.

우리가 집 정원의 나무를 손질하기 위해 하루 종일 시간을 보낸 경험을 회상해 보십시오. 보기 싫게 웃자란 가지들을 떼어 내고, 베어 낸 가지들을 모아서 모두 불살라 버리는 작업은 나무를 재배하는 데 있어 중요한 일입니다.

잠시 동안 하나님의 입장이 되어 보십시오. 몇 세대 동안 강퍅하고 패역한 민족을 줄곧 보아 왔습니다. 그들에게서 의의 열매가 맺기를 원했는데 단지 들포도만 맺고 있습니다. 계속적으로 선지자들을 보내 메시지를 전했지만 귀먹은 자들에게 외치는 것과 같습니다. 마침내 더 이상 참을 수 없는 경지에 이르게 됐습니다. 이제는 뽑고 잘라버려야 할 때가 온 것입니다. 계속적으로 무익한 열매를 맺는 것에 대한 고통스런 대가가 지불되어야 합니다.

지난 6개월 동안 하나님께 대한 열매는 어떤 포도였습니까? 우리의 삶을 평가해 볼 때 '가지 치기가 필요한' 나무입니까? 아니면 '인내가 필요한' 혹은 '완전히 제거해야 될' 나무입니까? 만일, 오늘 점심 식사 때 분수에 넘치는 식사를 했다면 열매 맺는 일에 바람직하지 않을 뿐만 아니라, 하나님께서 여러분을 이 곳에 보내 주신 뜻에도 어긋남을 기억해야 할 것입니다.

 내게 주신 모든 사명에서 참열매가 가득하게 하소서. 아멘.

심판의 비유들

8월 19일 ■ 묵상과 산책 / 겔16-19장

사람이 완전함에 가장 가까이 이르게 되는 때는 자신의 이력서의 공란을 가득 채웠을 때이다.

에스겔은 자기의 메시지 중 특별히 두드러진 두 개의 주제, 즉 하나님 백성들의 큰 배반과 그 결과로 닥쳐 올 심판에 대해서 계속적으로 말하고 있습니다.

음란한 여인처럼 그 국가는 하나님과의 관계에서 행음(16:16)한 것입니다. 그 나라의 지도자들은 바벨론과의 언약을 배반하고, 안전함을 추구하고자 애굽으로 돌아섭니다. 유다 지도자들의 변덕스러움과 연약성이 심판을 재촉합니다.

여러분이 전혀 떳떳하지 못한 일을 했을 때 그것에 대해 다음 중 어느 것으로 변명할 것인지 골라 보십시오. 첫째, 사단이 그렇게 하도록 했다. 둘째, 나는 아무 것도 할 수 없다. 셋째, 나의 부모님께서 항상 그렇게 하도록 하셨기 때문이다. 넷째, 모든 사람들이 항상 그렇게 하기 때문이다. 다섯째, 내가 잘못한 것이다. 나에게 모든 책임이 있다.

18장을 보면 다섯번째 외에 그 어떤 것도 성경의 가르침이 될 수 없습니다. 우리 자신들의 행동에 대하여 개인적인 책임을 지는 것 외에는 피할 곳이 전혀 없음을 기억해야 합니다. 우리의 잘못을 사단이나 부모, 또는 환경이나 동료에게 책임 전가해서는 안 됩니다. 많은 사람이 그렇게 했지만 하나님께서는 우리가 스스로 택한 선이나 악, 옳은 것이나 그른 일을 중요하게 여기십니다.

잘못된 선택이나 나쁜 행동으로 인해 넘어지거나 엉뚱한 방향으로 생활이 인도될 때 누구에게 비난의 손가락질을 하시렵니까? 외부 타인들? 위에 계신 하나님? 아니면 내부의 자신에게 하시렵니까? 남들에게 책임을 전가하면 좋겠지만 그르친 일은 그대로 남아 있습니다. 우리는 책임이 부모님이나 친구에게 있는 것이 아니라 자신에게 있다는 사실을 잊어서는 안 됩니다.

 나의 잘못을 철저하게 깨달아 알아서 회개하게 하소서. 아멘.

심판의 선포

 ■묵상과 산책 / 겔20-24장

세 살 버릇 여든까지 간다.

유다는 선조들이 지은 죄로 인하여 하나님께서 자신들을 심판하신다고 생각합니다. 에스겔은 백성들이 하나님을 배반했던 기간과 백성들의 과거를 소급해서 보여 줍니다. 하나님께서는 수세기 동안 참아 오셨지만 이제 죄악의 잔이 가득 차서 심판해야 할 때가 된 것입니다. 하나님께서 심판의 칼을 휘두르시고, 진노의 용광로를 준비하심으로써 유다는 형제의 나라 이스라엘과 똑같은 운명에 처하게 됩니다. 끊임없는 배반에 대한 강한 연단이 주어지게 될 것입니다.

발 끝에 겨우 힘을 주어 아장아장 걷는 아이를 보면서 불안해 하는 부모님을 생각해 보십시오. 연단이란 '모든 사람에게 필요한 것이지만, 거기에 따르는 고통의 과정을 원하는 사람은 없다' 고 정의할 수 있습니다. 부모님의 자녀로서든지 하나님 아버지의 자녀로서든지, 당신이 초기에 교육을 받지 못하였다면 교육을 받지 못함에 대한 값을 반드시 치루어야 합니다.

어떤 부모든 고집 센 아이를 다룰 때 즐거운 마음으로 징계하지 않습니다. 어린 아이를 때릴 때는 누구나 괴로워합니다. 특히 자녀의 똑같은 잘못으로 인해 또다시 때릴 때는 부모님이 오히려 더 고통스러워합니다. 왜 그렇겠습니까? 징계는 행동의 변화를 일으키게 하기 위한 수단입니다. 양심의 가책을 받아 흘리는 눈물은 반성의 기미는 보여 주지만, 그 회개에 합당한 행동이 따르지 않는다면 징계의 본래 목적은 성취되지 못한 것입니다.

우리의 생활 가운데 하나님의 거룩한 채찍이 어디에 주어졌습니까? 심적 고통의 경험으로부터 울려 나오는 반응은 무엇입니까? 조용한 장소에 앉아서 다음 글귀를 묵상하면서 문장을 완성시켜 보십시오. "고통스런 징계를 받았다 할지라도 내가 합당한 반응을 나타내지 않는다면 나에게는 아무 유익이 없다. 오늘 나는 하나님의 도우심으로 말미암아 내가 오늘 배운 ____ 교훈을 행동으로 보여 줄 것이다."

 내게 주시는 징계를 달게 받는 자가 되게 하소서. 아멘.

하나님과 동행하는 생활

8월 21일　　■ 묵상과 산책 / 시 84편

하나님과 동행하는 삶을 살 때 결코 세상 것들에 물들지 않는다.

에스겔은 바벨론에서 하나님께 예배를 드리면서, 완전한 멸망 직전에 이미 포로된 자기 민족을 향해 하나님의 메시지를 선포합니다. 하나님께서는 에스겔에게 하나님의 위대하심과 영광에 관한 가장 특이한 환상을 보여 주시며, 더 큰 사역을 위한 권능을 주십니다. 그리고 에스겔은 유다가 반역함으로써 멸망하게 될 것이라고 예언합니다.

죄악이 관영한 그 때에 에스겔은 어떻게 살았습니까? 그는 전능하신 하나님과 늘 동행하는 삶을 영위하였고, 하나님의 인도하심과 보존하심 속에서 하나님의 능력을 나타내 보였습니다. 우리가 하나님의 선지자는 아닐지라도 하나님과 늘 동행할 수 있습니다. 오늘 시편 84편을 심령 속에서 묵상한다면 같은 용기를 얻을 수 있을 것입니다.

생활 속에서 하나님이 동행하고 계시다는 사실을 체험하며 기뻐해 본 적이 있습니까? 구약 성도들은 하나님의 현현 혹은 '임재'를 성전에서 체험했습니다. 하나님의 임재는 대제사장 외에는 체험하지 못하였으며 그것도 1년에 단 한 번 뿐이었습니다. 하나님이 임재하시는 성전은 사랑스러운 곳이며, 하나님을 사모하는 장소며, 삶에 활력소를 주는 곳이었습니다(시 84:1-2). 하나님의 함께 하심은 위로와, 힘과, 보호하심과, 양식을 주심과 동일한 의미로 생각되었습니다.

오늘날은 어떻습니까? 하나님이 어느 곳에 현현하십니까? 어떻게 순간순간마다 그 분의 나타나심을 기뻐할 수 있습니까? 우리의 몸이 하나님께서 주신 성령의 전이며, 하나님께서 우리 안에 거하신다는 사실을 알고 있습니까? 우리는 그분의 것입니다(고전 6:19-20). 오늘 우리는 하나님을 '방문'할 필요가 없습니다. 하나님의 자녀라면 성령님이 생활 속에 거하고 계실 것이기 때문입니다.

하나님께서 함께 하심을 기뻐할 수 있는 비결은 하나님을 하나님으로 인정하는 삶을 사는 것입니다. 하나님이 함께 하심을 느끼면서 매일매일 기쁜 생활을 하도록 하십시오.

하루하루, 순간순간 주님의 임재를 체험하면서 살게 하소서. 아멘.

유다의 원수들에 대한 심판

8월 22일 ■ 묵상과 산책 / 겔 25-28장

교만의 죄는 세상에서 가장 오래된 죄이다. 세월은 흘렀어도 결코 약해지지 않았다.

에스겔은 24장까지 하나님 백성의 반역과 그 결과로 인해 겪어야 될 징계에 대하여 서술하였습니다. 그런데 지금은 유다의 동서남북으로 관심을 돌려서, 주변 여러 국가들에게 심판의 육성 미사일을 발포하고 있습니다. 그들의 죄는 유다의 것처럼 하나님께서 싫어하시는 죄이므로 유다와 비슷한 양상으로 징벌을 받게 될 것입니다.

교만은 '교만을 갖고 있는 자를 제외한 모든 사람을 아프게 하는 질병이다'라고 정의할 수 있습니다. 28장은 교만한 왕을 묘사하고 있으며, 그의 교만의 결과로 어떤 일이 발생했는지를 기록하고 있습니다. 교만은 가장 미끄러운 유혹입니다. 여러분이 교만과 전혀 관계없다고 생각하는 그 자체가 바로 교만이며, 교만의 과정을 걷고 있는 것입니다. 교만의 문제를 이미 갖고 있다는 뜻입니다.

지식, 미, 돈, 재산, 가족, 직위 등 이러한 것들이 삶 속에서 교만을 나타나게 하는 위험한 요소들입니다. 28장에 나오는 두로 왕의 사례를 통해 멸망에 이르는 교만의 3단계를 살펴 보겠습니다. 먼저 마음 속에 교만이 생겼습니다. 두로 왕 자신의 미(美), 지식, 혹은 돈, 직위가 그의 삶의 중심이 된다. 둘째로, 그것이 머리로 옮겨져 그의 지혜가 타락하게 되고, 마지막으로 결국 그의 월등한 위치에서 떨어지는 재앙으로 끝나게 된다. 3단계 : 자만, 타락, 심판.

이러한 사실들을 알았으므로 우리의 삶 속에 발생할 수 있는 '교만의 함정' 문제에 대한 방어 계획을 잘 수립해야 할 것입니다. 만약에 교만한 자신을 발견하지 못한다면, 배우자, 학교 친구 또는 가까운 친구들에게 물어보면 발견할 수 있을 것입니다. 교만할 수 있는 위험한 영역이 있는가 살펴 보십시오. 어떠한 교만한 생각이라도 있다면 하나님께 회개해야 합니다. 우리의 달란트를 하나님을 섬기는 데 바쳐야 합니다. 그렇지 않으면 두로 왕처럼 사단의 음흉한 계획에 빠져 실족하게 됩니다.

우리의 마음 속에서 자만심을 없애게 하소서. 아멘.

애굽에 대한 심판

8월 23일   ■ 묵상과 산책 / 겔29-32장

우리는 하나님을 알 수는 있지만 측량할 수는 없다.

유다 이웃 나라에 관한 에스겔의 예언 중 가장 크면서 가장 마지막으로 언급되는 예언은 애굽에 관한 것입니다. 이미 언급된 다른 나라와는 달리 애굽은 완전히 멸망하지는 않으나 '지극히 미약한 나라'(29:15)가 될 것입니다.

역사적으로 애굽은 느부갓네살왕에 의해 침략당하고 약탈을 받지만 여전히 하나의 국가로서 존속합니다. 그러나 오늘날의 이집트는 옛날의 강대국으로서 누렸던 그 영광을 회복하지 못하고 있습니다. 에스겔의 예언은 16년 이상의 기간에 여섯 개의 환상으로 전해지고 있습니다.

예언이 성취되었음을 알 수 있는 가장 좋은 증거 중 하나는 오늘날의 세계 지도입니다. 만약 세계 지도를 가지고 있다면 연대기적으로 그것을 한번 살펴 보십시오. 하나님께서는 자기 백성들의 계속적인 불순종 때문에 그들의 나라를 찢어 흩어지게 하셨지만, 한편으로는 그 땅을 다시 회복시켜 주실 것을 약속하셨습니다. 지도에서 이스라엘이라는 나라를 발견할 수 있습니까?

하나님께서는 이스라엘의 이웃 나라가 범한 교만의 죄와 우상 숭배와 이스라엘의 곤경에 무관심했던 모든 죄로 말미암아 완전히 그들을 멸망시키겠다고 약속하셨습니다. 지도 속에서 암몬, 모압, 에돔, 블레셋, 두로를 찾을 수 있습니까?

공의와 자비 중 어느 쪽의 하나님께서 여러분을 향해서 계시느냐에 따라 좋은 소식이 될 수도 있고 나쁜 소식이 될 수도 있습니다. 자비의 하나님께서는 회개하는 겸손한 자들을 일으켜 세우시겠다고 약속하셨습니다. 또한 공의의 하나님은 교만하고 거만한 자는 넘어뜨리시겠다고 약속하셨습니다(벧전 5:5-6). 세계 지도가 무엇을 말해 주고 있는지를 깨달으십시오.

하나님의 자비와 공의를 알게 하소서. 아멘.

이스라엘의 새 목자

8월 24일　　■묵상과 산책 / 겔33-36장

이웃의 잘못이 당신에게 조금이라도 도움이 되었다면, 그것은 전혀 쓸모없는 일이 아니다.

33장은 에스겔서의 방향 전환을 위한 선회축입니다. 1-32장까지는 죄와 심판에 관해 기록했지만, 33장부터 끝까지의 예언은 위로의 목록들을 열거하고 있습니다. 하나님께서는, 심판 후에 그의 백성들을 다시 모으시고 회복시키시겠다고 약속하십니다. 그리고 새 계약을 체결하십니다. 신음 소리가 끝난 이후에는 영광이 펼쳐지게 될 것입니다.

마크 트웨인(Mark Twain)은 "용서는 꽃을 꺾은 사람에게 풍겨 주는 그 꽃의 향기이다"라고 말했습니다. 그 누군가가 찾아 와서 용서해 달라고 부탁했던 마지막 때는 언제입니까? 그보다 더 심각한 것은 아무도 용서를 빌러 오지 않고 있다는 사실인데, 그것은 언제부터였습니까?

유다 나라에 관한 용서의 약속은 36장 전체를 차지하고 있습니다. 용서는 마음과 영혼을 적시는 신선한 소나기와도 같습니다. 용서는 하나님을 온 정성을 다해 마음껏 섬길 수 있도록 해 줍니다. 용서는 어깨에 놓인 무거운 짐을 벗어 버리는 것입니다. 용서는 해 주는 사람이나 받는 사람 모두에게 새 날에 대한 희망을 줍니다.

그런데 여러분은 유다와 같은 생활을 하고 있지는 않습니까? 하나님께 고백(요일 1:9)해야 할 것이 있으면서도 숨기고 있지는 않습니까? 그것이 무엇입니까? 아주 작은 죄입니까? 큰 죄입니까? 요 근래의 죄입니까? 오랫동안 해결하지 않았던 죄입니까? 하나님께서 당신의 은밀한 죄를 용서하시지도 않으시며 깨끗하게도 하시지 않는다고 생각할 때가 있습니까? 하나님의 말씀에 의하면 예수 그리스도의 피는 우리 모든 사람에게 다 적용됩니다(요일 1:7). 지금 당장 그분 앞에 자신이 가지고 있는 모든 죄를 내놓으십시오! 그는 흠과 티를 제거하시며 여러분 안의 영을 새롭게 해 주시는 분입니다.

용서의 사람이 되어 무거운 짐을 벗어 버리게 하소서. 아멘.

이스라엘의 새로운 생활

8월 25일　　■묵상과 산책 / 겔37-39장

자신을 바라보면 언제나 실망할 수밖에 없지만, 갈보리산에서 다 이루신 예수님의 사역을 바라보면 항상 승리할 수 있다.

에스겔의 예언 중 가장 두드러진 두 개가 오늘 본문에 나옵니다. 마른 뼈의 계곡과(37장) 곡의 침략(38-39장)은 하나님께서 이스라엘을 사랑하고 계심을 나타내 줍니다. 비록 죽은 뼈와 같은 민족이지만 하나님은 다시 회복시켜 주실 것입니다. 비록 아무도 막을 수 없는 곡의 침략이지만 하나님께서는 초자연적으로 보호해 주실 것입니다. 이러한 모든 것들은 비교할 수 없는 하나님의 영광을 잘 나타냅니다.

여러분이 스스로를 평가해 볼 때 다음 중 어디에 속합니까? '예수 그리스도 안의 새 삶을 영위하기에는 내가 너무 큰 죄인이다. 혹은 이지적이다. 아니면 자기만족이다.' 많이 잃는 것이 곧 많이 얻는 것입니다.

오랫동안 구원에 대한 희망을 잃어버렸다면 아마도 하나님의 기적적인 역사를 통한 성령 체험을 원할 것입니다. 37:1-14을 자세히 읽어 보십시오. 하나님께서 누구에게 생기를 주셨습니까? 그들은 바로 하나님께서 자기들을 버렸으며, 포기하셨다고 믿으며, 고향으로부터 수천 마일 떨어진 곳에서 처절한 포로생활을 하고 있는 백성들입니다. 하나님께서는 새 국가를 건설하시기 위해 마른 뼈를 일으키셨습니다. 그렇다면 '영적으로 죽었던'(엡 2:5) 다른 사람들을 살리기 위해 당신은 무엇을 해야겠습니까? 무엇을 할 수 있습니까?

종이 위에 '마른 뼈'라고 기록하십시오. 그런 다음 거기에다 구원받지 못한 친구나 사랑하는 사람의 이름을 적어 침대 거울이나 차의 운전대 앞에 붙여 두십시오. 그리고 하나님께서 생기없는 뼈들에게 새로운 삶을 영위하도록 해 준 사건을 기억하십시오. 그것을 볼 때마다 안타깝고 영혼을 사랑하는 진실한 마음으로 그 사람들의 구원을 위해 기도하십시오. 먼저 믿은 자의 최소한의 도리는 이와 같은 것임을 기억하십시오.

 마른 뼈와 같은 우리들을 소생시켜 주소서. 아멘.

이스라엘의 새 성전

8월 26일　■ 묵상과 산책 / 겔40-43장

당신이 성경을 한 번 읽을 때, 당신은 100사람에 의해서 읽혀지고 있다.

사역을 시작한 지 20년이 지난 후 에스겔은 다시 한번 예루살렘에 관한 환상을 보게 됩니다. 이전에 보았던 환상은 배역의 도시가 곧 멸망하게 될 것이라는 우울한 예언이었습니다(8:1-9,17-18). 그러나 이번에는 다시 세워질 성전의 길이를 척량하는 기쁜 예언입니다.

에스겔은 하나님께서 한 번 약속하신 것은 철저히 이행하신다는 사실을 강조합니다. 에스겔은 성전을 척량하면서 11장 이래로 한 번도 보지 못했던 가득한 하나님의 영광을 목격하게 됩니다.

'하나님의 영광'이라는 용어를 들으면 어떤 생각이 떠오릅니까? 우리는 사랑, 자비 등과 같이 하나님의 영광에 관한 성경적 용어를 쉽게 말하지만 사실 이것들은 쉽게 이해할 수 있는 말들이 아닙니다. '하나님의 영광'이란 정확하게 무엇입니까? 에스겔이 서술한 것처럼 그것은 하나님 임재의 가시적인 현상, 즉 온 성전에 가득차고, 찬란하고, 묘사할 수 없을 정도로 눈부신 빛인 것입니다(43:5).

그것보다 더 잘 설명할 수 있는 방법은 없습니까? 어떤 사람은 '영광이란 내면적 실재를 밖으로 나타낸 표현'이라고 즐겨 말하곤 합니다. 하나님 편에서 영광이란 자신의 보이지 않는 속성인 능력, 위엄, 신성, 완전성을 보일 수 있도록 나타내는 표징인 것입니다.

하나님의 영광을 오늘날 우리는 어디서 볼 수 있습니까? 그의 백성의 삶, 즉 우리의 생활 속에서입니다! 바울은 서신서를 읽는 자들에게 그들의 세상 활동 속에서 하나님의 영광을 나타내라는 도전을 주었습니다.

어떻게 할 수 있습니까? 성령의 인도하심을 따라 예수 그리스도와 같이 변형됨으로써 할 수 있습니다(고후3:18). 다른 사람들이 우리에게서 하나님의 영광을 볼 수 있을 정도로 빛을 발하고 있습니까(마5:16)? 우리의 사생활 속에서(학교생활이나 여가를 즐길 때) 하나님의 영광이 나타날 수 있도록 빛을 발하십시오!

 우리의 모든 삶 속에서 주의 영광을 나타낼 수 있도록 도와 주소서. 아멘.

이스라엘의 새로운 예배

8월 27일 ■ 묵상과 산책 / 겔 44-48장

하나님을 소유한 사람은 모든 것을 가진 자이지만, 자신만을 소유한 사람은 아무것도 가지지 못한 자이다.

에스겔은 새 성전에 관하여 자세히 언급한 후 이제는 방향을 바꾸어 그곳에서 행해질 새로운 예배에 관해 말하고 있습니다. 과거와 마찬가지로 이스라엘은 제사장과 레위인, 번제, 그리고 유월절을 중요하게 여기게 될 것입니다. 엄격한 규례가 새 성전 안에서 의무와 특권 속에 주어질 것입니다.

마지막으로 에스겔은 예루살렘의 백성과 왕, 그리고 각 지파들을 위해서 땅이 새롭게 나누어질 것을 묘사하고 있습니다. 그 성읍을 가장 적절하게 묘사한 문장은 "그 성읍의 이름을 '여호와삼마' 라 하리라"(48:35)입니다. 에스겔서의 마지막은 처음과 마찬가지로, 이스라엘의 하나님이시며 영광스럽고 거룩하신 하나님을 온 세상이 알게 되기를 소원하는 에스겔의 안타까운 마음으로 장식됩니다.

향수병에 젖어 있던 포로 상태의 유대인들은 에스겔이 새 성전에 관해 말해 주자 위안과 확신을 얻습니다. 모든 백성들이, 회복된 고국 땅에서 새 제사를 드릴 것이라는 예언에 대해서 자세하게 설명 듣기를 얼마나 사모했었겠습니까? 하나님께 무관심하며 우상숭배를 해 왔던 것을 포로 기간 동안 얼마나 뼈저리게 회개했었겠습니까? 비록 그들은 하나님을 버릴지라도 하나님께서는 절대로 자기 백성을 버리지 않으십니다. 하나님께서는 택한 백성들의 매일매일의 생활에 깊은 관심을 가지시며 깊게 간섭하시고 계십니다.

하나님께서는 세상 모든 국가들과 세상의 모든 사건들을 움직일 수 있는 권능을 갖고 계시지만, 또한 무엇을 먹고 있으며(44:3), 무엇을 입고 있는지(44:17-19), 그리고 누구와 결혼했는지(44:22) 등에 관해서도 깊은 관심을 갖고 계십니다! 하나님은 섬세하신 하나님이시며 사소한 일까지도 은밀히 보시는 하나님이십니다. 상한 심령과 실망시키는 모든 것들을 하나님께 맡기십시오! 그분은 지금 당장 돌보아 주실 것입니다.

 우리의 모든 걸음걸음을 세밀하게 인도하여 주소서. 아멘.

우리를 다시 살리소서

8월 28일　■ 묵상과 산책 / 주일예배본문

개인이 부흥되지 않으면서 국가가 부흥되기를 바라는 것은 잘못이다.

유다의 반역과 하나님의 심판, 에스겔은 이러한 두 개의 주제로 계속해서 말씀을 선포해 왔습니다. 그리고 유다 주위에 있는 국가들도 역시 하나님을 배반하였습니다. 에스겔은 그들에게도 심판을 선포하였습니다. 그리고 나서 에스겔은 저 너머의 희망을 바라보면서, 하나님께서 자기 백성을 회복시켜 주시며 그들과 새 언약을 체결하실 것이라는 사실을 알게 되었습니다.

하나님께서는 자기 백성을 소생시켜 주셨습니다. 우리 마음이 차지도 덥지도 않은 미지근한 상태가 아닙니까? 지금이 바로 뜨겁게 할 수 있는 기회입니다. 시편 85편에 나오는 하나님 말씀을 읽으면서 하나님께 '나의 마음을 다시 한번 소생시켜 달라'고 구하십시오.

세상에서 가장 힘든 일은 부흥입니다. 엘리야가 갈멜산에서 모든 백성들에게 주 여호와는 하나님이심을 증명하였지만(왕상18장) 몇 년 만에 다시 그 백성들은 우상숭배에 빠져 버렸습니다. 요나가 니느웨를 향해 회개하라고 외치자 그 백성들은 돌아왔습니다(욘3:1-5). 그러나 15년 후에는 다시 우상숭배에 빠짐으로써 바벨론에게 완전히 정복당했습니다(나1:7-8).

시편 85편은 과거에 부흥했던 나라에 대해 서술합니다. 앞의 3절은 하나님께서 백성들을 살려주신 방법들을 서술하고 있습니다. 그러나 그 소생은 아주 짧았고 옛날의 모습과 행동으로 다시 돌아갔습니다. 외적인 행복이 영적 타락을 몰고 왔습니다. 그래서 시편 기자는 자기 백성들을 위해 외칩니다. "우리를 다시 살리소서"(6절).

영적 각성과 국가의 부흥이 역사 속에서 이루어졌습니다. 그렇다면 오늘날은 어떠합니까? 국가의 발전은 우리 가족과 우리들 자신이 먼저 부흥될 때 가능해질 것입니다. 오늘 밤 잠자리에 들기 전에 영적 각성과 심령이 새롭게 되기 위해 무릎을 꿇으십시오. 먼저 우리 자신, 그리고 가족, 교회, 사업들, 이웃과 국가를 위해 구하십시오.

내 자신이 먼저 철저하게 부흥되게 하소서. 아멘.

다니엘과 그의 친구들의 모험

8월 29일　　■묵상과 산책 / 단1-3장

재난은 모든 기록이 사라지는 원인이다.

고국으로부터 수백마일 떨어진 곳에서 전혀 알지 못하는 언어를 사용하는 서람들에게 둘러싸인채 고국으로 돌아갈 희망은 전혀 보이질 않습니다. 성전은 폐허가 되었고 고국은 적의 손에 넘어갔습니다. 진실로 하나님은 죽으셨거나 아니면 최소한 주무시고 계십니다. 그도 아니면 하나님께서는 포로된 백성을 완전히 잊어버리신 것입니다.

"맞습니까?"라고 만약 다니엘과 그 세 친구들에게 묻는다면 그들은 전혀 그렇지 않다고 고개를 설레설레 내저을 것입니다. 그들에게 있어서 하나님은 여전히 살아 계셔서 그들의 기도를 응답해 주시고, 꿈을 해몽해 주시며, 그들을 영화롭게 해주실 분이십니다. 가장 높으신 하나님의 종들은 풀무불이라도 결코 두려워하지 않으십니다.

마음 속으로 다음과 같은 장면을 연상해 보십시오. 적군이 진입하여 수많은 건물들을 부수고 수많은 사람들을 죽였습니다. 도시들은 시커멓게 연기에 휩싸이고, 교회는 돌무더기가 되어 버렸으며, 재산은 다 날아가 버렸습니다. 가족과 친구들의 생사를 알 수 없게 되었습니다. 우리는 단지 생각할 뿐이지만 다니엘에게 있어서 그것은 무서운 현실이었습니다. 다니엘은 하나님 외에는 아무 것도 매달리지 않았습니다. 다니엘에게 있어서 하나님은 필요의 모든 것이었습니다. 다니엘과 그의 친구들은 문자 그대로 '프라이팬' 속에 있게 되었을 때 굳건한 하나님의 약속을 발견할 수 있었습니다.

"오직 예수 그리스도만이 나의 전부라는 사실을 알지 못했어." 다른 사람들이 이렇게 말하는 것을 들은 적이 있습니까? 이런 교훈을 배우려면 앞으로 경험을 해야 합니다. 만일 바벨론 포로 시대 초기의 다니엘과 동행했다면 하나님이 우리의 전부라는 사실을 확실히 알았을 것입니다. 다니엘 2:20-23에 있는 다니엘의 말과 3:17-18에 있는 다니엘의 친구들의 말을 우리의 기도로 삼는다면 위와 같은 교훈을 깨달을 수 있게 될 것입니다. 지금 당장 그렇게 하십시오!

 오직 주님만을 바라보면서 살아가게 하소서. 아멘.

다니엘의 담대한 믿음

8월 30일 ■ 묵상과 산책 / 단4-6장

하나님께서는 금그릇을 원하시는 것이 아니라 깨끗한 그릇을 원하신다.

오늘 읽을 본문에는 세 왕이 나오는데 이들은 모두다 다니엘을 통하여 하나님의 메시지를 받습니다. 느브갓네살은 교만으로 인해 벌을 받아, 고통의 과정을 지낸 후에야 다니엘의 지고하신 하나님을 찬양하게 됩니다(4장). 성전 기명들로 술을 마신 죄를 저지른 벨사살은 하나님의 손이 자기 궁정의 벽에 써 놓은 신비스런 글씨를 알기 위해 다니엘을 불러옵니다(5장). 다리오는 질투심으로 가득 찬 총리와 방백들의 고소에 따라 다니엘을 사자굴에 던져 넣으며, 그 사건을 통해 다니엘을 구원하시는 하나님을 알게 됩니다. 다리오는 메대와 바사의 법령은 절대로 변개할 수 없도록 조서에 어인(御印)을 찍었습니다. 법의 내용은 '누구든지 왕이 아니니 그 어떤 다른 신에게 기도하면 사자굴에 던져 넣겠다'는 것입니다.

절대불변의 법이 다니엘에게 전해졌을 때 다니엘은 고민하면서 당황했을 것이라고 생각하십니까? 하나님을 포기하든지 아니면 직위, 권력, 이익, 그리고 삶을 포기해야 하는 상황입니다! 만일 다니엘이 정기적으로 하나님께 기도하는 시간을 그냥 넘겨버렸다면 놀라운 일이라고 생각하겠습니까?

이러한 질문을 우리의 가정에 적용해 봅시다. 하나님과 함께 해야 할 은밀한 대화의 시간을 얼마나 많이 도적질하였습니까? 사형선고와 같은 불멸의 법령에 맞닥뜨린 것은 아닐지라도 그와 비슷한 상황 속에서 마음을 바꾼 적은 없습니까? 바쁜 일정 때문에? 원기왕성한 젊은 부부생활 때문에? 늦잠자는 습관 때문에 우리의 생활에는 도전이 있습니다. 사자의 우는 소리가 먼 곳에 있는 것이 아닙니다!

커피 한 잔 먹는 시간을 절약하여 시편 91편을 읽고 묵상해 보십시오. 사자가 고양이로 변하는 공식을 발견할 수 있습니다. 신앙을 드러내는 증거로서 그것을 큰 소리로 읽어 보십시오.

우리의 믿음이 그 어떠한 역경에서도 흔들리지 않도록 보호하소서. 아멘.

다니엘의 꿈

 ■ 묵상과 산책 / 단7-12장

기도는 영혼의 체육관이다.

다니엘의 앞부분에서는 그를 꿈의 해몽자로 묘사했지만, 뒷부분에서는 '꿈꾸는 자'로 묘사하고 있습니다. 비록 하나님의 백성은 포로가 되었지만 하나님의 권능까지 사라진 것은 아닙니다. 다니엘의 선지자적인 꿈과 환상은 그 폭넓은 영역을 통해 하나님의 관심과 하나님의 영향력을 보여주며, 하나님께서는 온세상과 온민족의 주인되심을 선포하고 있습니다.

오늘 다니엘서를 끝까지 다 읽게 되는데, 다니엘은 성경의 여러 인물 가운데 하나로 나타납니다. 다니엘은 어떤 행동을 하였기에 그렇게 기록되었다고 생각하십니까? 그의 삶의 비결은 무엇이며, 끊임없이 하나님을 영화롭게 하고 높여 드린 비결은 무엇이라고 생각하십니까?

많은 대답이 가능하겠지만, 2:17-23;6:10-11;9:1-3을 다시 읽어 보고 깊이 생각해 보십시오. 다니엘은 기도의 사람이었다는 사실이 여러번 반복되어 묘사되고 있습니다. 환경이 어떠하든, 주변의 압력이 어떠하든, 다니엘은 하나님과 교제하는 시간을 가졌던 것입니다. 10-12장의 위대한 진리는 그의 기도에 대한 직접적 응답(10:10-12)으로 받은 계시입니다.

기도생활에 만족하십니까? 이것은 공정한 질문이 될 수 없습니다. 왜냐하면, 모든 정직한 크리스찬들은 결단코 '예'라고 대답할 수 없기 때문입니다.

하여튼, 매일매일 기도의 시간을 갖고 있습니까? 더 나아가 기도의 생활이 성숙해지고 있습니까? 다니엘의 많은 기도 중 하나를 선택하여 따라야 할 오늘의 모델로 삼아 보십시오. 하나님은 자신이 약속하신 대로 다니엘의 기도를 응답하셨듯이 우리의 기도에도 또한 놀랍게 응답하실 것입니다.

 하나님의 보시기에 만족한 기도생활을 할 수 있도록 도와 주소서. 아멘.

9월

••••
…사랑은 자랑하지 아니하며
교만하지 아니하며
무례히 행치 아니하며
자기의 유익을 구치 아니하며…
- 고전 13:4~5 -

예언적 이상

9월 1일 ■ 묵상과 산책 / 호1-3장

오직 성도만이 성도를 성도로서 사랑할 수 있다.

예전의 선지자들과 같이 호세아는 결코 잊을 수 없는 방법으로 하나님의 메시지를 전합니다. 하나님의 명령에 따라 그는 고멜이라는 창기와 결혼하여 음란한 이스라엘을 충격적으로 고발합니다(1:2).

세 아이를 낳았는데 그들의 이름은 임박한 하나님의 심판을 연상하게 합니다. '하나님이 흩으신다'(이스르엘), '긍휼히 여김을 받지 못함'(로루하마), '내 백성이 아니라'(로암미)가 그들입니다.

고멜은 호세아의 사랑을 배반하고 다른 남자에게 도망갔으나 선지자는 그녀를 찾아 나섭니다. 많은 값을 치르고 그녀를 데려와서 사랑을 재확인합니다. 이를 통해서 선지자는 하나님의 사랑의 채찍과 자기 백성을 전적으로 용납하심에 대한 모델을 제시해 주고 있습니다.

사랑은 진실로 '휘황찬란' 하지만, 때로는 잘못될 수도 있는 일입니다. 사랑엔 여러 가지가 있습니다. · '… 때문의 사랑'이 있습니다 : "네가 아름답기 때문에, 네가 재능이 많기 때문에, 네가 나에게 특별히 대우해 주기 때문에 …". · '… 할 때의 사랑'이 있습니다 : "네가 착할 때, 네가 신실할 때, 네가 순종할 때 …". · '… 한다면의 사랑'이 있습니다 : "네가 나를 기쁘게 한다면, 네가 나를 해치지 않는다면, 네가 내 기대에 도달한다면 …"

그러나 하나님의 사랑은 다릅니다. 그는 '… 때문에', 또는 '… 할 때', 또는 '… 한다면'이라고 말씀하시지 않으십니다. 오히려 하나님은 단순히 "너를 끝까지 사랑한다"고 말씀하십니다. 어떠한 '조건'도 없습니다. '장소 제한'도 없습니다. '시간 제한'도 없습니다.

오늘 읽으신 본문에서 호세아는 어떤 종류의 사랑을 고멜에게 보여 주고 있다고 생각하십니까? 호세아13:1-2을 보십시오. 하나님께서 이스라엘에게 보여 주신 사랑은 어느 종류의 것입니까? 롬5:8을 보십시오. 그리고 그분은 당신이 어떤 사랑으로 당신 주변의 사람들에게 대하기를 기대하고 있습니까? 요13:34을 읽으십시오.

 조건 없이 사랑하는 사람이 되게 하소서. 아멘.

음란한 연합

9월 2일 ■ 묵상과 산책 / 호 4-6장

크리스찬이 된다는 것은 인생을 새출발하는 것이 아니고, 새 생명을 부여받는 것이다.

선지자의 첫번째 임무는 국가로 하여금 자신의 죄를 올바로 깨닫도록 하는 것입니다. 4장에서 호세아는 하나님을 거역한 이스라엘의 범죄들을 나열하고 있습니다. "진실도 없고 인애도 없고 하나님을 아는 지식도 없고"(1절), 오직 "살인과 투절과 간음 뿐이요"(2절), "장차는 백성이나 제사장이나 일반이라"(9절), "행음"(13절) ; "완강하고 … 우상과 연합함이라"(16-17절). 고소가 통렬함으로 심판이 머지 않아 이를 것입니다.

의사가 주의깊게 고통에 관하여 진찰했지만 어린 소년의 간헐적으로 계속되는 복통의 원인을 설명하지 못했습니다. 갑자기 그 아이가 불쑥 말합니다. "나는 왜 그런지 알아, 덜 익은 사과 때문이야!" 그래서 의사가 물었습니다. "그래 어떻게 장담하지?" 그러자 어린아이는 "내겐 남이 모르는 정보가 있거든요"라고 대답했습니다.

진리는 변화를 가져옵니다. 하지만 그것이 내면화되어질 때만이 가능합니다. 하나님의 말씀은 확신을 가져다줍니다. 그렇지만 당신의 삶을 그 확신에 맡길 때에만 하나님의 말씀이 젖과 같고(벧전2:2), 식물과 같으며(히5:12,14), 꿀(시19:10)과 같게 됩니다.

그러나 그것 또한 그 말씀을 먹고 자양분을 공급받을 때에만 해당됩니다. 창고에 아무리 음식물로 가득차 있어도 먹지 않으면 육적으로 아무 유익이 없습니다. 이처럼 성경도 읽지 않으면 영적으로 아무 유익이 없습니다, 이스라엘의 영적인 파산도 결국 자신들이 소유한 광대한 진리의 보고를 무시했던 탓입니다.

여러분은 어떻습니까? 예수 그리스도와 더불어 생명력있는 관계를 유지함에서 오는 내적 기쁨과 영적 충만함을 소유하고 있습니까? 이전에 그와 같은 일이 한번도 없었다면 지금이라도 사랑하는 구세주가 당신의 삶 안으로 들어오시도록 초대하십시오. 그러면 발견할 것입니다. 그를 아는 것이 곧 그를 사랑하는 것임을!

 주를 깊이 앎으로 더욱 사랑하게 하소서. 아멘.

반역적 연합

9월 3일　■묵상과 산책 / 호7-8장

오래 참는 것이 문제를 쉽게 해결할 수 있는 가장 좋은 방법이다.

답변의 검찰관과 같이 호세아는 완고한 이스라엘에 대한 자기의 논고를 생생한 언어로 그려 나가고 있습니다. 죄악된 민족을 '맹렬한 불로, 뒤집지 않은 전병으로, 지혜없는 비둘기로, 굽은 활로, 깨어진 오지그릇으로, 그리고 길들여지지 않은 당나귀로' 비유하면서, 민족이 행한 범죄의 결과는 임박한 멸망이 될 것이라고 말합니다. 백성이 고의적으로 불순종의 바람을 심었기에 이제는 하나님의 심판의 회오리바람, 즉 죄로 인한 결과로 오는 피할 수 없는 두려움을 거두어야만 합니다.

농사는 자연의 두 가지 근본 법칙에 기초하고 있습니다. 첫째, 심은대로 거둔다(질적 법칙). 둘째, 심은 것보다 더 많이 거둔다(양적 법칙). 옥수수를 심으면 옥수수를 거두게 됩니다. 다른 것, 곧 감자나 콩을 거두지는 않습니다. 그리고 옥수수씨는 최초의 투자에 이자가 붙어 돌아옵니다. 곧 매 이삭 당 수백개의 알갱이를 생산합니다.

호세아는 이러한 '수확의 법칙'을 이스라엘의 죄에 적용시키고 있습니다. 백성들이 악을 심었으므로 그것으로부터 선이 돌아오리라 기대해서는 안됩니다. 그들이 그토록 오랫동안 그렇게 많은 악을 뿌렸는데, 어찌 하나님이 주시는 진노의 수확이 '흉작'이 될 수 있겠습니까?

그러나 이 단순한 농사 진리는 선한 행위들에도 역시 적용됩니다. 우리가 오늘 심는 선과 경건의 작은 씨앗들은 우리에게 '누르고 흔들어 넘치도록'(눅6:38) 돌아오게 될 것입니다.

그러므로 오늘 무엇을 심겠습니까? 나쁜 습관, 죄악된 태도, 편중된 우선권 등을 심겠습니까? 아니면 정직하고 진실되고 사랑스런 동기에서 행하는 선행을 심겠습니까? 대답을 적어 보십시오. 무엇을 심든지 반드시 심은 대로 거둔다는 사실을 명심하십시오!

 주를 위하여 심고 거두게 하소서. 아멘.

이스라엘의 재난

9월 4일   ■ 묵상과 산책 / 호 9-11장

자기 자신을 가장 작은 자로 여기는 자들이 하나님의 가장 큰 자비를 받을 수 있는 최고의 준비를 하는 사람들이다.

하나님의 자비는 오랫동안 계속되었지만 이제 드디어 형벌의 날이 이르렀습니다(9:7). 파멸의 메시지를 다년간 충실하게 전파하였던 호세아는 이제 우울한 어조로 그의 민족에게 임할 비극을 묘사하며 조국의 멸망을 바라보고, 눈물을 흘립니다. 때 아닌 죽음, 유산, 기근, 살인, 강제 노역, 국가 요새의 파괴 등의 극심한 재앙들이 하나님을 반역한 백성을 기다리고 있습니다. 한때 많은 열매를 맺었던 포도넝쿨 이스라엘은 이제 영적으로 메말랐으며 열매를 맺지 못합니다. 그러나 비록 하나님께 불순종하였음에도 불구하고 이스라엘은 하나님의 신실하심을 다시 체험하게 될 것입니다. 왜냐하면 민족의 징계로 인하여 주권자의 손으로부터 새로워진 축복을 받는 길이 트여질 것이기 때문입니다.

하나님은 하나님이시요… 그래서 우리와 같지 않으심이 기쁘지 않습니까? 진리가 함축하는 바를 생각해 보십시오, 만약에 하나님이 우리와 같으셨다면…

그의 인내는 길지 못하며 그의 공의는 편파적이며

그의 사랑은 조건적이고 변덕스러울 것이며

그의 동기는 이기적이었을 것입니다.

이제 9:11을 읽어 보십시오. "이는 내가 사람이 아니요 하나님임이라 나는 네 가운데 거하는 거룩한 자니 진노함으로 네게 임하지 아니함이라" 하나님의 위대하심은 그가 자기 원수들을 멸하실 때가 아니라 심판을 받기 위해 대기하고 있는 자들에게 자비를 나타내실 때 가장 잘 보여집니다. 그러므로 하나님 백성의 힘은 원수 갚아 마땅한 자들에게 자비를 베풀 때 가장 명백히 나타납니다!

최근에 나에게 범죄했던 자가 있습니까? 그렇다면 호세아 11:9을 당신이 대응할 자세의 모범으로 삼으십시오. 그것이 그리스도를 닮아가는 가장 확실한 표징입니다.

심판의 심각성을 깨달아 알고 항상 종말을 대비하게 하소서. 아멘.

정결케 된 재연합

9월 5일 ■묵상과 산책 / 호12-14장

죄사함을 받은 최상의 증거는 죄를 버리는 것이다.

죄의 아픔에 관한 어떠한 설교도 죄에 대한 하나님의 치료책이 포함되지 않고는 완전해질 수 없습니다. 선지자 호세아는 외칩니다. "이스라엘아 네 하나님 여호와께로 돌아오라 네가 불의함(질병)을 인하여 엎드러졌느니라 너는 말씀을 가지고 여호와께로 돌아와서 아뢰기를 모든 불의를 제하시고 선한 바를 받으소서 하라"(14:1-2).

그같은 충심의 회개에 대한 하나님의 반응은 어떠했습니까? "내가 너희의 패역을 고치고 즐거이 저희를 사랑하리니 … 저희는 곡식같이 소성할 것이며 포도나무같이 꽃이 필 것이며"(14:4,7). 하나님은 죄인의 처벌을 기뻐하지 않으십니다. 그분께 회개하는 죄인은 언제나 용서하시며, 또 환영하시기 위해서 기다리고 계십니다.

용서를 비는 자를 용서해 주는 것과 죄를 인정하면서도 용서를 빌지 않는 자를 용서해 주는 것은 서로 다른 문제입니다. 과거에 나에게 범죄하고 현재도 계속 그렇게 거만한 태도를 유지하는 자를 용서하시는 것이 온전히 그리스도를 닮아가는 것입니다.

호세아에게 있어서 가장 놀라운 일은 아무 가치도 없는 고멜을 그것도 엄청난 대가를 치르면서까지 기꺼이 용서해 준 것입니다. 동일한 방식으로 하나님께서는 용납할 수 없는, 수치스럽게도 생명 없는 우상숭배에 푹 빠져있는 나라인 이스라엘을 용서해 주셨습니다.

옛날 선지자 시절부터 오늘에 이르기까지 줄곧 하나님은 죄 많은 남녀들에게 초대장을 보내고 계십니다. "내가 너를 사랑하노라, 내가 너를 용서하노라, 너는 내 것이 되길 원하노라!" 그러나 오직 회개하고 돌아오는 자들만이 그 사랑에 들어가는 기쁨을 누리게 됩니다.

이스라엘은 선지자들의 부름을 무시하여 결국 파멸을 당했습니다. 이와 마찬가지로 분명한 것은 당신이 품고 있을지도 모르는 은밀한 죄들은 당신을 해칠 뿐이며 하나님으로부터 멀어지게 할 뿐이라는 사실입니다. 요일1:8-9을 펴서 요한의 충고를 받아들이십시오.

의인으로 살아갈 수 있도록 하소서. 아멘.

메뚜기에 의한 심판과 여호와의 심판

9월 6일
■ 묵상과 산책 / 욜1-3장

사람의 양심은 마치 도로가의 신호등과 같아서 해서는 안될 일을 경고해 줄 수 있지만 하지 못하도록 막을 수는 없다.

요엘의 날에 울려퍼진 주요 뉴스의 항목은 다음과 같습니다. "메뚜기 재앙 전국을 강타, 페허로 만들다. 수십년 이래로 최악의 재난". 하나님은 미래에 관한 중요한 진리를 요엘에게 가르치기 위하여 그 재앙을 사용하십니다.

비록 그 땅은 메뚜기로 황폐하게 되었다 할지라도 그 상황은 여호와께서 대적들을 멸하고 하나님의 백성들을 들어 올리실 여호와의 날에 벌어질 파괴와 비교해 보면 미약할 것입니다. 그 같은 경고들에 대한 한 가지 적절한 대응책은 오로지 여호와께 순종하는 것 뿐입니다.

자동차로 도로를 달리고 있는데 갑자기 조그만 신호등에 빨간불이 켜졌습니다. 어떻게 하시겠습니까? 기다리겠습니까? 아니면 망치로 신호등을 깨뜨리고 지나가겠습니까? 만일 양자택일을 해야만 한다면 어느 쪽을 선택하시겠습니까?

아마 누군가가 후자를 선택했다면 당신은 웃었을 것입니다. 그럼에도 불구하고 수많은 크리스찬들이 매일 하나님께서 안전을 위하여 제공하신 경고들, 즉 양심, 권고, 하나님 말씀의 직접적인 명령들을 정신적인 망치로 부수어 버리고 있습니다.

그들은 문제를 고치기보다는 그 경고를 무시해버립니다. 그러다가 그들의 영적 모터가 털털거려 중단하기라도 하면 사태를 이상히 여깁니다.

하나님은 요엘의 시대에 국가에 대한 신호등으로서 메뚜기 재앙을 보내셨습니다. 우리의 삶에서 켜졌다 꺼졌다 하는 신호등은 어디에 있습니까? 하나님의 음성을 무시하지 마십시오.

하나님께서 오늘 당신에게 가르치시고자 의도하셨던 '메뚜기 떼의 교훈'을 적어 보십시오.

하나님의 경고에 민감하게 하소서. 아멘.

모든 것이 그의 통치 아래에

9월 7일　　　　■ 묵상과 산책 / 시93편

신뢰와 순종은 동전의 양면과 같다.

말씀 순례의 길에서 당신이 만난 세 선지자 다니엘, 호세아, 요엘은 각각 의심할 만한 일이 있었음에도 불구하고 의심없이 하나님께 순종했습니다. 예를 들면, 호세아는 행음하는 여인과 결혼함으로써 하나님과 이스라엘 사이의 상황을 묘사해 줍니다. 결국 그는 그것을 통하여 하나님의 사랑의 징계와 끝까지 자기 백성을 용납하심을 나타낼 수 있었습니다.

분명히 하나님은 통치하고 계시다는 것을 선지자들은 알았습니다. 여러분도 아십니까? 이제 잠시 멈추고 시편 93편을 묵상함으로써 우리의 주권자이신 하나님께 경배를 드립시다.

하나님은 언제나 그러셨던 것처럼 오늘날에도 지존의 통치자로 존재하십니다. 그것은 또 하나의 방법입니다. 하나님의 통치는 과거에도 있어왔고 현재에도 계속되고 있습니다. 또한 미래에는 더 놀라운 일로 나타낼 것입니다.

시편 93편의 기자는 이 진리를 알고 있었습니다. 그의 확신은 하나님께 있었으나, 곧 그 하나님은 권위의 능력을 입으신 왕이시요(1절), 영원 전부터 다스리는 분이시요(2절), 바다의 큰 파도보다 위대한 분이십니다(4절). 또한 하나님은 지존의 통치자이기에 그의 말씀은 신뢰할 수 있습니다. "주의 증거하심이 확실하고 거룩하심이 주의 집에 합당하여 영구하리이다"(5절).

하나님의 말씀은 확실하고 하나님의 말씀은 세월이라는 시험을 견딤으로 여러분은 그 말씀 위에 인생을 설계할 수 있습니다. 여기 그 진리를 자주 상기시켜 줄 만한 한 가지 좋은 방법이 있습니다. 다음의 짤막한 공식을 써서 지니고 다니십시오. "나는 그의 것, 그는 전능자" 그리고 이제부터 당신의 삶을 주관하실 지존의 주권자를 신뢰하십시오!

 주님만을 높이고 오직 그로 인하여 기뻐하게 하소서. 아멘.

이스라엘의 인접 국가들의 운명

9월 8일　　　　■ 묵상과 산책 / 암1-2장

빛보다 어두움을 더 사랑하는 자들은 결국 그것에 따른 운명을 맞이하게 될 것이다.

남방 출신의 농부로서 무화과를 따던 자가 북방에 임할 심판의 맹렬한 메시지를 전하기 위하여 하나님의 부름을 받았습니다. 그의 거친 시골 태도로 보아 궁궐보다는 목장에나 더 잘 어울릴 그런 아모스는 물질주의와 불의가 번성하고 있는 시대에 하나님을 위해서 타협할 줄 모르는(인기없는) 입장을 취해야 하는 예언자로서의 부름에 순종합니다. 인접한 여섯나라들은, 드고아 출신의 선지자가 자신의 동족인 남왕국 유다와 북왕국 이스라엘을 향하여 수치스러운 질책을 가하기 전에 퍼부은 그의 미사일과도 같은 심판의 경고로 인해 고통을 받습니다. 하나님의 의도하심에는 실수가 없습니다. "내가 불을 보내리니 …"(1:4,7,10,14;2:2,5)라고 선포합니다.

성경에는 '혀, 하나님의 말씀, 그리고 천사'들을 기술하는데 어떤 상징을 사용합니까? 야고보서 3:6; 예레미야 5:14;히브리서 1:7을 확인해 보십시오. 불은 따뜻하게 하기도 하고 물건을 태워버리기도 합니다. 음식을 요리하기도 하고 태워서 재로 만들기도 합니다. 금속을 제련하기도 하고 녹여 없애버리기도 합니다. 집을 따뜻하게 하기도 하고 잿더미로 만들기도 합니다. 이 모두가 그 불을 어떻게 다루느냐에 달려 있습니다!

구약 39권 중 33권이 불에 대해 이야기하고 있습니다. 하지만 아모스보다 더 많이 '불'을 주제로 다룬 책은 없습니다. 사람에게 축복으로서 불을 주신 바로 그 하나님께서는 그의 창조물로부터 죄와 반역의 찌꺼기를 제거하기 위하여 어느날 그 불을 사용하실 것입니다.

아모스 시대의 여덟 나라들은 "내가 불을 보내리라"고 하나님께서 선포하실 때 하나님의 의도를 알았습니다.

고전3:10-15을 읽으면서 다음의 질문에 대하여 토의해 보십시오. "크리스찬의 미래에도 어딘가에 불이 있는가? 그리고 그것을 준비하기 위하여 오늘 무엇을 할 수 있는가?"

 하나님의 심판의 무서움을 깨달아 알고 준비하게 하소서. 아멘.

이스라엘 국민의 운명

■ 묵상과 산책 / 암3-5장

당신의 운명은 우연이 아니라 선택에 의해 결정된다.

저는 심판을 가져온다는 아모스의 메시지는 그가 살고 있는 나라의 생활양식이 압제와 부패와 술취함으로 변했기 때문입니다. 하나님은 거듭거듭 자기 백성을 회개시키려고 시도하셨지만 그들은 여전히 완고하게 거역하고 있습니다. 기근, 가뭄, 염병, 깜부기 재앙, 사망, 전쟁의 참패가 닥쳐 옵니다. 그러나 그 어떤 것도 그들이 가야 할 이러한 운명의 길로부터 그들을 돌이켜 주지 못했습니다.

다섯 차례의 경고가 끝나자 하나님은 아모스를 다그쳐 고소를 마감하게 하시고 심판을 선포하십니다. "너희가 내게 돌이키지 않으므로 이스라엘아 내가 이와 같이 네게 행하리라 내가 이것을 네게 행하리니 이스라엘아 네 하나님 만나기를 예비하라"(4:12).

우리의 배경이나 체질 속에는 당신이 어쩔 수 없는 그런 부분들이 있습니다. 하나님은 부모, 머리털의 색깔, 키, 국적, 또는 발의 크기를 결코 당신과 의논하지 않았습니다. 이러한 것들은 당신이 잉태하기도 전에 벌써 하나님께서 결정하신 것들입니다(시139:13-16;렘1:5). 이러한 말을 듣노라면, 인생은 어쩔 수 없는 운명적인 여정에 묶여 있다는 결론을 내리고 싶은 유혹을 받을 수도 있습니다.

그러나 그렇지 않습니다. 성경은 자신이 결정해야 하는 중요한 선택이 있다는 것을 분명히 말씀하고 있습니다. 즉 영생을 위하여 예수 그리스도를 믿을 것인가의 결정(요3:16-18), 세상과 구별이 되는 삶을 살 것인가의 결정(고후6:17), '선을 행하고 악을 피할' 것인가의 결정(암5:14)이 그것입니다. 당신의 운명은 선택에 의해 결정되는 것이지 우연이 아닙니다.

어떤 결정을 해야 할 때 결단하지 않을 수는 없을 것입니다. 왜냐하면, 막연히 결단을 미루는 것은 이미 결단하고 있는 것이기 때문입니다. 앞에서 언급한 세 가지 선택의 문제를 앞에 놓고 주의깊게 선택하십시오. 바로 자신의 인생과 행복이 걸려 있는 문제입니다!

나의 그리스도를 통하여 영원한 생명을 얻게 하시니 감사합니다.

낙담할 운명의 환상들

9월 10일　　■ 묵상과 산책 / 암6-7장

우리 시대의 약점 중 하나는 필요와 욕심을 명확하게 구별하지 못하는 것이다.

아모스가 사치에 빠져가는 국가를 바라보면서 묘사하고 있는 그림입니다. 망치를 내리치는 듯한 판결이 떨어집니다. "그러므로 이제는 저희가 사로잡히는 자 중에 앞서 사로잡히리니"(6:7). 그러나 더 이상 연기될 수 없는 하나님의 심판을 받을 백성들에 대한 생각은 선지자의 마음을 괴롭게 합니다. 두번씩이나 그는 불과 메뚜기 보냄을 축소시켜 달라고 하나님께 호소합니다. 그러나 하나님의 공의로운 규칙의 다림줄은 백성이 정해진 길로부터 얼마나 멀리 떠나 표류했었던가를 밝혀줍니다. 끝내 하나님은 "내가 … 다시는 용서치 아니하리니"라고 선포합니다.

하나님은 '인사배치'의 전문가십니다. 때때로 그의 선택하심은 세상적으로는 납득이 안 가는 것처럼 보이기도 합니다. '큰 용사'로서 원래 포도주틀에서 타작하고 있던 자인 기드온(삿6:12)을 선택하심과, 바로 앞에 세울 여호와의 대변자로서 자신도 인정했듯이 말에 능치 못한 자였던 모세(출4:10)를 선택하심이 그러합니다.

하나님께서 이스라엘에게 전하시고자 했던 메시지는 강하고 가혹했습니다. 그래서 그 어떠한 연단도 견딜 수 있는 사람을 그의 사자로 선택하셨습니다. 곧 일상 생활의 도가니 속에서 연단받았음으로 신실성을 인정받았던 사람을 선택하셨습니다. 비록 한번도 선지자의 학교에서 훈련받은 적이 없는 아모스였으나 그는 하나님을 알았고, 또 하나님의 말씀도 알았습니다(7:14-15).

성경학교나 신학교에 한 번도 다닌 적이 없을지라도 하나님께서 우리를 위해 마련하시는 독특한 봉사의 영역을 위해 자신을 준비할 수 있을 것입니다. 하나님은 아모스처럼 무화과를 따는 자일지라도 자기를 위해 일할 헌신적인 사람을 찾고 계십니다.

역대하16:9에서 하나님의 신성한 '일꾼' 모집 광고문을 발견할 것입니다. 응할 준비가 되어 있습니까? 하나님께 하겠다고 아뢰십시오!

 하나님의 행하시는 경고에 귀를 기울이도록 도와 주소서. 아멘.

공포와 소망의 환상들

9월 11일

■묵상과 산책 / 암8-9장

오늘날 세계에서 실리주의자가 되지 않기를 바라는 것은 기적을 바라는 것과 같다.

이스라엘의 공의에 대한 왜곡된 관념과 가난한 자들에 대한 압제는 더 이상 그 나라가 돌이킬 수 없는 지점에 이르렀음을 보여 줍니다. 태양에 곧 말라버릴 여름 실과 광주리처럼 이스라엘은 심판을 위해 무르익어 있었습니다. 이 심판은 아무도 피할 수 없습니다. 하나님의 심판의 손은 한 사람도 놓치지 않고 이스라엘의 구석구석까지 다 미칠 것입니다. 그럼에도 하나님은 결코 자기 백성을 소망 없는 가운데 내버려두지 않으십니다. 심판을 외치는 불같은 선지자 아모스조차도 하나님께서 미래에 회복하실 것이라는 약속과 함께 그의 예언을 마칩니다.

아모스서 전체를 통하여 이스라엘은 공의를 굽게 한 죄로 인해 특별한 주목을 받아 왔습니다(2:6-8;4:1;5:10-13;8:4-6). 그러나 선지자는 거기에 머물지 않습니다. 표면 아래 뻗어있는 문제의 뿌리인 실리주의(6:3-6)까지 파헤칩니다. 이스라엘의 번성은 하나님을 보는 안목과 예배를 왜곡시켰습니다. 더많은 재물, 소유, 위신, 안전을 위한 욕심 등에 빠져서 완전히 하나님의 인격과 목적들을 무시하였습니다.

오늘날 우리의 인격적 고결성과 의의 중요성을 회석시키는 돈, 인기, 지위 같은 관심사들이 난무하는 사회에 우리는 살고 있습니다. 우리는 날마다 주변의 부패해가는 세력들에 순응하라는 압력에 부딪힙니다. 우리는 하나님과 잘 어울리는 상태를 유지하기 위해 어떠한 일을 할 수 있겠습니까?

시작할 수 있는 좋은 방법은 성경 암송 프로그램입니다. "청년이 무엇으로 그 행실을 깨끗하게 하리이까 주의 말씀으로 삼갈 것이니이다"(시119:9). 몇 가지 프로그램들은 가까운 기독교 서점에서 얻을 수 있으며, 또는 정규적으로 기억할 구절을 당신 스스로 택할 수도 있습니다. 마음 속에 잘 간직해 두었다가 행실을 깨끗하게 유지함으로써 하나님께 응답하는 도구로 사용하십시오!

 세상적인 모든 것을 주를 위해 포기하게 하소서. 아멘.

법정에 선 에돔의 최후의 날

9월 12일　　■묵상과 산책 / 옵1장

하나님이 우리를 위해 주신 메시지를 비판하기보다는 주관화시키기 위해서 예언서를 세밀하게 연구하라.

쌍동이 형제 야곱과 에서 간의 씨족적 투쟁(창27장)은 결국 그들의 후손들인 이스라엘(야곱)과 에돔(에서) 사이의 국가적 반목을 초래합니다. 이스라엘의 대적들이 예루살렘을 공격하는 절박한 시기에 에돔 족속은 형제들을 돕기 위하여 모입니다. 그러나 에돔은 '형제들을 지켜 주는 자'의 역할 대신 오히려 이스라엘의 대적들과 동맹을 맺고 예루살렘 성을 약탈하는 일을 합니다.

오만한 지혜와 잘못된 자기 과시에 물든 에돔은 '영원히 멸절' 될 것입니다(10절). 살아 온 배경을 알 수 없는 선지자 오바댜는 하나님으로부터 한 가지 말씀을 받고서 등장합니다(10-14절). 공의가 베풀어질 날이 올 것이며, 하나님의 백성이 보호받으며, 하나님께서 온 땅 위의 심판주로서 깨달아지는 날이 올 것입니다.

의학이 언젠가는 '제 스스로 가동할 수 있는' 손이나 귀, 콩팥이나 폐를 발견하고 말 것입니다. 각 기관은 자신을 유지하고 성장시키기 위해 신체의 다른 기관들을 필요로 합니다. 정말로 혼자서 독립하는 기관들은 잘리어지고, 죽고, 쓸모없게 됩니다.

동일한 원리가 그리스도의 몸에도 적용됩니다. 몸의 각 지체는 힘, 지원, 촉진, 그리고 영양 공급을 위해 다른 지체가 필요합니다. 이처럼 상호 의존은 신적인 설계입니다. 만약 우리가 당신의 죄를 짊어지신 그리스도를 신뢰해 왔다면 이 범주에 속하게 됩니다.

국가적으로도 에돔은 형제를 지키는 자로서 마땅히 감당해야 하는 역할을 거부함으로 인해 준엄한 형벌을 받게 되었습니다. 우리는 어떠합니까? 그리스도 안에서 형제 자매들의 삶에 관계하려 합니까? 곤란한 결정에 놓여 있거나 심각한 위기에 처해 있는 가까운 친구에게 전화를 거십시오. 그리고 당신이 먼저 도움을 주도록 하십시오. 그것이 바로 그리스도의 몸을 이루고 사는 삶을 실천하는 것입니다!

 형제의 어려움을 보고 외면하지 말고 도울 수 있는 능력을 주소서. 아멘.

불순종한 요나

9월 13일　　■ 묵상과 산책 / 욘1-4장

우리가 겪는 고통 가운데 90퍼센트는 우리가 마땅하다고 생각하는 것이 아닌 다른 이유들로부터 발생한다.

요나는 이스라엘의 최대의 적 앗수르에게 최후 통첩을 전하라는 임무를 하나님께로부터 받았지만 현재의 스페인인 다시스로 가는 배를 타고 도망갑니다. 그 불순종의 선지자는 야만적인 니느웨 족속에게 긍휼을 베푸시려는 하나님의 계획을 결코 받아들일 수 없었습니다. 그러나 하나님은 요나를 포기하지 않으십니다. 폭풍을 사용하셔서 그를 물 속에 집어 넣으시고 큰 고기를 사용하여 다시 육지로 끌어내셔서, 불순종하는 선지자를 결국 니느웨 성문에다 갖다 놓으십니다. 그 도시가 회개하자 선지자는 찬양하기는 커녕 대단한 불평으로 가득합니다. 하나님은 바람과 박넝쿨 그늘과 벌레를 사용하셔서 하나님의 자비하심을 깨우쳐 주십니다.

요나서 4장을 보면, 선지자가 죄인의 구원받는 것보다 오히려 멸망당하는 것을 더 바라는 엉뚱한 모습을 보게 됩니다. 그는 노골적으로 하나님이 그들을 용서하고 살려 주시는 데 대해 화를 내고 있습니다.

이제 요나를 호되게 질책하기에 앞서 솔직한 마음으로 대답해 보십시오. 교인 가운데 한 사람이 예수 그리스도 안에서 죄사함 받았음을 확신하고서 그저 눈물만 흘리며 제단의 부르심에 응하여 목사님 앞으로 나아갈 때 그를 쳐다보며 요나 또는 눅15:25-30의 탕자의 형처럼 시큰둥해서 속으로 "저 목사는 지금까지 한 번도 나를 저처럼 감싸 주지 않았어!"라고 생각하지는 않겠습니까?

오늘 밤 잠자리에 들 때 실내화 한 짝을 침대 밑에 던져 넣으십시오. 이튿날 아침 사소한 것이라도 그 신이 필요하여 찾게 될 때, 그 순간 하나님의 구속을 생각하면 여러분 자신이 하나님의 계획 속에서 결코 미미한 존재가 아님을 깨닫게 될 것입니다. 그러기에 항상 나 자신을 포함한 모든 죄인들을 향하신 하나님의 섭리에 순종해야 할 것입니다.

 형제를 용서하는데 힘을 기울이게 하소서. 아멘.

노래할 이유

9월 14일
■ 묵상과 산책 / 시95편

표현할 수 없는 것을 비슷하게 표현할 수 있는 것으로는 침묵 다음에 음악이다.

아모스는 농부요 무화과 따는 자였습니다. 그리고 우리는 오바댜와 요나에 대해서는 거의 아는 바가 없습니다. 셋 모두 하나님께서 특별한 일을 행하시기 위하여 들어 쓰셨던 보통 사람들이었습니다. 아마도 여러분도 자신을 보통 사람들이라고 느끼고 있을 것입니다. 만약 그러하다면 하나님께서 이들과 또 다른 사람들을 사용하셨듯이 극적으로 당신을 사용할 수 있음을 깨달으십시오. 시편 95편을 묵상하면서 찬양하는 가운데, 눈을 그에게로 향하시고 말씀과 더불어 사는 삶의 여정에 활력을 찾으십시오.

여러분의 노래실력을 어떻게 표현할 수 있는지 다음 중에서 하나를 골라 보십시오. 국립극장에서 부를 만합니까. 소나기 소리같이 요란합니까. 다른 사람을 꾸짖는 소리같이 요란합니까. 아니면 다른 사람을 꾸짖는 음정과 박자를 무시한 소리 같습니까.

시편 95편에 나타난 두 개의 초대장을 주목해 보십시오. "오라 우리가 여호와께 노래하자"(1절), "오라 우리를 지으신 여호와 앞에 무릎을 꿇자"(6절). 여러분의 성대가 어떻든간에 이 두 가지 초대에 응해야 할 합당한 이유가 있습니다. 왜 하나님을 찬양하고 싶어집니까? 그는 하나님이시며 위대한 왕이시기 때문입니다(3절). 그는 강하시며(4절) 창조주이시기 때문입니다(5절).

"너희가 오늘날 그 음성 듣기를 원하노라. 너희 마음을 강퍅하게 말지어다"(7-8). 하나님은 전능하신 분입니다. 하나님의 명령들을 무시함으로 하나님을 근심하게 할 수 있고(10절), 또한 여호와를 찬양함으로 그를 존귀케 할 수도 있습니다.

찬송가 가운데 친숙한 믿음의 노래 몇 곡을 골라서 당신의 위대하신 하나님이시며 왕이신 그분에게 기도하는 마음으로 읽고 묵상해 보십시오. 그리고 목청을 높여 노래 부르십시오. 왜냐하면, 그분은 당신의 경배를 받아 마땅할 분이시기 때문입니다.

항상 찬송할 일들이 넘치게 하소서. 아멘.

유다백성에 대한 정죄

9월 15일　　　■묵상과 산책 / 미1-2장

백문(百聞)이 불여일견(不如一見)

미가는 다가오는 재앙이 이스라엘(사마리아)과 유다(예루살렘) 위에 임하리라는 일반적인 선포로 그의 예언을 시작합니다. 양국은 모두 그들의 반역과 무자비함으로 인하여 쓰러질 것입니다. 종전에 웃음과 잔치로 떠들썩했던 그 성읍들은 얼마 가지않아 잔인한 바벨론인들의 손아귀에서 쓰라림과 고통을 맛보게 될 것입니다.

부패한 지도자들, 속이는 상인들, 탐욕스러운 사람들은 유다의 상처가 치유될 수 없음을 보여 주는 증거입니다. 그러나 하나님의 징계는 역설적으로 공의와 평화의 통치를 실행하실 메시야를 맞이할 준비를 갖추게 할 것입니다.

당신은 조용한 주택가를 운전해 가다가 우연히 눈길이 가는 한 집을 만납니다. 뜰은 3피트 정도나 되는 초목으로 우거져 있고, 앞 현관은 무너지기 직전에 있으며, 몇 년 동안 페인트 칠도 안 한 것 같습니다. 편지함에는 편지가 3인치 정도 쌓여 있고, 문패에는 '홍길동' 이라고 써 있습니다.

좀더 가다가 눈길은 또 다른 집에 매혹됩니다. 잔디밭은 말끔하게 다듬어져 있고, 앞 현관은 아늑하고 매력적이며, 집은 깔끔하게 페인트로 도색되어 있습니다. 역시 이 집에도 문패가 있는데 '김철수' 라고 씌어져 있습니다 자, 홍길동과 김철수에 대한 당신의 첫 인상은 어떻습니까?

하나님의 백성은 하늘에 계신 하나님을 닮은 질적인 삶을 통하여 하나님의 이름을 세상에 전달하는 자가 되어야 합니다. 그러므로 여러분은, 이 세상에 '크리스찬' 의 참다운 모습을 보여 주어야 합니다. 여러분은 어떻게 행동하고 있습니까? 오늘 밤부터 전도해야 할 대상자의 전화번호부를 머리맡에 두십시오. 그래서 당신이 잠에서 깰 때 마다 '크리스찬' 이란 이름이 가볍게 전해져서는 안 될 것임을 생각나도록 하십시오!

 그리스도인이라는 나의 이름을 하나님의 영광을 위하여 지키게 하소서. 아멘.

유다 지도자들에 대한 정죄

9월 16일
■ 묵상과 산책 / 미3-5장

자기의 실수로부터 유익을 얻는 사람은 아마도 성공적인 자서전을 써 온 것이다.

오늘 본문을 읽으면서, 미가의 초점이 국가에서(3장) 남은 자로(4장), 왕으로(5장) 점점 좁혀지고 있음을 주목하십시오. 국가의 지도자들은 도덕적으로 영적으로 파산 상태에 이르렀습니다. 그와 같은 암울한 배경과는 반대로 하나님의 평강의 약속은 더욱 더 밝게 빛나고 있습니다.

심판이 하나님의 백성을 완전히 휩쓸지는 않을 것이며, 남은 자가 보존되어져서 다시 평화와 안전의 축복을 향유하게 될 것입니다. 베들레헴이라는 외딴 고을에서 하나님 백성의 목자와 심판자가 나실 것입니다. 그날에, 불순종한 국가들에는 심판의 보응이 엄습할 것이지만 남은 자들은 비할 데 없는 특권과 축복을 누리게 될 것입니다.

과거의 잘못으로부터 유익을 얻습니까? 아니면 단지 과거로서 흘려 버리십니까? 우리는 혼자서 실수하는 일도 있습니다. 다른 사람들을 고의적으로 나쁜 길로 끌고 가는 경우도 있습니다. 유다를 향한 미가의 '징계의 선포'는 가혹하였지만 유다 지도자들의 실책에 비하면 아무것도 아니었습니다.

두령들은 순진한 자들을 강탈하고, 재판관들은 돈을 받고 공의를 왜곡하며, 선지자들은 이익을 위해 말씀을 전하고 있었습니다(3:1-5). 그들의 책임이 큰 만큼 하나님 백성의 지도자로서 받아야 할 질책도 역시 클 수밖에 없었습니다.

크리스찬의 삶에 있어서 선한 모범의 중요성은 아무리 강조해도 지나침이 없습니다. 변치 않는 경건한 모델로 당신을 가장 많이 도와준 크리스찬 세 사람을 적어 보십시오. 그리고 나서 생각해 보십시오. 이런 질문을 다른 사람들이 받는다면 과연 얼마나 많은 다른 크리스찬의 명부에 당신의 이름이 적힐 것인가를! 여러분을 괴롭히는 성질이나 무분별한 혀와 같은 문제 하나를 골라 그것을 오늘의 '그리스도를 닮아 가는 초점'으로 삼으십시오.

우리의 삶이 모든 사람들에게 빛이 되게 하소서. 아멘.

유다와 여호와의 논쟁

9월 17일　　■묵상과 산책 / 미6-7장

참다운 예배는 우리 삶에서 그가 계실 합당한 자리까지 하나님을 높여 드리는 것이다.

하나님과 그의 백성 사이에 논쟁이 생겨서 그 문제를 해결하기 위해 재판이 열립니다. 하나님 자신이 소송 검사이며 그의 백성은 피고입니다. 하늘과 땅이 사건의 판결을 위한 배심원으로써 함께 소집됩니다. 증거가 유다 나라에 불리하게 제시됩니다.

그 불리한 증거들은 억지로 하는 예배, 공허한 의식, 끊임없는 반역, 속임, 위선, 부패, 탐욕, 우상숭배 등입니다. 신속한 판결이 내려집니다. 유죄 판결! 그러나 비록 그 불리한 증거가 압도적이고 그 선고는 70년간 바벨론 포로로 집행되어져야 하지만, 거기에는 끝없는 포로 생활보다는 더 좋은 소망이 있습니다. 그들의 포로생활이 끝나는 그날에는 완전한 용서와 새로워진 신분이 하나님의 백성을 기다리고 있습니다.

여러분이 예배드리는 하나님은 얼마나 소중한 분이십니까? 만약 하나님께 감사헌금으로 땅의 모든 소유를 드린다면, 그것은 옳은 일일까요?

만약 삶의 순간순간마다 다른 사람을 위한 희생적인 일을 함으로써 하나님을 섬겼다면 그것은 옳은 일일까요?

만약 그의 이름을 위하여 몸을 불사르게 내어 주었다면 그것은 옳은 일일까요?

만약 그의 영광을 찬송하는 모든 찬송가를 찾아 백 번 이상 부른다면 그것은 합당한 일일까요?

위와 같은 수많은 상상적 상황들에 대한 대답은 물론 "예!"입니다. 하나님은 가장 귀한 선물, 가장 고귀한 봉사 행위, 생명 자체를 받으실 만한 분입니다. 그는 "주와 같은 신이 어디 있으리이까 주께서는 죄악을 사유하시며… 인애를 기뻐하심으로 노를 항상 품지 아니하시는 분"(7:18)이기 때문입니다. 지금 즉시 그의 성품을 찬양하십시오.

　주를 위해 나의 가장 소중한 것을 기쁨으로 드리게 하소서. 아멘.

니느웨를 향한 홍수와 불

9월 18일
■ 묵상과 산책 / 나1-3장

미래란 바로 지금 당신이 행하지 않고 있는 것을 "했으면" 하고 바라게 되는 때이다.

'머물 만한 곳'이란 칭호에 합당한 성읍이 아직도 있다면 니느웨가 바로 그 도시였을 것입니다. 100피트 높이의 벽으로 둘러싸였으며, 위로 치솟은 또 다른 100피트의 탑 200개에 의해 경호되고, 60피트 깊이와 140피트 폭의 참호로 보호되어 있었으므로 그 거대한 도시는 정말 난공불락으로 여겨졌습니다.

하지만 하나님은 선지자 나훔을 등장시켜 그러한 상황의 니느웨가 망할 것이라고 선포합니다. '니느웨는 홍수로 인해 멸망되리라'(1:8;2:6)고 선포합니다. 고고학적 증거는 그 도시가 홍수로 인해 황폐했음을 보여줍니다. '니느웨는 불로 멸망당하리라'(1:10;2:13;3: 13,15)고 천명합니다. 궁전에서 출토된 석고판은 거의가 석회로 변해 있었는데 이는 그 도시가 불로 인해 강한 열을 받았음을 말해 줍니다. 하나님 대변자의 예언이 있은 후 반 세기도 채 못가서 다시는 결코 재건되지 못할 정도로, 그것도 바벨론 침공 이전에 이미 무너져 버렸습니다.

2,500년보다도 더 오래 전에 있었던 한 도시의 멸망과 오늘의 당신의 삶과는 무슨 관계가 있습니까? 나훔의 힘찬 예언에서 간직할 만한 그 어떤 교훈을 이끌어 낼 수 있습니까?

아마도 가장 중요한 교훈은 '하나님은 자기 약속을 지키신다'는 것일 겁니다. 그가 약속하신 것은 축복이든 형벌이든 반드시 이행된다는 사실입니다. 그 사실을 믿습니까? 그렇게 기도하십니까? 그것에 따라 살고 있으십니까? 니느웨에 대한 상세한 멸망의 예언들은 글자 그대로 성취되었습니다. 하나님께서 그의 말씀을 통해 해 오신 상세한 약속들에 관해서 당신은 어떻게 반응해야 합니까?(고후 1:20을 보십시오). 이 말씀은 오늘도 살아서 역사하십니다.

주의 약속을 바라보며 그 약속에 내가 충실하게 하소서. 아멘.

의인은 믿음으로 말미암아 살리라

9월 19일　　　　■ 묵상과 산책 / 합1-3장

당신의 소득이 적다고 감사하지 못한다면 풍부함 속에서도 결코 감사치 못할 것이다.

하박국은 유다의 '죽음의 고통' 기간 중에 사역합니다. 거듭거듭 회개하라고 외쳤음에도 불구하고, 나라는 죄악된 생활 방식을 바꾸지 않습니다. 하박국은 자기 민족의 강퍅한 마음을 알고서 이같은 '참을 수 없는 상황'이 얼마나 오랫동안 계속되어야 하는지 하나님께 묻습니다.

하나님께서는 바벨론을 그 나라를 심판하기 위한 도구로 사용할 것이라고 응답하십니다. 어느 시대나 의인은 보이는 것으로 말미암지 않고 믿음으로 말미암아 살리라(2:4)는 하나님의 대답을 듣고 선지자는 무릎을 꿇습니다. 기쁨이란 하나님을 신뢰함으로 인해 부산물로 얻는 것이지 결코 자기 환경의 안전함에서 오는 것이 아닙니다.

주전 7세기 문장을 20세기 표현법으로 고쳐 써 보십시오. 이 일에 도움을 줄 팔레스틴 배경 설명이 여기 있습니다. 무화과와 포도나무 열매는 복지와 번영의 상징이었습니다. 감람나무는 조발, 연료, 의약품 및 식량을 위해 사용된 경제의 주요 품목이었습니다. 이제 종이 한 장을 준비하여 하박국 3:17-19을 고쳐 쓸 수 있는지 살펴 보십시오. 예를 들면, "비록 증권 시세가 오르지 않으며, 사장이 봉급을 올려 주지 않으며, 슈퍼마켓의 물건들이 바닥나고, 주유소들이 주말에 문을 닫는다 할찌라도, 나는 …"

하박국 시대에, 선지자는 그가 가진 곡식, 가축, 집 등 모든 것을 잃게 되는 매우 실제적인 상황에 직면했습니다. 그러나 선지자는 불평하는 대신 구원의 하나님을 기뻐하면서 경배와 환희의 장엄한 기도를 드립니다. 여러분도 그 같은 기도를 드릴 수 있습니까? 여러분이 가진 모든 것이 순식간에 날아가 버린다 해도 하나님만으로 만족할 수 있겠습니까? 상황에 관계없이 하박국처럼 말할 수 있을 때까지 하박국서의 마지막 구절들을 묵상하십시오. "나는 여호와를 인하여 즐거워하며 나의 구원의 하나님을 인하여 기뻐하리로다"(3:18).

 주님 한 분만으로 만족하며 감사하게 하소서. 아멘.

미지근한 생활

9월 20일　　■묵상과 산책 / 습1-3장

짠 맛을 잃은 소금보다 못한 것 한 가지는 맛을 잃은 후추이다.

예루살렘은 기울대로 다 기울었습니다. 선한 왕 요시야가 올바른 동기로 개혁을 실시한 후에도 하나님께 대한 예배는 여전히 이교의 우상숭배로 말미암아 더럽혀집니다(1:4-6). 정부관리들과 재판관들은 여전히 부패하며(3:3-4), 국민들은 무관심과 게으름에 빠져 있습니다(1:12). 결코 무시될 수 없는 메시지를 가지고 스바냐는 등장합니다. 유다의 무관심은 큰 심판의 파멸로 인해서 종식될 것입니다.

다음 내용을 읽으면서 미지근한 물 한 잔을 쭉 들이켜보십시오. 식당에 가면 '따끈한' 물이나 '냉수' 또는 경우에 따라 '따끈한' 차나 '냉차'가 나옵니다. 그러나 여러분이 아무리 찾아도 '미지근한' 물 또는 '차지도 덥지도 않은 차'를 제공하는 곳은 결코 발견하지 못할 것입니다. 왜냐구요? 그것보다 더 맛없는 것은 없기 때문입니다.

공감이 되십니까? 그렇다면 하나님께서 미지근한 크리스찬들을 대단히 싫어하신다고 할 때 그 사실은 놀라운 일이 아닙니다. 유다에 대한 하나님의 반응은 미지근한 물에 대한 당신의 반응과 동일합니다. "내 입에서 너를 토하여 내치리라"(계 3:16). 그것은 자기 만족, 혹 무관심, 또는 '누가 무얼 하든지 난 상관없어' 식의 열병이라고 부를 수 있을 것입니다. 명칭이야 어떻든 그것은 오늘날의 크리스찬 사이에 심각하게 만연되어 있는 질병입니다. 여러분은 아직까지 감염되지 않았습니까? '최고의 명령'인 "그러므로 가라"(마28:19)가 '최고의 태만'인 "그러므로 주저앉아 있으라"로 대치된 적은 없습니까?

만약 우리의 영적 체온이 '부글부글 끓는' 데서 '약간 따뜻한' 것으로 떨어지는 것을 감지했다면 특별히 시간을 할애하여 스바냐 1:14-18을 진지하게 묵상해 보십시오. 그리고 나서 목사님이나 성경을 가르치시는 선생님께 전화를 걸어 다음과 같이 부탁하십시오. "저를 돌봐주세요, 저도 당신과 같은 열심을 갖기를 원합니다." 그런 다음 무슨 일이 일어나는지 기다려 보십시오!

주님을 위하여 마음이 항상 뜨거움으로 가득하게 하소서. 아멘.

기뻐 외치는 큰 소리

9월 21일 ■ 묵상과 산책 / 시98편

기도하기에 가장 적당한 분위기는 찬송이다.

성경을 통독해 가는 가운데 하나님의 사랑의 징계와 자비로운 소망을 전하는 하나님의 선지자들을 많이 만나 보았습니다. 오늘은 잠시 여정을 멈추고 다소간 뒤떨어진 분량을 만회해 보십시오. 그리고 나서 기도와 찬송의 시간을 보내십시오. 시편 기자가 시편 98편에서 어떻게 여호와를 찬송하는가 살펴 보십시오.

당신은 시편 98편에서 아름다운 음악을 연주하라는 명령을 받은 것이 아니라, 단지 여호와께 큰 소리를 발하여 찬양하라는 명령을 받았다는 사실을 발견하게 될 것입니다. 단조로운 노래로도 여호와를 찬양할 수 있습니다!

시편 98편의 작가는 여호와를 기뻐하는 것이 무엇을 의미하는지 알았습니다. 당신은 그 비결을 배웠습니까? 하나님께서 당신의 삶 속에서 놀라운 일을 행하셨을 때, 그리고 여러분이 그의 능하신 행위로 인하여 감사함으로 끓어오를 때, 어떻게 여러분의 기쁨을 표현할 수 있겠습니까? 어떻게 하나님의 위엄과 광채에 합당하게 감사를 할 수 있겠습니까?

여러분은 노래로 할 수 있습니다 "새 노래로 여호와께 찬송하라 … 노래하며 찬송할지어다 … 세계와 그중에 거하는 자는 다 외칠찌어다"(1,5,7절). 어디를 가든지 종일토록 할 수 있는 일은 노래입니다.

이제 몇 분 동안만이라도 가장 좋아하는 찬송가나 합창곡을 불러 보십시오. 노래를 부르면서 가사를 한 절 한 절 생각해 보십시오. 당신의 마음 속에서 하루 종일 노래가 흘러나올 것입니다. "여호와 하나님이여! 내 삶에 나타난 당신의 능하신 행위들을 인하여 당신을 찬양함으로 내 기쁨이 넘치나이다. 승리는 당신의 것이므로 전적인 기쁨으로 당신을 노래합니다. 할렐루야! 여호와를 찬양합니다! 아멘."

 하나님을 찬양하는 믿음을 주소서. 아멘.

하나님의 계획에 참여하라!

9월 22일 ■ 묵상과 산책 / 학1-2장

크리스찬들은 활동하는 하나님 사진이 되어야 한다.

구약의 마지막 세 선지자는 '포로 이후의 선지자'로 알려졌는데, 이는 그들이 그들의 메시지를 바벨론 포로 후에 예루살렘에 귀환한 거민들에게 전했기 때문입니다. 백성들은 자신들이 사랑하는 성전을 복구하는 데 시간을 지체하지 않습니다. 그러나 연기와 방심으로 사역은 중단됩니다. 이로써 결국 학개가 여호와께로부터 새로운 말씀을 받아서 나타나게 되는 무대가 마련됩니다.

짧지만 강력한 네 가지의 메시지에서 학개는 백성들에게 가장 우선적인 문제들을 먼저 해결하라고 권고합니다. 주민들은 새로워진 용기와 힘으로써 성전을 완성하고 그들의 심령을 하나님의 처소로서 깨끗게 함으로써 학개의 권고에 응합니다.

잠시 동안 학개가 여러분의 심령에 말하는 것을 들어 보십시오. 그의 메시지는 짧기 때문에 여러분의 주의력을 집중시킬 것입니다. 첫째, 열심을 내라는 것입니다. "여호와께서 … 모든 백성의 마음을 흥분시키시며 그들이 와서 만군의 여호와 그들의 하나님의 전 역사를 하였더라"(1:14). 여러분은 교회 사역에 능동적이십니까? 둘째, 담대하라는 것입니다. "스스로 굳세게 할지어다 … 내가 너희와 함께 하노라 만군의 여호와의 말이니라"(2:4). 여러분의 가정과 직장에서 크리스찬의 원리들을 굳게 지켜 나갑니까? 당신의 믿음을 연약하게 만드는 의심에서 벗어났습니까? 셋째, 정결하라는 것입니다. "그들이 거기서 드리는 것들도 부정하리라 … 그러나 오늘부터는 내가 너희에게 복을 주리라"(2:14). 여러분은 하나님의 깨끗게 하심과 용서를 경험하셨습니까? 타협하게 하는 상황을 멀리하고 더럽히는 세력들을 피하고 있습니까? 마지막으로 기뻐하라는 것입니다. "이는 내가 너를 택하였음이니라 만군의 여호와의 말이니라"(2:23). 여러분의 얼굴은 여호와를 아는 기쁨을 나타내고 있습니까? 여러분의 마음은 자기 연민과 걱정하는 문제에서 벗어났습니까?

하나님의 마음에 맞는 삶을 살아가게 하소서. 아멘.

말, 뿔, 그리고 장인들

9월 23일 ■ 묵상과 산책 / 슥1-2장

남을 격려해 준다는 것은 비록 사소한 바지 호주머니를 몇 인치 움직이게 만드는 것처럼 보일지 모르지만 그 결과는 몇 마일을 앞서가게 하는 엄청난 것으로 나타난다.

스가랴와 학개는 모두 "성전을 완성하라!"는 메시지를 전한 동시대 인물들입니다. 하지만 하나님의 목적을 달성하기 위해 그들은 현저하게 다른 방법들을 사용합니다. 학개는 격렬한 어조의 설교를 사용해서 행동하도록 만드는 권고자인 반면, 스가랴는 하나님의 신실한 자들이 맞이할 영광스러운 미래의 환상을 얘기해 주는 격려자입니다.

소선지서 중 가장 긴 스가랴서는 다가오는 평화를 예고하는 네 명의 말탄자가 다가오는 심판을 선포하는 네 개의 뿔들, 그리고 이스라엘이 크게 성장할 것과 수도가 새롭게 될 것을 묘사하는 척량하는 자의 환상들로 시작됩니다.

신입사원이 자꾸 실수를 할 때, 감독자가 그의 자존심을 짓밟으며 그의 무능함을 탓하거나 감독자가 서로 완전히 친숙하게 될 때까지 친절하게 그의 작업 절차에 대해 검토해 주면서 칭찬과 우정으로 격려해 줄 수도 있습니다.

첫번째 경우는 그 신입사원이 얼마 못가 좌절하여 회사를 그만두게 될 것이며, 두번째 경우는 신입사원의 솜씨와 생산성이 나날이 향상되어 갈 것입니다. 스가랴는 어려운 과업에 직면해 있을 때에 좋은 말로 격려해주는 두번째의 감독자였습니다.

이제 신입사원이라는 단어를 젊은 크리스챤이란 말로 바꾸어 보십시오. 그리고 자신을 감독자라고 생각해보십시오. 자신은 어떤 감독자와 유사하다고 생각하십니까? 타인들과의 일상교제에 있어서 칭찬하기 보다 비판하며, 변호하기 보다는 비난하며, 세워 주기보다는 헐뜯지 않습니까? 격려의 말을 해주는데 아무런 비용도 들지 않습니다. 그러나 그것을 받는 자에게 있어서는 그 가치가 때때로 측량할 수 없을 정도로 엄청나기도 합니다. 오늘 하나님을 위하여 함께 일하는 동료 사역자에게 한 번 적용해 보십시오. 그리고 나서 그가 어떻게 성장하는지 살펴 보십시오. 큰 결과를 얻게 될 것입니다.

언제나 남을 세워주어 서로 격려하는 삶을 살게 하소서. 아멘.

등대와 감람나무

9월 24일 ■ 묵상과 산책 / 슥 3-4장

하나님의 뜻을 안다는 것은 당신이 그것이 무엇인가 알기보다는 그것을 실행하기 위한 준비를 갖추는 것이다.

스가랴의 밤의 환상들은 여호수아를 위한 새옷으로 상징되는 새로워지고 깨끗해진 제사장직(3:3-4)과, 순금등대와 "온 세상에 두루 행하는 여호와의 눈"으로 상징하는 여호와의 감찰하심과 현존하심의 확실성(4:10), 그리고 하나님의 계획 안에서의 두 기름 부음받은 자들인 제사장 및 왕(4:14)의 중요성에 대한 설명 등으로 구성된, 용기를 북돋아 주는 약속입니다. 부패한 제사장과 자기의 욕심만 차리는 왕들의 시대는 끝나고 예배가 새로워지고, 올바른 통치가 이루어지며, 하나님과 얼굴을 맞대고 교제하는 날이 올 것입니다.

어떤 사람에게 그의 직업을 물어보십시오. 그러면 그가 봉급을 얼마나 받는지 알게 될 것입니다. 또 어떤 이에게는 그가 심취한 것을 물어보십시오. 그러면 그의 삶에 대한 열정을 발견할 것입니다.

스가랴는 선지자, 곧 하나님의 지시하심을 듣고 그것을 하나님의 백성들에게 두려움 없이 충실하게 전달하는 하나님의 대변자였습니다. 마치 하늘의 전령처럼 스가랴는 하나님의 관심사를 자기 나라의 거리와 법정을 누비며 외쳤습니다. 그러나 그는 단순히 '직업 의식'에 사로잡혀서 그 일을 하지 않았습니다. 왜냐하면, 스가랴는 언제나 하나님의 거룩하심과 영광에 몰두하고 있었기 때문입니다. 그는 성전의 하나님을 위하여 '사역' 했을 뿐 아니라, 한결같이 그분을 '경배' 하였습니다. 성전에 대한 위대함과 장엄함, 하나님 계획 속에서의 전략적 위치 등의 생각은 스가랴를 끊임없이 붙들어 주었습니다.

정말로 아무것도 생각하지 않고 있는 때에 관해서 어떻게 생각합니까? 아마도 스가랴의 밤이 하나님의 환상으로 가득찼던 이유는 그의 낮 시간이 '하나님 생각' 들로 가득차 있었기 때문일 것입니다. "여호와여, 내가 당신을 사랑하나이다"라고 마지막으로 말한 후 너무 많은 시간이 지나지 않았습니까? 잠시 시간을 내서 그분의 능력과 은혜에 대한 짤막한 찬양의 시, 또는 감사의 편지를 적어 보십시오.

주여 '내가 주를 사랑하나이다' 라고 날마다 고백하게 하소서. 아멘.

두루마리, 병거, 그리고 면류관

9월 25일　　■ 묵상과 산책 / 슥 5-6장

하나님과의 교제가 천국생활의 시작이다.

스가랴의 다채로운 환상들이 이제는 국내적인 면과 국제적인 색조를 동시에 띠게 됩니다. 날아가는 두루마리는 개인적인 죄에 대한 심판을 의미합니다(5:1-4). 에바 안에 앉은 여인은 유다의 죄가 제거됨에 대한 의인화입니다(5:5-11). 네 병거는 온 땅의 죄에 대한 하나님 심판의 시작을 의미합니다(6:1-8). 여호수아에게 면류관을 씌움은 하나님 은혜와 영광의 궁극적 표현인 대제사장 및 왕(메시야)의 오심을 묘사해 주고 있습니다(6:9-15).

오늘 본문을 읽어 나가면서 하나님께서 스가랴에게 행하신 것과 똑같은 방법으로 교제해 주셨으면 하고 바라고 있는 자신을 발견하게 될 것입니다. 생각해 보십시오. 다채로운 환상들에 신적인 주석이 완성된 계시를! 또 생각해 보십시오. 문제를 해결하고 중요한 결정을 내릴 때마다, 그리고 어떤 문제에 대한 하나님의 뜻을 분별하려고 할 때마다 참고할 수 있는 교훈을 제시해 줄 날으는 두루마리를!

그러나 어쩌면 아직도 그 같은 지도 지침을 하나님께서 제공하셨다는 사실을 깨닫지 못하고 있을지도 모릅니다. 우리는 하나님의 '청사진'에 따라서 삶을 꾸려 나가기 위한 하나님의 도덕법 및 원리들에 관한 계시인 하나님의 말씀을 갖고 있습니다. 그리고 하나님께서 여러분을 가르치시고, 위로하시고, 인도하시기 위하여 약속하신 친구이신 하나님의 성령이 있습니다(요14:26;16:7). 게다가 하나님께서 교사와 목사와 상담자와 격려자로서 은사를 주신 그리스도의 몸에 속한 여러 지체들인 하나님의 백성과 여러분의 삶에 대한 하나님의 뜻을 발견할 수 있는 도구로서 역할을 서로서로 해 줄 수 있습니다.

그리고 들을 귀가 있다면, 얼마나 자주, 그리고 얼마나 분명히 하나님께서 말하시는가, 또 하고자 하시는가에 놀라움을 금치 못할 것입니다.

 하나님의 말씀하심을 날마다 깨달아 알게 하소서. 아멘.

금식을 할 것인가 안 할 것인가

9월 26일   ■ 묵상과 산책 / 슥7-8장

하나님의 뜻을 행하는 사람에겐 하나님의 계획을 논박할 시간의 여지가 없다.

금식, 신실, 외적 태도, 내적인 심령 자세 가운데 어느 것이 중요합니까? 스가랴는 금식을 주제로 한 네 편의 감동적인 메시지에서 그 문제를 언급하고 있습니다. 그는 백성들에게 어떻게 사느냐와 어떻게 금식하느냐보다 더 중요한 것이 있음을 깨우쳐 주고 있습니다. 하나님은 일상생활에서 진실과 사랑을 실천할 자들을 찾고 계십니다. 국가가 더 이상 금식할 수 없었던 바벨론 포로 기간 동안에 더 이상 금식할 수 없었던 때가 왔던 것과 마찬가지로, 국가가 더 이상 금식할 필요가 없을 때, 즉 오는 메시야의 공의로운 통치의 시기가 도래할 것입니다.

친한 친구가 개인적 슬픔을 이야기할 때 어떻게 반응하십니까? 또 어떤 친구가 최근의 승진에 우쭐해 있다는 소문을 들었을 때 무어라고 말을 하십니까? 한번도 친하게 지내 보지 못했던 동료 직장인이 용서를 빌 때 여러분의 첫 반응은 무엇입니까?

각 경우마다 그 관계에 알맞는 반응이 있기 마련입니다. 친구들은 당연히 무거운 짐과 축복을 나누는 데 빨라야 합니다. 죄를 용서받은 자들은 다른 이들의 죄를 용서하는 데 빨라야 합니다. 그러나 그렇게 한다는 것은 그리 쉬운 일이 아닙니다!

유다 민족을 생각해 보십시오. 빈번한 범죄들을 용서함 받았음에도 불구하고 그 민족은 하나님의 자비에 보답하기를 거절하였습니다. 주변 국가들의 압제로부터 구원받았음에도 불구하고 계속해서 '과부, 고아, 나그네, 그리고 궁핍한 자들'을 압제하였습니다(7:10). 하나님의 말씀에 거듭거듭 직면하였지만 그 말씀을 거부하였으며 백성들은 악한 길에서 떠나기를 거절하였습니다.

다음 구절들을 찾아서 하나님께서 자기 자녀들에게 기대하시는 반응에 관해 말씀하셨던 바를 조사해 보십시오. 마6:14-15; 요13:34-35; 롬12:1을 주의깊게 읽고 반응하십시오.

금식할 수 있을 때에 금식하게 하소서. 아멘.

미래에 오실 이스라엘 왕

9월 27일 ■묵상과 산책 / 슥9-11장

그리스도의 주되심을 하나의 선택적인 것으로 묘사하는 것은 새 차를 위해 스테레오 장치를 하는 정도의 범주로 끌어내리는 것이다.

오랫동안 기다려 왔던 메시아의 오심으로 말미암아 이스라엘은 보호를 받을 것이며, 그 인접국가들은 심판을 받을 것이라고 스가랴는 상세하게 예언을 선포합니다. · 왕이 나귀새끼를 타고 오심(9:9). · 은 30개를 위해 선한 목자를 배반함(11:12). · 토기장이로부터 밭을 사는 데 '핏 값으로 얻은 돈'을 사용(11:13).

스가랴는 주전 5세기의 예언자적 입장에서 미래를 들여다보고, 장차 오실 메시야에 관해서 일련의 놀랄만한 예언들을 기술했습니다. 진지한 성경 학도라면 오늘 본문에서 엄청난 도전을 발견할 것입니다. 스가랴는 예언적 사건들의 산꼭대기는 보았으나 그 사이에 존재하는 시간의 골짜기는 보지 못하였습니다.

주석가들은 본문을 서로 달리 해석하지만 이 점만은 분명한 것 같습니다. "그리스도는 한 때 나귀새끼를 타시는 비천한 왕으로 오셨다(9:9). 그는 거절당하고 배반당하셨다(11:12-13). 그렇지만 '바다에서 바다까지' 다스리시기 위하여 그는 다시 오실 것이다(9:10)."

여러분은 그분이 다시 오실 것에 대해 준비하고 있습니까? 그분을 여러분의 심령과 삶 속에서 왕으로 모셔 왔습니까? 밑줄 친 곳에 여러분의 이름를 써 넣으십시오. "크게 기뻐할지어다. _____아! 즐거이 부를지어다! 보라 네 왕이 네게 임하나니! 그는 공의로우며 구원을 베풀며 겸손하여서 나귀를 타나니 나귀의 작은 것 곧 나귀새끼니라"(9:9). 여러분도 정말 이러한 심정입니까?

지금 당장은 여러분의 삶 속에 그의 왕권을 받아들이든지 거절하든지 자유입니다. 그러나 때가 오면 그날엔 "모든 무릎을 예수의 이름에 꿇게 하시고 모든 입으로 예수 그리스도를 주라 시인하여 하나님 아버지께 영광을 돌리게"(빌2:10-11) 하실 것입니다. 그때엔 그가 심판자이며 주권자로 오실 것입니다. 그러나 그때는 너무 늦습니다. 지금이 바로 여러분의 삶 속에 그분을 왕으로 모실 좋은 시기입니다.

 주님을 왕으로 모셔서 오실 이스라엘의 왕을 기쁨으로 맞이하게 하소서. 아멘.

왕의 궁정에서의 기쁨

9월 28일   ■ 묵상과 산책 / 시100편

찬양이란 꾸밈없이 경의를 표하는 것이다.

우리 죄를 지고 가신 하나님의 어린 양이 오신다는 소망의 빛이 예언자적 선포 전체를 통해 빛납니다.

오늘은 감사함으로 뒤를 돌아보고, 소망 중에 앞을 내다보며 우리 하나님을 경배할 때입니다. 시편 100편은 그렇게 할 수 있도록 우리를 도와줄 것입니다.

대통령은 대중 앞에 나타날 때 '대통령 만세'라고 외치는 소리로 자주 인사를 받습니다. 그 칭호는 한 나라의 최고 통수권자 외에는 누구에게도 어울리지 않습니다. 그러면 우주의 최고 통수권자이신 여호와 하나님이 나타나신다면 어떻게 하시겠습니까? 어떻게 그를 예우하시겠습니까? 과연 어떤 찬양이 그분을 합당하게 대우해 드리는 것일까요?

시편 100편과 더불어 시작할 수도 있습니다! 본문은 '여호와 만세'로 하는 것이 합당합니다. 왜냐하면, 그 표현이 여호와 하나님에 대한 올바른 경외의 수준을 드러내기 때문입니다. 다음에 계속되는 내용을 보십시오.

"대저 여호와는 선하시니 그 인자하심이 영원하고 그 성실하심이 대대에 미치리로다"(5절).

아이작 왓츠는 이 5절의 내용을 찬송가의 가사로 택하였습니다. 다음의 가사를 두 번 읽고 카드나 종이 위에 옮겨 적으십시오. 그리고 그것을 종일토록 계속해서 묵상함으로써, '기쁨으로 그에게 순종'하는 삶을 살도록 하십시오.

당신의 명령은 세계만큼 넓고
당신의 사랑은 영원처럼 광대하도소이다.
당신의 진리는 반석처럼 견고하오니
억만 년 세월에도 요동치 않으리이다.

오직 주님만을 찬양하게 하소서. 아멘.

이스라엘에 임할 위로

9월 29일 ■묵상과 산책 / 슥12-14장

멀리 떨어진 장래의 것에 대해서 전혀 생각하지 않는 사람은 가까이 다가온 슬픔을 갑자기 발견하게 될 것이다.

하나님은 자기의 모든 대적들을 완전히 멸하실 것이요(12:9)., 우상과 거짓 선지자들을 소탕하실 것이며(13:2-3), 감람산을 가르시며(14:4), 땅을 다스리시기 위하여 모든 성도들과 더불어 강림하실 것이며(14:5,9), 도처의 모든 사람들로부터 예루살렘에서 숭배받을 것입니다(14:16). 이상은 스가랴에 의해 예언서의 마지막 장들에 그려져 있는 가슴 조이는 장면들입니다. 그날에는 삶의 모든 영역이 하나님의 권위를 반영해 줄 것이며, 모든 사람이 진정으로 하나님을 경배할 것입니다.

여러분은 바로 오늘 놀이터에서 다음과 같은 꼬마들의 항변을 들었을지 모릅니다. "하지만 아빠가 나를 먼저 때렸어요." "난 지금 목욕하고 싶지 않아요." "그래요, 난 하기 싫어요." 아니면 불과 몇 년 전에 여러분의 입으로 그러한 말을 했다는 사실을 기억해 보십시오. 어린이는 저마다 저항하고자 하고, 특히 억지로 비눗물 속에 들어가 목욕하는 등의 기분 나쁜 경험을 싫어하며, 권위에 항거하려는 충동을 나타냅니다. 경우에 따라서는 어른도 마찬가지입니다.

스가랴에 의하면, 여호와의 날은 '대적들이 정복되고', '부정한 것들이 깨끗함 받음'과, '대주재의 오심'을 포함하고 있습니다. 여러분은 인내하면서 '그날'을 기다리고 있습니까? 여러분의 영적인 성장을 위한 시간을 더 많이 부여하기 위하여 하나님은 '그날'을 인내하심으로 연기하고 계심을 믿습니까?

거룩함이 하나님 백성의 품질 보증서가 될 그날을 고대하는 것과 공적인 생활과 사적인 생활에서 더욱 더 예수 그리스도를 닮아 가기 위해 열심에 따라 행동하는 것과는 완전히 별개의 문제입니다. 그러나 두 가지 중 어느 하나라도 없다면, '우리가 계속 기다리고 있었던 우리의 크신 하나님 구주 예수 그리스도의 영광이 나타날 때'(딛2:13)를 기다리는 우리의 기대는 물거품이 되고 말 것입니다.

모든 일에 있어서 주의 뜻에 순종하게 하소서. 아멘.

하나님의 최고의 약속

9월 30일   ■묵상과 산책 / 말1-4장

인생의 수평적 관계는 예수 그리스도께서 수직적 관계를 관리하고 있을 때에만 올바로 유지될 수 있다.

말라기서는 구약성경의 마지막을 장식하며, 신.구약 사이의 400년간의 침묵의 시대를 시작하며, 그 시작을 경계지어주고 있습니다. 바벨론 포로에서도 별로 깨달은 바가 없었기 때문에 백성들은 바벨론 포로의 원인이 되었던 동일한 많은 죄들에 빠지고 말았습니다. 그들의 죄악은 도적질, 우상숭배, 이방민족과의 혼인, 가난한 자의 학대, 그리고 강퍅한 마음 등이었습니다.

질의와 응답 형식으로 말라기는 유다의 강박성을 강조하고 그와 같은 죄들을 행하는 모든 자들 위에 임할 하나님의 저주를 선포합니다. 그러나 아직도 엘리야의 능력과 영으로 오게 될 약속된 선구자 세례요한이 와서 소망으로 가득찬 메시지를 전할 일이 남아 있습니다. "보라, 세상 죄를 지고 가는 하나님의 어린 양이로다"(요1:29).

구약성경을 읽어오는 중에 확실하게 배운 것이 있다면 그것은 '종교는 관계성으로 이루어진다', 즉 하나님과의 수직적 관계와 타인과의 수평적 관계로 이루어진다는 사실일 것입니다. 사람이 범죄하면 하나님과의 수직적 관계가 깨어지는 결과를 초래하며, 수직적 관계가 깨어질 때 수평적 관계도 마찬가지로 결렬되고 마는 것입니다.

그 장구하고 파란만장한 역사 속에서 이스라엘은 이 중요한 원리를 배우는데 실패했습니다. 그리하여 구약성경은 회개치 않는 자들에 대한 저주의 경고로써 마감합니다. 이제는 죄로부터 용서받을 수 있는 방법을 유일하게 제공해줄 수 있는 예수 그리스도의 출현을 위해 신약성경이라는 무대가 마련됩니다.

아마도 여러분은 "내 인생의 수평적 관계는 예수 그리스도께서 나의 수직적 관계를 관리하시게 되었을 때 조정되어졌다!"고 말하는 사람에게 동감할 수 있을 것입니다. 이 말을 TV화면 구석에 붙여 놓으십시오. 내일부터 신약성경을 읽기 시작하게 되는 당신의 마음을 계속해서 붙들어 놓을 수 있는 좋은 방편이 될 것입니다.

 주님과의 관계를 언제나 바르게 유지할 수 있도록 도와 주소서. 아멘.

10월

. . . .
복 있는 사람은 악인의 꾀를 좇지 아니하며
죄인의 길에 서지 아니하며
오만한 자의 자리에 앉지 아니하고
- 시 1:1 -

그리스도께서 오심

10월 1일

■ 묵상과 산책 / 마1-4장

사람들은 자신의 약속을 수없이 어길지라도 하나님께서는 결코 약속을 어기지 않으신다.

마태복음은 유대인 세리 마태가 유대 민족들을 대상으로 유대인의 왕이 오셨다는 사실을 확신시키기 위해 쓴 것입니다. 마태는 구약을 계속 인용하면서 그리스도는 이미 예언된 이스라엘의 메시야(기름부음 받은 자)라는 사실을 확증합니다. 그리스도에 관한 모든 것은 독특한 면이 있습니다.

그분의 기적적인 탄생, 불명료하지만 신중히 예언된 탄생 장소, 애굽으로 도피하심, 그분에 대한 요한의 증거, 광야에서의 사단의 시험, 이 모든 것은 '예수님은 수천 년간에 걸쳐서 선지자들에 의해 전해진 예언의 성취로서 오셨다'는 결론으로 이어질 수 밖에 없습니다. 하나님의 구속 계획은 400년의 침묵 후에도 여전히 계속됩니다!

동전 열 개를 손 안에서 흔들어 섞은 다음 앞에 쏟아 보십시오. 열 개 모두 같은 쪽이 나왔습니까? 안 되었다면 그렇게 될 때까지 계속해서 반복해 보십시오. 그런데 보통 사람이 한번이라도 이 일을 성공하려면 천 번 이상을 던져야 할 것입니다!

이제 열 개의 동전을 메시야에 관한 열 개의 예언으로 생각해 보십시오. 만일 어떤 사람이 그 열 개 모두를 성취했다면 당신은 그것을 우연의 일치라고 생각하겠습니까, 아니면 확실한 증거라고 생각하겠습니까? 만일 20개를 성취했다면, 아니 50개를 성취했다면 어떻게 생각하시겠습니까?

놀라지 마십시오! 예수 그리스도께서는 그의 지상 사역 동안 메시야에 관한 300개 이상의 특별한 예언들을 성취하셨습니다. 그리고 그분은 자신의 주장이 진리라는 사실을 확신시키기 위해서 그 일들을 행하셨습니다. 확실히 믿어집니까? 우편엽서에 그것을 기록해서 친구에게 보내십시오. 예수 그리스도가 왕이시라고 하는(21:5) '복음'을 친구와 함께 나누십시오.

예언대로 임마누엘이신 주님을 보내주심을 감사합니다. 아멘.

그리스도의 말씀들

10월 2일
■ 묵상과 산책 / 마5-7장

선택적으로 순종하는 것은 전혀 순종하지 않는 것과 다를 바가 없다. 그것은 단지 자신의 편의를 위한 행동일 뿐이다.

산상보훈은 사실상 10개의 '짧은 설교들'이 모인 것입니다! 그것들을 총체적으로 바라볼 때 우리는 하나님 나라에서의 진정한 삶의 방식을 발견하게 되는데, 이 삶의 방식은 그리스도의 교훈과 모범에 잘 나타나고 있습니다. 거기에는 따라야 할 행복의 길이 있고(5:1-12), 거절해야 할 파멸의 길이 있습니다(7:13-27). 기도, 금식, 구제, 그리고 생활에 있어서의 옳은 방법과 그른 방법을 가르쳐 주고 있습니다(6장). 다시 말해서, 스스로 의롭다 하는 외식하는 자들의 종류와 하나님을 영화롭게 하는 신실한 자들의 종류를 말해 주고 있습니다.

지금까지 들었던 설교 중에서 가장 길었던 설교를 기억하고 있습니까? 그 설교를 1955년 워싱턴의 웨스트 리치랜드에서 클린튼 로시가 48시간 동안 쉬지 않고 행한 마라톤 설교와 비교할 수 있겠습니까?

설교가 지루할 정도로 길어야 꼭 영향을 미치는 것은 아닙니다. 요나는 열 마디도 안되는 '짧은 설교'로 니느웨 사람들을 회개시켰습니다(욘3:4). 그리고 예수께서도 복, 간음, 살인, 용서, 이혼, 맹세, 원수 갚음, 위선, 기도, 금식, 그리고 그 이상의 금광 같은 권세 있는 진리의 말씀들을 전하기 위해서 단 107절만을 사용하셨습니다(5:3-7:27). 여기에 있는 하나님의 말씀은 단 한 절만 가지고도 올해의 마지막 날까지, 아니 남은 여생 끝까지 열중해도 부족할 만한 말씀입니다!

서너 장의 카드를 준비해서 오늘의 말씀 중에서 마음을 사로잡는 구절을 거기에 적으십시오. 그리고 뒷면에는 이렇게 적어 보십시오. "이 말씀에 기초해 볼 때 그리스도께서는 내가 오늘 _____ 하기를 원하신다. 그리고 나는 그의 도우심을 힘입어 반드시 그것을 하겠다!" 그것이 말로만의 설교를 살아 있는 설교로 바꾸는 방법입니다.

 말씀을 따라서 날마다 승리하는 삶을 살게 하소서. 아멘.

그리스도의 사역들

10월 3일
■ 묵상과 산책 / 마 8-11장

십자가는 당신의 죄를 용서하기 위해 지불한 대가이다.

예수님의 주장은 근거 없는 허풍이 아닙니다. 그것은 그분의 치유의 말씀이 신뢰할 수 있음을 보여 줍니다. 예수께서는 질병과 귀신들, 죽음과 어두움을 극복하시는 능력을 나타내심으로써 눈에 보이지 않는 영적인 어두움까지도 없애 버릴 수 있는 능력이 있음을 보여 주고 계십니다. 예수님께서는 8-9장에서만 무려 아홉 번이나 능력을 나타내심으로써 자신의 거룩한 권세를 드러내셨습니다. 그리고 그 권세는 이스라엘의 잃어버린 양들을 위한 주인의 사역이 계속되어지기 위해 제자들에게 주어집니다(10:6).

아래의 짝을 이루고 있는 여러 진술들 가운데 어느 것이 더 쉽게 믿어지는지를 선택하십시오. 아래의 모든 진술은 의도적으로, 사실들로 구성했습니다.

첫째. 자유의 여신상 무게는 225톤이다 - 악어는 눈을 뜨고 잔다.

둘째. 수박의 원산지는 아프리카다 - 평균적으로 18센티의 연필로 569 km의 선을 그을 수 있다.

셋째. 하늘의 무게는 5조 5천억 톤이다 - 갓난 캥거루 새끼는 길이가 약 1인치이다.

각각의 경우 중에서 아마도 경험적으로 증명될 수 있기 때문에 두 번째 것을 선택했을 것입니다. 이 진술이 사실인 것을 증명하기 위해서 갓난 캥거루 새끼의 길이를 잴 수 있고, 연필로 선도 그을 수 있습니다. 또는 악어의 잠버릇도 관찰할 수가 있습니다.

이제 예수님의 기적이 얼마나 중요한지 이해가 되십니까? 누가 죄로 상한 영혼에게 "내가 너희 죄를 용서한다"라고 말할 수 있습니까? 누가 마비된 몸을 고쳐서 죄를 사할 능력이 있음을 증명할 수 있겠습니까? 어느 누구도 할 수 없고 오직 하나님만이 할 수 있습니다. 지난 날에 예수 그리스도께서 변화된 습관이나 관계의 회복이라는 형태로 당신에게 역사 하셨던 확실한 증거를 다시 기억할 수 있겠습니까?

우리의 연약함을 담당하시기 위하여 오신 주님, 우리를 고치소서. 아멘.

그리스도의 물러나심

10월 4일   ■ 묵상과 산책 / 마12-15장

진리는 결코 해를 입히지 않는다 – 그것을 행하지 않는 한은.

예수님께 대한 태도에 중립적이란 용어는 없습니다. 그분의 주장을 받아들여 메시야로서 경배하든지, 아니면 그분의 설교와 표적을 거부하며 그분의 능력을 사단의 능력으로 돌리든가 해야 합니다. 마태는 환영과 거절의 두 가지 면을 대조시키고 있는데 가나안 여인과 같이 자신들의 결핍을 깨닫고 나오는 일반 백성들의 환영(15:21-28)과 그분을 고소하여 실족케 할 기회를 찾기 위해 혈안이 되어 있는 종교 지도자들의 반대(12:9-14)를 대조시키고 있습니다. 예수님께서는 그들의 불신앙에 대해 비유로써 가르치기 시작하십니다. 즉 하늘의 중요성을 지상의 이야기들로 말씀하십니다(13:3- 53).

'보지 않으려고 하는 사람들이 가장 앞을 못 보는 사람들이라.' 라는 속담이 있습니다. 답을 얻고자 하는 적당한 질문을 갖고 있다는 것은 바람직한 일입니다. 예수님께서는 짐을 져 주시며, 쉼을 주시겠다고 약속하시면서, 찾고 구하는 자들을 환영하신다고 가르치십니다(7:7). 그러나 표적을 요구하는 것과 증거가 많아도 믿으려 하지 않는 것은 정말로 별개의 문제입니다(12:38-42).

어떤 식으로든 하나님으로부터 오는 응답에 대해서 겸손한 마음으로 실행할 준비를 하고 간절히 기도하고 있습니까? 혹시 우리의 마음을 바꾸시고자 하시는 하나님의 응답에 대해서 다음과 같은 태도를 취하고 있지 않습니까? "하나님, 내 마음은 이미 결정되었으니 내 인생에 대한 당신의 계획으로 나를 괴롭히지 마십시오."

오늘 읽을 문장에 묘사된 자들 중에서 유대 지도자들은 기적을 구했고(12:38), 나사렛 사람들은 그가 단지 목수의 아들에 불과하다고 빈정거렸습니다(13:55). 사도 베드로는 "나에게 당신에게로 오라 하소서"라고 외쳤습니다(14:29).

'추구하는 자들'은 자신들이 찾던 것들을 각각 발견했습니까? 겸손한 마음으로 하나님과 동행한다면 누구와 같아야 되겠습니까?

오직 주님만을 바라보며 주님을 의지하게 하소서. 아멘.

그리스도의 드러내심

10월 5일 ■묵상과 산책 / 마16-19장

자랑이란 그것을 소유한 사람을 제외한 모든 사람들을 병들게 하는 질병이다.

오늘 읽을 말씀에서는 예수께서 자신의 사역의 초점을 대중들로부터 제자들에게 옮기시면서 대중의 관심에서 벗어나려고 하심을 볼 수 있습니다. 자신의 죽음이 임박해지자 제자들을 준비시키기 시작하십니다. 예수님은 변화산에서 몇몇 가까운 제자들에게 자신의 충만한 영광을 드러내십니다. 그 후에 기도와 믿음, 용서에 관한 제자들의 질문이 나오고 이에 대한 예수님의 교훈이 기록되어지고 있습니다.

죄와 자랑이 공통적으로 지니고 있는 점은 무엇입니까? 둘 다 모두 그 중심에 '나' 라는 말이 들어간다는 점입니다! 기독교인으로서의 삶을 살아가면서 가장 많이 싸워 할 것 중의 하나는 '나' 입니다. 우리가 소유한 "그리스도 안에서 받은 하늘의 신령한 복"(엡1:3-14)을 잊게 됨으로써 '나' 라는 것이 관심의 초점이 되어 버리는 자존심이라는 죄의 생활 양식이 바로 그것입니다. 부유한 젊은 관원이 예수님께 "내가 무슨 선한 일을 하여야 영생을 얻으리이까?"(19:16)라고 질문했습니다.

몇 구절 뒤에 베드로는 다른 제자들도 역시 생각하고 있을 질문을 했습니다. "우리가 모든 것을 버리고 주를 좇았사오니 그런즉 우리가 무엇을 얻으리이까?"(19:27). 모든 경우에 있어서 '나' 라는 문제는 실제의 문제를 흐리게 합니다. 이 젊은 관원이 자기의 삶에서 기꺼이 자기 '소유' 를 버리기 전에는 그리스도께 나올 수가 없습니다. 제자가 되려면, 자신의 참행복이 그리스도를 섬기는 데서 오는 것이지 결코 이기적인 욕망을 만족시키는 데서 오는 것이 아니라는 사실을 배울 필요가 있습니다(19:28-30).

다음의 글을 작은 카드에 적어서 오늘 얻은 교훈을 오래오래 기억할 수 있도록 하십시오. "내가 죄중에 있을 때, 또는 내가 자랑으로 사로잡혀 있을 때, 해결책은 '내가 그리스도 안에 있기 때문에 내가 존재하며 또 내가 소유한다' 는 사실을 깨닫는 것이다."

 나를 버리고 오직 주님만을 높이고 주님을 중심으로 살아가게 하소서. 아멘.

그리스도와의 대결

10월 6일   ■ 묵상과 산책 / 마20-23장

사단의 가장 근본적 기만 술책은 '순종이 결코 행복을 가져오지 못한다'고 속삭이는 것이다.

예수님은 이제 예루살렘을 향한 마지막 여행을 시작하십니다. 그곳에는 무엇이 기다리고 있는지 너무나 잘 알고 계십니다. 그분은 다시 제자들에게 자신의 다가오는 죽음과 부활에 대해 예고하십니다. 예루살렘의 승리적인 입성은 대중의 이견(異見)이 어떻게 극과 극으로 나누어지는가를 잘 보여 줍니다.

한 무리는 그분을 왕으로 추앙하는 반면, 다른 한 무리는 그분을 죽이려고 합니다. 그분의 대적자들은 군중들 앞에서 그분을 송사하기 위하여 애씁니다. 그리고 로마인들 앞에 그를 고소합니다. 예수님은 그들의 질문에 모두 대답하시면서도 자신에 관한 문제에는 완전히 침묵하십니다. 십자가 지심을 위한 마지막 초읽기가 시작됩니다.

남편이 TV 앞에 앉아 스포츠 중계 프로에 열중하고 있을 때 부엌에서 부인의 쉰 목소리가 들려옵니다. "여보, 집에 페인트 칠은 언제 할 거에요?" 다그침을 당한 남편이 대답합니다. "페인트를 싸게 팔 때." 그때 갑자기 아나운서가 나오더니 "금세기 최대의 페인트 세일"이라고 말합니다. 그러자 그의 부인은 귀가 번쩍 뜨여 말합니다. "여보 들으셨죠?" 그러나 그 남편은 드르렁드르렁 코를 골고 있습니다.

예수님은 그의 제자들에게 자신의 임박한 죽음에 대해, 그리고 부활에 대해 세 번이나 분명히 말씀하셨습니다. 처음 두 번은 마16:21과 17:22이고, 다른 하나는 오늘 읽을 부분에서 나타납니다. 그것을 발견할 수 있습니까? 그런데 그러한 예수님의 말씀에도 불구하고 그들은 예수님의 체포와 사형 집행에 대한 공포에 사로잡혔습니다.

만일 자신이 그 말씀을 들었다면 어떻게 하시겠습니까? 오늘 이 부분을 주의 깊게, 그리고 심사숙고하면서 읽은 후에 자신은 어떻게 할 것이며, 본문에 나오는 제자들과 자신의 행동이 어떻게 다른지 비교해 보십시오. 펜과 종이를 준비해서 성경을 읽는 동안 하나님께서 특별한 말씀을 하실 때 주의 깊게 들으시고 그것을 적어 보십시오!

주님을 위하여 적극적인 삶을 살게 하소서. 아멘.

여호와를 송축하는 방법

10월 7일　　■ 묵상과 산책 / 시 103편

작은 일에 감사한 사람은 항상 기뻐할 수 있다.

구약의 마지막 책 말라기에서 예언된 하나님의 메시야가 이제 신약의 첫 번째 책 마태복음에 등장하게 됩니다. 마태복음의 여러 장을 통해 나타난 예수님의 말씀과 사역을 읽으면서 틀림없이 감명을 받았을 것입니다. 그러나 종교 지도자들에 의한 반대는 점점 더 거세어져가고 이는 예수님이 그의 관심을 대중으로부터 그의 측근인 12제자들에게로 옮기게 되는 원인이 됩니다. 결국 그분은 지상 사역의 마지막 주의 삶, 곧 십자가와 빈 무덤에 이르는 길을 걷게 되십니다.

그것은 흥미롭고 의미심장한 이야기입니다. 우리 대신에 그분의 아들을 보내신 우리의 사랑하는 아버지에게 감사하게 만드는 이야기입니다. '여호와를 송축하라'는 의미가 무엇인지 꼭 배워 보십시오.

마지막으로 하나님을 송축했던 때는 언제입니까? 하나님도 요구하시는 것이 있습니다. 그것은 돈이 아닙니다. 하나님께서는 권세나 물질, 그 어느 면에서도 부족함이 없으십니다. 들과 산의 모든 짐승들의 주인이십니다(시50:10). 모든 권세자들보다 우월하신 분입니다(시99:2). 그런 하나님이 무엇을 요구하시겠습니까? 오늘 어떻게 그분을 송축하시겠습니까?

그분께 "감사합니다"라고 말함으로써 하나님을 송축할 수 있습니다. 감사는 하나님이 스스로 취할 수 있는 것이 아닙니다. 그분의 선하심과 축복하심을 받은 인생이 감사함으로 반응하는 것이어야 합니다. 그것이 시편 103편의 요점입니다. 다윗은 자신의 인생 속에 나타난 하나님의 손길을 경탄할 정도로 한데 모아서 고백하고 있습니다. 여기 다윗이 하나님께 감사하는 은혜의 극히 일부분인 - 죄의 용서, 치료, 구속, 사랑, 긍휼, 만족한 삶, 새롭게 하는 힘, 의, 심판, 확실하게 드러내신 의지, 인내, 연민, 그리고 관대하심 등이 나와 있습니다. 자신의 목록을 작성해 보십시오. 그리고 하나님이 삶 속에 개입하셨던 부분에 대해 하나님을 조용히 송축하지 않으시렵니까?

 주님의 놀라우신 사랑과 은혜를 항상 찬송하게 하소서. 아멘.

그리스도의 약속

10월 8일 ■ 묵상과 산책 / 마24-25장

성경보다 더 커질 수 있는 사람은 아무도 없다. 성경은 우리의 나이와 더불어 더 넓어지며 더 깊어지기 때문이다.

예수님께서는 제자들과 함께 성전을 나서시면서 '세상의 끝'이 오기 전에 나타날 표적과 성전의 파괴에 대한 귀중한 진리를 가르치기 시작하십니다(24:3). 예수님께서는 제자들의 질문에 대답하는 형식으로 이 곳 감람산에서 "큰 환난이 있겠음이라 창세로부터 지금까지 이런 환난이 없었고 후에도 없으리라"(24:21)는 예언과 하늘의 구름을 타고 능력과 큰 영광으로 임하시겠다는 예언을 하십니다. 그분은 제자들에게 자신의 재림을 바라보면서 소망을 가지고 신실하게 깨어 있으라고 격려하십니다.

감람산 강화와 같은 어려운 본문을 읽을 때 다가오는 시험은, 성경보다는 성경 주석을 읽고 싶은 마음이 들고 명확하고 뚜렷한 삶을 적용시키지 못하게 하는 어려운 부분은 제외시켜 보고 싶은 마음이 생기게 될 것입니다.

"어떤 사람은 성경을 공부하면서 지식의 샘에서 생수를 마시지만, 어떤 사람은 단지 목만 축일뿐이다"라는 격언이 있습니다. 오늘 성경 마태복음 24-25장을 묵상하면서 하나님 말씀의 생수를 마음껏 마시길 바랍니다.

"천지는 없어지겠으나 내 말은 없어지지 아니하리라"(24:35)는 주님의 말씀은 영원토록 믿을 만합니다. "그 날과 그 때는 아무도 모르나니"(24:36). 비록 주 예수 그리스도의 재림의 시기는 알려지지 않았지만 재림은 확실합니다.

주께서 계시지 않는 동안에도 주님의 뜻은 확실히 이루어집니다. 준비하십시오(24:44). 지혜롭게 신실하십시오(24:45). 하늘의 일들에 힘쓰십시오(24:46).

변화하는 세상에 결코 변하지 않는 어떤 것이 있다는 사실을 아는 것은 정말 멋지지 않습니까? 만일 그 점에 대해 감사하고 있다면 지금 당장 그것을 하나님께 아뢰십시오!

주님의 재림을 항상 기다리며 주님을 높이게 하소서. 아멘.

그리스도의 부활

10월 9일 ■ 묵상과 산책 / 마26-28장

세상에서 가장 훌륭한 소식은 무덤으로부터 전해졌다.

마태복음을 읽는 독자들은 예수님께서 선교사, 교사, 이적을 행하는 자, 선지자 등 여러 가지의 다른 역할을 하시는 것을 발견하게 됩니다. 그러나 이제 표적과 설교는 끝나고 그리스도의 죽음의 날이 가까워 옵니다. 마태는 겟세마네의 기도, 유다의 배반, 욕을 당하시던 재판정, 베드로의 부인, 십자가의 고통, 빌린 무덤에 장사 지냄, 부활의 새벽에 여인들에게 기쁨으로 발견되어지심 등의 일들을 우리가 이미 잘 알고 있는, 그리고 앞으로 영원히 남게 될 표현들로써 묘사하고 있습니다. 그분이 다시 살아서 돌아오셨다(28:6)는 승리의 외침은 모든 족속을 위한 복음의 메시지가 되었습니다(28:18-19).

"그는 비록 죽었으나 우리와 함께 영원히 살아 계시다." 이러한 말들과 함께 많은 군주들은 다른 사람들에게 자리를 내 주고 역사에서 사라져 갔습니다. 그러나 유대인의 왕이신 그리스도의 경우는 그 구절에 중요한 의미를 더해 줍니다.

이제까지 스스로 왕위를 계승하기 위해서 죽은 왕은 결코 없었습니다. 그러나 그리스도께서는 그렇게 하셨습니다. 이제까지 십자가에 못 박혀 죽었다가 삼일 후에 육체적 부활을 하기 위해 장사되었던 사람은 없었습니다. 그러나 그리스도께서는 그렇게 하셨습니다. 이제까지 신적인 사랑을 드러내기 위해 그토록 증오와 미움을 받았던 사람은 결코 없었습니다. 그러나 인자는 그러하셨습니다.

인간의 역사 가운데 부활 사건 이외에 그 어느 사건도 '낡았지만 영원히 새로운 것'으로 묘사되기에 합당한 사건은 없었습니다. "그가 살아나셨다"라고 하는 놀라운 선언보다 더 평안과 격려를 주며 위안을 주었던 단 한 마디로 구성된 복음은 없었습니다. 몇 개의 유명한 부활절 찬송을 부르십시오. 10월이든 5월이든 연중 어느 때든지 사망이 무덤 속에 가둘 수 없었던 그분을 알게 될 때에, 그 언제나 부를 수 있는 찬송이 부활절 노래입니다.

 부활하신 주님을 찬양하며 전파하는 삶을 살아가게 하소서. 아멘.

가장 천한 종

10월 10일　　■ 묵상과 산책 / 막1-3장

제자를 삼는 다는 것은 스승과 똑같은 일을 할 사람을 만들어 내는 것을 의미한다.

마가의 서술 방식은 그의 목적을 반영해 주고 있습니다. 그의 서술은 종으로서의 사역을 드러내기 위해 경제적이고 능률적인 방법으로, 명쾌하고 활기가 넘치는 '요점 중심적'인 방식을 사용하고 있습니다! 예수 그리스도는 활동적인 사람으로 묘사되고 있으며, 맡겨진 일 때문에 매우 바쁜 종으로 그려지고 있습니다.

마가는 그의 복음서 전체 중에서 아홉 개의 장을 차지하는 그리스도의 갈릴리 사역을 중심 주제로 돌입하기 전에, 세례 요한에게 세례 받으심과 사단에게 시험 받으시는 사건들을 대략적으로 언급하고 지나갑니다. 사람들이 사는 곳에는 하인들이 존재하고 있는데 예수님은 차별하지 않으십니다. 열병에 걸린 사람과 귀신 들린 사람, 중풍병자와 문둥병자에게 그분의 치료하는 손길이 임합니다. 그리고 사역 초기에 자신과 밀접한 관계를 유지할 사람들을 선택하기 시작합니다. 그들은 전파하고 가르치며 치료하는 사역을 수행할 사람들입니다.

제자도에 관한 책들을 한 곳에 모은다면 작은 도서실 정도는 가득 채울 수 있을 것입니다. 그럼에도 제자도가 무엇인가에 대한 만족할 만한 참된 정의는 발견되지 않습니다. 마가복음 3:13-15은 그에 대한 답의 일부를 제공해 줍니다. 1-2장에서 예수님은 종으로서 사는 삶의 목적인 치유하심, 안위하심, 가르치심에 대해 가르쳐 주십니다.

이제 구별된 목적을 위해서 12명의 '제자들'을 선택하실 시간이 되었습니다. 자신과 함께 있게 하기 위해서이며, 사역을 위해 파송하시기 위함입니다. 주인과 같은 사역을 하려면 주인의 모범적인 행동과 가르침을 통하여 무장되어야 하기 때문입니다.

부모로서, 교사로서, 친구로서, 인격적인 제자 사역을 수행함에 있어서 그리스도의 모범으로부터 어떤 유익을 얻고 있습니까? 반드시, 함께 있을 한 사람을 택하여 자신의 모범을 통하여 그 사람이 배울 수 있도록 가르치고, 전도하며, 상담하는 일을 해야 합니다.

항상 제자의 길을 걷게 하소서. 아멘.

종의 봉사

10월 11일 ■ 묵상과 산책 / 막4-7장

시간은 생명의 양식을 논하기 위해서 필요한 것이 아니라 그 양식을 굶주린 군중에게 때를 따라 나누어 주기 위해 필요한 것이다.

위대함을 주장하는 것과 그 주장이 사실임을 밝혀 줄 행동을 하는 것은 별개의 일입니다. 그리스도께서는 비유의 말씀과 기적의 사역들을 통하여 자신의 참된 정체가 무엇인가를 밝히고 계시며, 그의 행하심으로 말미암아 그것이 옳음을 증명하고 있습니다. 처음에는 제자들조차도 능력과 권세로 인해 당황했습니다. "저가 뉘기에 바람과 바다라도 순종하는고"(4:41). 그러나 예수님께서는 그들의 믿음이 그분의 주장을 믿게 될 날을 바라보면서 인내로써 사역하셨습니다.

납으로 만든 발, '멋대로 계산하는' 산술법, 그리고 한 무더기의 폐지, 이것들의 공통점은 무엇입니까? 그것들은 모두 자녀에게 그른 것을 옳다고 가르쳐 주려는 부모의 잘못된 노력처럼 쓸모 없는 것들입니다.

생각해 보십시오. 주일 아침의 일입니다. 하성이는 어머니의 말씀을 거역했습니다. 그리고 그의 가족은 이미 교회 갈 시간에 늦고 말았습니다. 그래서 차는 시속 120km로 달렸고, 뒤틀려진 심정에도 잘못을 교정하지 않고 다른 가족이 함께 있다는 이유로 잔소리를 참았습니다.

부가가치세 납부 기간에 일어난 일입니다. 두 아들이 게임하던 중, 한 아이가 자기를 속였다고 다른 한 아이를 일렀습니다. 그러자 아버지는 자신의 업무도 제쳐두고 '절대로 남을 속여서는 안된다'는 내용의 가장 그럴듯한 설교를 장시간 아이들에게 훈계 했습니다. 그리고 나서 그는 그 훈계도 망각한 채 가짜 세금계산서를 조작하여 부당한 방법으로 부가가치세를 신고하러 세무서로 떠납니다.

여러분의 행동은 언어에 얼마만큼 신뢰감을 갖게 하고 있습니까? 이 문제에 대해서 배우자에게 도움을 요청하십시오! 기억하십시오.

여러분의 말 중에서 여러분이 실천한 만큼만 남들이 믿어 줄 것이라는 사실을!

말과 행실이 하나되어 주의 빛을 나타내게 하소서. 아멘.

종의 말씀들

10월 12일 ■ 묵상과 산책 / 막8-10장

우리는 아들이신 예수님의 성품을 알기 때문에 하나님의 성품이 어떠하신지를 알 수 있다.

예수님의 사역에 대한 반대가 점점 더 증가함에 따라 갈릴리에서의 공개적인 사역은 이제 더 이상 계속될 수 없습니다. 오늘 읽을 부분에서는, 예수님께서 데가볼리 지역(7:31-8:9), 가이사랴 빌립보(8:10-9:29), 그리고 베뢰아(10:1-52)를 지나시면서 군중들과 종교 지도자들의 음모를 피하시는 모습이 나옵니다. 자신의 지상 사역을 마감하시면서 예수님께서는 제자들에게 예루살렘으로 돌아갈 준비를 하라고 하십니다. 이는 예수님 사역의 종막인 동시에, 종의 사역이 완전하게 계속 유지되기 위해서 제자들이 종들로서의 역할을 시작하는 것을 의미합니다.

그릇된 이해는 웃음을 자아내게 합니다. 간혹 그것들은 해로울 수도 있고, 경우에 따라서는 치명적일 수도 있습니다. 예수님께서는 자신의 지상 사역 기간 동안 계속해서 자신과 자신의 사역에 대한 제자들의 그릇된 이해에 직면하셨습니다. 심지어는 가장 가까운 추종자들까지도, 그야말로 실망할 정도로 핵심을 잡지 못하고 있었습니다.

베드로의 경종을 울릴 만한 "당신은 메시야입니다"라는 고백이 있은 후에(8:29), 바로 다음 구절에 그리스도의 고난과 죽음에 대하여 사단과 같은 오해의 말을 할 정도입니다(8:31-33). 그리고 그와 같은 오해의 말이 10장에서도 나타납니다. 예수님의 섬김에 대한 폭 넓은 가르침이 있으신 바로 직후에 야고보와 요한은 다가오는 하나님 나라에서의 권세 있는 자리를 요구합니다(10:37)!

종이 위에 예수님에 관한 의심나는 문제 다섯 개를 적어 보십시오. 그런 다음 목사님을 초빙해서, 만약에 그것이 어렵다면 주일학교 교사나 영적 지도자를 초대하여 식사를 함께 하면서 대답을 원하는 문제에 대해서 성경은 무엇이라고 말하는가를 알아보는 시간을 가져 보십시오. 그릇된 이해를 제거하는 데 이것보다 더 좋은 방법은 없습니다!

거역할 수 없는 주님의 교훈을 따라 그 복음을 전파하게 하소서. 아멘.

종의 설교들

10월 13일 ■ 묵상과 산책 / 막11-13장

기독교인의 삶에 있어서 일과 열매는 다른 것이다. 기계도 일은 할 수 있지만, 열매는 인생만이 맺을 수 있다.

종이 군중들의 추앙을 받는 경우는 거의 없습니다. 마가는 예수님이 인생의 마지막 주간에 예루살렘에 입성하는 동안 유월절 군중들에 의해 환영받는 걸 보았습니다. 이를 보고 마가는 하나님의 종이 누리는 순간적인 승리를 자신의 책에 포함시키고 있습니다. 그러나 예수님은 성전에서 환전상과 상인들을 쫓아내신 후에 유대 지도자들로부터 한층 더 심한 반대를 받게 됩니다. 그들은 살인적 음모를 꾸미며 단번에 그 종을 침묵시키려 합니다. 그리스도께서는 그의 제자들을 데리고 그 도시를 떠나 감람산에 올라 쉬시면서 영광 중에 재림하실 것에 대해 말씀하십니다.

열매 없는 과일나무보다 더 가련한 것은 없습니다. 물론 열매 맺지 못하는 신자, 열매 맺지 못하는 가족, 열매 맺지 못하는 교회, 열매 맺지 못하는 국가도 마찬가지입니다. 나무에 열매가 맺히는 것은 생명과 활력이 있으며, 또한 재생산할 수 있는 능력이 있다는 증거입니다. 그러나 여러분이 전혀 열매를 맺지 못하거나 거의 열매를 맺지 못하면 여러분은 땔감으로 쓰여지기 위해 버려지고 맙니다! 왜 그렇습니까? 나무를 심은 목적은 바로 열매를 얻는 것이기 때문입니다.

예수님이 저주하셔서 말라 버린 무화과나무는 종교적인 면에서 외적 구비 조건은 모두 갖추었으나 진정한 영적 열매는 전혀 맺지 못했던 이스라엘 국가를 말합니다. 혹시 여러분이 그와 같은 경우가 아니십니까? 하나님과 동행하는 삶이 내적으로는 전혀 실속이 없고 겉만 번드르하다거나, 또는 외적으로 잎만 무성하지는 않습니까?

만일 그렇다면, 열매를 맺을 수 있도록 요한복음 15:1-8을 읽고 신적인 치료를 받으십시오. 예수님이 말씀하신 네 개의 열쇠를 따라가 보십시오. "거하라, 지키라, 사랑하라, 알아라." 자신의 삶이 단지 규범적이 됨으로써 열매 없는 나무가 되지 않도록 조심하십시오. 그러나 기독교인은 나무처럼 꼭 규칙적일 수는 없습니다.

 항상 열매를 풍성하게 맺을 수 있도록 도와 주소서. 아멘.

주님은 제사장이며 왕이시다

10월 14일 ■묵상과 산책 / 시 110편

주님은 자신의 무덤은 비우셨지만 자신의 왕좌는 결코 비우시지 않으실 것입니다.

지난 주에는 마태의 이야기가 영광스럽게 끝나고, 마가복음에서는 예수님께서 곧 바로 자신의 마지막 주간의 삶으로 들어가는 것을 다루고 있습니다. 마가는 예수님을 고난받는 종으로서 설명하고 있습니다. "인자의 온 것은 섬김을 받으려 함이 아니라 도리어 섬기려 하고 자기 목숨을 많은 사람의 대속물로 주려 함이니라"(10:45).

시편 110편을 통해 다윗의 눈에 비친 또 다른 구세주의 모습을 생각해 봅시다. 시편 110편의 제1절은 신약에서 가장 자주 인용되는 구절입니다. 신약에서 시편 110편이 인용되거나 그에 관해 암시하는 부분이 얼마나 되는지 성구사전이나 주석성경을 가지고 찾아보십시오.

시편을 읽고 나면 왜 신약 저자들이 이 하나의 구절에 그토록 강조를 두었는지 알게 될 것입니다. 이스라엘의 왕인 다윗은 자신의 '주님'으로서 또 다른 왕을 말하고 있습니다. 한 국가의 통치자인 다윗은 1절에서, 모든 국가들을 다스리시는 주권자가 계심을 겸손하게 인식했습니다. "어느 때에 천사 중 누구에게 내가 네 원수로 네 발등상되게 하기까지 너는 내 우편에 앉았으라 하셨느뇨"라고 하여 어떤 천사도 누리지 못한 권세를 말합니다(히1:13). "모든 무릎을 예수의 이름에 꿇게 하시고 모든 입으로 예수 그리스도를 주라 시인하여 하나님 아버지께 영광을 돌리게 하셨느니라"(빌2:10-11).

그의 모든 권력에도 불구하고 다윗은 '주님'이라고 부르실 만한 또 다른 분이 계시다는 사실을 인생 가운데서 배웠습니다. 그 주권을 가지신 제사장이시며 왕이신 분에게 다윗은 의문이나 주저함 없이 반응했습니다. 자신의 삶에서도 동일하게 그 일이 이루어지고 있습니까? 우주의 왕이 되시는 주님께서 우리의 인생에 있어서도 확실한 주인이 되시기를 원한다는 사실을 당신이 계속 상기할 수 있도록 오늘 당장 자신의 주머니나 지갑들에 비상 키를 넣어 두십시오. 오직 여러분 자신만이 그분을 여러분의 안으로 모실 수 있습니다!

 주님을 마음으로 모시면서 살아가게 하소서. 아멘.

종의 고난

10월 15일 ■묵상과 산책 / 막14-16장

예수 그리스도의 이름은 모든 인간 역사의 페이지 맨 상단에 씌어지고 있다.

마가는 하나님의 종의 희생이 임박해 왔는데도 행동만으로 묶인 복음의 보따리를 결코 느슨하게 풀지 않습니다 클라이막스에 점점 더 가까워지면서 하나님의 계획은 예수님의 적들의 음모와 뒤섞여집니다. 베다니에서의 평화스러운 저녁과 유월절 만찬석상에서의 기쁨의 교제에서 조차도 임박한 죽음이 배경으로 깔림으로써 반역, 체포, 재판, 부인, 채찍질, 십자가 처형, 죽음 등의 분위기로 어둡게 됩니다.

완전히 혼자 서 있다고 느껴지는 상황을 경험해 본 적이 있었습니까? 옳다고 확신하는 어떤 것을 주장했던 적이 있었을 것입니다. 그러나 그것에 대한 가장 강력한 반대가 나타났을 때, 바로 그 위기의 순간에 모두가 떠나가고 홀로 남았다는 사실을 발견하게 될 것입니다. 그것은 전율할만한 느낌입니다. 아마도 그 느낌을 과거에 경험했을 수도 있고, 지금 현재 그것과 씨름하고 있을 수도 있습니다.

용기를 가지십시오. 혼자가 아닙니다. 구세주인 주님은 자신이 체포되고, 재판받고, 처형 받으시는 동안 비슷한 경험을 하셨습니다. 그의 주장은 없어지고 적들이 승리한 것처럼 보였습니다. 사실상, 그가 죽기 바로 전까지 하늘에 계신 아버지 조차도 그에게서 등을 돌리셨습니다. 그렇지만 부활절 아침에 일어난 그의 승리의 부활로 인하여 죄와 사단, 그리고 죽음과 지옥에 대한 그의(우리의) 승리가 확정되었습니다.

만일 여러분이 이전에 하지 않으셨다면, 오늘부터라도 혼자라고 느껴지는 시간들에 대처할 성경 구절들을 비축하는 노트를 만드십시오. 예를 들면, 히브리서 13:5의 "내가 과연 너희를 버리지 아니하고 과연 너희를 떠나지 아니하리라"와 마태복음 28:20의 "볼지어다 내가 세상 끝날까지 너희와 항상 함께 있으리라." 또는 히브리서 4:15-16과 12:3을 말입니다. 오늘부터 이 일을 시작하십시오. 그것을 항상 가까이 두십시오. 그리고 자주 사용하십시오!

진리에 관하여는 생명을 걸고 싸울 수 있는 힘을 주소서. 아멘.

인자의 유년시절

10월 16일　　■묵상과 산책 / 눅1-2장

우리가 성장하는 것을 멈출 때 우리는 사는 것을 멈추고, 단지 존재의 시작만을 하게 되는 것이다.

누가는 본서의 처음 네 절을 할애하여 자신의 영감된 진술이 형성된 과정을 밝히고 있습니다. 자신은 직접 목격한 사람이 아니며, 다만 예수님의 일생과 사역에 관하여 정확한 진술을 하기 위해 자세하게 조사한 사람임을 말하고 있습니다.

바울 서신에서 "사랑을 받는 의원 누가"(골4:14)라고 지칭되고 있는 것처럼, 누가는 의사로서 다른 세 명의 복음서 기자들보다 더 자세하고 완전한 서술을 하고 있습니다. 첫 장에서부터 마리아의 일생, 예수님의 탄생, 그리고 이 주목할만한 '기적의 어린이'의 유년 시절 등에 관한 서술을 통해 가정 의사의 심정을 발견하게 될 것입니다.

정신적으로, 육체적으로, 감정적으로, 영적으로 성장할 수 있는 방법을 최소한 일곱 가지 이상 생각해 보십시오.

이제 예수님이 어떻게 성장하셨는지 알기 위해 2:40,52을 다시 한번 읽어보십시오. 완전하신 하나님의 아들이지만 인간이 되셨으므로 당신과 똑같이 자라나실 필요가 있었습니다. 예수님은 육체적으로 성숙해 갔습니다. 하나님의 성전이신 자신의 몸을 건강한 상태로 계속 유지하고 있습니까?

예수님은 지혜가 날로 자라 가셨습니다. 만일 매일 매일 성경을 읽는다면 하나님에 관한 지식을 성장시키는 일에 관심을 갖고 있는 것입니다. 그러나 여러분은 하나님을 위한 봉사에 실제로 여러분에게 영향을 미칠 수 있는 지식을 얻고 있습니까?

예수님께서는 하나님과 사람을 사랑하는 면에서 나날이 자라 갔습니다. 하나님에 대한 여러분의 사랑은 성장하고 있습니까? 친구들, 또는 전도하기 위해서 만나는 사람들의 폭이 확대되고 있습니까?

지금 바로 위에 언급한 대상들의 영역을 한 주에 어느 정도씩 넓혀 갈 것인가에 대한 목표를 정하십시오. 하나님의 은혜와 지혜 안에서 성장하기에 결코 늦지 않았습니다.

　우리의 신앙이 날마다 성장하게 하소서. 아멘.

인자의 동료들

10월 17일 ■ 묵상과 산책 / 눅3-6장

예수님의 이름은 세상을 들어올리는 하나의 지렛대이다.

예수님은 사역 초기에서부터 귀신들, 질병, 자연, 인간 세계의 법률과 규칙들의 모든 피조 세계에 대한 자신의 권위를 드러내십니다. 후에는 이것이 생(生)과 사(死)를 가르는 중대 국면을 야기시킵니다. 그러나 지금은 대중들의 관심을 끌고, 호기심을 일으키며, 그 사람들로 하여금 그의 주장을 믿게 하기 위한 토대를 세우는 역할을 합니다.

눈에 보이는 기적과 육체적으로 병을 치료하는 것은 인자가 죄를 용서하고 영적으로 삶을 치료할 권세가 있음을 보여 주는 방법입니다. 그가 시작한 일들을 다른 사람들을 통해 계속 수행케 하기 위하여 예수님은 기도와 조심스런 선택으로 사도라고 불려지는 열 두 사람을 골라서 자신과 밀접하게 생활할 친구들로 삼으셨습니다.

4장에는 성공적으로 시험을 이기기 위해 꼭 필요한 열쇠가 숨겨져 있습니다. 그것이 무엇인지 알고 있습니까? "예수께서 성령의 충만함을 입어 요단강에서 돌아오사 광야에서 사십일 동안 성령에게 이끌리시어 … 예수께서 성령의 권능으로 갈릴리에 돌아가시니"(4:1,14).

예수님은 결코 혼자서 시험에 직면하지 않으셨기 때문에 성공적으로 대처하실 수 있었습니다. 그가 취하신 모든 행동 과정은 성령님의 인도하심에 따른 것입니다. 그가 직면한 모든 전투는 성령의 권능으로 무장한 상태에서 치러졌습니다. 그리고 성령님이 지시하시고, 능력을 주시는 삶의 방식은 사단의 공격을 모두 이기는 결과를 가져왔습니다.

우리도 하나님과 동행한다면 오늘 똑같은 승리의 기쁨을 경험할 수 있습니다. 성령님께서 동행하심으로 말미암아 어디를 가든지 우리의 길에 빛을 비추시며 하나님께 영광 돌릴 수 있는 능력을 공급하신다는 사실을 계속적으로 기억하십시오. 이를 명심하면서, 오늘 주머니 또는 지갑 안에서 일어나는 옹졸한 전투까지도 영적 무장으로 임하십시오.

 우리 앞에 있는 어떠한 시험일지라도 성령으로 승리하게 하소서. 아멘.

인자가 만난 대결

10월 18일 ■ 묵상과 산책 / 눅7-9장

남녀노소를 막론하고, 예수 그리스도를 따른다면 길을 헤매고 다닐 수는 없다.

예수님의 지상 사역을 간단하게 요약하면, 전파와 치료, 그리고 가르치심입니다. 누가는 의사의 신분에 걸맞게 치료의 사건을 자세하게 세심한 주의를 기울여 기록합니다. 세례 요한이 예수님께 심부름꾼을 보내어서 당신이 메시야냐고 질문할 때, 예수님께서는 자신의 주장을 증명하는 근거로서 기적만을 제시합니다. 그리고 예수님은 전파하고 가르치시면서, 그의 제자들이 똑같은 사역을 하도록 하시기 위해 오래 참으심으로 준비하십니다. 제자의 길에는 상당한 대가가 필요합니다. 자기 부인과 전적인 헌신이 그것입니다. 그러나 삶을 구원하려는 목표를 가지고 있기 때문에 그 모든 것은 가치가 있습니다.

오늘날 이 세상에 개인적인 증거 능력과 맞먹는 힘은 거의 없습니다. 그런데 그 놀라운 능력을 배워서 사용하고 있는 그리스도인들은 놀랍게도 별로 없습니다. 여러분은 그 능력을 사용하고 있습니까?

제8장에는 예수님이 거라사 지방의 귀신 들린 사람을 치유하시는 모습이 나타납니다. 귀신 들린 사람은 옷도 입지 않고, 쇠사슬도 끊었던 사람이었습니다. 그런데 귀신으로부터 해방을 얻은 그 사람은 옷을 잘 입고, 온전한 마음으로 예수님의 말씀을 열심히 들었습니다.

거라사인은 순수한 마음에서 예수님을 따라 다니게 해 달라고 부탁했으나 그의 요구는 거절당했습니다. "집으로 돌아가 하나님이 네게 어떻게 큰 일을 행하셨는가를 일일이 고하라"(8:39). 예수님은 '설교하라'고 말씀하지 않으시고, "너희 삶 속에서 개인적으로 하나님의 일하심을 전하라"고 하셨습니다. 그 결과는 어떠했습니까? "저가 가서 온 성 내에 예수께서 자기에게 행하신 큰 일을 전파하니라."

하나님께서 여러분의 삶에는 어떻게 역사하셨습니까? 오늘 경험한 증거를 다른 사람과 나누십시오. 그것은 무엇보다도 먼저 하나님께서 너무나 강력하시기 때문에 여러분 자신이 도저히 참을 수 없게 되었다는 사실을 경험하게 되는 일인 것입니다!

 어떠한 경우라도 주를 증거하는 계기로 삶을 수 있도록 도와 주소서. 아멘.

인자의 행동

10월 19일 ■묵상과 산책 / 눅10-12장

은을 구하려다 금을 잃는 사람이 되어서는 안된다.

예수님은 유대 지역의 남쪽으로 이동하시면서 제자들을 훈련시키고 임무를 주시는 일에 주력하십니다. 12사도와 더불어 지금은 70명의 다른 제자들을 더 선택하시고 무장시키셔서 자신의 이름으로 사역하도록 파송하십니다. 그들이 돌아오자 예수님은 기도, 위선, 탐욕, 염려, 깨어 있어야 함, 그리고 자신의 임박한 죽음 등의 주제들, 즉 '대학원 과정'의 제자도에 대해서 가르치셨습니다.

누가는 예수님의 적들 사이에서 점증하고 있는 생각들에 대해서도 기록하고 있습니다. 바리새인들이 자신들의 전통에 의거해 예수님을 인정하려 하지 않을 때에 예수님은 그들의 위선에 대한 일련의 책망과 그들이 당할 화에 대해서 말씀하십니다.

10:38-42을 읽고 다음과 같이 스스로 질문해 보십시오. "다른 사람이 내 생을 마리아의 것과 닮았다고 할 것인가, 아니면 마르다의 그것과 닮았다고 할 것인가? 그리고 그 이유는 무엇인가?"

마리아와 마르다에 관한 이야기를 딱 그 경우만 잘라 읽는다면 아마도 마리아를 아주 게으르고 인정 없는 사람으로 생각할 것입니다. 반면에 마르다는 대단히 부지런하고 신실한 사람으로 생각할 것입니다. 그러나 그 상황에 대한 예수님의 판정을 결코 잊지 마십시오! 예수님이 칭찬한 사람은 마르다가 아니고 마리아였습니다. 예수님과 함께 있는 것이 '이 모든 일에 분주한 것'보다 더 중요했습니다.

'어떤 좋은 일'이 '더 중요한 일'을 밀어내도록 허용하지는 않았습니까? 텔레비전의 프로 때문에 좋은 책, 심지어 가장 귀한 책까지도 밀려나게 하지는 않으셨습니까? 하나님 앞에서 당신의 마음을 깨끗케 하는 것보다 집을 깨끗케 하는 데 더 열중하지는 않으셨습니까?

오늘 비록 좋은 일들이 뒤로 미루어진다 할지라도 더 중요한 일을 하겠다고 결심하십시오. 마리아로부터 그것을 배우십시오. 정말로 그것을 잃어서는 안됩니다!

 마리아처럼 하나님의 말씀을 가장 귀한 일로 여기게 하소서. 아멘.

인자가 하신 비교들

10월 20일　　■묵상과 산책 / 눅13-15장

그리스도에게 가장 우월한 가치를 두지 않는 사람은 아무런 가치도 없다.

누구라고 직접 지적하면서 설명하는 가르침에는 적들이 뒤따르기 마련입니다. 예수님의 가르침도 예외는 아니었습니다. 그의 설교들은 거의 베일에 싸여 있습니다. 그의 목적은 단순히 진리를 듣기 좋고 달콤한 것으로 만들려는 데에 있지 않습니다. 다음의 문장들을 생각해 보십시오. "너희도 만일 회개치 아니하면 다 이와 같이 망하리라"(13:3,5). "가서 저 여우(헤롯)에게 이르되…"(13:32). "자기를 높이는 자는 낮아지고"(14:1). "이와 같이 너희 중에 누구든지 자기의 모든 소유를 버리지 아니하면 능히 내 제자가 되지 못하리라"(14:33).

그러나 또 한편으로는 예수님의 가르침이 한 쪽으로 기우는 경향도 있습니다. 그의 말 속에는 잃어버린 죄인들에 대한 구세주 사랑이 가득 담겨 있습니다. 15장에서는 세 번씩이나 '죄인 하나가 회개하고 돌아오는 것을 하늘에서 기뻐한다'는 진리를 가르치시고 있습니다.

최첨단의 항해 설비로 무장한 거대하고 번쩍번쩍 빛나는 새 요트를 보면서 행인들은 감탄을 금치 못합니다. 그들은 그 배의 엄청난 가격을 듣고 나면 놀랄 것입니다.

두 명의 군대 장군이 전쟁터에서 자신들의 자랑스런 장비에 탄 채 서로 이마를 맞대었습니다. 그 장군들은 커피 한 잔을 들고 앉아서 상대방 장비의 약점과 강점에 대해 연구한 다음, 총 한 방도 쏘지 않고 그들의 싸움을 해결하였습니다. 다시 말해 그들은 얻는 것보다 잃는 것이 더 많을 소득 없는 전투를 계산에 넣었던 것입니다.

제자의 길은 많은 대가를 필요로 합니다. 그것은 우선순위와 불편함, 그리고 비용과 희생을 포함합니다. 조심스럽게 14:25-35을 읽어보십시오. 그리고 나서 주님과 동행할 당신의 삶에 들어갈 비용을 계산해 보십시오. 그리스도를 붙잡기 위해 가장 먼저 무엇을 포기하겠습니까?

 그리스도를 위하여 먼저 나 자신을 포기하게 하소서. 아멘.

찬양할 만한 하나님의 이름

10월 21일   ■ 묵상과 산책 / 시 113편

하나님을 완전히 이해할 수 있는 사람은 아무도 없지만 하나님께서는 우리들을 완전히 이해하신다.

의사이며 역사가인, 그리고 가장 긴 복음서를 쓴 사람인 누가는 예수님의 지상 사역에 대한 세번째 기록으로 우리를 인도했습니다. 예수님의 가르침은 제자들과 조롱하는 자들을 동시에 만들어 냈습니다. 그에게 오는 사람들에겐 중간 입장이 있을 수 없습니다. 시편 113편을 고려하면서 다시 한번 그에 대해 생각해 보십시오. 그리고 찬양할 만하며 경배할 만한 주님에게로 새롭게 힘을 얻는 시간을 가지십시오.

운동선수에 대해 다음과 같이 말하는 것을 들어 본 적이 있습니까? "그의 기록은 너무나 위대해서 어떤 사람도 그를 따라갈 수 없다." 그 말을 한 사람은 과연 무슨 의미를 전달하려고 했을까요? 왜 때때로 위대함이 근접할 수 없다는 말로 표현됩니까?

시편 113편은 하나님의 위대하심에 대한 장엄한 선포입니다. "여호와는 모든 나라 위에 높으시며 그 영광은 하늘 위에 높으시도다 여호와 우리 하나님과 같은 자 누구리요"(4-5절). 너무 멀어서 도저히 근접할 수 없는 소리들이 아닙니까?

그러나 계속해서 읽어보십시오. 그 높이 계신 영광스러운 하나님께서 "스스로 낮추사 천지를 살피시고"(6절) 계십니다. 이 땅의 가난과 같은 문제에 대하여 깊은 관심을 갖고 계시며(7절), 정치(8절)와 자녀를 원하는 가정(9절)들도 살피고 계십니다. 그러므로 시편 기자는 당연히 시편의 맨 앞과 뒤를 찬양으로 장식할 수 밖에 없습니다!

하나님은 전능하십니다. 그러나 멀리 떨어져 초연해 있지는 않습니다. 한나(삼상2장), 마리아(눅1:46-55), 그리고 스가랴(눅1:67-79)는 그 진리를 깨달았습니다. 그들은 하나님을 찬양하는 데 아무런 어려움도 느끼지 않았습니다. 혹시 시편 113편의 진리를 함께 나눌 구원받지 못한 친구가 있습니까? 친구를 점심식사에 초대하여 사람들의 마음 속에 살아 계시는 위대한 하나님을 소개하십시오.

 하나님의 위대하심을 날마다 찬양하게 하소서. 아멘.

인자의 권고

10월 22일 ■ 묵상과 산책 / 눅16-18장

감사를 잃어버린 사람은 결코 행복의 의미가 담긴 말을 하지 못한다.

누가는 의사 출신이라는 사실에 걸맞게 자주 예수님의 치유 사역에 관해 상세히 서술함과 아울러, 예수님 생애의 마지막 날들에 있었던 가르치심과 전파하심에 초점을 맞추어 복음서를 기술하고 있습니다. 가르치심의 내용은 그 범위 면에서는 다양하고 목적 면에서는 실제적입니다. 즉 재산과 그것의 적절한 사용, 온유함, 신실함, 감사함, 깨어 있는 삶, 그리고 삶의 우선권 문제 등입니다.

자녀에게 "감사합니다"라고 말하도록 가르치는 것은 부모로서 해야 할 당연한 의무 중의 하나입니다. 우리의 선한 의도에도 불구하고 그에 대한 합당한 감사의 응답이 오기는 커녕 도리어 불평과 배은망덕한 행동이 더 자연스럽게 돌아온다는 사실을 가끔 발견하게 될 것입니다. 아이들이 어떠한 감사할 만한 일을 타인으로부터 받고나서 자연스럽게 "감사합니다"라고 말하는 것을 발견하기란 쉬운 일이 아닙니다.

부모들이여, 용기를 내십시오. "감사합니다"라고 말하는 문제는 최소한 누가복음만큼이나 오래된 것입니다. 17:11-19을 보십시오. 거기에서 예수님은 열 명의 문둥병자를 고쳐 주셨는데 오직 한 사람만이 돌아와 감사를 드리며 경배하였습니다. 그 중요한 사건은 다음과 같은 잊지 못할 질문으로 끝나고 있습니다. "열 사람이 다 깨끗함을 받지 아니하였느냐 그 아홉은 어디 있느냐"(17:17). 그것은 오늘 우리 자신에게 물어볼 가치가 있는 질문입니다.

우리에게 찾아 온 축복으로 말미암아 배우자, 자녀, 목사님, 또는 하나님께 "감사합니다"라고 말했던 가장 최근의 때는 언제였습니까? 비록 예정에는 없을지라도 오늘을 여러분의 가정의 감사절로 지키십시오! 그렇다고 해서 감사절을 지키기 위해 새 옷을 입거나 음식을 따로 준비하실 필요까지는 없습니다. 다만 사랑하는 사람들에게 감사하다고 말하는 것으로도 충분합니다.

항상 감사의 신앙을 갖게 하소서. 아멘.

인자를 죽일 음모

10월 23일　　■묵상과 산책 / 눅19-21장

모든 신학은 '예수 그리스도는 죄인을 구원하시기 위하여 이 세상에 오셨다'라는 간단한 내용으로 요약된다.

오늘 읽을 본문에서는 인자가 예전에 파괴되고 저주받은 도시 여리고를 방문합니다. 그리고 그곳에서의 예수님에 대한 영접은 누가복음의 절정에 해당하는 사건입니다. 그 사건은 19:10에 대한 상황을 설명해 줍니다. 19:10은 예수님의 지상 생애 전체를 확실하게 그려 놓은 도해와 같으며, 누가복음의 주제라고 할 수 있습니다. 예수님은 계속해서 예루살렘을 향해 여행하시다가, 드디어 여리고에서 자신의 도착을 환영하는 축제 분위기의 대중들과 만나게 됩니다.

다음의 질문을 읽고 제일 먼저 생각나는 세 사람의 이름을 쓰십시오. '저녁식사에 초대하기를 꺼리는 사람은 누구입니까?' 이제 대답을 점검해 보십시오. 왜 그 세 사람의 이름을 지적했습니까? 무엇이 그들과 저녁식사를 함께 하고 싶지 않게 했습니까? 당신의 대답은 지금 보이지 않는 카메라에 촬영되고 있다고 생각해 보십시오.

유대인들에게 멸시받고 외면당한 '탐탁치 않은' 사람과 함께 예수님이 식사하는 이야기가 누가복음 19장에 기록되어 있습니다. 삭개오는 세리였습니다. 그 당시 세리는 도둑과 반역자로 불리어지고 있었는데, 이는 세리들이 자기들 마음대로 세금을 거두어들여 착복할 수 있었기 때문에 붙여진 별명이었습니다. 예수님이 그러한 별명을 가진 삭개오의 저녁 초대를 받아들였을 때 일부 군중들은 술렁거렸습니다.

예수님은 사역의 초기부터 문제가 되는 부류들 즉 간음한 자들, 세리, 병들고 가난하며 아무런 도움도 주지 못할 사람들의 사람들과 어울리셨습니다. 왜 그러셨을까요? 그것은 "잃어버린 자를 찾아 구원하시기 위해서"(19:10)였습니다. 그런데 아직도 차별하는 습관을 버리지 않으시렵니까? 이번 주 저녁식사에 누군가를 초대하십시오. 그 '누군가'란, 관심을 가지고 접근할 수 있는 사람이 아니고, 사랑스런 말을 듣기를 원하고 그들의 말을 들어주어야 할 사람이어야 합니다.

내 마음으로 거부하는 사람들을 향하여 사랑을 고백할 용기를 주소서. 아멘.

인자가 십자가에 달리심

10월 24일 ■ 묵상과 산책 / 눅22-24장

그리스도의 부활은 그의 모든 약속에 대한 공증이다.

누가는 전형적인 섬세한 필치로 '예수님의 잡히심과 재판, 십자가에 달리심'에 대하여 완전하게 기록합니다. 누가는 그림 같은 언어로써 유다의 배반, 최후의 만찬 석상에 나타난 포근한 친교의 모습, 겟세마네 동산의 정신적인 고뇌, 베드로의 비극적인 부인, 재판정에서의 공의의 실패, 그리고 로마의 잔인한 처형 등을 묘사하고 있습니다.

그러나 당황하고 있는 제자들에게 천사들이 다음과 같이 물을 때 예루살렘의 어두운 날 밤은 찬란한 부활의 아침으로 바뀝니다. "너희들은 왜 산 자를 죽은 자 가운데서 찾느냐"(24:5). 누가는 예수님이 부활 후에 나타나셨다가 하늘로 다시 승천하시는 사건을 기록함으로써 끝을 맺습니다.

오늘은 하나님의 말씀으로부터 얻은 원리를 어떻게 삶에 적용시키며 어떠한 유익을 얻을 것인가에 초점을 맞추지 말고, 단순히 놀라우신 구세주에 대해서 묵상해 보는 시간을 가지십시오. 예수님이 이 땅에서 마지막을 보내셨던 날에 있었던 사건들, 즉 기도하시고, 배반당하시고, 재판 받으시고, 부인되시고, 십자가에 달리시고, 장사되신 것 등을 마음 속으로 다시 한 번 그려보십시오.

나를 위해서 당하신 그분의 고난을 깊이 생각해 보십시오. 그분이 죽으신 죽음을 다시 한번 상기해 보십시오. 그리고 "여기 계시지 않고 살아나셨느니라"(24:6)고 하는 영광스러운 소식을 처음 듣고 어찌할 바를 모르던 제자들의 그 기쁨에 동참해 보십시오.

그리고 나서 찬송 가운데 하나 또는 그 이상의 가사들을 기도하는 마음으로 읽음으로써 예배의 시간을 마감하십시오. 다음은 가사의 첫 소절을 옮긴 것입니다.

기뻐 찬송하세, 무덤에 머물러, 다시 사신 구세주, 예수 부활했으니, 할렐루야, 할렐루야 우리 예수, 갈보리 산 위에.

우리의 죄악을 인하여 죽으시고 부활하신 주님을 믿음으로 찬양하나이다,. 아멘.

하나님의 아들의 나타남

10월 25일 ■ 묵상과 산책 / 요1-4장

하나님은 창조를 통하여 자신의 솜씨를 보여 주시고, 구원을 통하여 자신의 마음을 보여 주신다..

요한은 마음에 특별한 목적을 두고 복음서를 썼는데, 그 목적은 읽는 사람으로 하여금 예수님은 누구신가(하나님의 아들)와 그분 안에서 어떻게 새생명을 얻을 수 있는가에 대한 확실한 믿음의 빛을 던져 주기 위함입니다. 요한은 조심스럽게 예수님의 지상 사역 기간 동안의 자료들을 선정하고, 그의 신성을 결코 논박할 수 없도록 구성했습니다. 그는 영원 전부터 하나님과 함께 계시기 시작하여(1:1) 어떻게 그리스도가 인류에게 생명을 주기 위해 인간이 되셨는가를 보여 주며, 선택된 사람들인 제자들, 니고데모, 우물가의 사마리아 여인이 예수님을 만나 변화된 생명을 얻게 되는 과정을 서술하고 있습니다.

'다시 태어남'이란 말은 오늘날 누구나 잘 알고 있습니다. 심지어 불신자까지도 이 말을 알고 있을 정도로 잘 알려진 말이지만, 대부분의 사람들이 이 말의 개념을 잘 알고 있지 못하고 있습니다. 한 평범한 사람이 산의 정상까지 열심히 오르고 나서 까마득한 과거, 곧 아래를 바라보면서 자신은 '다시 태어났다'고 외칩니다. 단지 '바위산의 최고 정상'에 오른 것이 다시 태어난 것입니까?

운동선수가 불의의 사고로 다리를 다쳐 절룩거리다가 성공적인 수술로 인해 다시 걷게 되면 그의 기록이 '다시 태어났다'고 선포합니다. 단지 천 미터 기록을 되찾았다고 해서 다시 태어난 것입니까?

성경상에서 아마도 가장 애용되고 가장 많이 알려진 구절인 요한복음 3:16은 "하나님이 세상을 이처럼 사랑하사 독생자를 주셨으니 이는 저를 믿는 자마다 멸망치 않고 영생을 얻게 하려 하심이니라"고 말하고 있습니다.

다시 태어난다는 것은 구원할 예수 그리스도, 곧 하나님의 아들을 믿는 것입니다. 요한복음 5:24을 읽어보십시오. 그리고 나서도 만일 다시 태어나는 것에 관해 잘 이해가 되지 않으면 오늘 당장 교회의 목사님을 찾아가 면담하십시오.

내가 중생한 것을 믿사오니 이 진리를 전하는 자가 되게 하소서. 아멘.

하나님의 아들이 내세운 주장들

10월 26일 ■ 묵상과 산책 / 요 5-7장

그가 곧 하나님이기 때문에 그가 하는 모든 일은 하나님이 하시는 것이다.

예수님의 신성에 대한 증거가 계속해서 제시됩니다. 베데스다 연못 가에 앉아 있던 사람은 진정한 생명의 물이심을 발견합니다. 5천 명 이상 되는 군중은 생명의 떡이라는 사실을 직접 배우게 됩니다. 종교 지도자들은 진짜로 하나님께로부터 왔는지, 아니면 사단에게서 왔는지를 확정해야 합니다. 만약 하나님께로부터 왔다면 예수님의 말은 그들에 대해 책망하는 언급을 포함해서 모두 사실이었습니다. 그래서 그들은 후자라고 결론을 내리게 되고, 죽일 음모를 꾸미는 동시에 대중의 의견을 분열시키려고 노력합니다.

하나님께 실망해 본 적이 있습니까? 기도가 하나님을 영화롭게 한다고 생각했는데 하나님께서는 어떠한 응답도 하시지 않는 것처럼 보입니다. 하나님께서 막으실 수도 있는, 여러분의 생각에는 당연히 막아 주셔야 했던 비극이나 사고가 일어납니다. 교회가 대단히 필요로 하는 새로운 계획을 시작했는데 완전히 실패로 끝납니다. 당연히 나에게 주어진 승진 기회를 다른 사람이 아부를 통해 가로챕니다. 이 모든 일에 관해 하나님께서는 도대체 무엇을 하고 계셨습니까?

오늘 읽을 부분에는 하나의 비극이 묘사되어 있습니다(6:60-71). 자기들의 기대를 충족시켜 줄 때에만 제자들은 기쁜 마음으로 예수님을 따랐습니다. 그러나 예수님이 제자들로서 감수해야 할 요구 사항들을 말씀하시기 시작하자(6:62-65) 상황은 완전히 달라졌습니다!

하나님께서는 우리가 그분의 뜻대로 섬기기를 원하십니다. 결코 우리 자신의 뜻대로 섬기는 것을 원하지 않으십니다. 그분은 '… 때문에', '… 할 때', '… 하므로' 등의 이유를 다는 것을 원치 않으십니다. 대신에 온전히 맡기는 의존의 자세와 즉각적인 순종의 자세를 원하십니다. 오늘 그렇게 하실 준비가 되어 있습니까? 그렇다면 다음의 문장을 여러분의 것으로 옮겨 보십시오. "내가 시도했더니 나는 실패했고, 내가 의지했더니 그분께서 나를 통해서 성공하셨다!"

 전적으로 하나님만을 의지하게 하소서. 아멘.

하나님의 아들이 비추신 복

10월 27일 ■ 묵상과 산책 / 요8-10장

우리 구세주의 분노는 끝났지만 연민의 정은 끝나지 않았다.

오늘 읽을 부분에서는 예수님 성격의 양면성을 묘사하고 있습니다. 자신을 불경스러운 자이며 귀신 들린 자라고 비난하는 서기관과 바리새인들의 고소에 그분께선 권위로써 대답하십니다. 귀신들의 '아비'가 누구냐라고 묻는 바리새인들의 질문에 대해 예수님은 그들이 잘못된 개념을 갖고 있다고 가르쳐 주심으로써 대응하십니다.

그런가하면 연민의 정을 느끼면서 간음한 여인을 용서해 주시고, 태어날 때부터 눈 먼 자에게 영적으로, 그리고 육적으로 광명을 주십니다. 마지막으로 10장에서는, 예수님은 자신이 양을 위해서라면 목숨까지도 버리시는 선한 목자라는 사실을 보여 주십니다.

외관상으로 볼 때, 양이란 '위협받는 종류'의 명부에 올라갈 수밖에 없습니다. 왜 그런지 아십니까?

- 양은 느리고 약하여 방어할 힘이 없습니다.
- 그들 마음대로 하도록 풀어놓으면 굶어 죽을 것입니다.
- 약탈자에 의해서 쉽게 곤란에 빠집니다.
- '무리적 본능'에 따라 그저 맹목적으로 다른 양을 따라갑니다.
- 빠지지 않고는 깊은 물을 건널 수 없습니다.
- 특히 질병이나 기생충 감염에 약합니다.
- 실컷 먹고는 벌렁 누웠다가 다시 일어나지 못합니다.

정말 양들은 다음 한 가지가 그들에게 없다면 어쩔 수 없이 죽어버리고 말 종자입니다.

- 양들은 자신의 목자를 따릅니다.

예수님은 성도를 양과 같이 여기신다는 사실(10:27)을 들을 때, 아마 양보다 낫다고 결코 자랑할 수 없음을 느낄 것입니다. 이사야 53:6을 읽어보십시오. 거기에서, 왜 그러한 묘사로 그려져야 하며, 또 그것이 얼마나 중요한가를 보게 될 것입니다. 그리고 만일 그분을 목자로 받아들이지 않았다면 오늘 받아들이십시오.

 나의 목자되신 주님만을 따르게 하소서. 아멘.

하나님께 드리는 선물

10월 28일   ■ 묵상과 산책 / 시 116편

사랑은 받는 것보다는 주는 것이 더 기쁘다.

사랑 받는 제자 요한은 예수님의 기적과 말씀을 통하여 하나님과의 화해함에 대해 가르칩니다. 시편 116편을 깊이 생각하면서 사랑을 그분께 표현해 보십시오.

주님을 사랑하십니까? 최근 주님을 사랑한다고 고백한 때는 언제입니까? 시편 116편은 "나는 주님을 사랑합니다"라고 어린아이의 기도처럼 시작하고 있습니다. 시편 기자는 기도했습니다. 그리고 주님은 응답하셨습니다. 기도에 대한 특별한 응답들은 시편 기자로 하여금 더 많은 기도를 하게 하는 자극제의 역할을 합니다.

"그 귀를 내게 기울이셨으므로 내가 평생에 기도하리로다"(116:2). 생사가 오가는 긴박한 상황은 기도하게끔 했고(116:3). 하나님의 신실하심을 발견하게 됩니다. 일단 그 위기가 지나자, 시편 기자는 눈에 보이는 어떠한 방법으로 하나님께 감사하기를 원합니다. 그런데 당신은 이미 모든 것을 주신 그 하나님께 무엇을 드리고 계십니까?

시편 116편에는 기도 응답에 대한 감사의 표로서 드릴 수 있는 '선물들'이 언급됩니다. 첫째는 증거의 선물입니다. "여호와의 모든 백성 앞에서 나의 서원을 여호와께 갚으리로다"(116:14). 우리의 삶을 신실하게 돌보시며 일용할 양식을 공급하심에 대하여 공적인 감사의 선포를 하십시오. 둘째 봉사의 선물입니다. "여호와여 나는 진실로 주의 종이요"(116:16). 여러분의 삶을 하나님의 뜻에 유용하게 사용 되도록 투자하십시오. 마지막으로 예배의 선물입니다. "내가 구원의 잔을 들고 여호와의 이름을 부르며 … 내가 주께 감사제를 드리고 여호와의 이름을 부르리이다"(116:13,17). 자주 하나님의 이름을 높이며 끝없는 그의 자원을 요청하십시오.

"감사합니다"라고 영광 받으실 하나님께 오늘은 어떤 선물을 드리시겠습니까? 앞에서 말한 셋 중의 하나를 택하여, "나는 당신을 사랑합니다"라고 주님께 고백하는 방법을 사용하십시오.

 하나님이여 오직 하나님을 사랑합니다. 아멘.

거절당한 하나님의 아들

10월 29일 ■ 묵상과 산책 / 요 11-12장

우리가 사는 동안 계속 유지해야 할 규칙이 있다면, 두뇌보다 마음을 더 부드럽게 만드는 것이다.

예수님께서 행하신 기적 가운데서 그의 적들을 확실하게 당황시킨 것을 꼽는다면 '죽은 나사로를 살리신 일' 입니다. 그리스도가 행하신 많은 기적들은 당시의 종교 지도자들에 의해 교묘하게 설명되어질 수도 있고, 동시에 평가절하 될 수도 있습니다. 그러나 도시에서 가장 유력한 사람 가운데 하나가 죽었다가 다시 살아났다고 증거하는 시민 전체를 어떻게 잠잠하게 할 수 있겠습니까? 장사한지 나흘이나 지난 후에 거센 불처럼 퍼져 나가 예루살렘 입성시에 거대한 환영을 받게 된 주요 배경이 됩니다.

성경 속에 들어 있는 것은 가장 짧은 구절이라 대단히 큰 영향력을 발휘할 수 있습니다. 왜냐하면, 그것은 한 순간에 깊은 감동과 더불어 하나님의 아들을 볼 수 있도록 해 주기 때문입니다. 11:35에서 그러한 사실을 발견하게 될 것입니다 "예수께서 눈물을 흘리시더라." 이 짧은 구절이 무엇을 말하는지 깊이 생각해 보십시오.

예수님은 원초적인 감정을 표현하셨습니다. 진실한 감정을 표현하는 것이 유약하게 보인다는 사실을 개의치 않았습니다. 그는 슬픈 일을 당했을 때, 무감각하게 무시하거나 아랫입술을 깨문 채 꾹 참고 계시기보다는 부끄러움을 생각지 않으시고 공개적으로 우셨습니다.

예수님께서는 슬퍼하실 수 있었습니다. 사랑하는 사람을 잃었을 때 슬퍼하는 것은 결코 비(非) 영적인 일이 아닙니다. 오히려 슬픔과 고통을 숨기고 행복한 얼굴을 유지하는 것이 더 영적이라고 할 수 없습니다. 정말로 '울 때가 있고 웃을 때' 가 있는 것입니다(전3:4).

바로 지금 고통을 당하고 있는 사람을 알고 있습니까? 남자건 여자건 간에 사랑하는 마음으로 그의 고통에 관한 이야기를 들어 줄 때 그것은 짧은 시간이지만 대단히 많은 의미를 지닙니다. 그리고 그 과정에서 눈물이 흘러내리려 할 때 억지로 참지 마십시오. 그것이 서로의 짐을 지라는 성경의 요구를 실천하는 방법입니다 (갈6:2).

 기쁨과 슬픔을 함께 나누면서 살아가게 하소서. 아멘.

하나님의 아들이 하신 설교

10월 30일 ■ 묵상과 산책 / 요13-17장

연합을 증진시키기 위한 최선의 방법은 진리에 힘쓰는 것이다.

오늘 읽을 성경 본문의 중요성을 보다 완전히 인식하기 위해 하나의 문단으로 생각하고 읽도록 노력하십시오. 다락방에 열두 명의 제자들과 그들의 선생이 함께 모여 있습니다. 그리스도는 제자들에게 중요한 말씀들을 전하고 계십니다. 그분께서는 진정한 위대함은 종이 되는 것으로부터 시작된다는 사실을 입증하기 위해서 겸손의 본을 보여 주십니다. 자신이 재림할 것이라는 약속으로 제자들을 위로하시며, 곧 성령이 오셔서 자신이 지상에 없는 동안 그들을 도울 것이라고 말씀하십니다. 그리고 나서 감동적인 중보기도를 드림으로써 그들과 함께 하는 시간을 마감합니다. 그들의 안전을 위해서 … 그들의 하나됨을 위하여 … 그들의 삶에 이루어질 하나님의 뜻을 위해서.

연합과 통일의 차이점은 무엇입니까?

개와 고양이를 잡아서 그들의 꼬리를 서로 묶은 다음 서로 바짝 붙여 놓아 보십시오. 그 것은 연합일 뿐 통일이 아닙니다.

너무나도 자주 그리스도인들이 그리스도의 몸 안에서 통일을 이루지 못한 채 단순한 연합만을 경험하게 됨은 슬픈 일이지만 사실입니다. [대교회 싸움들]과 [성령에 때한 싸움을 멈추자]라는 등의 책 제목은 통일이 교회 안에서 자발적으로 이루어지지 않음을 시사합니다.

그 이유를 밝히는 것은 어려운 문제가 아닙니다. 교회들은 사람들로 구성되었으며, 그들은 불완전합니다. 그것이 예수님께서 "나와 아버지가 하나인 것처럼 저희들도 하나가 되게 하옵소서"라고 기도하신 이유입니다. 이는 신적인 능력으로만 가능함을 보여 주는 것입니다. 그것은 대단히 중요한 문제입니다. 왜냐하면, 세상이 바라보고 있기 때문입니다

17:15-23을 읽어보십시오. 그리고 나서 다른 그리스도인과 하나될 수 없었던 원인을 발견하십시오. 동기가 옳은지 확인하십시오. 그리고 그리스도가 문제 해결을 주도하고 있음을 확신하십시오.

 하나되는 우리 교회와 가정이 되게 하소서. 아멘.

고난받으시는 하나님의 아들

10월 31일
■ 묵상과 산책 / 요18-21장

하나님의 영광을 위해 하나님의 방법대로 행해진 하나님의 일은 하나님의 공급하심에 결코 부족함이 있을 수 없다.

요한이 그의 복음서 전체를 통해 말하고 있는 요점은 갈보리의 십자가입니다(2:4,21-22; 7:6,39; 11:51-52; 12:16). 십자가 사건에 대한 그의 서술이 비록 다른 복음서 기자와 비교할 때 독특한 점이 있기는 하지만, 궁극적으로는 타복음서와 밀접한 병행 관계를 유지하고 있습니다.

요한은 새로운 작품을 만들기 위해 노력하기 보다는 다음과 같은 사실을 확신시키기 위해 복음서를 썼습니다. "오직 이것을 기록함은 너희로 예수께서 하나님의 아들 그리스도이심을 믿게 하려 함이요 또 너희로 믿고 그 이름을 힘입어 생명을 얻게 하려 함이니라"(20:31).

어떤 사람이 "당신의 직업이 무엇입니까?"라는 질문을 받았습니다. 그러자 그는 "나는 그리스도인입니다"라고 대답했습니다. 그러자 질문자는 계속해서 물었습니다. "아니 당신은 내가 질문하는 내용을 이해하지 못했군요. 당신이 어떤 일을 하고 계신지 묻고 있는 겁니다." 그러나 그는 또다시 "나는 그리스도인입니다"라고 대답했습니다. "아니오, 아니오, 나는 당신이 생활을 위해서 무슨 직업을 갖고 있는지를 알려고 하는 것입니다." "네, 나는 보험 외판원입니다. 그러나 나의 하루 24시간은 모두 그리스도인으로 존재합니다."

21장에서 우리는 '세금을 내기 위해서' 물고기를 잡던 사람 베드로의 본업이 그리스도인이며, 제자이며, 양을 치는 목자라는 사실을 배웠습니다. 예수님은 요한의 아들 시몬에게 "네가 이 사람들보다 나를 더 사랑하느냐?"라고 물었습니다. 마음을 꿰뚫어 보는 질문이 세 차례 계속되었습니다(21:15-17).

이는 마치 그리스도인들에게 "그대들은 정말 누구를 위해서 일하고 있느냐?"라고 말하는 듯합니다. 일단 그러한 사상이 마음에 깊이 박힌 다음에는 "나의 어린 양을 먹이라"는 명령에 주저함이 없을 것입니다.

 주님의 제자로서 주님만을 사랑하게 하소서. 아멘.

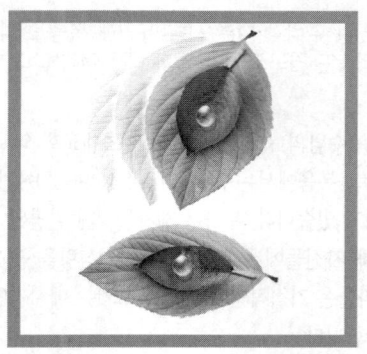

11월

· · · ·
여호와께 감사하라
그는 선하시며
그 인자하심이 영원함이로다
- 시 136:1 -

교회의 성령

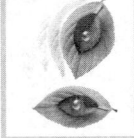

■ 묵상과 산책 / 행1-4장

만일 우리가 다른 사람과 함께 복음을 나누지 않는다면, 우리들도 결국 복음을 듣지 않은 것과 같다.

누가에게 있어서 예수님의 승천은 복음서와 초대교회 역사 기록을 연결하는 주축적 사건입니다. 누가복음에서는 단 다섯 절(24:49-53)에만 기록된 내용이 사도행전 전체를 포괄하고 있습니다. 누가는 제자들에게 위임된 명령을 강조합니다. 제자들은 사역을 위해 자신들에게 부어질 약속된 성령을 끈기있게 기다립니다. 성령 강림과 함께 제자들은 기적적인 결과를 일으키는 메시지인 예수 그리스도의 복음을 전파하기 시작합니다.

여러분은 '주님의 약속 위에 서있습니까?' 아니면 '약속을 전제로 앉아만 있습니까?' 예수님께서는 승천하시기 직전에 자기를 따르는 자들에게 아버지의 약속하신 성령이 임할 때까지 예루살렘을 떠나지 말라고 말씀하셨습니다(1:4). 그들은 주님의 부활을 통해 복음이 생명을 주는 말씀이라는 것을 확신하고 있었지만, 그럼에도 불구하고 그들이 성령의 능력을 받기까지는 조용히 머물러 기다리도록 지시를 받았습니다. 그때까지의 10일 동안을 바깥에서 구경하고 있던 사람들은 그들이 주님의 약속 위에 앉아 있을 뿐이라고 생각했을 것입니다. 그러나 사실 그들은 그때 기도하고(1:14) 준비하며(1:15-26) 오순절을 기다리고 있었습니다. 실제적으로는 그 약속 위에 서 있었던 것입니다.

공부를 할 때든지 가정을 꾸밀 때, 경력을 쌓을 때, 또는 새로운 이웃과 사귐을 갖고자 할 때 하나님께서 한동안 방관만 하고 계시는 것 같은 경험을 한 적이 있습니까? 힘을 내십시오. 학교나 가정이 하나의 발판이 될 수 있습니다. 만일 여러분의 기독교적 신앙이 살아 움직인다면, '예루살렘, 유대, 사마리아, 그리고 땅끝'이 어디인지 한 번 생각해 보십시오. 사도행전 1:8을 다시 한번 묵상하면서 이 달의 계획을 세워 보십시오.

 지상명령인 전도하는 일에 때와 장소를 가리지 않게 하소서. 아멘.

교회의 성장

11월 2일 ■ 묵상과 산책 / 행5-7장

100마디의 위선적인 설교보다 한 가지의 실천이 더 낫다.

사도들이 복음을 전파하고 능력을 행함으로 인해 교회는 즉각적으로 유대 종교지도자들과 대립하게 됩니다. 외부적인 박해와 내부적인 압력으로 인해 신자들은 더욱 더 강하게 뭉쳐져 교제하게 됩니다. 교회의 시련에 주의깊게 대처하며 문제들을 적절하게 해결하면서 공동체는 더욱 강해지고 교회는 확장됩니다.

하나님께서 아나니아와 삽비라에게 하신 것과 같은 방법으로 오늘날 교회에서 외식하는 자들을 다루시지 않는 것을 못마땅하게 생각하십니까?

교회는 항상 불완전한 사람들이 있기 때문에늘 시련이 있을 것입니다. 우리의 관심은 교회가 문제들을 갖고 있다는 데 있지 않고 우리가 갖고 있는 문제들을 어떻게 다룰 것인가에 있습니다. 교회에서 일어난 문제가 현금 횡령과 같은 심각한 것이든지(5장), 손해를 입힐 정도로 민감한 것이든지 간에 그 문제에 대하여 기본적으로 세가지 반응이 있을 수 있습니다.

첫째는 그 문제를 무시하고 그것이 적당히 해결되기를 기대하는 경우입니다. 둘째는 그 문제 때문에 교회를 나누는 경우입니다. 그러면 양측 모두 문제의 씨를 간직하게 될 것입니다. 셋째는 그 문제를 기도하면서 성경적으로, 그리고 단호하게 취급하는 경우입니다. 이 해결책은 무서운 시험을 포함할 수도 있고, 교회의 재조직을 의미할 수도 있으며 상호 이해의 계기가 될 수도 있습니다.

그러나 그러한 문제들을 하나님께서 기뻐하시는 방법으로 다루실 때 어떠한 일이 일어나는가를 살펴 보십시오(5:14;6:1,7). 하나님의 일은 결국 성공적으로 진행됩니다. 이번주에는 출석하는 교회의 목회자나 사역자들과 함께 '잠재해 있는 위험한 문제들을 하나님께 영광이 되는 기회로 삼는 것'에 관하여 이야기해 보십시오.

교회의 그 어떠한 문제이든지 하나님의 방법대로 해결하게 하소서. 아멘.

교회의 박해

11월 3일 ■ 묵상과 산책 / 행8-9장

하나님은 우리의 능력의 크기보다는 전심으로 헌신하는가의 여부를 보신다.

성장하는 교회를 괴롭히는 박해에 순교가 따른 것은 필연이었습니다. 놀랍게도 그 순교자는 사도 중의 한 사람이 아닙니다. 스데반의 죽음(7장) 이후 교회를 없애 버리려는 운동은 확산됩니다. 사울이라 이름하는 열성적인 바리새인이 이러한 일을 지시한 것입니다. 그의 열광적인 박해로 말미암아 믿는 자들은 유대와 사마리아와 시리아 지역으로 흩어지게 됩니다.

예루살렘으로부터 흩어진 그들은 가는 곳마다 믿음으로 증거합니다. 사마리아와 욥바에 복음이 전해집니다. 사울이 믿은 자들을 죽이려고 다메섹으로 갈 때 승천하신 주님께서 밝은 빛 가운데 그에게 나타나십니다. 그리고는 그가 그렇게 열렬히 없애려고 노력하는 부활하신 예수가 참 메시야라는 진리를 깨닫게 해 주십니다.

복음을 전할 수 있는 기회가 와도 일부 성도들은 전도하지 않습니다. 오늘날 교회는 "그 일은 성직자에게 맡깁시다"라는 말을 종종 하곤 합니다. 그러나 한 번 생각해 보십시다.

첫째, 복음이 예루살렘을 벗어나 지리적으로 확장될 때 이 일은 사도들이 한 것이 아니라 교회 구성원인 신자들이 했습니다(8:1). 둘째, 첫번째 순교자 스데반은 사도가 아니었습니다. 그는 음식 공궤하는 일을 위해 뽑힌 일곱 집사 중 한 사람이었습니다(6:1-6). 셋째, 사마리아에 복음을 전한 사람은 빌립입니다. 그도 일곱 집사 중 한 사람으로서 사도가 아니었습니다.

에베소서 4:12에 보면, 하나님께서는 우리에게 각각 독특한 재능들을 주셨으며, 그 재능들로써 그리스도의 몸인 교회를 세우기 위하여 필요한 위치에 서서 수고하도록 하셨습니다. 여러분은 교사, 조력자, 집사, 전도자 중 어떤 신분으로서 소속된 교회에서 적절하게 섬기고 있습니까? 그리스도의 몸을 세우기 위한 일을 하기 위해 어디서 훈련을 받았습니까?

 복음을 전하다가 주의 영광을 보게 하소서. 아멘.

교회의 확장

11월 4일 ■묵상과 산책 / 행10-12장

어느 세대이든 교회를 가장 위협하는 것은 이단이나 믿음의 결핍이 아니라 무감각이다.

예수님께서는 그의 제자들에게 온 세상으로 가서 누구에게든지 복음을 전하라고 명령하셨습니다(막16:15). 그러나 교회는 얼마 후 배타적인 유대교처럼 지역화되어 가고 있었습니다. 하나님은 베드로를 사용하셔서 이방 세계에 복음 전파의 문을 여셨습니다. 베드로는 욥바에 있는 한 집의 지붕에서 기도하는 중에 세 차례의 환상을 보고 고넬료의 집에 복음을 전하기 위하여 가이사랴로 내려갑니다. 이방인 신자의 수가 증가하자 교회는 복음 전파의 범위를 새로운 복음의 중심지가 될 시리아, 안디옥까지 넓힙니다.

하나님께서 오늘날 행하시는 흥미있는 일들 중 하나는 예수 그리스도의 복음을 듣는 유대인의 수를 증대시키는 것입니다. 새로운 선교 기관들이 생겨나고 있으며, 기존의 기관들도 21세기의 유대인들에게 1세기의 메시야를 소개하기 위하여 새롭게 노력하고 있습니다. 오늘날 교회의 두드러진 변화는 이방인들에게 배타적이었던 유대인들을 사랑하기 시작한 것입니다. 성령이 유대인들 사이에서 새롭게 역사하시기 위하여 당신이 할 수 있는 일들이 있습니다.

첫째, 매일 '예루살렘의 평화'(시122:6)와 국내외에 있는 유대인들의 구원을 위하여 기도하십시오. 둘째, 효과적인 유대인 선교 정책들을 찾아서 그 선교 사역에 시간과 물질과 기도로 동참하십시오. 셋째, 당신의 마을이나 학교, 직장 등에 있는 이웃 유대인들과 우정을 발전시키십시오.

우리의 구세주 예수 그리스도가 참으로 어떤 분인가를 나눌 수 있는 기회를 가지십시오. 그러나 이런 것들을 하기에 앞서 신약뿐만 아니라 구약을 통해서도 복음을 제시할 수 있도록 준비하십시오. 예수 그리스도 안에서 성취된 구약의 메시야에 관한 예언들에 깊은 관심과 주의를 기울이십시오.

예루살렘이 복음의 기지로서 다시금 회복시켜 주옵소서. 아멘.

바울의 1차 전도여행

11월 5일　　■ 묵상과 산책 / 행13-15장

격려는 영혼에 불어넣는 산소와 같다.

수리아 안디옥은 초대교회의 선교 중심지가 되었으며, 바나바와 바울은 최초의 순회 전도자가 됩니다. 그들은 소아시아 해변으로 돌아가기에 앞서 바나바의 고향인 구브로 섬으로 갑니다. 그 새로운 도시들에서의 바울의 전도 전략은 동일합니다. 먼저 유대 회당에 들어가 유대인들에게 복음을 전합니다. 거기서 거절을 당하면 바울은 이방인에게로 갑니다. 유대인의 위협 때문에 바나바와 바울은 안디옥에서 이고니아, 루스드라, 더베 등으로 옮겨 다녀야 했습니다.

안디옥 교회는 두 전도자, 즉 바나바와 바울을 보냈습니다(13:2). 그러나 구브로를 떠날 때는 바울을 추종하는 사람들이 생겼습니다(13:13). 그래서 바울은 그 무리의 지도자로서 점점 부각되기 시작합니다. 그러나 바나바는 흔들리지 않고, 귀감있는 인품으로 자신의 이름의 뜻처럼 '권위자'로서 바울을 격려하였으며, 어려운 문제들을 처리하는 데 능숙함을 보여줬습니다.

오늘 바울을 격려한 바나바와 같은 믿음의 사람을 얼마나 만날 수 있습니까? 바나바는 바울을 격려하기보다는 시기하거나 나쁘게 대하기가 쉬웠을지도 모릅니다. 성령은 바나바와 바울을 특별한 일을 위하여 따로 세우라고(13:2) 하셨습니다. 이것은 주어진 명령이었습니다.

1차 전도 여행에서부터 바울의 사역은 꽃이 피기 시작했고, 그로 인해 바나바는 기쁨과 용기를 얻었으며 더 많은 도움을 주었습니다. 결과적으로 하나님의 말씀이 그 지방에 두루 퍼지게 되었습니다(13:49). 격려는 아무런 대가를 요구하지 않는 것이며 값없이 주는 것입니다.

오늘 진정한 격려를 해 줄 수 있는 바나바와 같은 사람이 되기 위해 한 사람을 만나십시오.

오늘 우리가 돕는 ○○○선교사를 도와 주소서. 아멘.

바울의 2차 전도여행

11월 6일　■ 묵상과 산책 / 행16-18장

불화를 피할 수 있는 유일한 방법은 다른 사람과 말하기를 멈추는 것이다.

마가 요한 때문에 바나바와 바울은 다투게 됩니다. 바나바는 마가 요한을 데리고 가고 바울은 전도 여행의 새로운 동료로 실라를 택하므로 복음 전파는 두 배로 확장됩니다 바울은 1차 전도 여행 때 세운 교회들을 다시 방문하며 유럽 전도의 선두 역할을 합니다. 바울은 환상(16장) 중에 어떤 남자가 복음을 들고 유럽을 건너 오기를 간청하는 것을 보았습니다.

그래서 바울은 "하나님이 저 사람들에게 복음을 전하라고 우리를 부르신 줄을 인정함이더라"(16:10)고 고백하여 마게도냐 전도에 들어가게 됩니다. 그리하여 빌립보, 데살로니가, 베뢰아, 아덴 등 각 도시들은 그리스도 안에서 새 생명을 주는 복음으로 인하여 독특한 도전을 받게 됩니다.

어떤 사람들은 하늘의 것은 귀중하지만 이 세상 것은 조금도 귀중하지 않다고 말합니다. 이것은 시민으로서 지켜야 할 의무에 대한 신자들의 반응에서 매우 잘 나타납니다. 사도 바울은 나면서부터 로마 시민이었습니다. 바울은 로마 시민의 권리들을 알고 있었고, 그래서 법적 보호를 주장했습니다. 또한 바울은 로마 시민의 의무도 알고 있었고 그것들을 지키고자 했습니다(롬13:1-7).

한 국가의 국민으로서 자신의 권리와 의무를 알고 있습니까? 지난 선거 때 투표에 참여했습니까? 권력을 잡고 있는 자들을 위하여 정기적으로 기도하고 있습니까(딤전2:1-2)? 살고 있는 마을과 지방, 국가, 그리고 국제적인 문제들에 관심을 갖고 있습니까? 그러한 문제들에 대하여 성경적인 관점을 갖고 있습니까?

"이 세상은 내 집이 아니다, 나는 단지 나그네에 불과할 뿐이다"라는 말이 진리이지만, 그 말이 신자들의 책임 회피를 정당화 하지는 못합니다.

내가 가진 모든 여건을 복음전파에 사용하게 하소서. 아멘.

하나님을 아는 지식

11월 7일 ■ 묵상과 산책 / 시 118편

다른 사람들에 대해 의심이 생길 때에는 우리들이 알고 있는 지식을 다시 환기시킬 필요가 있다.

사도행전을 보면 예수님은 승천하시고 성령님이 강림하셔서 그의 백성과 함께 거하십니다. 극심한 박해에도 불구하고 지상의 그리스도 몸인 교회는 그리스도 안에 있는 새 생명의 복음을 계속 전파합니다. 그 무엇도 하나님의 뜻과 방법을 막을 수는 없습니다. 이는 참으로 감동적인 이야기이며 당신의 삶 속에 불꽃을 다시 타오르게 할만한 일입니다.

"나무는 그 잎으로가 아니라 그 열매로 판단한다"(유리피데스). "병을 조사하지 말고 그 병 속에 들어 있는 내용물을 조사하라"(탈무드). "책은 그 겉표지를 보고는 평가할 수 없다"(무명씨). 이 세 가지 말은 같은 뜻입니다. 겉모양만을 판단의 기준으로 삼을 때 잘못 판단할 위험이 많습니다. 더 나아가 그 어떤 것을 피해자로 만들 수도 있습니다!

친구나 선배, 동료 등이 내린 피상적인 판단 때문에 고통을 받게 될 때 무엇을 하십니까? 여러분의 행위와 동기들이 오해를 받을 때 어디로 가십니까?

그러한 경험을 친히 겪으신 분에게로 돌아가십시오. "건축자의 버린 돌이 집 모퉁이의 머릿돌이 되었나니"(시118:22). 그리스도는 부당하게 거부당하고 잘못 정죄되고 무자비하게 희생당하는 것이 무엇인지 아십니다. 그분은 우리가 겪고 있는 것이 무엇인지 아십니다. 그것이 바로 우리가 오해받고 있을 때, 그분의 함께 하심(118:6)과 도우심(118:7)과 보호하심(118:8-14)을 확신하면서 그분께로 돌아올 수 있는 이유입니다.

신약은 인간의 오해가 하나님의 선한 목적을 방해할 수 없다는 것을 보여주기 위하여 시편 118:22을 세차례 인용하고 있습니다(마21:42-44; 행4:11; 벧전2:7-8). 그 중에 한 구절을 택해 오늘의 삶 속에서 역사하실 하나님의 말씀으로 삼으십시오.

 극심한 어려움도 참을 수 있는 인내와 이길 수 있는 힘을 주소서. 아멘.

바울의 3차 전도여행

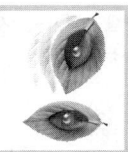

11월 8일　　■묵상과 산책 / 행19-20장

아무런 대가도 치르지 않는 사역은 아무 일도 이룰 수 없다..

바울은 2차 전도 여행에서 돌아온 후 얼마 안되어 3차 전도 여행을 떠납니다. 2차 여행의 종결과 더불어 안디옥 교회에 들러서 다음 전도를 위임받는 내용은 18:22에 나타나 있습니다. 바울의 세번째이자 마지막 전도 여행은 4년이 소요됩니다. 그중의 3년은 에베소에서 보냅니다.

바울은 소동으로 인하여 에베소를 떠납니다. 여행에서 돌아오는 길에 밀레도에서 장로들을 불러 눈물 어린 인사를 합니다. 이때부터 바울은 예루살렘에 가면 위험이 따른다는 것을 알면서도 그곳을 방문하기로 결심합니다.

20:17-38을 읽고 묵상하기 위해 시간을 특별히 할애하십시오. 바울의 사역 스타일에 대한 풍성한 통찰을 발견하게 될 것입니다.

· 그의 사역은 가르침과 함께 삶을 투명하게 드러내보여 주는 것입니다. 그의 삶은 모든 사람이 볼 수 있는 열려 있는 책이었습니다.

· 그의 사역은 대중과 개인 모두를 위한 공적이면서도 동시에 사적인 사역이었습니다.

· 그의 사역은 승리를 위한 눈물의 사역이었습니다.

· 그의 사역은 하나님이 부르시는 모든 시대와 모든 사람을 위한 사역이었습니다.

· 그의 사역은 자기를 위하는 것이 아니라 자기를 버리는 사역이었습니다.

여러분은 하나님을 위한 사역에 이와 같은 희생을 할 수 있겠습니까? 다른 사람을 위하여 눈물을 흘린 적이 있습니까? 인간적인 대가 없이 언제나 모든 사람에게 유익을 끼칠 수 있겠습니까? 오늘 하루의 삶 속에서 여러분의 '에베소 작전'이 하나님께 사용되기를 바라는 마음으로 20:24의 말씀을 소리내어 읽으십시오.

주님을 위한 일이라면 기쁘게 감당하게 하소서. 아멘.

바울의 체포

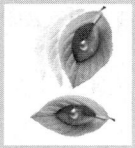

■ 묵상과 산책 / 행21-23장

실수에 대한 가능성은 입이 가장 크다.

바울이 3차 전도 여행에서 돌아올 때 큰 표적들이 따릅니다. 유다에서 온 예언자 아가보는 띠를 가져다가 자기 수족을 매면서, 예루살렘에서 바울이 당할 일에 대해서 예언합니다. 바울은 예루살렘에 도착하자마자 성전을 더럽히고 거짓 교훈을 가르친다는 이유로 그를 고소하는 유대인들이 조종하는 성난 폭도들과 만나게 됩니다. 군중과 산헤드린 앞에서 바울은 자신의 개인적인 증거를 들어가면서 자신을 변론합니다. 자신을 암살하려는 음모가 더욱 더 구체화되지만 바울은 공회와 임금과 가이사 앞에서 복음을 확증할 기회를 기다립니다.

여러분의 혀는 가장 귀중한 재산입니까? 아니면 가장 악한 적입니까? 21-28장에 걸쳐 사도 바울은 서로 다른 여러 동료의 무리들 앞에 서 있는 모습을 보여 주고 있습니다. 그들은 폭도(21-22장), 종교 지도자들의 모임(23장), 두 사람의 정부 관리(24-25장), 왕(26장), 죄인들과 군인들과 사공들(27장), 유대 지도자들(28장)로서 각각의 경우에 바울의 태도와 행동은 적절했고, 변론을 위한 단어들은 주의 깊게 선택되었으며, 복음에 대한 그의 열정은 심오한 것이었습니다.

참으로 그는 중요한 교훈을 주고 있습니다. "약한 자들에게는 내가 약한 자와 같이 된 것은 약한 자들을 얻고자 함이요, 여러 사람에게 내가 여러 모양이 된 것은 아무쪼록 몇몇 사람을 구원코자 함이니"(고전9:22). 바울은 적대적인 유대 군중에게 연설할 때 그 사람들의 모국어인 아람어로 말했으며 따뜻한 인사말인 "부형들아"(22:1)를 사용하였습니다. 그는 대제사장에게 무례히 말한 것을 사과했으며, 왕과 정부 관리들에게 온화하게 말했습니다.

바울은 충고합니다. "너희 말을 항상 은혜 가운데서 소금으로 고르게 함같이 하라 그리하면 각 사람에게 마땅히 대답할 것을 알리라"(골4:6). 당신의 말과 행동이 복음 증거에 도움이 됩니까? 말은 하기는 쉬워도 다시 주워 담기는 어렵다는 것을 잊지 마십시오.

 어떠한 경우에라도 말씀을 증거하게 하소서. 아멘.

바울의 재판들

11월 10일 ■ 묵상과 산책 / 행24-26장

고난은 그리스도인으로서의 칼날을 유지시키는 숫돌이다.

바울을 죽이려는 유대인들의 음모가 드러남으로 인해 바울은 밤에 삼엄한 경호를 받으며 가이사랴로 옮겨집니다. 거기서 그는 자신을 고소하는 자들을 향해 세 차례의 변론을 행합니다. 첫번째는 총독 벨릭스 앞에서, 그 다음은 베스도, 마지막으로 왕 아그립바 앞에서 각각 자신을 변론합니다. 그러나 바울의 송사는 쉽게 끝나지 않았으며, 정치적으로 볼 때 바울에 대한 재판은 쉬운 문제가 아니었기 때문에 세 번의 재판중 어느 한번도 송사를 명확하게 판결하지 못한 것 같습니다. 그리하여 바울은 마침내 황제에게 호소하게 됩니다. 그의 항소로 말미암아 바울은 가고자 했던 로마에 죄수의 몸으로 가게 됩니다.

지금까지 얼마나 많은 곳에서 살아 보았습니까? 사도 바울처럼 "내가 궁핍하므로 말하는 것이 아니라 어떠한 형편에든지 내가 자족하기를 배웠노라"(빌4:11)라고 말할 수 있습니까? 바울은 로마 감옥에 있으면서 빌립보 교회에 그렇게 편지했습니다. 그는 2년 동안 감옥에 있으면서 몸이 약해졌으며, 정치 지도자들이 바뀜으로 인해 재판은 연기되었습니다. 만일 바울이 항소를 취소하거나 뇌물을 주거나 자신의 논증을 바꾸거나 하기만 했어도 그 괴로운 기다림은 날이 새기 전에 끝났을지도 모릅니다. 그러나 이방인의 사도로 부름을 받은 바울은 그 모든 것을 통하여 자족과 인내와 그리스도를 붙잡는 것을 배우게 되었습니다.

여러분도 바울처럼 끝없는 고통과 시련의 상황 속에 처하게 될 수도 있습니다. 그러나 시련은 끝이 날 것이며, 모난 부분은 다듬어질 것이고, 벗어날 수 있는 길을 찾게 될 것입니다. 바울의 경우를 마음에 새기면서 그가 한 일을 해 보십시오. 가까운 믿음의 형제와 함께 처지와 삶 속에 흐르는 하나님에 대한 확신을 나누십시오.

하나님의 방법으로 모든 것을 행하게 하소서. 아멘.

죄수가 된 바울

11월 11일 ■묵상과 산책 / 행27-28장

만일 당신이 가야 할 곳을 분명히 정하지 않는다면, 당신은 예상치 못한 엉뚱한 곳으로 가게 될 것이다..

바울이 황제에게 호소했기 때문에 이제 그는 가이사 앞에 서기 위하여 로마행의 긴 여행을 시작합니다. 바울이 탄 배가 그레데항에 정박할 때까지는 별 사고 없이 안전하게 항해합니다. 이곳에서 겨울을 지내자는 바울의 의견은 무시당합니다. 그 배는 뵈닉스를 향해 출항합니다(27:12). 폭풍에 떠밀리면서 지중해를 건넌 그 배는 마침내 멜리데라는 섬에 상륙하게 됩니다. 바울이 로마에 도착할 때까지 여러 가지 기적들이 이어집니다. 그는 자신을 붙잡아 둔 집에서 재판을 기다리는 동안 전도를 계속했으며 아무도 그를 제재하지 못했습니다.

"목표가 없으면 날마다 공허한 삶이 될 것이다." "만일 당신이 가야 할 곳을 분명히 정하지 않는다면, 당신은 예상치 못한 엉뚱한 곳으로 가게 될 것이다." "목표 지점을 결정하지 못한다면 후회하게 되는 지점에 이를 것이다."

신앙생활에서 목표가 없고 지향하는 바가 없다면 하나님을 섬김에 있어서 끊임없이 허둥거릴 것입니다. 우리에게 향하신 하나님의 목표는 분명합니다. 그것은 그의 아들처럼 되는 것입니다(롬8:29). 바울은 하나님과 함께 하는 삶에 분명한 목표가 있었습니다.

"내가 그리스도와 그 부활의 권능과 그 고난에 참예함을 알려 하여 그의 죽으심을 본받아"(빌3:10). 이러한 분명한 목표 때문에 바울은 옥에 갇히고 파선당하고 핍박받는 것을 견디어 나갔습니다. 그러한 고난들을 통하여 그는 그 목표에 점점 가까이 가고 있다는 것을 알았기 때문입니다.

여러분은 어떻습니까? 여러분의 신앙생활은 목표를 향해 가고 있습니까? 바울의 마지막 인생을 기록한 장을 읽으면서 여러분 자신의 인생을 생각해 보십시오. 여러분의 인생에도 마지막 날은 옵니다. 주님께 여러분의 목표는 어떠해야 하는지 물어 보십시오.

 우리의 신앙의 목표를 적절하게 활용하게 하소서. 아멘.

인간의 불의를 파헤침

11월 12일 ■ 묵상과 산책 / 롬1-3장

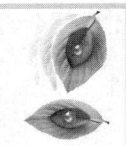

만일 죄 값을 즉각 즉각 치러야 했다면 범죄가 이토록 성행하지는 않았을 것이다.

로마인에게 보내는 편지에서 바울은 비록 한 번도 대면한 적은 없지만 보기를 원하고 항상 위해서 기도하는 일단의 신자들에게 말합니다.

그들을 위로하고 용기를 주기 위하여 바울은 복음의 기본 진리를 설명하고(1-11장) 이에 따르는 행위에 대하여 이야기합니다. 인간의 근본적인 문제는 죄 아래 놓여 있다는 점입니다. 인류는 거룩하신 하나님 앞에서 범죄하여 하나님의 진노와 심판을 받게 되었습니다.

이 비참한 형편에 처해 있는 인류에게 좋은 소식이 있습니다. "내가 복음을 부끄러워하지 아니하노니 이 복음은 모든 믿는 자에게 구원을 주시는 하나님의 능력이 됨이라"(롬1:16상).

바울은 숙련된 외과의사처럼 인간의 죄성을 해부하고 인간의 악한 성품을 분석합니다(3:10-18).

· 인간의 마음 : 하나님 두기를 싫어함.
· 인간의 말 : 열려진 무덤처럼 추악함.
· 인간의 혀 : 속임수를 베풂음.
· 인간의 입술 : 독사의 독이 가득함.
· 인간의 입 : 저주와 악독이 가득함.
· 인간의 발 : 피 흘리는 데 빠름.
· 인간의 눈 : 하나님을 두려워함이 없음.

"그러므로 율법의 행위로 그의 앞에 의롭다 하심을 얻을 육체가 없느니라"(3:20).

그러나 자신의 문제를 올바로 인식한다면 구세주의 치유를 기다리는 자가 될 것입니다. 3:24은 그것에 관한 내용입니다. 이 본문의 말씀과 상관이 없었다면 지금이라도 문제를 해결하실 수 있는 위대한 의사이신 그분을 믿음으로써 그것을 여러분의 것으로 삼으십시오.

우리의 모든 죄악을 깨달아 알게하셔서 회개하게 하소서. 아멘.

하나님께서 마련하신 의

11월 13일 ■ 묵상과 산책 / 롬4-5장

십자가는 죄가 죽는 장소이며, 자아의 무덤이며, 두려움에 대한 최고의 상징이다.

바울은 구원에 필요한 조건과 그 구원에 이르는 길은 너무 멀어서 도달할 수 없다고 주장합니다. 그는 성경의 두 인물, 아브라함과 아담을 통하여 이점을 설명해 줍니다. 칭의는 율법의 행위로 얻어지는 것이 아닙니다. "아브라함이 하나님을 믿으매 이것이 저에게 의로 여기신바 되었느니라"(4:3). 인류를 죄와 죽음으로 몰고 간 아담의 불순종과는 반대로 예수 그리스도를 통한 칭의는 유대인이든 이방인이든 믿기만 하면 화평과 치유와 생명을 제공합니다.

여러분은 부모님으로부터 결코 배운 적이 없는 거짓말, 도적질, 탐욕 등이 어디서부터 왔다고 생각하십니까? 왜 그러한 악한 것들이 저절로 생기는지 고민해 본 적이 있습니까? 에덴동산에서의 아담의 범죄의 심각성을 완전히 이해하기는 어렵습니다. 그 한 사람의 의지적인 반역 때문에 죄와 죽음이 세상에 들어 왔고(5:12), 모든 사람이 죄인으로 태어나며(5:19), 모든 사람이 하나님의 진노와 심판을 받게 되었습니다(5:18).

마찬가지로 십자가 위에서의 그리스도의 죽으심의 비밀을 완전히 이해하기는 어렵습니다. 그 한 사람의 지고한 사랑의 행동으로 하나님의 은혜의 선물이 세상에 주어졌고, 죄인이 의인될 수 있는 길이 제공되었고, 믿는 자는 현세에서 하나님의 의를 체험하게 되었습니다.

다시 말하면 한 사람 아담으로 말미암아 죄와 죽음(12), 죽음에 이르는 범죄(16), 많은 죄인들(19), 범죄를 더하게 하였고(20), 한 사람 예수로 말미암아 용서와 자비(15). 영광스러운 생명(16), 많은 의인들(19), 은혜가 넘치게(20)되었던 것입니다.

그 좋은 소식이 진리임을 알고 있습니까? 그렇다면 5:6-11 말씀을 기도하는 마음으로 천천히 두 번 읽으십시오. 이 말씀은 믿음을 견고케 할 것입니다.

 하나님의 의로 인하여 우리에게 의를 주신 주님께 감사드리나이다. 아멘.

전능하신 보호자

11월 14일　　■ 묵상과 산책 / 시 121편

하나님은 사람이 자신의 몸을 사랑하는 것 이상으로 사람들 개개인을 사랑하신다.

바울의 복음 전파 이야기는 사도행전에서 끝납니다. 이제 우리는 서신서들을 읽어 나가야 합니다. 바울은 믿음의 중요한 교리들을 로마서에서 설명하며 우리에게 필요한 지식을 제공해 줍니다. 기독교 진리의 깊이를 헤아릴 수 있는 좋은 기회가 될 것입니다.

우리가 말씀 읽는 일을 잠시 쉬면서 생각해 본다면 하나님께서 감추어 놓으신 비밀들을 깨닫게 될 것입니다. 그분은 어떠한 일이 왜 일어나는지를 아십니다. 시편 121편을 묵상하면서 하나님의 그러한 면을 생각해 보십시오.

음식에 특별한 관심을 갖고 있는 사람들은 인공방부제 사용의 위험성을 인식하고 있습니다. 그러나 시편 121편에서 묘사되고 있는 전능하신 보호자가 계시다는 사실을 알고 있습니까? 그분은 하나님이십니다.

하나님의 지키심과 돌보심을 나타내는 단어들에 동그라미를 치십시오. 도움, 지키심, 돌보심, 보호하심, 인도하심 등은 시편에 있어서 중요한 단어들입니다. 그분은 결코 주무시거나 떠나시거나 쉬시지 않으시며, 끊임없이 우리를 돌보십니다.

팔레스틴 지방과 같은 곳에 사는 사람들에게 가장 싫은 것은 태양입니다. 태양은 피부를 상하게 하고 갈증을 일으키며 한낮에는 일을 못하게 합니다 이러한 이유로 기자는, 하나님을 그의 백성들에게 생기를 주시며 낮과 밤에 보호해 주시는 분으로 묘사합니다(121:6). 우리를 쓰러뜨리려는 인생의 열기가 어디에 있습니까? 하늘의 보좌에 계신 주님께 나를 도우사 악한 길에서 건져 주시고 내 영혼을 소생케 하사 강하게 해 주실 것을 간구하십시오. 그리하여 오늘 우리에게 생기를 주시며 보호하시는 분을 만나십시오. 그분은 결코 버리지 않으실 것입니다.

　날마다 주님의 인도함으로 새로운 삶이 되게 하소서. 아멘.

하나님께서 인정하시는 의

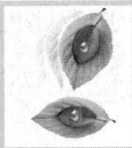

11월 15일 ■ 묵상과 산책 / 롬6-8장

우리가 어떠한 일을 하겠다고 하나님께 간구하면, 대체적으로 하나님께서는 우리 안에서 그 일을 행해 주신다.

만일 예수 안에서 한 성도가 하나님께로부터 의롭다 함을 입고 하나님의 은혜 안에 거하게 되었다면, 그는 이제까지의 죄악된 생활 방식에 대하여 어떤 태도를 취해야 합니까? 완전히 끊어야 합니다! 예수 그리스도의 죽음과 부활에 자신이 연합되었음을 믿는 자는 죄의 속박에서 해방되어 자유롭게 될 것입니다. 그는 새로운 주인을 섬기게 되었으며 환경을 초월하여 소망과 거룩과 승리를 맛보는 새 생명의 삶을 살도록 하는 성령의 권능을 알게 된 것입니다.

여러분은 어렸을 때, 도저히 들 수 없는 무거운 상자를 들어올리려고 애쓴 적이 있었을 것입니다. 비록 그 무거운 상자를 들려고 안간힘을 썼지만 그 상자는 단지 한쪽 귀퉁이만 약간 들먹거렸을 것입니다. 그 짐을 들어서 다른 곳으로 옮길 만한 힘이 없으므로 좌절했을 것입니다.

그때 마침 도와줄 어른이 옵니다. 그가 와서 그 상자와 함께 여러분까지 번쩍 들어서 쉽게 옮겨 버립니다. 이 이야기를 바울의 딜레마에 대한 비유로 생각할 수 있습니다. 그 상자는 무엇입니까? 좌절은 무엇입니까? 돕는 자는 누구입니까? 오늘 그분에 대한 반응은 어떤 것이어야 합니까? 우리 중 율법을 완전하게 지킬 수 있는 자는 하나도 없습니다. 그렇기 때문에 예수 그리스도께서 율법의 완성으로 사랑을 베푸셨고 그 보혈의 공로로 우리를 구속하기 위하여 이 땅에 오신 것입니다. 그러나 주님은 우리가 하나님께서 우리에게 더 큰 자비와 용서를 보여 주시도록 계속해서 죄를 지어도 된다고 말씀하지는 않습니다(6:1). 복음은 우리의 소망임에 틀림없는 사실입니다. 아무리 무거운 율법의 상자라도 쉽게 들어 낼 것이며, 우리들을 사망의 몸에서, 우리를 대적하는 무리들에게 건져주실 것이며, 하나님의 사랑 안에 영원히 거하게 할 것입니다. 그것에 대하여 지금 그분에게 말씀 드리십시오.

하나님께 인정받는 자들이 되게 하소서. 아멘.

하나님의 의로운 계획에 관한 설명

11월 16일   ■묵상과 산책 / 롬9-11장

자신이 옳다고 생각해도 그릇된 것이 옳은 것으로 될 수는 없다.

바울은 주로 이방인들을 향하여 설교해 왔습니다. 그러나 이제 그는 유대인들에 의해 '만일 유대인의 조상 아브라함이, 오실 메시야를 믿음으로 의롭다 함을 얻었다면 왜 그 빛을 보는 사람이 그렇게도 적은가? 하나님은 그 택한 백성을 불공평하게 대하시는가? 그 칭의의 진리가 옳다면 왜 그렇게 많은 유대인들이 하나님의 계획을 거부하는가?' 라는 반론이 제기될 것을 짐작하고 있습니다

바울은 이러한 문제들을 알고 있습니다. 하나님께서 그의 백성들을 배반하신 것이 아니라 유대인들이 하나님을 거부하였습니다. 하나님께서 마음 내키는 대로 이스라엘을 다루신 것이 아닙니다. 그들의 믿음에 근거해서 다루셨습니다. 그러나 이스라엘의 거부는 단지 부분적이고 일시적인 것에 지나지 않습니다. 회복의 날이 다가올 것이며 그때에 구원자가 시온에서 오사 야곱에게서 경건치 않은 것을 돌이키실 것입니다(11:26).

진실한 믿음은 여러분으로 하여금 천국에 가게 할 것입니다. 아스피린이라고 생각하여 약을 먹었는데 불행하게도 그 약을 먹은 사람이 부작용으로 죽게 되었다는 말을 들은 적이 있을 것입니다. 이것은 9:30-32에서 바울이 유대인들에 대하여 지적한 말과 같습니다. 누가 그들의 믿음과 행위의 진실성을 의심할 수 있을까요? 그들은 종교적으로 그들의 의를 실천하면서 그것이 하나님의 뜻을 좇는 것이라고 생각했습니다. 그러나 그들은 틀렸으며, 죄 가운데서 죽었습니다.

친척이나 이웃 사람들 중에서 자신의 진지하지만 잘못된 신앙으로 만족해하고 있는 사람들을 설득시켜 본 적이 있습니까? 그들은 진지했지만 여전히 잘못되어 있으며, 전적으로 잃어버린 자가 될 것입니다. 바울은 10:13-15에서 복음을 언어로 전파할 필요성에 대해 역설합니다. 14절의 바울의 질문에 대답해 보십시오. 오늘 누구에게 좋은 소식을 전하는 자가 되겠습니까?

우리에게까지 미친 구원의 기쁜 소식을 많은 사람들에게 전하게 하소서. 아멘.

하나님의 의가 드러남

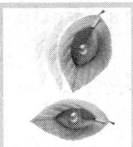

11월 17일　　■묵상과 산책 / 롬12-16장

만일 정부가 틀렸다는 생각이 든다면 당신이 수고한 만큼의 대가가 돌아오지 않아도 감사하라.

바울은 그의 편지를 마감하면서 하나님의 의를 날마다 삶 속에서 드러내는 실천적인 문제들에 관심을 집중시키고 있습니다. 교리는 개인적인 헌신의 문제이든지, 다른 사람을 사랑으로 봉사하는 문제든지, 권위에 대한 복종이든지, 개인적인 자유를 사용하는 문제든지, 그리스도 안에서 연합하는 문제든지 간에 역동적입니다.

여러분이 참가한 지난번 선거가 만일 처음부터 조작된 것이었다고 했을 때 그것은 충격적인 일입니다. 하나님은 모든 일의 시작부터 결과까지 아십니다. 사실상 정치 지도자들과 권력자들의 생각은 일차적으로 하나님의 것입니다. "각 사람은 위에 있는 권세들에게 굴복하라. 권세는 하나님께로 나지 않음이 없나니 모든 권세는 다 하나님의 정하신 바라"(롬13:1).

우리들 대부분은 우리 위에 군림하고 있는 권세들에 대하여 우리의 책임이 어떠해야 하는가에 대하여 성경이 말하는 것을 재고할 필요가 있습니다. 바울은 이러한 물음을 네로 통치 시대에 썼습니다. 당시 많은 신자들은 네로를 적그리스도라고 확신했습니다!

첫째, 권세 잡은 자들을 존경하십시오(13:1-2). 그들의 역할은 하나님께서 준비하신 것입니다. 그들에게 반항하는 것은 하나님을 대적하는 것이 됩니다.

둘째, 이 땅의 법률을 따르십시오(13:4-5). 그것들은 선을 도모하기 위해 있습니다. 그런 법률을 위반함으로써 당하는 고통에 대하여 놀라지 마십시오.

셋째, 의무를 다하고 세금을 내십시오(13:6-7). 예수님도 가이사의 것은 가이사에게 바치라고 하여 이러한 원리를 인정하셨습니다(마22:21). 탈세하는 것은 죄입니다.

마지막으로 무엇보다 권세잡은 자들을 위해 기도하십시오(딤전2:1-2). 그들은 하나님 앞에서 무거운 책임을 지고 있는 자들입니다.

마땅히 우리가 드릴 영적 예배를 드리게 하소서. 아멘.

교회 내의 분열

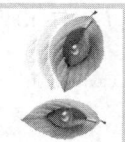

11월 18일　　■묵상과 산책 / 고전1-6장

만일 사단의 존재가 믿어지지 않는다면, 잠시 동안만이라도 사단의 유혹에 저항해 보라.

바울은 에베소에서 전도하고 있는 동안에 글로에의 집 편으로 고린도 교회의 분열에 대한 소식을 듣습니다. 그 교회가 겪고 있는 문제들은 교회를 붕괴시킬 정도로 심각한 것입니다. 바울은 고린도에 보내는 편지의 앞 부분(1-6장)에서 분열과 부도덕, 법적 남용 등에 관한 문제들에 대해 언급합니다. 그리고 나서 그는 고린도 교인들이 믿음 안에서 성숙하라고 권고합니다. "주께서 너희를 우리 주 예수 그리스도의 날에 책망할 것이 없는 자로 끝까지 견고케 하시리라"(고전1:8).

고린도전서는 신자의 삶은 평탄한 길이 아니라 어떻게 하든지 복음을 믿지 못하게 하려는 사단과의 싸움이라는 것을 강하게 주장합니다. 신자가 만일 십자가의 용사가 된다면 더 이상 바랄 것이 없습니다. 분열과 교만과 부도덕과 분노 등은 교회를 파괴시키려는 많은 도전들 중의 일부에 지나지 않습니다. 이러한 공격들에 대해 어떻게 대응하십니까?

바울은 최초의 아홉 구절을 통해, 고린도 신자들이 그들의 모임을 파괴하려는 자들에 대처할 수 있도록 적어도 10가지 이상의 주의사항을 제시하고 있습니다. 그중 하나를 택하여 다음의 글을 실천하는데 사용하십시오. "사단이 우리 교회에 분열의 씨를 뿌리고자 한다는 것을 알았다면 이번 주에 성도간의 화평과 일치를 위하여 어떤 일을 행할 것인가?"

화평을 이루는 자가 되는 것보다는 화평을 깨뜨리는 자가 되는 것이 훨씬 더 쉽습니다. 그러나 하나님은 화평케 하는 자에게 특별한 축복을 약속하셨습니다. 바울은 고린도 교인들 자신이 성령의 전임을 가르치기 위해 3:16과 6:19에서 '거룩한 곳'을 의미하는 단어를 조심스럽게 사용하고 있습니다. 그 길을 가시지 않으시렵니까?

내가 있는 어느 곳에서든지 화평의 사람이 되게 하소서. 아멘.

교회 내의 분쟁

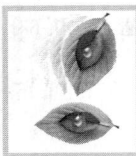

11월 19일 ■묵상과 산책 / 고전7-10장

자유는 형제 자매들에 대한 사랑으로 통제되어져야 한다.

*1*장에서 6장까지 바울은 고린도 교회 내의 무질서한 행동에 대한 문제를 다룹니다. 7장부터 바울은 결혼과 우상의 제물과 복음 전도자의 생활들에 관한 특별한 문제들을 취급합니다. 바울은 구약의 말씀과 그리스도의 가르침, 그리고 자신의 권위를 기초로 신자의 자유에 대한 적절한 원리들을 제시합니다. 그는 또한 광야에서 이스라엘 백성이 하나님을 대항하여 원망했던 일을 들어서 경고합니다. 그리고 무엇을 하든지 하나님의 영광을 위해서 하라고 격려합니다(10:31).

단골로 이용하는 슈퍼마켓에 가서 그 주인에게 "당신네 고기는 어디에서 가져옵니까?"라고 물었을 때, 그가 "이것은 서인도 제도의 흑인 원시 종교인 부두교(Voodoo) 성전에서 온 것입니다"라고 말했다고 상상해 보십시오.

그 이후로 거래하는 슈퍼마켓을 바꾸겠습니까? 고기를 먹지 않기로 결심하겠습니까? 아니면 "내가 섬기는 하나님만이 참신이므로 내가 고기를 사 먹기 전에 그 고기가 다른 신에게 제물로 드려졌다는 것은 아무런 의미가 없는 것이다"라고 결론 내리겠습니까?

이웃 사람이 최근에 그 부두교로부터 회심했다는 좀더 복잡한 상황을 가정해 보십시오. 이제는 그 슈퍼마켓에서 고기 사는 문제를 어떻게 하시렵니까?

운이 좋으면 위에서 묘사한 어려운 상황을 결코 접하지 않을 것입니다. 그러나 종종 어떤 결정을 필요로 하는 상황들이 생깁니다. 신자의 자유를 어떻게 사용하시겠습니까? 바울의 두 가지 교훈이 좋은 도움이 될 것입니다.

첫째, "모든 것이 가하나 모든 것이 유익한 것이 아니요 모든 것이 가하나 모든 것이 덕을 세우는 것이 아니니"(10:23).

둘째, "그런즉 너희가 먹든지 마시든지 무엇을 하든지 다 하나님의 영광을 위하여 하라"(10:31).

 하나님의 영광을 위하여 모든 일을 생각하고 행하게 하소서. 아멘.

교회내의 무질서

11월 20일 ■ 묵상과 산책 / 고전11-14장

교회는 활활 타오르는 불길 같은 선교에 의해 존재하는 것이다.

지금까지 바울은 충성, 결혼, 도덕 등 개인적인 성격의 문제들을 다루었습니다. 그러나 이제부터는 교회 내의 공적인 문제에 대하여 언급합니다. 즉 여자가 수건을 쓰는 문제나 주의 만찬에 참여하는 문제, 성령의 은사 문제 등입니다. 예배드리는 데 있어서 무질서는 심각한 문제입니다.

바울은 성령의 은사의 특성과 기능을 설명하는 데 세 장을 할애합니다. 성령이 주시는 은사는 다양하며, 그분만이 우리 각자가 가져야 할 은사를 결정하십니다. 그 은사들은 사랑 안에서 활용되고 모든 사람의 유익을 위해 사용되어야 합니다. 바울이 하고자하는 말의 요점은 "모든 것을 적당하게 하고 질서대로 하라"(14:40)는 것입니다.

한번 상상해 보십시오. 어느날 아침 잠에서 깨어나 보니 발이 떨어져 나갔습니다. 그 발은 항상 걸어다니기 때문에 지쳐 있었습니다. 그 발은 아주 짧은 시간이나마 부드러운 신발을 신고자 했습니다. 사실 그 발이 원하는 것은 손과 같은 특권을 누리는 것이었습니다. 그렇게 안된다면 몸에서 떨어져 나가겠다고 했습니다.

교회에서 일어나고 있는 성령의 은사 문제는 몸의 지체 사이에서 일어나는 문제와 동일합니다(12:15). 발이 은그릇을 잡으려고 하고 귀가 보려고 한다면 우리의 몸은 매우 우습게 될 것입니다. 그러나 영적인 영역에서 그런 일이 일어난다면 치명적인 결과를 낳습니다. 한 지체가 해야 할 일을 잘못하여 고통을 받으면 모든 지체가 고통을 받게 됩니다(12:26).

12:8-10,28 말씀에 영적 은사들이 열거되는데, 그리스도의 몸을 이루기 위하여 하나님이 우리에게 주신 은사의 영역을 골라 보십시오. 이제 우리교회를 생각해 보십시오. 여러분의 현재의 역할이 그 몸을 돕고 있습니까? 그 교회를 더욱 온전히 세우기 위하여 어떤 변화가 요구되지는 않습니까?

서로를 세우기 위하여 주신 은사를 사용하게 하소서. 아멘.

헛수고

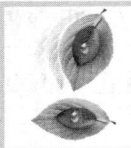

11월 21일 ■ 묵상과 산책 / 시 127편

하나님의 방법으로 하나님의 일을 행하면 하나님께서는 결코 부족함이 없도록 공급하여 주신다.

진리에 관한 바울의 통찰력은 로마서에 이어 고린도전서에서도 계속됩니다. 고린도전서에서 그는 교회 내의 공적인 문제들과 사적인 문제들을 다룹니다. 하나님은 질서와 거룩의 하나님이시며, 그의 자녀들을 변함없이 대해 주시는 분이십니다. 이런 사실은 그분의 말씀을 읽을 때 분명히 드러납니다. 복된 소식은 당신 안에 살아계신 성령으로 말미암아 당신이 마땅히 살야야 할 삶을 준비하고 있습니다.

사실, 성령의 능력 안에서 행하지 않는다면, 시편 기자가 127편에서 말하고 있는 것처럼 모든 행위는 아무런 소용이 없을 것입니다. 오늘 하루를 영혼을 새롭게 하는 하나님의 말씀 안에서 지내시며, 구세주를 경배하십시오.

집을 지을 때 하나님의 도움을 구하는 것은 믿음의 건축가로서 당연히 가져야 할 태도입니다. 그는 바로 시편의 말씀처럼 "여호와께서 집을 세우지 아니하면 세우는 자의 수고가 헛되며"라는 말씀을 적용한 것입니다.

여러분은 결혼을 성공으로 이끌기를 원하십니까? 하나님과 교회와 사회에 유익을 주는 자녀를 갖기를 원하십니까? 그렇다면 하나님이 가족들 안에 거한다는 사실을 간과하지 마십시오.

· 근면+수고-하나님 = 무익
· 근면+수고+하나님 = 하나님 높이는 가정

자녀는 하나님께서 주신 선물입니다(3절). 그들은 또한 하나의 커다란 책임이기도 합니다. 하나님은 부모들을 통해 자녀의 인생을 출발시키셨습니다. 이제부터 하나님의 도움을 구해야 합니다.

일주일에 하루 저녁은 '가족의 밤'으로 정하여 놓고 배우자 문제에 대하여 이야기하십시오. 그리고 기도하고 토론하고 성경 공부하는 데 그 시간을 활용하십시오. 가정생활의 중요한 부분을 하나님과 함께 하는 시간으로 마련하십시오.

 험악한 세상 속에서도 우리 가족을 주 안에서 항상 지켜 주소서. 아멘.

교회 내의 교리적 논쟁

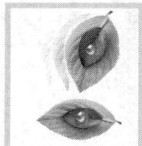

11월 22일 ■묵상과 산책 / 고전15-16장

거룩함이라는 가장 고귀한 상태에 이르기 위한 첫 걸음은 죄의 죄됨을 깨닫는 것이다.

고린도교회에 보낸 바울의 첫번째 편지의 마지막 부분은 기독교의 중심 진리인 부활에 대한 교리를 다루고 있습니다. 바울은 먼저 부활이 500명이 넘는 증인들에 의해 확증된 역사적인 사건이라고 변증합니다(15:6). 그리고 나서 그는 신학적으로 부활을 변증하면서, 하나님의 구원 계획이 어떻게 부활의 구세주가 없는 불완전한 것이 될 수 있느냐고 합니다. 부활은 믿는 자의 소망이 됩니다.

우리의 몸은 주님 재림 때에 일순간에 "썩을 것이 불가불 썩지 아니할 것을 입겠고 이 죽을 것이 죽지 아니함"(15:53)을 입을 것입니다. 바울은 예루살렘의 굶주리는 형제들을 위해 연보를 할 것에 대하여 권고하면서 자신의 편지를 끝맺습니다. 누군가가 "당신은 일년 전보다 더 큰 죄인이라고 느낍니까, 아니면 그 반대입니까?"라고 묻는다면 어떻게 대답하시겠습니까?

여러분은 바울이 하나님과 깊이 동행하면 할수록 점점 죄가 없어지므로 만족했을 것이라고 생각할 수도 있습니다. 그러나 사도 바울 자신의 말을 살펴보면 오히려 그 반대였습니다. 그는 주님 안에서 성숙되어 가면 갈수록 더욱 더 자신이 죄인임을 깨달았습니다.

· 주후 59년 : "나는 사도 중에 지극히 작은 자"(고전15:9).
· 주후 64년 : "모든 성도 중에 지극히 작은 자보다 더 작은 나"(엡3:8).
· 주후 65년 : "죄인 중에 내가 괴수"(딤전 1:15).

바울은 하나님과 동행하면 할수록 더욱 자신이 죄인임을 깨달았습니다. 이는 그가 죄를 점점 더 많이 짓기 때문이 아니라 점점 더 하나님을 바라보게 되었기 때문입니다. 하나님의 완전에 가까이 갈수록 그 완전을 통해 자신의 인생을 더욱 더 분명하게 보았습니다. 버나드는 죄에 대한 우리의 감각은 하나님을 가까이하는 정도와 비례한다고 했습니다. 스스로, "나는 얼마나 가까이 있는가?" 물어 보십시오.

세월이 흐를수록 더 겸손해지며 하나님께 가까이 하게 하소서. 아멘.

복음, 사역자와 그 행위

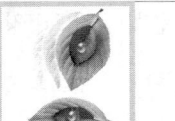

11월 23일　■묵상과 산책 / 고후1-5장

그리스도인의 삶은 그리스도의 모습을 보여 주어야 한다.

발전은 종종 문젯거리들을 동반합니다. 사도 바울도 예외는 아니었습니다. 그는 고린도에서 사역할 동안의 자신의 노력과 성실과 행위를 변호하면서 고린도 교회에 편지를 쓰기 시작합니다. 그의 성경에 대하여는 비난할 것이 없습니다. 바울의 욕심은 단지 자신이 체험한 위로와 용서를 나누고자 하는 것이었습니다.

그는 하나님만이 주실 수 있는 능력 안에서 하나님의 영광과 능력과 은혜와 화목을 위해 사역하는 질그릇과 같은 존재였으며, 그리스도의 사랑에 강권함을 받은 자였습니다 그는 고린도에 보내진 그리스도의 대사로서 다른 믿는 자들로 복음을 땅 끝까지 전하는 역할을 수행케 하기 위해 자신이 본보기가 되었습니다.

'대사'라는 단어의 뜻을 써 보십시오(사전을 참고할 수 있습니다).

조국을 위해 대사가 되고 싶습니까? 그 이유는 무엇입니까? 대사에게는 근무하지 않는 날이 없습니다. 그가 어디를 가든지 무엇을 하든지 상관없이 24시간 동안 자기 조국을 대표합니다. 그가 행동하는 것과 말하는 것 모두가 그의 나라를 반영하게 됩니다. 옷입는 것, 식사하는 것, 여가를 보내는 것까지도. 조국을 위하여 어떤 자유는 제한 당하기도 하고 생각지 않은 책임을 지기도 합니다.

참된 신자들은 모두 그리스도의 대사입니다(5:20). 바울은 기독교인들이 모세의 옛 언약과는 달리 '그들을 구원하는 새 언약을 다른 사람에게 권하는 자들'이라고 말합니다. 걷거나 말하거나, 하루 24시간 내내 천국을 대표합니다. 입을 열든지 다물든지, 모든 행동과 태도를 통하여 주님을 전달하고 있는 것입니다. 그리스도의 대사로서의 책임과 특권을 생각해 보십시오. 그리스도의 대사로서 지원할 준비가 되었습니까?

 그리스도의 대사로서 복음에 합당한 삶을 살게 하소서. 아멘.

복음, 그 동기와 모범

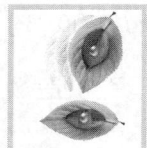

11월 24일 ■ 묵상과 산책 / 고후6-9장

만일 당신이 그리스도인이라는 이유로 체포되었다면, 당신은 과연 무슨 죄로 기소가 되었나요?

복음을 위한 사역자가 되려면 무엇보다도 먼저 그 복음으로 인해 삶이 변화되어야 합니다. 복음의 사역자로서의 바울은, 고린도 교인들이 향방없이 행하면서도 하나님의 은혜를 받아들이지 않는다고 훈계합니다.

어둠과 사귀면서 육체와 영을 더럽히고, 주위에 있는 다른 사람의 빈곤을 못 본 체하는 것은 하나님의 은혜와 조화될 수 없습니다. 참으로 복음에 도전받은 사람들은 주를 사랑하지 않는 자들과 함께 일하지 않습니다(6:14). 하나님을 두려워하면서 살며(7:1), 즐겨내는 자를 하나님이 사랑하심을 깨닫고 사는 자들입니다.

만일 여러분이 신자라는 이유로 체포되었다면 기소할 만한 충분한 증거는 있습니까? 구성원 모두가 확실히 기억할 만한 좋은 계획이 있습니다. 식구들과 함께 저녁 식탁에 둘러앉아 복음이 삶속에 어떤 영향을 미쳤는지 서로 이야기를 나누어 보십시오. 일상생활 속에 미친 영향들에 관해서도 생각해 보십시오. 사업, 가정, 이웃, 학교, 교회, 직업, 여가 시간 등등 ….

그리스도께서 우선순위, 친구, 야망, 방법 등의 생활 방식을 변화시키셨다는 증거를 얼마나 많이 가지고 있습니까? 만일 여러분이 성경책과 수첩 밖에는 세상에 남긴 것이 없이 죽었다면 다른 사람이 여러분의 생애를 어떻게 평가하겠습니까? 어떤 평가를 기대하십니까?

어제를 다시 살 수는 없지만 내일을 계획할 수는 있습니다. "너희는 하나님의 성전이요 살아 계신 하나님의 집이다"(6:16)라는 것을 세상에 드러내라고 말씀하신 것입니다.

하나님께서 주신 24시간을 어떻게 보내시겠습니까? 이 세상의 전후세대를 막론하고 한 번밖에 없는 여러분의 삶에 증거를 남기도록 하십시오.

말씀을 증거하는데 나의 주신 모든 시간을 사용할 수 있도록 하소서. 아멘.

복음 전도자

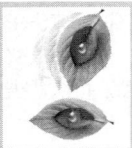

11월 25일 ■ 묵상과 산책 / 고후 10-13장

지도력이란 직책을 행하는 것이 아니라 기질로 행하는 것이다.

바울은 마지막을 '나'라는 대명사를 써서 고린도 교인들에게 말합니다. 고린도 교회의 문제들을 효과적으로 다루기 위해 그는 반복적으로 사도로서의 자신의 권위를 나타냅니다. 강한 어조로 반역자들에게 개심하라고 권고합니다.

바울은 자신의 편지를 맺으면서 지금까지의 교훈과 책망들이 신자들을 올바르게 인도해서, 다시 만날 때는 책망이나 부끄러움으로가 아니라 기쁨과 감사로 만나기를 바랍니다.

오늘 본문에서 바울은 지도력에 대한 통찰력을 보여 줍니다. 육체적으로 보면 육체의 가시로서(12:7) 안질, 말라리아, 나병, 간질, 편두통, 혹은 동족 유대인의 불신앙으로 인한 심리적 고통 등으로 시달렸고, 비록 복음을 위하여 많은 고통을 받은 나약한 사람이었지만, 그리스도의 종으로서의 바울은 믿음의 자녀들 사이에 있는 죄와 불순종의 문제를 간과하지 않는 강경함을 보여 줍니다.

바울은 자상한 아버지와도 같이 어린 믿음의 자녀들을 꾸짖고 달래고 격려합니다. 이것은 큰 사랑을 필요로 하는 것입니다.

여러분의 지도력은 어떠한 스타일입니까? 그리스도 안에서 자신의 가치와 권위에 대한 분명한 자아상을 갖고 있습니까? 언행이 일치한다는 것을 보여 주기 위해 가르침과 실천을 어떻게 병행해 나가야 하는지를 알고 있습니까? 예수님께서 제자들에게 하신 "너희 중에 큰 자는 너희를 섬기는 자가 되어야 하리라"(마23:11)는 말씀을 기억하십시오.

오늘 본문에서 볼 수 있는 바울의 삶을 통해 지도력의 특성을 찾아보십시오. 그리고 오늘 당신의 가정이나 학교나 직장에서 지도자로서 갖추어야 할 요건이 무엇인지 적어 보십시오. 그것을 열거하면 좀더 훌륭한 지도자로 진일보하는 것입니다.

항상 겸손함으로 복음을 전하게 하소서. 아멘.

그리스도 안에서의 자유

11월 26일 ■묵상과 산책 / 갈1-6장

해방은 의의 종이 될 수 있는 자유를 가져다 주었다.

갈라디아에 보낸 바울의 서신은 재난을 막기 위한 것입니다. 갈라디아 교인들이 믿음으로 신자가 되었는데, 이제 와서 믿음을 떠나 율법의 행위에 기초한 잘못된 길로 다시 가려고 합니다. 바울은 갈라디아 교인들이 스스로 걸머진 멍에를 지적하면서 자비와 사랑으로 권면합니다.

바울은 그들로 하여금 천국을 얻은 것이 율법의 행위로가 아니라 은혜로 말미암은 것임을 알게 하고자 계속해서 신자의 성공적인 삶은 육체로 말미암은 것이 아니라 성령 안에 있는 것임을 보여 주려 합니다. 그리스도 안에 있는 자유함이란 성령 안에서 의의 열매를 맺어 가는 자유함을 의미합니다.

오늘날 일반적인 자유의 개념은 자기가 즐기고 싶은 것은 무엇이든지 마음대로 누릴 수 있는 특권입니다. 법도 없고 권위도 없고 책임도 없는 아무런 제한이 없는 자유를 생각합니다. 그러나 아이러니하게도 그러한 자유는 자기를 원치 않는 어떤 속박으로 이끌고 갑니다. 왜일까요? 그러한 자유는 진정한 자유가 아니라 인간의 죄된 본성이 추구하는 욕망에 이끌려 노예가 되어 가는 것이기 때문입니다(5:16). 그러한 종류의 자유는 악을 낳을 뿐입니다(5:19-21).

성경적인 자유관은 5:1,24 말씀에 묘사되어 있습니다. 크리스찬의 자유는 죄의 멍에와 의무로부터의 자유입니다. 예수 그리스도의 사람들은 육체와 함께 그 정욕을 십자가에 못 박았습니다(5:24). 이러한 참된 영적 자유함은 참된 성령의 열매들을 맺습니다(5:22-23).

오늘은 여러분의 자유함에 대하여 생각해 보십시오. 육체의 일과 성령의 소원하는 바에 대하여 '예'와 '아니오'라고 말할 자유가 있습니다. 어느 쪽입니까? 여러분의 삶 속에서 하나님께 대하여는 '예', 죄에 대하여는 '아니오'라고 할 수 있는 그런 자유함을 가지십시오. 그것이 바로 그리스도 안에서 누려야 하는 특권입니다.

 진리와 그리스도 안에서 항상 자유하게 하소서. 아멘.

그리스도 안에 있는 부요

11월 27일
■ 묵상과 산책 / 엡1-6장

우리는 썩어 없어질 이 세상 것에 대해서는 지나치게 시간을 낭비하면서도 영원을 위해 투자하는 시간에는 지나치게 인색하다

그리스도를 믿는 모든 사람들은 그리스도에게 속했기 때문에 하늘에 속한 모든 것을 값없이 소유하게 됩니다(1:3). 그러나 많은 사람은 영적으로 가난하게 살아가고 있습니다. 바울은 이 편지에서 신자들이 그리스도 안에 있는 하늘의 부요함을 더욱 더 알아 가기를 바라고 있습니다. 1-3장에서는 교리적인 교훈, 즉 시민권, 능력, 삶, 구속, 양자됨, 유업 등 신자가 누리게 되는 하늘의 특권들을 설명하고, 4-6장에서는 하나님의 자녀들이 하나님의 부르심을 따라 사는 삶에 대하여 가르치고 있습니다.

바울은 그들에게 부르심을 입은 부름에 합당하게 행하여(4:1), 마귀의 궤계를 능히 대적하기 위하여 하나님의 전신갑주를 입으라고 권면합니다(6:11). 바울은 에베소서에서 35번 정도 신자와 그리스도와의 관계를 강조합니다. 믿은 자는 그리스도에 속한 자요(1:3), 하나님의 택함을 입었고(1:4), 그분의 아들이 되었으며(1:5), 그의 피로 구속함을 받았으며(1:7), 그 안에서 기업이 되었고(1:11), 그를 믿어(1:12), 그에게 속한 자로 인치심을 받았으며(1:13), 그리스도와 함께 다시 살아난 자요(2:5), 그와 더불어 일으킴을 받아 영광 중에 앉게 될 것임(2:6), 등을 나열하면서 신자는 그 엄청난 부를 받은 자라고 말합니다.

세상에 속한 재산을 계산해 보십시오. 돈을 얼마나 저축해 놓고 있습니까? 귀족 가문에 속합니까? 집을 소유하고 있습니까? 건축가가 그 집은 영구적이라고 약속했습니까?

여러분이 자랑할 수 있는 모든 것이 이 세상에 속한 부요와 문벌뿐이라면 참으로 가난한 사람입니다. 그러나 하나님을 아버지로 모시고 천국에 소망을 두고 있는 사람은 세상이 감히 상상할 수 없을 정도로 부요한 사람입니다.

 그리스도 안에서 하나님의 참 자녀가 되게 하소서. 아멘.

주님을 신뢰하는 자녀

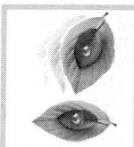

11월 28일　　■묵상과 산책 / 시 131편

하나님은 어려운 시험의 압박을 통하여 당신의 영적 능력을 키워 나가신다.

성경을 계속 읽고 묵상하는 동안 바울의 서신서들 속에서 귀중한 보물들을 발견했을 것입니다. 그 모든 것으로부터 그분을 진정으로 찬양하고픈 마음이 들었을 것입니다. 시편 131편에서 다윗은 우리가 생각해야 할 짧은 기도를 드리고 있습니다.

그것은 세상에서 가장 귀중하며 깨지기 쉬운 일용품입니다. 국가들은 그것을 위해 경쟁하고 모든 사람은 그것을 갈망합니다. 그것은 세상에서 이긴 자에게 주어지는 특별한 보상입니다. 여기서 '그것'이란 무엇일까요?

시편 131편을 보십시오. 다윗이 하나님께 드리는 세 구절의 짧은 기도를 발견할 것입니다. 이것은 아마도 긴 시련을 통과한 후의 기도일 것입니다.

다윗은 큰 야망이나 높은 이상을 품지 않고 오히려 젖 뗀 아이처럼 겸손하게 하나님 앞에 서 있습니다(2절). 젖 뗀 아이가 어머니의 품 안에서 만족한 평안을 얻듯이 다윗은 하나님을 의뢰함으로써 그 안에서 만족과 평안을 얻습니다.

다윗과 그의 백성이 그렇게 찾으려고 노력했던 것은 무엇입니까? 화평이었습니다. 우리는 일상생활 속에서 그것을 얼마나 체험하십니까? 하나님의 화평을 체험하지 못하게 하는 장애 요소들을 써 보십시오. 그리고 본문을 묵상하면서 하나님께 눈을 돌려 하나님의 넘치는 평화를 바라보십시오.

"사랑하는 주님! 다윗의 기도를 기억하게 하시고 그것이 나의 기도가 되게 하소서. 당신 앞에 이처럼 조용히 있게 하옵소서. 오늘과 내일, 그리고 영원히 당신을 신뢰하게 하옵소서. 당신만이 참 평안의 근원이심을 알게 하옵소서. 당신께서 넘치는 평강을 주시니 내 잔이 넘치나이다 … 아멘."

 지금 당하고 있는 시련을 슬기롭게 극복하게 하셔서 하나님을 찬양하게 하소서. 아멘

그리스도 안에서의 겸손과 기쁨

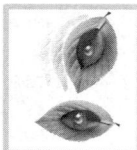

11월 29일
■ 묵상과 산책 / 빌1-4장

기쁨이란 속속들이 쾌활함으로 가득찬 것을 말한다.

빌립보는 알렉산더 대제의 아버지인 빌립 2세의 이름을 따 명명된 로마의 식민지였습니다. 그곳은 기타 다른 지역과는 달리 특별한 로마 시민권을 소유하고 있었으므로, 로마가 아니면서도 로마와 똑같은 생활을 영위하고 있었던 이른바 로마의 전시장 역할을 하는 도시였습니다. 이런 배경이 바울로 하여금 그리스도인들의 시민권에 대한 언급을 하게 하였습니다.

빌립보 교회만큼 사도 바울과의 친밀한 교제를 맛본 교회는 일찍이 없었습니다. 빌립보 교회는 최초로 유럽에 세워진 선교 교회로서 빌립보 신자들은 바울의 전도 사역에 계속해서 재정적인 도움을 주었습니다. 바울은 그들에게 감사와 사랑을 전하면서 그리스도를 중심으로 하는 신자의 삶을 살라고 빌립보 교인들에게 충고합니다.

거의 모든 사람이 때때로 불평을 늘어놓습니다. 여러분은 혹시 불평하는 것이 몸에 배어 있지는 않습니까? 만일 그렇다면 빌립보서는 바로 여러분을 위해 씌어진 책입니다.

이 서신은 감옥에 있는 바울이 심한 핍박 가운데 있는 빌립보 교회에 보낸 것입니다. 괴로운 상황에 대하여 불평하기 위하여 쓴 것이 아닙니다. 주 안에서 기뻐하기 위해서 쓴 것입니다.

빌립보서는 시종일관 기쁨으로 가득합니다. 주님을 위해 받는 고난이 그들에게는 은혜로 여겨집니다(1:29). 감옥에 갇힌 것이 바울에게는 기쁨의 원인입니다(1:18). 어떠한 형편에서도 기뻐합니다(4:11).

만일 여러분이 천성적으로 불평꾼으로 태어났다면 고치도록 노력해야 합니다. 오늘 하루도 불평의 유혹을 받을 때마다 빌립보서 4:4에 있는 "주 안에서 항상 기뻐하라 내가 다시 말하노니 기뻐하라"는 말씀을 반복해서 암송하십시오. 그리고 난 후에 앞으로 나가십시오.

 주 안에서 언제나 기뻐하게 하소서. 아멘.

그리스도의 충만

11월 30일 ■묵상과 산책 / 골1-4장

털끝만큼의 작은 실수도 목표로부터 수백 마일 벗어나게 할 수 있다.

골로새 교회에 보내진 이 편지는 많은 점에서 에베소 교회에 보내진 편지와 대칭되는 성격을 지니고 있습니다. 에베소서는 보편적인 성격인 반면에, 골로새서는 직설적이고 개별적인 성격을 띠고 있습니다. 거짓 교사들이 잘못된 교리를 가지고 골로새 교회에 가만히 들어왔습니다.

그러한 가르침은 교묘하고 속기 쉬우며 무서운 것이어서 신자들을 위험에 빠지게 합니다. 바울은 그리스도 안에 신성의 모든 충만이 육체로 거하신다고 가르칩니다(2:9). 그리스도 안에서 우리는 하나님께서 그의 자녀들을 위하여 예비하신 모든 것을 만날 수 있습니다.

1세기 전 한 무리의 거짓 교사들이 골로새 교회에 들어와 "예수는 하나님보다 못하시기 때문에 하나님이 아니시다"라고 가르쳤습니다. 그들은 예수 그리스도가 완성하신 일에서 얻는 것보다 신자의 삶에서 얻는 것이 더 많다고 주장했습니다.

오늘날도 거짓 종교들이 있습니다. 이들은 예수 그리스도를 믿음으로써 얻게 되는 구원의 진리에, 자신들이 신으로부터 직접 받았다고 주장하는 책이나 특별한 교리들을 덧붙이려고 합니다. 이러한 집단들은 야릇한 매력을 갖고 있습니다. 특히 하나님과 함께하는 우리의 일상생활이 지루하다고 느낄 때 더더욱 그렇습니다.

여러분의 신앙생활을 점검해 보십시오. 그리고 2:3,9-10 말씀을 다시 한번 묵상해 보십시오. 그리스도를 마음 속에 모시고 있다면 지혜와 지식의 모든 보화와 함께 하나님의 모든 것을 소유한 것입니다.

그분이 소유하고 계신 것 중에 여러분은 얼마를 소유하고 있습니까? 1:9-10의 말씀이 오늘 하루 간절한 기도가 되게 하십시오.

"주님, 내게 원하시는 일이 무엇인지 알게 하옵소서. 나로 영적인 것에 지혜롭게 하시고, 다른 사람에게 선한 일을 행할 수 있도록 나를 도우소서."

내가 가진 비밀을 더 깊이있게 하나님과 교제하게 하소서. 아멘.

12월

. . . .
무엇보다도 열심으로
서로 사랑할지니
사랑은 허다한 죄를 덮느니라
- 벧전 4:8 -

그리스도 재림으로부터 오는 위로

12월 1일 ■ 묵상과 산책 / 살전1-5장

비누와 같은 부드러운 아침은 90%의 거짓을 포함하고 있다.

유럽 대륙의 복음의 전진 기지 데살로니가는 선교 사역의 세 동역자 바울과 실라와 디모데가 짧지만 의미있는 선교 사역을 했던 현장입니다(행17장 참조).

이 힘있는 편지는 짧은 다섯 장을 통해 열매 맺는 사역을 위한 바울의 기준들, 그가 데살로니가에 머물면서 일하게 된 동기, 그리고 주님의 재림에 대해 바른 시각을 제시해 줍니다. 이 책은 신약성경 중에서 아마도 가장 도전적인 권고의 목표들로 끝이 나는 책일 것입니다.

백성들 가운데 아첨에 빠지는 무리는 단 두 그룹뿐입니다. 그들은 바로 남자들과 여자들입니다. 아첨은 '인간이 생각하는 것을 사람에게 정확하게 말하는 기술'이라면 설교는 '하나님께서 생각하시는 것을 사람에게 말하는 기술'입니다.

데살로니가전서 1장에서 바울은 적어도 열 가지 이상의 데살로니가 교인들의 칭찬할 만한 태도와 행위, 즉 바울이 하나님께 영광을 드리는 이유와 하나님께서 선포하시는 내용들 "잘하였도다 충성된 종들이여"라고 언급하고 있습니다.

이제 주의깊게 1장을 읽어 본 후 몇 가지를 찾아낼 수 있는지 시도해 보십시오.
· 1-3절, 아첨이 아니다
· 4-6절, 칭찬할 만한 노력
· 7-9절 또는 7-10절, 존경할 만한 이유, 또는 존경의 상급

칭찬과 감사의 말을 할 수 있는 한 사람의 이름을 찾아 보십시오. 아마 배우자나 부모, 또는 자녀가 마음에 가장 먼저 떠오를 것입니다. "당신은 나에게 특별한 존재입니다"라고 지금 즉시 그에게 말하십시오.

나에게 소중한 사람들을 주심을 감사하면서 살아가게 하소서. 아멘.

그리스도의 재림에 관한 경고

12월 2일 ■ 묵상과 산책 / 살후1-3장

그리스도의 재림의 시기는 감추어져 있으므로 우리는 매일 그날을 준비해야 한다.

바울이 데살로니가 교회에 처음 편지한 이후 교회에는 문제가 생겼습니다. 거짓 교사들이 일어나 주의 날이 이미 왔다고 주장하여 성도들을 미혹하였던 것입니다. 이러한 소문은 교회 내에 놀고 먹는 게으름을 초래하였는데, 이런 상황이 바울로 하여금 그 문제를 치유할 처방을 내리게 합니다. "일하기 싫어하거던 먹지도 말게 하라"(3:10).

바울은 데살로니가 성도들에게 그리스도의 재림 전에 반드시 일어나야만 하는 일들을 상기시킵니다. 바울은 재림의 시간을 단지 기다리지만 말고 그때까지 남은 시간을 통하여 선을 행하며 견고하고 근면하게 살 것을 권고합니다. 마치 주님께서 내일 오시는 것처럼 살아야만 합니다. 주님이 몇 년 내에 오시지 않을 것처럼 사는 것보다 성도들의 삶에 더 큰 도전은 없습니다. 어느 누구도 주님이 재림하실 정확한 시간을 알 수 없습니다(마24:36,42). 그러나 모든 사람들은 그 큰 날이 가까이 온 것을 임신한 여인이 해산의 고통을 느끼듯이 표적들을 보고 알 것입니다.

오늘은 어제보다 하루가 더 그날에 가깝지 않습니까? 그날이 가까워지는 것을 보며 우리는 어떤 반응을 보여야 합니까? 펜을 들고 각 쌍의 단어 가운데 우리가 위해야 할 적절한 태도에 O표를 하십시오.

1. 게으름? 근면?   2. 체념? 재각성?
3. 경계? 낙담?   4. 불안? 학수고대?

눈을 하늘로 향하고 주님을 위하여 몇 주, 몇 달 또는 몇 년에 완수할 수 있는 개인적인 계획 예를 들면 성경 암송, 이웃과 성경 공부를 시작하는 일, 영적인 기사들을 다루는 책이나 모음집을 쓰는 일 등의 계획을 오늘 세워 보십시오.

재림을 기다리면서 일하십시오. 그리스도의 재림을 기다리며 소망 가운데 시간을 보내는 것보다 더 유익한 것은 없습니다.

 주님의 재림을 기다리는 자로 주어진 모든 일에 충실하게 하소서. 아멘.

그리스도 몸 안의 생명

12월 3일 ■ 묵상과 산책 / 딤전 1-3장

죄 지은 양심은 이 땅을 지옥으로 만든다.

나이 많고 경험이 많은 사도 바울이 에베소 교회에서 막중한 책임을 맡고 있는 젊은 목사 디모데에게 보내는 서신입니다. 디모데는 신약 중 12권의 책에 등장합니다. 그는 … 젊고(딤전 4:12), … 두려움 많고(고전 16:10; 딤후 1:6-7), … 신실하고(고전 4:17; 빌 2:19-23), … 영적으로 강하고(딤전 6:11-12), … 육체적으로 약합니다(딤전 5:23).

그렇지만 디모데가 맡은 임무는 거짓된 교리를 없애고, 공중 예배를 보장하며, 성숙한 지도자를 양성하는 등의 도전적인 막중한 것입니다. 바울이 그의 젊은 대역자(代役者)에게 쓴 첫 세 장의 '지도력 안내서'는 목회자들이 하나님의 집에서 어떻게 사역해야 하는지를 교훈과 실천에 의하여 믿음으로 가르치도록 디모데를 격려합니다(3:15).

인디언들의 교훈 중에 "양심은 우리가 무엇인가 잘못을 저지를 때마다 상처를 입는 우리의 마음에 박힌 점과 같은 것이다. 그러나 만일 우리의 잘못이 계속 반복되면 그 점은 닳아 없어져 더 이상 상처를 입지 않는다"라는 교훈이 있습니다.

바울은 양심이라는 주제를 젊은 디모데에게 많은 권고를 하였습니다. 그의 권고의 목적은 디모데에게 선한 양심을 가지게 함으로써(1:5;3:9) 디모데의 믿음이 파선하는 것을 막기 위함입니다(1:19). 사실상 디모데의 최대의 전투는 양심이 화인 맞아서 무감각해진 영적 타락자들과의 접전입니다(4:2).

지금 여러분의 양심은 어떠합니까? 예전의 잘못과 오래된 불평을 청산하고 지난 약속을 이행하라는 하나님과의 내적인 독촉을 느끼고 있습니까? 그것을 디모데로부터 취하십시오. 청결한 양심으로 매일 대하는 것보다 더 큰 해방감이 어디 있겠습니까?

 선하고 청결한 양심으로, 항상 맑은 영혼으로 주를 바라보게 하소서. 아멘.

그리스도의 몸의 지도자들

12월 4일 ■묵상과 산책 / 딤전4-6장

교회는 요트 클럽이라기보다는 고기잡이 선단과 같다.

바울은 교회의 행실에 대해서 뿐만 아니라 목사의 행실에 대해서도 구체적으로 교훈합니다. 디모데는 자신의 연소함이 복음 전파에 유익이 될지언정 해가 되지 않기 위하여 더욱 조심해야 했습니다. 그는 의와 경건을 추구하고, 탐욕스런 동기들과 거짓 교사들을 피하는 데에 주의를 기울였음이 분명합니다.

바울의 '미래에 대한 예견'은 진지합니다. 상황은 계속 악화될 것이지만 하나님의 사람은 하나님을 위해 계속 싸울 힘이 있습니다(6:12). 그리고 탐욕과 무관심과 교만이라는 내부의 적을 가지고 있지만 승리는 확실합니다.

다음의 인용문을 천천히 자세하게 두 번 읽으십시오.

"성경의 가치들 중 하나는 모든 인간 문제, 즉 그것이 어떤 종류이건, 어떤 시대이건, 어떤 차원, 또는 어떤 의미를 지니든간에 해답을 가지고 있다는 것이다".

이에 동의하십니까? 1세기의 모든 교회의 문제들이 20세기 교회의 문제들과 동일하지는 않습니다. 그러나 비록 문제가 변했을 지라도 하나님의 근본 원칙은 흔들리지 않습니다. 시간을 초월한 성경의 진리는 2천년 전의 디모데 당시와 마찬가지로 오늘날에도 똑같이 적용될 수 있습니다.

여러분 자신에 대하여 점검해 보십시오. 다음을 읽으면서 얻을 수 있는 성경적 통찰력은 무엇입니까?

· 가난한 성도에 대한 교회의 책임은?
· 어떻게 목사를 부르시는가?
· 믿음을 가진 고용인은 어떻게 행동해야 하는가?
· 여자의 행실로서 적절한 것은?
· 돈에 대해 어떤 태도를 가져야 하는가?

우리 각자에게 주어진 모든 사명을 감당하게 하소서. 아멘.

복음신앙을 선포하라

12월 5일 ■ 묵상과 산책 / 딤후1-4장

폭풍우는 강한 나무를 만들고 시험은 강한 그리스도인을 만든다.

감옥은 누구나 위로의 편지를 기다리게 하는 장소입니다. 그러나 이곳에서 바울은 디모데에게 두번째 편지를 쓰기 시작합니다. 바울은 끊임없이 사랑과 기도로 디모데에게 확신을 심어 주며, 그에게 그의 영적 유산과 책임을 상기시킵니다. 군인처럼, 경주자처럼, 농부처럼, 예수 그리스도의 사역자는 인내해야만 상을 얻게 됩니다.

바울은 디모데에게 자신의 가르침이 사람들에게 공격받을 것이라고 경고합니다. 그리고 바울은 반대의 세력이 아무리 커지고, 어려운 고통이 날로 심해진다고 할찌라도 그를 인도한 자신의 모본과 그를 강하게 한 하나님의 말씀을 가지고 싸우라고 디모데에게 말합니다.

한 도시인이 농부의 들판을 보고 감탄해 마지 않았습니다. "정말 놀랍도다. 자연의 경이로움을 주신 하나님의 위대하심을 찬양하라"고 외쳤습니다. 그러자 농부는, "맞아요. 하지만 하나님이 그것을 아직 사람에게 주지 않고 자기만이 소유했을 때를 당신이 보았어야만 했어요"라고 말했습니다.

농부의 말은 무슨 뜻입니까? 곡식 한 톨 생산하는 데는 창조주 하나님을 아는 지식 그 이상의 것을 필요로 합니다. 그것은 사람들의 협력, 말할 수 없이 괴로운 노동, 수많은 시간의 투자를 요구합니다.

성숙, 그것은 영적인 삶이든 옥수수 밭이든 항상 동일한 세 가지 요소, 즉 시간, 고통, 하나님과의 협력을 필요로 합니다. 하나님의 참다운 자녀는 우연히 되는 것이 아니며, 또한 하룻밤 사이에 되는 것도 아닙니다. 그것은 적극적인 순종의 걸음과 어려운 결단, 그리고 시간을 요하는 헌신을 필요로 합니다.

오늘은 디모데후서를 읽은 후 이번 주 동안 중점적으로 하나님과 협력할 하나의 명령을 택하여 밑줄을 그으십시오. 그것은 주님과 함께 하는 생활 속에서 원숙하게 되지 않더라도 보다 더 현명하게 되는 확실한 방법입니다.

 매일을 삶속에서 주를 닮아 가게 하소서. 아멘.

복음을 실천하라

12월 6일 ■묵상과 산책 / 딛1-3장

신앙의 깊이는 다른 사람에 대한 관심의 폭에서 나타난다.

젊은 목사 디도는 그레데 교회의 사태를 수습하라는 어려운 과제를 부여받습니다. 바울은 가정과 직장에서 영적인 인격을 나타내는 자를 뽑아 교회를 감독할 장로로 임명하라고 충고합니다. 그러나 장로들만이 교회 안에서 영적으로 뛰어나야 한다는 것은 아닙니다.

남녀노소 모두가 믿음에 필요한 교리에 관해 살아있는 본이 된다면 교회 안은 생명력으로 가득차게 될 것입니다. 바울은 디도에게 보내는 편지를 통하여 장로들은 물론 교인들의 매일의 삶에서 실제적으로 구원의 완성이 이루어져야 함을 역설합니다.

디도서는 선한 행위에 대해 말하고 있습니다. 선한 행위가 자신을 구원할 수는 없습니다. 즉 우리가 구원받는 것은 구원받을 만큼 "우리가 선하기 때문이 아니라 그의 자비하심과 긍휼하심 때문"입니다(3:5).

하지만 크리스챤에게 닥치는 유혹은 어린 아기를 목욕물과 함께 버리는 것과 같은 생각을 하는 것입니다. 즉 선행으로 구원받을 수 없기 때문에 그것들은 아무 소용이 없다는 결론에 이르게 됩니다.

이에 대한 바울의 권고는 무엇입니까? "내가 네게 말한 이 모든 말이 미쁘도다 네가 이 여러 것에 대하여 굳세게 말하라 이는 하나님을 믿는 자들로 하여금 조심하여 선한 일에 힘쓰게 하려 함이라 이것이 아름다우며 사람들에게 유익하니라"(3:8). 여러분은 선한 일을 행해서 구원 받은 것이 아니라, 선한 일을 위하여 구함을 받은 것입니다. 엡2:8-10의 동일한 사상에 주목하십시오. 바울은 선한 일이 선한 생각보다 낫다고 지적합니다.

디도서는 크리스챤의 매일의 삶 속에 선한 일이 풍성해야 함을 강조합니다. '선한 일'을 말한 다음의 구절들(2:7,14; 3:1,8,14) 중 하나를 골라서 오늘의 활동 방향으로 삼아 보십시오.

구원의 열매를 맺도록 도와 주소서. 아멘.

감사하는 마음

 12월 7일   ■ 묵상과 산책 / 시 136편

기쁨의 찬양은 격려를 주지만 근심의 찬양은 종말을 가져온다.

지난 며칠 동안 신약의 서신서를 거의 매일 하루에 한 권씩 읽었습니다. 오늘은 빌립보서에서 디도서까지 읽은 것을 재검토하는 시간을 가지십시오.

어떤 원리들을 붙들고 행동하였습니까? 구절들 속에서 발견되는 하나님의 속성은 무엇입니까? 오늘 여러분의 삶의 영역 속에 하나님의 치유하심과 능력이 필요합니까?

이런 질문과 함께 여러분과 좋은 관계를 맺어 주신 하늘의 아버지에 관하여 숙고해 보십시오. 하나님이 오늘의 특별한 감사의 대상이 되지 않습니까? 시편 136편은 감사의 말을 할 수 있도록 도울 것입니다.

한 성경 교사가 그리스도인은 어떻게 효과적으로 삶의 쓰라림과 싸워 나갈 수 있느냐는 질문을 받았습니다. 그의 현명한 대답은 다음과 같이 이중적이었습니다. "마음을 하나님으로 채우시오, 그리고 감사하는 방법을 연구하시오"

시편 136편의 기자는 이러한 진리를 알고 있었습니다. 많은 신 중의 신이시요 만주의 주이신 그분께 감사할 조건을 생각하십시오(1-3절). 감사할 것이 무엇입니까?

시편 기자는 손에 펜을 들고 하나님의 창조 행위(4-9) 그의 대적들로부터의 구원(10-24절), 자비와 음식의 공급(25절) 등으로 감사의 목록을 작성해 나갑니다.

시편 기자는 그가 시작했을 때와 같은 방식으로 그의 노래를 끝맺습니다. "하늘에 계신 하나님께 감사하라 그의 인자하심이 영원함이로다". 감사할 수 있는 조건을 계속 열거할 수 있는지 생각해 보십시오. 여러분의 삶에서 하나님이 찬송받으시기에 합당함을 보여 주는 목록을 10절 이상 적어 나갈 수 있습니까?

 모든 일에 감사함으로 감사의 조건이 끊이지 않게 하소서. 아멘.

실수한 형제를 용서하라

12월 8일 ■ 묵상과 산책 / 몬 1장

천천히 용서하는 것은 용서하지 않는 것과 다를 바 없다.

그리스도인의 사랑은 한 형제가 다른 형제를 해하였을 때에도 적용됩니까? 예를 들면, 부유한 그리스도인의 고용주가 그의 악한 고용인에 의하여 강탈되었을 때에도 그 사랑이 적용되어야 하느냐는 말입니다. 바울은 의심할 여지 없이 적용된다고 말합니다.

바울은 버림받은 자요, 도둑놈이요, 전에 무익한 종이었던 오네시모를 위하여 그의 사랑하는 동역자 빌레몬에게 짧은 시선을 씁니다. 바울은 많은 지혜와 부드러움을 가지고 자기를 맞아들이듯이 오네시모를 용서하고 다시 맞아들일 것을 빌레몬에게 부탁합니다. 빌레몬의 믿음의 상태를 알고 있는 바울은 형제의 사랑이 지난 과오들을 덮어 주고도 남을 것임을 확신합니다.

다툼을 화해시키는 일은 결코 쉽지 않으며 유쾌한 일도 아닙니다. 그러나 빌레몬에게 쓴 바울의 편지는 용서를 필요로 하는 미묘한 상황의 모델로서 주어지고 있습니다.

어느 곳에서든지 바울은 잘못한 자가 고통받는 것을 극소화시키지 않습니다. 용서란 어떤 사실에 대하여 눈을 감아주는 것이 아닙니다. 바울은 빌레몬에 대한 오네시모의 행동을 다른 장점을 근거로 용서해 주시기를 호소합니다. 서로 용서하는 것은 그리스도께서 친히 죄많고 무가치한 인간을 용서하심으로써 본을 보이셨기 때문에 가능합니다.

바울은 오네시모의 빚을 갚겠다고 약속합니다. 용서는 개인적 어려움을 수반합니다. 만일 사이가 나빠진 무리들이 화해하려면 시간과 돈과 불편함이 그 대가로 뒤따릅니다.

바울의 모델을 보고 난 후에 여러분 자신과 주변의 관계를 살펴 보십시오. 그리스도 안에서 형제와 자매를 용서하는 첫번째 계단을 밟을 준비가 되어 있습니까? 하나님의 능력 안에서 오늘보다 더 쉬운 날은 결코 없을 것입니다.

용서하되 마음 중심으로 용서하는 사람들이 되게 하소서. 아멘.

그리스도와 천사들

12월 9일   ■ 묵상과 산책 / 히1-2장

예수는 위대하실 뿐 아니라 유일하신 분이시다.

*1*세기에 기독교로 개종하여 그리스도인이 된다는 것은 분명히 모험적인 일이었습니다. 종종 그것은 박해와 고립을 의미했습니다. 많은 유대 개종자들은 구약의 유대 관습에 되돌아감으로써 이러한 고통스러운 결과를 피하려고 했습니다. 히브리서 기자는 이 사람들이 그들이 깨달은 신앙을 계속 견지케 하기 위해, 예수 그리스도께서 유대교를 포함하여 모든 것보다 우월함을 강조합니다.

저자는 그리스도가 하나님의 아들이므로 구약의 모든 예언자들보다 우월하며, 또한 천사들이 그리스도를 섬기기 때문에 그리스도는 천사들보다 우월하다고 말하고 있습니다. 그리스도는 죄 많은 인간을 위해 죽으시려고 인간이 되셨습니다. 그리스도를 거절하는 것은 소망 그 자체를 거절하는 것입니다.

거리에서 누군가가 다가와 마이크를 들이대며 "당신은 예수 그리스도가 누구라고 생각하십니까?"라고 묻는다면 어떻게 대답하시겠습니까? 예수가 선한 사람 그 이상이라는 당신의 확신을 뒷받침해 줄 수 있는 근거는 무엇입니까?

오늘날 대부분의 아단들이나 사이비 종교들은 예수 그리스도의 인격에 대하여 잘못되고 균형 잡히지 않은 견해를 주장하고 있습니다. 그러므로 예수가 누구이며 예수가 행한 일이 무엇인지 알리기 위하여 쓴 책인 히브리서는 "예수 그리스도는 왜 역사상 가장 독특한 인간인가?"라는 질문에 대한 대답을 찾을 수 있는 자료가 될 것입니다.

오늘 시간이 있다면 시작해야 할 훈련이 있습니다. 종이 한 장을 반으로 접으십시오. 왼쪽 면에는 "예수는 무엇과 같은가?"(인격 면)라고 쓰고, 오른쪽에는 "예수가 무슨 일을 했는가?"(사역 면)라고 쓴 다음 본문을 살펴 보면서 그리스도의 사역과 인격을 묘사하는 진술을 적어 보십시오. 그런 후에 그리스도가 요구하는 것에 관해 진지하게 생각하는 친구나 식구들과 함께 연구한 결과를 나누어 보십시오.

그리스도가 누구인지 묻는 자들에게 그리스도를 분명히 전하게 하소서. 아멘.

그리스도와 구약의 지도자들

12월 10일　　■ 묵상과 산책 / 히3-4장

성경의 많은 부분이 이해하기는 어렵지만 하나도 의심케 하지는 않는다.

히 브리서의 저자는 그리스도를 모세와 여호수아에 비교함으로써 유대교를 능가하는 그리스도의 우월성에 대하여 자신의 논증을 계속합니다. 광야에서 유리방황할 때에 하나님께 대항했던 사람들은 약속의 땅에서 누릴 안식에서 제외됩니다. 그러나 하나님의 백성들이 누린 안식보다 더 나은 것이 있는데, 곧 그의 아들에 관한 것입니다.

모세는 하나님의 집의 종이었으나 그리스도는 하나님의 집의 주인이신 거룩한 아들이십니다. 여호수아는 이스라엘에게 이 땅의 안식을 주었지만 그리스도는 그의 백성에게 하늘의 영원한 안식을 주실 것입니다. 그러므로 그리스도는 구약의 완성이라고 할 수 있습니다.

날카로운 사이렌 소리, 날카로운 비명, 날카로운 눈초리들, 날카로운 언어들, 이런 경우 당신의 몸은 재빠른 반응을 나타낼 것입니다. 아드레날린은 우리의 마음에 메시지를 보내 "지금 필요한 행동을 하라"고 지시합니다. 날카로운 감각은 유쾌한 것은 아닙니다. 그것은 즉각적인 반응을 하도록 정신을 바짝 차리게 하는 것입니다. 같은 원리가 하나님의 말씀에서도 적용이 됩니다. 매우 중요해서 무시할 수 없는 진리들은 우리의 마음을 날카롭게 찌릅니다.

성경은 항상 위로의 샘물이 아닙니다. 때때로 성경은 반갑지 않은 훼방꾼으로 행동합니다. 유죄를 선언하는 진리로 마음을 찌르고 모든 방어벽을 꿰뚫어 버리는 그 무엇인가가 있는 것을 알게 될 때 기력을 잃게 될 것입니다. 만유인력의 법칙을 변화시킬 수는 있을지언정 그 진리를 변경시킬 수는 없습니다. 그렇지만 우리를 변화시킬 수 있도록 허락할 수는 있습니다.

히브리서 4:12에 나타난 각각의 요소로 다음 문장을 완성시키십시오. "하나님의 말씀은 살았고, 운동력이 있어 예리하며 찔러 감찰하기까지 하므로 나의 삶에 ___ 할 것을 하나님께 기대하면서 오늘 그것을 읽겠습니다."

　말씀에 기록된 대로 모든 말씀을 받게 하소서. 아멘.

그리스도와 아론의 제사장직

12월 11일 ■ 묵상과 산책 / 히5-7장

만일 성도가 하나님을 더 찬양한다면 세상은 그리스도를 덜 의심할 것이다.

그리스도는 이스라엘의 지도자들보다 우월할 뿐 아니라 아론의 대제사장직보다도 우월하십니다. 그리스도는 레위인이 아니었으나 멜기세덱의 반차를 좇았기 때문에 우월하십니다(창 14:1-20). 아론의 제사장들은 자신의 죄뿐만 아니라 백성들의 죄를 위하여 희생제물을 드렸지만 그리스도는 죄없는 생애를 사셨고 백성들의 죄를 위한 영원한 희생제물로서 단번에 죽으셨습니다.

아마도 방해받지 않고 성경을 읽고 묵상하며 기도하는 시간을 말할 때 '조용한 시간(큐티)'이라고 말하는 것을 들었을 것입니다. 어쩌면 여러분은 지금 큐티를 즐기고 있는지도 모릅니다.

그러나 주님과 함께 '조용하지 않은 시간'을 경험할 수 있다는 사실을 알고 계십니까? 시편에서 이 시끄러운 구절들을 들어 보십시오. "나는 하나님께 부르짖으리니 여호와께서 나를 구원하시리로다 큰 소리로 하나님께 아침 점심 저녁으로 근심하여 탄식하리니 그가 듣고 대답하시리로다"(시 55:16-17).

그 시편 기자는 그의 기도를 말로 표현했습니다. 이제 히브리서 5:7을 읽으면서 주 예수까지도 이 땅에 계실 때 "심한 통곡과 눈물로 하나님께 기도했다"라는 구절에 주목하십시오. 거기에는 고요함이란 것이 전혀 없습니다.

오늘 참신한 생활의 변화를 위해 주님과 함께 할 조용하지 않은 평범한 시간을 계획하십시오. 혼자만 있을 수 있는 장소를 찾으십시오. 시끄럽게 해도 방해받지 않을 장소에서 큰 소리로 변치 않는 그의 사랑을 찬양하십시오.

입으로 죄를 하나씩 하나씩 고백하십시오. 비길 데 없는 그의 위대함을 찬양하는 찬송 한 두 장을 큰 소리로 불러 보십시오. 즐거이 소리지르는 것보다 고요한 영혼으로 가는 더 빠른 길은 없다는 것을 발견하게 될 것입니다.

 주님과 은밀한 교제를 가지게 하소서. 아멘.

그리스도와 율법

12월 12일
■ 묵상과 산책 / 히8-10장

성경은 우리에게 정보를 주는 것이 아니라 변화를 주는 것이다.

그리스도의 제사장 사역은 구약의 체계와 뚜렷하게 다를지라도 유사점들이 있습니다. 모든 제사장은 사역할 장소를 가지고 있습니다. 아론의 제사장들은 이 땅에서 사역하였고 예수께서는 하늘에서 사역하십니다(8:1). 모든 제사장은 제물을 바치는 직무를 담당하게 되어 있습니다.

아론의 제사장들은 동물의 피를 바쳤고, 그리스도는 자신의 피를 드립니다(9:12). 그리고 속죄의 장막에는 대제사장만이 들어갈 수 있습니다. 아론은 매년 행했고, 그리스도는 자신의 몸을 단번에 드려 구속을 완성하십니다(10:10). 그리스도의 생명이 대단히 귀중하였던 것처럼 그리스도의 죽음은 모든 믿는 자들에게 필요한 모든 것을 다 공급할 수 있을 정도로 능력이 있습니다.

한 물체의 윤곽이나 그림자를 보면 그것의 크기나 모양을 어느 정도 짐작할 수 있습니다. 그러나 그 물건 자체에 시각을 고정시킴으로써 더 많은 것을 배울 수 있습니다. 그 물건은 그림자를 드리우는 실체입니다.

구약을 읽음으로써 하나님에 관하여 많이 배울 수 있습니다. 그러나 그것의 목적이 무엇인지를 기억하십시오. "저희에게 당한 이런 일이 거울이 되고 또한 말세를 만난 우리의 경계로 기록하였느니라"(고전 10:11).

장막, 모세의 율법, 대제사장직, 희생제물 등 이 모든 것들은 하나님께서 계획하신, 하늘로부터 주실 실체의 그림자에 불과합니다. 신약에는 구약 전체에 그의 그림자를 던진 주인공이 무대의 중앙에 선명하게 등장합니다.

전에 여러분은 하나님에 관한 그림자를 보아 왔으나 이제는 하나님의 실체를 볼 수 있습니다. 그분은 바로 예수 그리스도십니다. 신약은 구약 속에 포함되어 있고 구약은 신약 속에서 설명되어집니다.

 그리스도로 인하여 주신 모든 은혜를 감사하며 살게 하소서. 아멘.

그리스도와 적용하는 삶

12월 13일　　■ 묵상과 산책 / 히11-13장

하나님께서는 때때로 많은 충실한 사역자들을 죽음 가운데서 일으키신다.

히브리인에게 보내는 편지는 예수께서 그의 죽음을 통해 이루어 놓으신 새로운 길을 통하여 하나님에게 가까이 나아가기를 호소하면서 끝을 맺습니다. 그의 집필 의도는 독자들이 세상으로부터 오는 압력보다 하나님으로부터 오는 약속을 바라보며, 믿음을 가지고 구약의 믿음의 영웅들이 살아 간 믿음의 삶을 살게 하려는 데 있습니다. 이 믿음의 영웅들은 하나님의 신실하심을 확신하였으므로, 말씀에 복종하는 삶을 살았습니다. 그들의 모범은 우리들이 따를 만한 가치가 있습니다.

어떤 영웅들은 살아 있을 동안에 명성을 얻고, 또 어떤 사람은 죽은 후에야 명성을 얻습니다. 수세기 전의 교회의 영웅들은 그리스도에게 그들의 충성을 다짐했고 결과에 상관없이 마음을 굳게 지켰습니다.

그런 사람들 중의 하나인 폴리갑은 요한의 제자였습니다. 그는 평생 동안 주님을 부인하지 않았으며, 일관된 마음으로 종말을 맞이하게 되었습니다. 죽음을 눈 앞에 두고 있을 때 그가 섬기는 주님을 부인하라고 요구하자 그 노인은 이렇게 대답하였습니다. "86년간 내가 그분을 섬겼어도 그분께선 내게 한 번도 잘못한 일이 없었는데, 나를 구원하신 나의 왕을 어떻게 욕되게 할 수 있겠소?" 그는 죽음 앞에서도 끝까지 굽히지 않았고 끝내는 화형당하였습니다.

박해의 시대는 1세기든 21세기이든 '순교자의 피가 교회의 씨앗이다'라는 것을 확신시키는데 도움이 됩니다. 복음을 핍박하는 것이 결코 복음이 전파되는 것을 막는 효과적인 방법은 되지 못합니다. 복음을 위하여 담대히 죽는 신앙은 역시 복음을 위하여 살 가치가 있는 신앙임을 남들에게 더 잘 가르쳐 주기 때문입니다.

내일에는 다른 성도들을 격려할 수 있는, 그런 믿음의 행위를 오늘 행해 보십시오.

 주를 위한 믿음으로 선진들을 따르게 하소서. 아멘.

거기에 계신 하나님

12월 14일 ■ 묵상과 산책 / 시 139편

기도는 참된 기독교인의 삶의 호흡이다.

히브리서 기자는 그의 입장을 통해 잘 진술하고 있습니다. 예수 그리스도는 아버지께로 가는 유일한 길입니다. 그리스도는 우리의 대제사장이시요, 우리의 구원이시요, 우리의 사랑하는 중보자십니다. 오직 그리스도만이 우리를 하나님의 보좌 앞에 나아가게 합니다.

아마도 이런 사실들이 우리로 하여금 하나님께 기도하며 찬양할 마음을 갖게 할 것입니다. 다윗은 시편 139편을 통하여 우리를 주님께로 인도하고, 오늘 적용할 수 있는 기도에 어떤 영감을 줄 것입니다.

하나님의 속성 세 가지가 시편 139편에 아름답게 묘사됩니다. 우리에 관하여 모든 것을 아시는 그의 전지성, 우리와 함께 어디든지 가시는 그의 편재성, 강력하시고 우리의 모든 필요를 채워 주실 수 있는 그의 전능성에 대하여 묘사합니다. 자연히 질문이 생길 수 있습니다. "만일 모든 것이 사실이라면 왜 내가 기도해야만 하는가?" 기도할 좋은 이유들이 많으나 여기에는 세 가지가 나옵니다.

첫째, 하나님이 그것을 명령하셨기에 기도하십시오(렘33:3).

둘째, 하나님께서 구하는 자들에게 좋은 선물 주기를 기뻐하시므로 기도하십시오(마7:7-11).

셋째, 기도는 상황을 변화시키며 사람들을 변화시킵니다. 여러분도 기도에 의하여 모든 영역에서 변화될 수 있음을 의미합니다.

시편 139편에서 다윗의 태도가 어떻게 변화하는지를 주목하십시오. 처음 시작할 때 다윗은 그의 생애가 하나님 앞에 펼쳐진 책과 같다는 생각을 하면서 두려워합니다. 그러나 마지막에는 그의 삶의 비밀스런 일부분까지도 하나님을 기쁘시게 해 드리려는 마음으로 바뀝니다. 오늘 다윗의 기도를 필요로 합니까(23-24절)?

날마다 기도하게 하시고 우리의 기도에 응답하여 주소서. 아멘.

행하는 믿음

■ 묵상과 산책 / 약1-5장

믿음은 결과에 개의치 않고 도전하는 것이다.

행함이 없는 믿음은 진정한 믿음이 아닙니다. 행함이 없는 믿음은 죽은 믿음이고 죽은 믿음은 전혀 믿음이 없는 것보다 못합니다. 믿음은 행함이 있어야 하고 열매가 있어야 하고 눈으로 볼 수 있어야 합니다. 말로만의 믿음과 정신적인 믿음만으론 부족합니다. 믿음은 행위를 동반해야 합니다.

이 서신을 통해 야고보는 유대 그리스도인들에게 진실한 믿음은 '행함'이라는 것을 강조함으로 매일의 실제적인 생활과 진실한 믿음은 분리될 수 없다고 말합니다. 왜냐하면, 그것은 말씀의 결실이기 때문입니다.

다음과 같은 상황을 가정해 보십시오. 어떤 사람이 우리 앞에 꼼짝하지 않고 길게 누워 있습니다. 제일 먼저 해야 할 일은 그가 살았는지 죽었는지를 알아보는 일입니다.

어떻게 이 문제를 풀겠습니까? 우선 가장 좋은 방법은 그의 호흡을 체크해 보는 것입니다. 그 사람이 살아 있다면 당연히 숨을 쉬고 있을 것입니다.

영적인 생명도 동일합니다. 새 생명을 가진 자는 영적인 '호흡'을 통하여 자신을 드러냅니다. 성도의 호흡은 선한 행위들입니다. "영혼(문자적으로 호흡)이 없는 몸이 죽은 것처럼 행함이 없는 믿음은 죽은 것입니다"(2:26).

깊은 숨을 세 번 쉬십시오! 이제 영적인 호흡을 하기 위하여 오늘의 계획을 세우십시오. 오늘 만날 두 사람의 이름을 종이에 쓰십시오. 그리고 신선한 호흡, 즉 예기치 않은 친절, 격려의 말, 진심에서 우러나는 칭찬으로 그들을 대하십시오.

그 호흡은 그들에게 '당신을 변화시킨 것은 무엇인가?'라는 호기심을 불러 일으켜 줄 것입니다.

행함이 있는 믿음으로 온전히 주님께 헌신하게 하소서. 아멘.

목적을 위한 계획

12월 16일　　■ 묵상과 산책 / 벧전1-5장

가시 없는 장미가 없듯이 전투없는 승리란 있을 수 없다.

사도 베드로는 믿음 때문에 심한 박해를 받은 흩어져 있는 유대 그리스도인들에게 서신을 씁니다. 그는 그의 독자들에게 "하나님이 우리를 거듭나게 하사 산 소망이 있게 하셨음"(1:3)을 상기 시키고 있습니다.

베드로는 핍박과 환난 가운데에 있는 그의 독자들에게 "이것이 하나님의 참된 은혜임을 증거하노니 너희는 이 은혜에 서라"(5:12)고 격려합니다. 하나님은 그리스도 안에서 그들을 택하셔서 언젠가는 그들이 완전하고도 최종적인 구원의 기쁨을 누리게 될 것임을 보증하여 주셨습니다.

그러한 소망이 있고, 핍박을 견디는 그들의 인내가 하나님의 영광을 가져올 것을 알기 때문에 그들은 최악의 시련 가운데에서도 참을 수 있었습니다. 그리고 예수 그리스도께서 합당치 않은 고통을 당하시는 모본을 제시하셨으므로 그들은 묵묵히 인내했습니다.

우리의 잘못으로 인해 고난을 당하는 것은 비교적 참기가 쉽습니다. 결국 우리의 부적절한 행동에 대한 보응을 받는 것이기 때문입니다. 그러나 옳은 일을 하고도 고난을 당할 때에는 경우가 다릅니다. 여러분은 다음 중 하나를 선택해야 합니다.

- 세상 사람들처럼 대응한다(보복과 복수).
- 데살로니가 사람들처럼 행한다(하나님의 뜻이 무엇인가).
- 히브리서의 성도들같이 응답한다(그리스도 안에서 그들의 믿음을 풍성하게 하려고 생각한다).
- 예수 그리스도와 같이 대처한다(미워하는 대신 사랑하고 그들의 부당한 대우를 하나님께 맡긴다).

오늘 부당한 대우를 받을 때 어떤 것을 선택해야만 하나님께서 가장 기뻐하실 것인지를 생각해 보고 이 중 하나를 결정하십시오.

산 소망을 가지고 참고 견디게 하소서. 아멘.

이단 가운데 있는 성도

12월 17일 ■ 묵상과 산책 / 벧후1-3장

헌신이란 희생을 두려워하지 않는 확고한 결단의 표시이다.

베드로는 손해를 끼치는 교리를 가지고 나오는 거짓 선생들의 위험을 성도들에게 경고하기 위하여 두번째 편지를 씁니다.

그리스도인의 삶은 탁월한 도덕성, 지식, 절제, 인내, 경건, 형제 우대 등 거짓 없는 사랑을 추구하기 위하여 근면함을 요구합니다.

이와는 반대로 거짓 선생들은 세속적이고 거만하고 욕심 많고 탐욕스럽다고 베드로는 경고합니다. 그들은 심판을 비웃으며 현재와 미래는 전혀 다른 것이 없는 것처럼 살아 갑니다. 그러한 사람은 잠시 동안은 번성할지 모르지만 궁극적으로는 심판이 확실하다고 베드로는 독자들에게 알려 줍니다.

잠시 이 지구상에서 24시간 밖에 살 수 없다고 가정해 보십시오. 할 수 있는 격려의 말을 오늘 마지막으로 하게 될 것이며, 편지도 마지막으로 쓰게 될 것입니다.

영적 성장을 위하여 가졌던 교제의 시간도 오늘 마지막으로 가지게 될 것입니다. 자녀를 위하여 교훈하고 지도할 수 있는 마지막 기회가 오늘 있게 될 것입니다. 이제까지 살아 온 방식을 몇 시간만이라도 바꾸지 않겠습니까?

베드로후서는 베드로가 그의 영적인 미숙아들에게 보낸 '최후의 작품' 입니다. 이 서신에서 베드로는 기쁜 마음으로 죽음을 대하고 굳게 믿음을 지키며 충실하게 그의 대적과 싸우라고 당부합니다.

비록 베드로는 여기에 없지만 그의 영감된 말씀은 살아서 그것을 읽는 모든 사람들에게 도움을 주고 희망을 줍니다.

우리가 죽을 때 다른 그리스도인에게 무엇을 유산으로 남길 것입니까? 이제는 너무 늦기 전에 전파하고, 심방하고, 영원한 내세를 바라보며 내 믿음과 타인의 구령사업을 위하여 무언가를 남기고, 쓸 때입니다.

 날마다 성숙된 믿음을 가지도록 도와 주소서. 아멘.

하나님과의 교제

12월 18일   ■ 묵상과 산책 / 요일 1-5장

복음 전파란 여가 선용 활동이 아니다.

교제란 확신을 나누는 것이며, 말씀과 사랑을 나누는 것입니다. 같은 짐을 지고 희노애락의 같은 거리를 가는 것입니다. 교제에는 하나님과 나누는 수직적 차원과 예수 그리스도를 통해 하나님의 형제가 된 사람과 나누는 수평적 차원이 있습니다. 하나님과의 친밀한 교제의 기쁨을 경험한 요한은 그의 독자들도 동일한 기쁨의 삶, 곧 하나님의 명령에 복종하는 것과 하나님의 가족 안에서 사심없는 사랑으로 사는 삶을 경험하기를 바라고 있습니다.

어두운 방에서 넘어졌다고 합시다. 전구 스위치를 찾을 수 없습니다. 필사적으로 노력한 결과 간신히 성냥을 찾아 불을 붙였습니다. 그 성냥 불빛으로 더 밝은 빛의 근원을 찾을 수 있을 것입니다.

시편 36:9은 빛을 발견하기 위하여 빛이 필요하다고 말하고 있습니다. "대저 생명의 원천이 주께 있사오니 주의 광명 중에 우리가 광명을 보리이다."

어떻게 예수 그리스도 안에서 죄사함 받는 좋은 소식, 즉 '복음의 빛'을 발견할 수 있었습니까? 아마 그것은 전에 이미 빛을 발견한 사람들, 곧 주일학교 교사, 목사님, 친구들, 부모님, 또는 조부모님 등을 만났기 때문일 것입니다. 그들은 각각 세상의 빛으로 인도하는 빛의 근원이 될 수 있습니다. 성도들이 조화로운 삶을 살 때에 그 삶 속에서 그 무엇도 모방할 수 없는 아름다운 빛을 낼 수 있습니다. 등잔불에 매혹되는 나방처럼 다른 사람들이 용서와 확신이 있는 교제에 관하여 호기심을 갖게 될 것이며, 그 빛 된 삶에 쉽게 동화 될 것입니다.

오늘밤 날씨가 허락된다면 밤에 손전등을 가지고 산책을 나가 보십시오. 길을 걷다가 요한일서 1:5-7까지를 다시 한번 생각해 보고, 작은 교제의 빛을 터득 하십시오. 아직까지 어두움 가운데 있는 사람에게 비출 수 있는 방법을 하나님과 의논해 보십시오.

진정한 교제로 우리의 믿음이 날마다 성숙되게 하소서. 아멘.

거짓 교훈과 싸울 것

12월 19일　　■ 묵상과 산책 / 요이1-13

올바른 행(통)로에 있다는 것은 중요하다. 그렇지만 거기에 앉아 있거나 차에 부딪히면 소용이 없다.

요한은 이 짧은 편지를, 택하심을 입은 부녀들과 그의 영적인 자녀들이 진리 안에서 행하고 있음을 칭찬하기 위하여, 그리고 하나님께 충성스럽게 남아 있을 것을 격려하기 위하여 씁니다. 요한은 어떤 것도 당연하게 받아들이지 않습니다. "서로 사랑하라." 비록 이 명령이 새로운 것이 아닐지라도 반복하는 것은 더욱 의미가 있으며 매우 중요합니다. 서로 사랑하는 것은 하나님의 명령 안에서 사는 것과 동일하다고 할 수 있습니다. 그러나 이 사랑은 구별된 것이어야 합니다. 성경적인 사랑은 그리스도께서 육체로 오신 것을 부정하는 거짓 교사를 받아들이는 것을 용납하지 않습니다.

자녀들을 양육하면서 언제가 가장 기뻤느냐고 부모님께 물어 보십시오. 그러면 어린애가 맨 처음 걸음마를 배울 때 가장 행복했노라고 답할 것입니다. 불안정한 걸음을 걷는 어린이에게는 부모를 매료하는 어떤 마술적인 능력이 있습니다. 요한은 이 감정을 이해했습니다. 왜냐하면, 그는 그의 영적인 자녀들이 영적 걸음마를 배우는 것을 보았을 때 최대의 성취감을 느꼈기 때문입니다.

첫째, 요한의 영적인 자녀들이 진리 안에서 살고 있었습니다.

둘째, 그의 영적인 자녀들이 진리 안에서 걷고 있었습니다. 그들의 믿음은 하나님 말씀의 구체적인 진술에 근거를 두고 있었습니다.

셋째, 그의 영적인 자녀들이 진리 안에 거하고 있었습니다. 그들은 그들이 믿는 진리를 매일 말과 행동으로 구체화시켰습니다.

과거에 진리 안에 거하고, 걷고, 사는 것을 배울 때에 어떠한 진보가 있었습니까? 내년에는 어떤 단계에 오르기를 원하고 있습니까? 오늘 특별한 어떤 목표를 설정하여 그것들을 성경에 메모해 두십시오. 그리고 매일 그것들을 위하여 기도하고 진리 안에서 매일 성장해 나가십시오.

 우리의 매일의 삶이 향기나는 제물의 삶이 되게 하소서. 아멘.

형제들과 교제함

12월 20일　　■ 묵상과 산책 / 요삼1-15

환대란 대접받는 사람이 자원해서 머물기를 원하도록 하는 기술이다.

요한의 짧은 이 서신은 가이오의 환대에 대한 감사로 시작하고(2절), 그의 얼굴을 보기를 원하는 심정으로 끝을 맺고 있습니다(14절). 요한은 이 서신에서 칭찬받을 만한 성도와, 자기를 나타내기 좋아하고 으뜸되기를 좋아하여 교회를 혼란케 하는 성도를 부각시킵니다. 가이오는 진리 가운데서 행하므로 요한에게 끊임없는 기쁨을 줍니다. 데메드리오는 교회 안이나 밖을 무론하고 뭇사람에게 인정을 받는 충실한 종입니다. 반면에 디오드레베는 그의 험담과 교만함, 거만한 태도로 인하여 요한으로부터 책망을 받습니다. 요한은 편지를 쓰는 것으로 만족하지 않고 후에 친히 방문하여 대면할 것을 약속하면서 편지의 끝을 맺습니다.

여러분은 손님을 위한 방이 있습니까? 만일 그렇다면 집을 병원이라고 고치십시오. 왜냐하면, 영어로 병원(hospital)이라는 말은 '손님 방'을 뜻하는 라틴어에서 왔기 때문입니다. 그리고 그것은 점점 손님을 위한 환대라는 말로 확대되었습니다. 즉 그 사람은 환대받은 사람이라는 것입니다.

우리의 환대가 만족될 때 기독교를 선전할 것입니다. 손님에게 환대를 할 때 효과적으로 이렇게 말하는 것입니다. "저의 집이 좀 누추하기는 해도 함께 그것을 나누기에는 충분한 공간입니다." 환대란 타인을 지향한 것입니다. 그것은 우리들 자신보다 더 절실히 필요로 하는 사람을 유익하게 하는 것입니다. 그것은 겉치레한 자기 중심적 현 시대가 사실상 '잃어버린 하나의' 예술에 불과합니다.

환대의 태도를 발전시키기 위하여 달력 앞에 앉아 다음 몇 주 동안의 두 날을 택해 다른 사람을 환대하는 날로 정하십시오. 그리고 두 가정 또는 두 사람을 불러서 요한삼서 5절을 실행하십시오. 이 대접의 즐거움 속에서 환대가 어떻게 습관적이 될 수 있는지를 곧 배울 것입니다.

　　대접받기 보다는 즐겨 대접하는 삶이 되게 하소서. 아멘.

주님을 찬송하기

12월 21일   ■ 묵상과 산책 / 시 146편

예배는 성도의 삶에 있어서 일부분이 아니라 전부이다.

야고보와 베드로와 요한은 주님의 사랑을 받던 제자들로서 초대 교회의 기둥들입니다. 그들은 아직까지 그들의 편지를 통하여 사역하고 있습니다. 그들은 우리에게 주님의 뜻을 보여 주고 그분께 가까이 나아가게 합니다. 오늘 우리는 긴 성경의 여행을 멈추고 다시 찬양을 받으시기에 합당하신 주님을 찬송하는 시간을 가져 봅시다. 시편 146편은 특별한 이유를 제시해 줍니다.

시편 146편은 찬송을 위한 종소리로부터 시작합니다. "할렐루야 내 영혼아 여호와를 찬양하라." 그리고 2절은 주님을 찬양하겠다는 시편 기자의 결심을 우리에게 보여주고 있습니다. "나의 생전에 여호와를 찬양하며 나의 평생에 내 하나님을 찬송하리로다." 하나님이 나의 찬양을 받기에 합당한 그 무엇을 했습니까? 시편 기자의 대답을 주목해 보십시오.

하나님은 과거에 그가 하신 일, 즉 섭리하시고 역사하심 때문에 찬양을 받으시기에 합당하십니다. 그는 하늘과 땅과 바다와 그 가운데 거하는 모든 것을 만드셨습니다(6절).

또한 하나님은 현재에 그가 하고 계신 일 때문에 찬양을 받으시기에 합당하십니다. 기자는 6-9절에서 아홉개의 현재 동사를 사용하여 광대하신 행위를 묘사합니다(아홉 가지를 다 찾았습니까?).

하나님은 미래에 하실 일 때문에 찬양을 받으시기에 합당하십니다. "주님은 영원히 다스리실 것이다… 하나님은 모든 세대의 왕이시다(10절)"라고 고백합니다.

시편 146편 형태를 본따 당신 자신의 찬양의 노래를 지어서 불러 보십시오. '주를 찬양하라!' 라는 구절로부터 시작해 보십시오. 당신의 삶 가운데 그가 하시는 현재와 과거와 미래의 일을 가지고 그를 찬양하십시오. 시편 기자가 점층법을 사용하여 큰 소리로 짧게 외치듯이 그런 식으로 끝을 맺으십시오.

 주 여호와께서 행하신 모든 일을 찬양하게 하소서. 아멘.

믿음을 위하여 싸우라

12월 22일 ■묵상과 산책 / 유1-25절

우리는 전세계의 사람을 그리스도에게 데리고 올 수는 없으나 그리스도를 전세계에 줄 수는 있다.

야고보의 형제요(1절) 예수 그리스도의 형제인 유다(마13:55; 막6:3)는 원래 구원의 교리에 관하여 소논문을 쓰려고 했습니다. 그러나 그는 거짓 교사들의 존재에 경각심을 주기 위하여 그들의 가면을 벗기고 그들의 죽은 믿음의 행실을 나타냄으로써 성도들이 진리의 도리에 굳게 서도록 권고합니다. 신앙을 위하여 싸우는 것은 반드시 기쁜 일만은 아닙니다. 그러나 하나님의 일에 손해를 끼치는 이단들이나 거짓 철학자들에 의하여 공격 받을 때에 그것은 절대 필요한 것입니다. 유다의 짧고도 힘있는 서신은 긴급한 명령으로 끝을 맺고 있습니다. '그리스도의 말씀을 기억하라 …,' '하나님의 사랑 안에 거하라 …,' '잘못된 형제들의 불 같은 위험한 길을 제거하기 위해 힘쓰라 …' 고 선포합니다.

오늘날 세상에는 믿음을 위하여 싸우는 성도, 지금 상태에서 그대로 남기를 원하는 성도, 단지 논쟁을 좋아하는 성도 등 세 종류의 성도들이 있습니다. 여러분은 어떤 종류의 성도입니까? 유다는 유다서를 통하여 "성도에게 단번에 주신 믿음의 도를 위하여 싸우라"(1:3)고 권면합니다.

의를 위하여 큰 소리로 떠들거나 설교자가 될 필요가 없습니다. 만일 전화가 있고, 편지를 쓸 수 있고, 또는 시민 클럽이나 친목회에 소속하고 있다면, 여러분이 확신하고 있는 것을 많은 사람들에게 전해 줄 수 있는 기회가 많은 것입니다. 우선 성경을 통해 여러분의 임무가 중요함을 확신하십시오. 그러면 진리를 명백하고 자세하게, 그리고 사랑스럽게 말할 수 있게 될 것입니다. 만일 우리가 소유한 귀중한 믿음이 소유할 만한 가치가 있다면 그것은 또한 방어되고 선포될 가치가 있는 것입니다.

믿음의 싸움에서 항상 승리하게 하소서. 아멘

일곱 교회를 위한 일곱 편지

12월 23일 ■ 묵상과 산책 / 계1-3장

성경 읽기에 당신을 적응시키고 성경에 당신 자신을 적용시켜라.

요한은 소아시아에 있는 일곱 교회들에게 인사를 하면서 그가 어떻게 이 책을 기록하도록 명령받았는지를 쓰고 있습니다. 각 교회들마다 특별한 메시지들이 준비되고, 요한에 의해 전달됩니다. 각 메시지는 이런 류로 시작됩니다. "내가 아노니" 또는 "내가 완전히 알고 있다" 또한 모든 메시지는 '승리한 모든 사람들'에 대한 약속을 포함하며 충고 형식으로 끝을 맺습니다. "귀 있는 자는 성령이 교회들에게 하시는 말씀을 들을지어다". 요한은 알파와 오메가이신 예수 그리스도의 이름으로 각 교회들에게 책망과 확신의 말씀들을 보내고 있습니다.

신약성경 중에서 가장 도전적인 책은 어떤 것입니까? 지금 사전을 펴서 '계시'라는 단어를 찾아 보십시오. 두 개의 동의어를 발견할 수 있습니까?

문자적으로 '나타남' 또는 '정체를 드러냄'이라는 뜻의 '계시록'은 신약성경 중에서 이름과는 달리 해석할 수 없는 책으로 생각되어지는 아이러니칼한 책입니다. 계시록을 보다 더 도전적으로 만드는 것은 300개가 넘는 상징들입니다. 귀머거리가 의미있는 제스처로 의사를 표현하는 것처럼, 기록자 요한이 사용한 각 상징의 이면에는 독특한 목적과 의미가 있습니다. 우리의 할 일은 요한(그리고 성령)이 의도한 방법대로 그 상징들을 해석하는 것입니다!

여러분이 살고 있는 지역 내에 있는 기독교 서점은 계시록의 주석과 연구 안내서를 찾을 수 있는 좋은 장소입니다. 그리고 목사님이나 주일학교 교사는 생각해야 하는 몇 개의 제목을 제공해 줌으로써 그 말씀을 깨닫게 되어 기쁘게 해 줄 것입니다. 다음 며칠 간 여러분에게 분명한 진리를 깨닫는 영적 축복이 있을 것입니다. 이 모든 것이 하나님께로부터 온 약속입니다(1:3)!

 말씀을 통하여 은혜를 주소서. 아멘.

일곱 개의 인

12월 24일　　■ 묵상과 산책 / 계4-6장

우리는 하나님과 함께 영원한 임무를 수행하도록 부르심을 받았다.

4장에서 요한의 관심은 지상의 일곱 지파의 모임으로부터 하늘에 있는 거대한 성도의 무리에게로 옮겨 갑니다. 하나님은 보좌에 앉으셔서 이 땅에서 큰 심판을 시행할 만한 인물을 찾고 계십니다 - 오직 하나님의 양으로서 유다 지파에 속한 사자의 권위를 가진 인물. 어린 양이 인봉한 일곱 개의 심판의 두루마리를 받았을 때 하늘에 있는 모든 피조물들은 그를 찬송하며 경배를 드립니다. 첫 여섯 인봉을 뗄 때에는 큰 진노의 날에 나타날 전쟁, 기근, 죽음, 지진, 우주적 대변동이 발생할 것입니다(6:17).

양손에 펜을 잡고, 왼손으로는 원을 그리고 오른 손으로는 정사각형을 그릴 수 있는가를 시험해 보십시오. 다음에 '애국가'의 가사 첫 줄을 큰 소리로 낭송하면서 조용하게 본문의 첫 줄을 읽어 보십시오. 이 두 가지 일이 불가능하다는 것을 발견했습니까? 같은 시간에 두 가지 이상의 일에 집중한다는 것은 어렵습니다. 집중력이 흐려지기 때문에 행동하기가 어려워집니다.

성경에서 '예배'에 관한 내용을 추적해 보십시오. 그러면 당신은 종종 왜 예배 시에 신체적 자세가 강조되었는가를 알게 될 것입니다. 한 주석가는 예배를 '애정의 대상에다 몸과 마음과 정신의 초점을 맞추는 것'으로 정의하였습니다. 그리고 눈과 귀와 마음과 생각이 외부적인 시각과 소리와 생각들에 의하여 흐트러질 때 예배에 집중하기는 어렵습니다.

여전히 좋지 않아 불가능할지라도, 오늘은 무릎을 꿇을 장소를 찾으십시오. 손을 모으고 눈을 감고 마음을 하나님께 향하고 여러분의 전 존재를, 마음 전부를 받으시고 완전한 예배를 받으시기에 합당하신 그분에게 초점을 맞추십시오. 감사하는 마음의 표현으로 4:8-5:14까지를 읽고 싶게 될 것입니다.

세상을 이기신 주님을 의지하게 하소서. 아멘.

기쁘다 구주오셨네!

12월 25일 ■ 묵상과 산책 / 성탄예배본문

성탄절에 대한 가장 놀라운 축하는 내가 그리스도를 나의 구주로 받아들일 때, 가능해진다.

만일 성경을 1월 1일부터 날짜에 맞추어 차례대로 읽었다면 오늘은 12월 25일이 되는 날입니다. 그러므로 오늘 우리는 이 땅에 오신 예수님을 축하하기 위해 우리의 걸음을 멈추고자 합니다.

마태복음은 구약 성경에서 옛 선지자들에 의하여 공포된 한 탄생, 즉 마리아와 요셉을 통한 메시야의 탄생에 대한 천사의 계시를 말합니다(1:18-2:12). 마태는 새로 탄생하신 왕에게 예물을 드리기 위하여 동방에서 온 박사들에 대하여 언급하고 있는가 하면, 누가는 어린 그리스도를 경배하기 위하여 온 비천한 목자들에게 임한 천사의 선포를 기록하고 있습니다. 부유하든 가난하든, 귀하든지 비천하든지 상관없이 예수 그리스도는 모든 사람들에게 주님이 되기 위하여 오셨습니다.

하나님과 함께 하면 불가능한 것은 하나도 없습니다. 만일 그것을 믿지 못하겠으면 하나님께서 그의 아들을 이 땅에 보내기 위하여 극복하셔야만 했던 장애물들을 생각해 보십시오.

· 그의 아들은 베들레헴에서 나셔야만 했으며(마2:6), 아직 어렸을 때에 광란적인 헤롯왕의 죽음의 공격을 받았습니다(2:17-18).
· 그의 아들은 다윗의 죄악된 본성에 더럽혀지지 않으면서(1:1-17) 그의 계열에서 나셔야만 했습니다(2:21-21).
· 하나님의 아들은 그의 사역 기간 동안 구약 선지자의 특별한 예언 300가지 이상을 성취하셔야만 했습니다.

복음은 하나님의 능력이 그 모든 일을 넉넉히 수행하셨다는 사실에 대한 기록입니다. 그것은 깨어져 산산이 흩어진 삶을 다시 세우고 재정리하고 재조정할 수 있는 능력이기도 합니다. 오늘 읽은 성경 안에서 하나님이 행하셨던 기적들을 찾아 보십시오. 그리고 여러분의 삶에서 목격하였던 기적들을 그 목록에 더해 보십시오. 거기에다가 여러분의 삶에 하나님께서 베풀기를 원하는 기적들을 써 보십시오.

 우리의 적를 위하여 임마누엘하신 주님께 영광을 돌러나이다. 아멘.

인침받은 성도와 일곱 나팔

12월 26일 ■ 묵상과 산책 / 계7-9장

성도를 향한 궁휼은 언제나 그의 슬픔의 양보다 더 크다.

일곱번째 인을 떼시기 전에 요한은 천사로부터 보호의 인을 받고 있는 '이스라엘 열 두 지파 출신'의 144,000 성도의 환상을 봅니다(7:4). 그리고 대(大) 합창대 같은 흰 옷 입은 무리가 밤낮으로 하나님의 보좌 앞에서 그를 경배하는 모습을 봅니다. 극적이게 고요한 후에 일곱번째 곧 마지막 인을 뗄 때 무서운 심판의 시작을 알리는 일곱 나팔이 나타납니다. 처음 네 개의 심판은 자연에게 영향을 주고, 마지막 셋은 이 땅에 거하는 백성에게 "화, 화, 화"라고 부르면서 임합니다(8:13).

"자업자득이야!"라고 하면서 누군가가 마땅히 받아야 할 형벌을 받는 것을 보았을 때 이런 말을 하지는 않았습니까? 정의가 시행될 때 조금도 기쁨을 느끼지 않는다는 것은 불가능한 일입니다. 하지만 그런 태도가 하나님이 바라는 것이겠습니까? 우리의 평범한 생각으로 오묘한 하나님의 말씀의 깊은 뜻을 헤아릴 수 없는 것입니다. 사전을 들고 '자비'라는 말을 찾아 보십시오. 여러분이 생각한 정의와 사전에서의 정의와는 어떻게 다릅니까? '자비'는 곧 범법자에게 베푸는 동정, 또는 인내심입니다.

오늘 읽은 성경에서 묘사된 하나님의 진노는 회개시키기 위해 계획된 하나님의 자비입니다. 비록 그분께서는 그들에게 죽음을 줄 수도 있지만 그보다는 사람들의 마음을 그에게로 돌릴 수 있도록 재앙과 질병을 주셨습니다.

잠시 동안 당신이 구원받기 전에 하나님께서 어떤 자비를 보여 주셨는가를 생각해 보십시오. 그리고 구원받은 이후에 어떤 자비를 보여 주셨는가를 생각해 보십시오. 주위에 자비로운 하나님에 대하여 듣고 싶어하는 이웃이 있는가 살펴 보십시오.

우리를 궁휼히 여기셔서 구원하심을 감사합니다. 아멘.

증인들과 전쟁들

12월 27일　　■ 묵상과 산책 / 계10-13장

사단은 우리 중 그 누구보다 훌륭한 신학자인 동시에 악마이다.

엄청난 대격변 중에서도 하나님이 여전히 통치하심을 확인한 후에 요한은 그의 예언 임무를 위한 신적인 준비로서 작은 책을 삼키라는 소리를 듣습니다. 다음으로 요한은 1,260일 동안 땅 위에서 놀라운 영향력을 발휘하다가 나중에 자신들의 증거 사역으로 인하여 순교하게 되는 두 증인을 목격합니다. 그들의 죽음을 기뻐하던 환호성은 그들의 부활과 천국으로의 승천에 의하여 잠잠케 됩니다. 일곱째 나팔이 불리우자 계시록의 다음 드라마를 이끌어 갈 일곱 '등장 인물', 즉 해를 입은 한 여자, 용, 남자 아이, 천사 미가엘, 그 여자의 나머지 아이들, 바다로부터 올라온 짐승, 그리고 땅으로부터 올라온 둘째 짐승에 대한 묘사가 시작됩니다.

위조지폐 감식가가 되는 가장 좋은 방법은 다음 셋 가운데 어느 것일까요? 첫째, 위조지폐를 연구한다. 둘째, 위조지폐와 진짜지폐의 차이점을 연구한다. 셋째, 진짜지폐를 연구한다. 전문가가 고른 답은 3번 '진짜 지폐를 연구한다' 입니다. 진품에 대한 완벽한 숙달이야 말로 진품이 아닌 것들을 판별할 수 있는 최상의 방책입니다. 그것으로 위조지폐 위조자의 교묘함을 찾아낼 수 있습니다. 지폐에 관한 속임수보다 훨씬 더 악한 속임수가 있습니다. 속임수의 두목 사단과 그의 졸개들(12:9;13:14)은 기독교와의 일시적인 교제를 하나님과의 친밀한 교제인 양 혼동케 하여 속이고 싶어합니다. 만일 사단이 우리의 주의력을 '합리적인 유사품'에 집중케 할 수만 있다면 우리는 기독교의 진수를 곧 잃고 비극적인 결과만을 맞이하게 될 것입니다.

절대 혼동하지 마십시오! 지폐를 가지고 진부를 가리기 위해 연구하는 것처럼 하나님의 말씀을 올바로 분별할 수 있을 때까지 12:1-12을 음미해 보십시오. 어린 양의 능력으로 사단을 정복하십시오. 만일 그리스도를 신뢰하고 있지 않다면 "세상 죄를 지고 가는 하나님의 어린 양"(요1:29)이 나 때문에 존재하심을 다시 확인하십시오.

 우리를 넘어뜨리려는 마귀의 궤계를 알게 하셔서 승리하게 하소서. 아멘.

하나님을 찬양하라

12월 28일　　■묵상과 산책 / 시147편

기도로 승리한 사람은 반드시 찬양으로 옷입어야 한다.

요한의 시각을 통해 시간의 종말과 영원의 시작에 관해 보여 주시는 하나님의 놀라운 솜씨는 의심할 바 없이 당신을 영광스런 주님께로 한층 더 가까워지게 했을 것입니다.

하늘의 예배 광경이 어쩌면 영원한 합창에 참가하고 싶은 마음이 들게 했을지도 모릅니다. 하지만 그때까지 기다릴 이유가 없지 않습니까? 성경을 통독하는 가운데 어느덧 실천의 종막을 고하게 될 1년도 며칠 남지 않았습니다. 시편 147편을 상고하며 고귀하신 여호와를 찬양하는 데 시간을 할애함으로써 마지막 단계에 활기를 불어넣어 보십시오!

시편 147:1은 하나님의 백성이 그를 찬양해야 할 세 가지 이유를 제시해 줍니다. 첫째, 하나님의 눈은 선하시다. 둘째, 찬양하는 일은 아름답다. 셋째, 모든 자들이 찬양의 기쁨을 나누는 것이 마땅하다는 것입니다.

찬양은 신부의 결혼반지와도 같습니다. 남편은 아내가 끼고 있는 반지를 보며 기뻐하고, 아내는 아내대로 자기가 끼고 있는 반지를 보며 기뻐합니다. 신부가 끼고 있는 이 반지는 두 부부의 관계를 증명해 줍니다.

하나님을 찬양하십시오. 삶이 아름답게 꾸며질 것입니다!

"찬양 받으시기에 합당하신 아버지시여! 시편 기자와 더불어 주님의 이름에 찬양을 돌립니다. 내가 주님의 말씀을 처음부터 끝까지 읽는 동안 나의 삶에 주신 자극으로 인하여 감사합니다. 성경을 통해 주님의 마음을 알게 됨이 얼마나 큰 축복인지요!

주님의 능력을 통하여 나로 주님의 자녀로서 가치있는 삶을 살게 하소서. 예수님의 놀라운 이름으로 기도합니다. 아멘."

우리의 매일의 삶이 찬양과 감사가 되게 하소서. 아멘.

일곱 대접과 일곱 재앙

12월 29일　　■묵상과 산책 / 계14-16장

하나님을 너무 많이 찬양할까봐 염려하기 보다는 너무 적게 찬양하는 것을 경계하고 그런 위험에서 벗어나야 할 것이다.

계시록에서 144,000의 새노래로 노래하는 또 다른 환상은 지상에 임할 하나님의 마지막 심판보다 앞서 나옵니다. 천사들이 복음의 말씀을 선포하면서 하나님의 마지막 진노가 쏟아지기 시작합니다. 일곱 천사들이 가져오는 하나님의 진노의 대접에서 피, 뜨거운 열기, 어두움, 고통, 지진, 우박, 전쟁이 그들에게 쏟아집니다. 그럼에도 불구하고 사람들은 아직도 "아픈 것과 종기로 인하여 하늘의 하나님을 훼방하고 저희 행위를 회개하지 않습니다"(16:11). 그러나 하나님의 자녀인 우리들은 하나님의 심판까지도 찬양할 수 있는 견고한 믿음에 서야 할 것입니다.

등급을 1에서 10까지로 정했을 때 여러분의 노래 실력은 몇 등급이라고 말할 수 있습니까(유명 가수가 부르는 노래를 10등급이라고 하고 소나기 소리를 1등급이라 한다면)? 열심과 감동으로 부르는 하나님 찬양 능력은(비록 완전한 음을 필요로 하지 않더라도) 영적인 삶의 기쁨의 수준을 측정하는 좋은 계측기라고 할 수 있습니다. 바울은 에베소서 5:19에서 영적 충만한 삶의 표시는 "시와 찬미와 신령한 노래들로 서로 화답하며 너희의 마음으로 주께 노래하며 찬송하는 것"이라고 했습니다.

찬양은 항상 하나님 백성의 예배의 한 부분이 되어 왔습니다. 모세는 이스라엘의 모든 족속을 찬양의 자리로 이끌었습니다(출15장). 시편은 "새 노래로 그를 노래하며…"(33:3), "기쁨으로 여호와를 섬기며 노래하면서 그 앞에 나아갈지어다"(100:2)라고 진술하고 있습니다. 찬양은 1세기 교회의 예배에 있어서 중심 요소였습니다(골3:16;고전14:15). 영원히 하늘에서 하나님을 찬양하는 것을 준비하기 위하여 찬양집을 골라 하루 15분씩 되도록이면 친구나 가족과 함께 찬양하십시오. 전에부터 즐겨 부르던 찬송 가운데 몇 곡을 부르고 큰 소리로 찬양의 시편을 읽으십시오.

 우리의 삶이 날마다 찬양함으로 하늘나라를 맛보게 하소서. 아멘.

두개의 바벨론

12월 30일
■ 묵상과 산책 / 계17-19장

우리는 하나님의 명령에는 순종하지 않으면서 하나님의 약속만 의지할 수는 없다.

일곱 대접의 심판이 모두 쏟아지고 나서 요한은 이제 '큰 성 바벨론'의 최후를 목격합니다. 그 재난의 종말이 한 천사에 의해 예고되며, 음녀와 놀아난 왕들과 풍부한 무역과 거짓 종교로부터 이득을 보았던 상인들이 통곡하게 됩니다. 땅 위에서 바벨론이 멸망 당하는 동안 하늘에선 어린 양의 혼인 잔치를 준비하는 찬양의 소리가 들려 옵니다. 한 용사가 화려하고 위엄있는 풍채를 지니고 나타나 그 짐승과 거짓 선지자들과 그들의 군대들에 대한 하나님의 마지막 심판을 가져옵니다. 이 용사의 이름은 만왕의 왕이시요, 만주의 주이신 하나님의 믿음과 진리의 말씀입니다.

인간의 측면에서 볼 때 성경을 상고해 보면 기록되지 않았으면 하는 부분들이 많이 있습니다. 노아 방주이야기(창6-9장), 이스라엘의 광야 유리(민14-26장), 여호수아의 아이성 패퇴 참상(수7장), 요나가 니느웨 길을 피하여 도주함(욘1-2장)과 같은 구절들이 바로 그것입니다. 그 사건들의 공통점은 하나님의 순종에 대한 요구에 인간은 불순종으로 반응했다는 것입니다. 그들이 회개했다면 하나님께서는 이를 불쌍히 여기셨을텐데, 그들은 회개하지 않았고 심판은 떨어졌습니다.

'하나님은 사랑'이시므로 하나님의 사랑은 변함이 없으십니다. 하지만 하나님께서 '아무도 멸망치 않기를 원하신다' (벧후3:9) 할지라도 다 회개하라 이르시는 그의 부르심에 귀를 기울이지 아니하면 수억의 사람들이 멸망을 면치 못할 것입니다.

여러분과 여러분의 가족은 어떠합니까? 그리고 여러분이 사랑하는 사람들은 어떠합니까? 여러분의 이름은 생명책에 기록되어 있습니까? 새 해의 여명보다 하나님께로 돌아오기에 더 좋은 시간이 어디 있겠습니까? 돌아보면 여러분은 새 해에 노래할 수 있습니다. "할렐루야, 구원과 영광과 능력이 우리 하나님께 있도다" (19:1).

 구원과 영광과 능력의 주님을 의지하고 바라보게 하소서. 아멘

보좌에 앉으신 예수 그리스도

12월 31일　　■묵상과 산책 / 계20-22장

축하합니다! 만일 당신이 창세기에서 계시록까지 모든 성경을 다 읽었다면 1,189장과 31,100절 이상을 다 읽은 것이 됩니다.

요한은 한 문장으로 현 세상의 종말을 요약합니다. "또 내가 새 하늘과 새 땅을 보니 처음 하늘과 처음 땅이 없어졌고 바다도 다시 있지 않더라"(21:1). 그러면서 그는 새 하늘과 새 땅의 놀라운 광채를 묘사합니다. "내가 들으니 보좌에서 큰 음성이 나서 가로되 보라 하나님의 장막이 사람들과 함께 있으매 하나님이 저희와 함께 거하시리니 저희는 하나님의 백성이 되고 하나님은 친히 저희와 함께 계셔서"(21:3). 다시 한 번 하나님과 그의 백성은 깨어지지 않는 친교 안에서 살게 됩니다. "그의 얼굴을 볼 터이요 그의 이름도 저희 이마에 있으리라"(22:4). 피조물과 조물주가 얼굴과 얼굴을 맞댈 것입니다. 계시록은 그리스도의 세 번씩 반복되는 약속인 "내가 속히 오리니"(22:7,12,20)와 요한의 후렴구인 "아멘 주 예수여 오시옵소서"(22:20)로써 끝을 맺고 있습니다.

당신이 이 책을 1월 1일부터 읽기 시작하셨다면 분명히 그것은 1년 동안 당신에게 영적 성장을 주었을 것입니다. 이제 당신의 우선권들은 바뀌었습니다. 당신의 태도는 개선되었습니다. 당신의 단점들이 극복되었습니다. 어느 누구도 하늘에 계시며, 은밀한 중에 보시며 공개적으로 갚으시는 하나님의 시선을 피할 수 없습니다(마6:4,6,18).

무디 선생은 한때, "하나님의 모든 위대한 일 뒤에는 무릎 꿇은 모습이 있었다"라는 말을 했습니다. 아마 이 새로운 해에는 계시록 전체의 주제인 주님의 재림을 볼 수 있을 것입니다. 그렇지 않으면 당신의 나라의 모든 부분을 휩쓰는 하나님의 놀라운 역사를 볼 수 있을 것입니다. 그리고 아마도 여러분이 "뜻이 하늘에서 이룬 것 같이 땅에서도 이루어지이다"(마6:10)라고 기도하는 그러한 무릎 꿇는 사람들이라면 그 역사는 부분적으로나마 더 뜨겁게 일어날 것입니다. 오늘 당장 시작함으로써 매일 매일을 개인적인 부흥의 날로 삼으십시오. 그가 오실 때까지 ….

 금년 한해를 돌보신 하나님의 은혜를 감사합니다. 아멘.

M/E/M/O

M/E/M/O

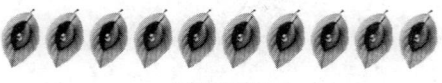

M/E/M/O

M/E/M/O

M/E/M/O

M/E/M/O

M/E/M/O

M/E/M/O

> 판 권 소 유

365일
말씀을 통한 매일 묵상집

2003. 12. 15 초판 펴냄

2007. 1. 5 3판 펴냄

지은이 김광이, 김명무, 박상봉

발행인 김영무

발행처 : 도서출판 아가페문화사

156-094 서울 동작구 사당4동 254-9

전화 3472-7252, 3 팩스 523-7254

등록 제3-133호(1987. 12. 11)

보급처 : 아가페문화사

156-094 서울 동작구 사당4동 254-9

전화 3472-7252, 3 팩스 523-7254

우 체 국 011791-02-004204 (김영무)

값 8,000 원

ISBN 89-8424-073-7 03230

♣ 잘못 만들어진 책은 교환해 드립니다.
♣ 무단 표절 또는 복제를 금합니다.